„Praxiswissen BWL" – die CD

Rechner
Um richtig zu kalkulieren, zu planen und zu beurteilen, werden Sie immer wieder Zahlen auswerten müssen. Damit dies schnell und unkompliziert geht, haben wir für Sie auf der CD-ROM wichtige Rechner zusammengestellt. Unter anderem sind folgende Themen abgedeckt:

- Berechnung von Abschreibungen und betrieblichen Steuern
- Kalkulations- und Investitionsrechnungen
- Ermitteln von Kennzahlen
- und viele andere

So erkennen Sie sofort, wo Sie aktiv im Unternehmen eingreifen müssen und behalten den Überblick.

Arbeitsverträge
Die CD-ROM stellt Ihnen die häufigsten Arbeitsverträge zur Verfügung. Ideal ist, daß Sie diese in Ihr Textverarbeitungsprogramm einbinden und Ihren Bedürfnissen anpassen können.

- Arbeitsvertrag
- Teilzeitarbeitsvertrag
- freier Mitarbeitervertrag
- befristeter Arbeitsvertrag
- und viele andere mehr!

Checklisten
Alle Checklisten, die Sie im Buch finden, sind auch auf der CD-ROM. So können Sie diese praktischen Arbeitshilfen bequem auf Ihren PC holen und, wenn Sie möchten, ausfüllen, ergänzen und ausdrucken.

Einen genaueren Überblick über den Inhalt erhalten Sie im Kapitel „Das finden Sie auf der CD-ROM", Seite 574.

Hinweise zu Systemanforderungen und Installation finden Sie auf der CD-ROM und im Kapitel „So nutzen Sie die CD-ROM", Seite 573.

Mentzel · Praxiswissen BWL

Praxiswissen BWL
Crash-Kurs für Führungskräfte

von

Professor Dr. Wolfgang Mentzel

2., überarbeitete Auflage

wrs Verlag
Ein Unternehmen der Haufe Mediengruppe

Die Deutsche Bibliothek – CIP-Einheitsaufnahme

Mentzel, Wolfgang:
Praxiswissen BWL : Crash-Kurs für Führungskräfte / Wolfgang Mentzel. –
2., überarb. Auflage. – Planegg: WRS-Verl., 2001
(WRS-Betriebs-Praxis)
ISBN 3-8092-1484-1

ISBN 3-8092-1484-1 Bestell-Nr. 00608-0002

1. Auflage 1999 (ISBN 3-8092-1430-2)
2., überarbeitete Auflage 2001

Postanschrift: Postfach 13 63, 82142 Planegg
Hausanschrift: Fraunhoferstraße 5, 82152 Planegg
Telefon (0 89) 8 95 17-0, Telefax (0 89) 8 95 17-2 50
E-Mail: online@haufe.de, Internet: http://www.haufe.de

Lektorat: Dipl.-Kffr. Kathrin Menzel-Salpietro, Helmut Haunreiter

Umschlaggestaltung: Buttgereit & Heidenreich, 45721 Haltern am See
Grafik Titelseite: CMUK Büro für Gestaltung, 65203 Wiesbaden
Satz: Design-Typo-Print, 85737 Ismaning
Druck: Bosch-Druck GmbH, 84030 Ergolding

Inhaltsverzeichnis

Vorwort

Die Anforderungen an Führungskräfte steigen. Die in der Ausbildung oder im Studium erworbene Fachkompetenz reicht heute nicht mehr aus. Methoden- und Sozialkompetenz sind gleichermaßen wichtig. Zu den Fähigkeiten des Spezialisten in einem bestimmten Funktionsbereich kommt das Wissen des Generalisten hinzu, der auch überfunktionale Zusammenhänge versteht. Controlling, Qualitätsmanagement, Personalführung und -förderung, Kundenorientierung und Kommunikation sind nur einige Bereiche, in denen Sie als Führungskraft gefordert sind.

Gibt es eine Möglichkeit, umfassende Fähigkeiten zu entwickeln, Generalist zu werden, ohne sich in der enormen Vielfalt der heutigen Anforderungen zu verlieren?

„Die ABC-Analyse wird genutzt, um Planungsaktivitäten rationeller durchführen zu können ... um Wesentliches von Unwesentlichem zu unterscheiden. Sie folgt der 80-20 Regel. Häufig werden 80 % bestimmter Ergebnisse oder Ereignisse von nur 20 % der Ursachen hervorgerufen. In diesen Fällen ist es sinnvoll, die Planungstätigkeiten auf diese 20 % der Ursachen zu konzentrieren, da so die größten Effekte mit niedrigem Aufwand erzielt werden können."

Dieses Zitat aus den ersten Seiten dieses Buches soll ein einfaches Prinzip erläutern: Auch Führungskräfte brauchen in den allermeisten Fällen nur einen kleinen, präsenten Teil des notwendigen Wissens. Eine Führungskraft sollte die Fähigkeit besitzen, die wichtigsten, immer wiederkehrenden Führungsaufgaben (die „20 %") gut und souverän zu bewältigen, aber auch die Möglichkeit haben, sich gegebenenfalls schnell und flexibel in ein neues Thema (die restlichen „80 %") einzuarbeiten.

Für den schnellen Leser wird auf Seite 11 das Grundwissen (diese 20 %) dargestellt. Dort finden Sie die zentralen Punkte, die Ihnen helfen, sich einen schnellen Überblick über die Basisthemen zu verschaffen, und ab Seite 12 werden die einzelnen Begriffe in Stichpunkten beschrieben.

Verlangt der Berufsalltag, daß Sie sich mit einem neuen Begriff vertraut machen, der aus dem Bereich des Aufbauwissens („dem Rest") stammt, erlauben die alphabetische Anordnung der einzelnen Themen und das umfangreiche Stichwortverzeichnis einen schnellen Zugriff auf den gesuchten Begriff.

Dem Buch liegt eine CD-ROM bei. Sie stellt Ihnen zahlreiche Mustertexte/Verträge zur Verfügung, die Sie in Ihr Textverarbeitungsprogramm übernehmen können. Zusätzlich enthält sie eine große Zahl an Rechnern (AfA, Euro-Rechner, Umsatzsteuer usw.), in die Sie Ihre individuellen Daten eingeben können. Einen Überblick, was Sie alles auf der CD-ROM aufrufen können, finden Sie am Ende dieses Buches.

Dr. Wolfgang Mentzel

Für den schnellen Leser: Crash-Kurs für Führungskräfte

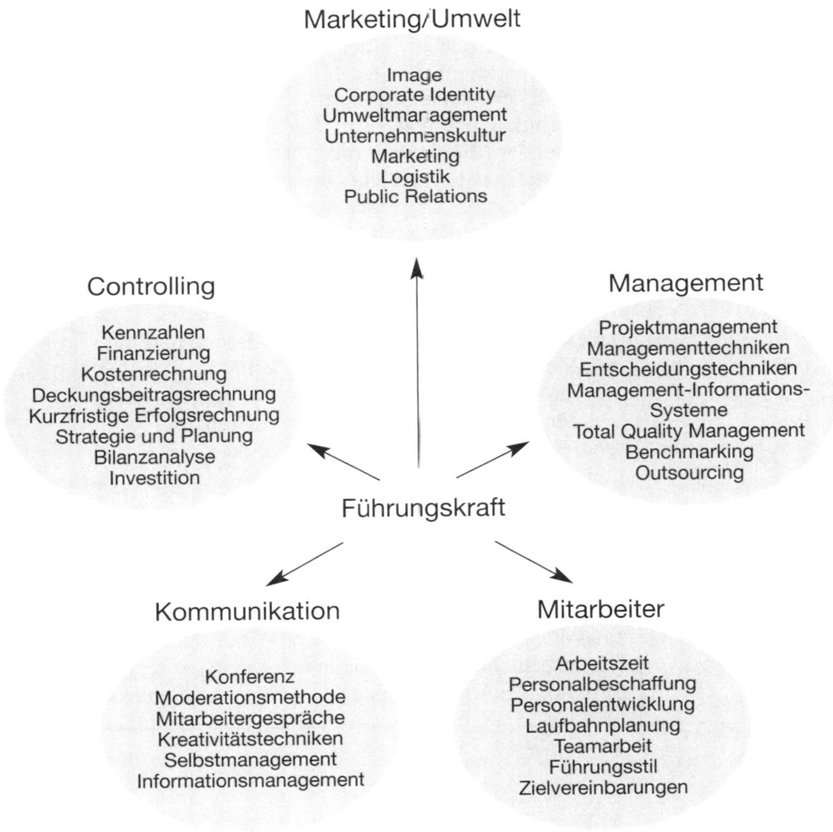

Beitrag	Auf einen Blick	Inhalte
Arbeitszeit siehe auch: → Arbeitsvertrag → Fehlzeiten → Kurzarbeit → Mitbestimmung → Tarifvertrag	Arbeitszeit ist die Zeit, die der Arbeitnehmer dem Arbeitgeber zur Nutzung seiner Arbeitskraft gegen Entgelt zur Verfügung stellt. Gerechnet wird vom Beginn der Arbeit bis zu deren Ende abzüglich der Ruhepausen. Eine Flexibilisierung der Arbeitszeit wird durch Entkoppelung der Arbeitszeit der Mitarbeiter von den Betriebszeiten erreicht.	• Begriff • Regelungen zur Arbeitszeit • Arbeitszeitschutz • Arbeitszeitflexibilisierung • Teilzeitarbeit • Altersteilzeit
Benchmarking siehe auch: → Kennzahlen → Konkurrenzanalyse → Outsourcing	Unter Benchmarking wird ein strukturierter Prozeß des Lernens aus der Praxis verstanden. Ein Unternehmen mißt die eigenen Leistungen, Aktivitäten und Methoden anhand objektiver Vergleichsgrößen mit denen der härtesten Konkurrenten bzw. Marktführer oder vergleicht sich mit Weltklasse-Unternehmen.	• Begriff • Neue Aspekte • Ziele • Arten des Benchmarking • Phasen des Benchmarkingprozesses • Grenzen
Bilanzanalyse siehe auch: → Abschreibung → Bilanz → Bilanzpolitik → Cash-flow	Durch die Bilanzanalyse werden die Daten des Jahresabschlusses so aufbereitet, daß sinnvolle Aussagen über die wirtschaftliche und finanzielle Situation des Unternehmens	• Ziel der Bilanzanalyse • Probleme der Bilanzanalyse • Bausteine der Bilanzanalyse – Vermögensstruktur

→ Finanzierung → Gewinn-und-Verlust-Rechnung → Inventur → Jahresabschluß → Kennzahlen → Rücklagen → Rückstellungen	gemacht werden können. Hauptinstrumente sind Kennzahlen und eine strukturelle Gliederung von Vermögen, Kapital und Gewinn-und-Verlust-Rechnung.	– Kapitalstruktur – Liquidität – Gewinn-und-Verlust-Rechnung • Dynamische Bilanzanalyse • Grenzen der Bilanzanalyse
Controlling siehe auch: → ABC-Analyse → Break-even-Analyse → Deckungsbeitragsrechnung → Kennzahlen → Konkurrenzanalyse → Kostenrechnung → Kurzfristige Erfolgsrechnung → Portfolio-Analyse → Return on Investment → Strategie und Planung → Wertanalyse	Controlling ist ein Instrument zur Führung eines Unternehmens. Der Begriff geht zurück auf das englische Wort control („steuern", „lenken"). Neben der Steuerung sind Planung und Kontrolle die Hauptaufgaben des Controlling. Man unterscheidet zwischen operativem und strategischem Controlling.	• Controllingaufgaben • Planung, Kontrolle, Steuerung • Operatives Controlling • Strategisches Controlling • Voraussetzungen für ein funktionierendes Controlling
Corporate Identity siehe auch: → Führungsstil → Image → Leadership → Marketing → Mitarbeiterführung → Pressekonferenz → Pressemitteilung → Public Relations → Unternehmenskultur → Werbung	Der Begriff Corporate Identity beinhaltet den Zusammenhang zwischen Unternehmensverhalten und -kommunikation mit dem daraus resultierenden Erscheinungsbild nach innen und außen (Öffentlichkeit). Dieses Erscheinungsbild soll positiv und unverwechselbar sein, so daß der Kunde Produkte und Mitarbeiter mit diesem Image in Verbindung bringt.	• Begriff der CI • Bedeutung einer einheitlichen Identität • Voraussetzungen für den Aufbau einer CI • Vorteile einer CI • Ablauf eines CI-Projekts • Corporate Behaviour • Corporate Communications • Corporate Design
Deckungsbeitragsrechnung	Die Deckungsbeitragsrechnung ist eines der wichtigsten betriebswirtschaftlichen Steuerungsinstrumente. Der Deckungsbeitrag eines Produkts ergibt sich aus der Differenz zwischen den Erlösen und seinen variablen Kosten. Durch Rückrechnung können Sie er-	• Teilkostenrechnung • Voraussetzungen der Deckungsbeitragsrechnung • Varianten – Direct Costing – Relative Einzelkostenrechnung • Einstufige Deckungs-

siehe auch: → Controlling → Kalkulation → Kostenrechnung → Preispolitik	kennen, welche Produkterlöse die Fixkosten abdecken, Gewinne erwirtschaften und welche Produkte Sie deshalb fördern sollten.	beitragsrechnung • Mehrstufige Deckungsbeitragsrechnung
Entscheidungstechniken siehe auch: → Focusing → Informationsmanagement → Moderationstechnik → Teamarbeit → Wertanalyse	Die Lösung von Entscheidungsproblemen stößt häufig an die Grenzen der Komplexität des Problems. Entscheidungstechniken strukturieren komplexe Sachverhalte und erleichtern so die Entscheidungsfindung. Ganz allgemein verfolgen Entscheidungstechniken zwei Ziele: Die Qualität der Entscheidungen soll sich verbessern und die Entscheidungsfindung soll transparent gemacht werden.	• Begriff • Ziel • Komponenten des Entscheidungsprozesses • Wahl der Entscheidungstechnik • Nutzwertanalyse • Wirtschaftlichkeitsberechnung • Kosten-Wirksamkeits-Analyse • Auswahl der Bewertungstechnik • Teilschritte • Grenzen
Finanzierung siehe auch: → Break-even-Analyse → Cash-flow → Factoring → Finanzplanung → Leasing → Liquiditätssteuerung	Der Begriff der Finanzierung umfaßt alle Aktivitäten der Kapitalbeschaffung, die letztlich der Durchführung und Aufrechterhaltung betrieblicher Abläufe dienen. Dabei wird zwischen der Beschaffung von Eigenkapital und der von Fremdkapital unterschieden. Die Finanzierung von außen kann in Form von Geld, Gütern oder Wertpapieren erfolgen.	• Innenfinanzierung – Selbstfinanzierung – Cash-flow – Rückstellungen – Vermögensumschichtung • Außenfinanzierung – Eigenfinanzierung – Fremdfinanzierung
Führungsstil siehe auch: → Führungsgrundsätze → Innere Kündigung → Kompetenz → Leadership → Managementtechniken	Als Führungsstil bezeichnen wir die Art und Weise, in der Führungskräfte ihre Führungsfunktion ausüben. Wesentlich ist das zeitlich überdauernde, idealtypische und in bezug auf	• Begriff • Einfluß des Führungsstils • Autoritäre und demokratische Führung • Aufgaben- und mit-

→ Mitarbeiterführung → Mitarbeitergespräch → Open Book Management → Schlüsselqualifikationen	verschiedene Situationen konstante Führungsverhalten. Grob betrachtet läßt sich zwischen autoritärer und demokratischer Führung unterscheiden.	arbeiterorientierte Führung • Managerial Grid • Situative Führung
Image siehe auch: → Corporate Identity → Kundenzufriedenheit → Public Relations → Sponsoring → Unternehmenskultur	Image zählt im globalen Wettbewerb zu den wichtigen Erfolgsfaktoren. Der Erwerb einer Sport- und Freizeitbrille vermittelt ein bestimmtes Lebensgefühl; die Seife aus dem Body-Shop wird nicht nur ihrer Qualität wegen gekauft; die Einsatzbereitschaft der Mitarbeiter steigt mit dem Ansehen ihrer Firma. Das Image ist letztlich die vereinfachte Bewertung eines Meinungsgegenstandes, die entscheidet, ob und warum dieser akzeptiert oder abgelehnt wird.	• Begriff • Bestimmungskriterien • Bedeutung des Image • Image-Arten – Produkt-Image – Marken-Image – Firmen (Corporate)-Image • Imageanalyse – Ziel – Vorteile – Kriterien • Image-Veränderung
Informationsmanagement siehe auch: → Datenschutz → E-mail → Frühwarnsystem → Internet → Management-Informationssysteme → Public Relations → Selbstmanagement → Workflow Management	Durch ein effizientes Management von Informationen wird sichergestellt, daß der Produktionsfaktor Information effektiv und effizient eingesetzt wird. Die Informationsbedarfsanalyse legt fest, in welchem Umfang strategische Informationen erforderlich sind, wie die bereitgestellten Informationen zu verdichten und welches die besonders erfolgskritischen Informationen sind.	• Begriff und Ziele • Information als Erfolgsfaktor • Anforderungen an das Informationsmanagement • Optimierung • Operative und strategische Informationen • Grenzen und Nutzen
Investition	Zu den schwierigsten Entscheidungen in einem Unternehmen zählen die Investitionsentscheidungen. Ganz gleich ob es um	• Begriff • Investitionsarten • Investitionsplanung • Investitionsrechnung

siehe auch: → Abschreibung → Finanzierung → Finanzplanung → Kennzahlen → Kostenrechnung → Liquiditätssteuerung → Strategie und Planung	die Anschaffung eines Computers, den Kauf einer Maschine oder den Bau eines Geschäftsgebäudes geht, immer ist betriebswirtschaftlich zu beurteilen ob das dafür investierte Geld eine entsprechende Rendite erwirtschaftet. Die Investitionsrechnung kennt verschiedene Verfahren, um künftige Risiken unter verschiedenen Annahmen zu berechnen.	• Statische Verfahren – Kostenvergleichsrechnung – Gewinnvergleichsrechnung – Amortisationsmethode – Rentabilitätsrechnung • Dynamische Verfahren – Kapitalwertmethode – Annuitätenmethode
Kennzahlen siehe auch: → Benchmarking → Bilanzanalyse → Cash flow → Controlling → Fehlzeiten → Fluktuation → Internes Kontrollsystem → Kostenrechnung → Return on Investment → Strategie und Planung	Kennzahlen dienen in erster Linie der Analyse betrieblicher Zustände und Prozesse. Kennzahlen existieren für den Betriebsvergleich, für die Unternehmensführung, für Bilanzwerte und für den Umsatz. Die wichtigsten Kennzahlen für ein Unternehmen sind Cash-flow und Return on Investment.	• Wozu Kennzahlen? • Bildung von Kennzahlen • Verwendung von Kennzahlen – Betriebsvergleich – Unternehmensführung – Bilanzwerte – Umschlagshäufigkeit und Umsatz • ROI und Du-Pont-System
Konferenz siehe auch: → Mitarbeitergespräch → Moderationsmethode → Teamarbeit	Als Konferenz bezeichnet man eine geleitete Aussprache, die zu gemeinsamen Schlüssen führen soll. Vorbereitung und Durchführung beeinflussen gleichermaßen den Erfolg einer Konferenz. Insbesondere sollten eindeutige Konferenzziele formuliert werden. Eine gut strukturierte Konferenz umfaßt eine Einleitungs-, Diskussions- und Abschlußphase.	• Begriff • Nutzen • Probleme • Konferenzarten • Konferenzziele • Vorbereitung • Konferenzphasen • Konferenzdurchführung • Protokoll

Kostenrechnung siehe auch: → Betriebsabrechnungsbogen → Betriebsergebnis → Break-Even-Analyse → Controlling → Deckungsbeitragsrechnung → Kalkulation → Kalkulatorische Kosten → Opportunity Costs → Prozeßkostenrechnung → Target Costing	Die Kostenrechnung informiert über die Kosten als zentrale Kenngröße im Unternehmen. Damit ist sie die grundlegendste Form des Controllings. Sie liefert die Datenbasis für künftige Entscheidungen. Für die Gestaltung gibt es keine gesetzlichen Vorschriften; nach Art und Umfang des Unternehmens bestehen große Unterschiede.	• Aufgaben der Kostenrechnung • Abgrenzung zur Finanzbuchhaltung • Teilgebiete der Kostenrechnung • Fixe und variable Kosten • Der Kontenplan • Vollkosten- oder Teilkostenrechnung • Ist-, Normal- oder Plankostenrechnung
Kreativitätstechniken siehe auch: → Konferenz → Mindmapping → Moderationsmethode	Kreativitätstechniken sind Methoden, die individuelle Gedankengänge oder das kreative Potential einer Gruppe stimulieren. Die Steigerung der Kreativität soll durch die Aktivierung unterschiedlicher und auch oft ungewohnter Denkprozesse sowie durch die Kombination von Analyse und Intuition bewirkt werden.	• Begriff • Ziel • Brainstorming • Brainwriting • Synektik • Morphologischer Kasten • Reizwortanalyse • Anwendung im Unternehmen
Kurzfristige Erfolgsrechnung siehe auch: → Betriebsergebnis → Deckungsbeitragsrechnung → Gewinn-und-Verlust-Rechnung → Kostenrechnung → Portfolio-Analyse	Die kurzfristige Erfolgsrechnung vereinfacht die Steuerung und Planung des Unternehmens. Sie berichtet in übersichtlicher und aussagefähiger Form über steuerungsrelevante Informationen und ist unabhängig von steuer- oder handelsrechtlichen Bestimmungen. Voraussetzung für eine realitätsnahe kurzfristige Erfolgsrechnung ist eine Kostenrechnung, möglichst in Form einer Teilkostenrechnung.	• Gesamtkostenverfahren – Vollkostenrechnung – Deckungsbeitragsrechnung – Stärken und Schwächen • Umsatzkostenverfahren – Vorgehensweise – Stärken und Schwächen • Aufzunehmende Daten • Einsatz in der Praxis

Laufbahnplanung siehe auch: → Anforderungsprofil → Assessment Center → Auslandseinsatz → Coaching → Fördergespräch → Kompetenzen → Mitarbeiterbeurteilung → Nachfolgeplanung → Personalentwicklung → Schlüsselqualifikationen → Stellenbeschreibung	Durch die Laufbahnplanung wird festgelegt, welche Positionen ein Mitarbeiter im Laufe seiner weiteren beruflichen Entwicklung noch einnehmen kann und welche qualifizierenden Maßnahmen dazu erforderlich sind. Laufbahnplanung schafft Transparenz über vorhandene Karrieremöglichkeiten und fördert die Motivation. Durch die Laufbahnplanung wird eine arbeitsplatzbezogene Mitarbeiterentwicklung möglich.	• Nutzen für Unternehmen und Mitarbeiter • Fach-, Führungs- und Projektlaufbahn • Klarheit durch eindeutige Regelungen • Instrumentelle Voraussetzungen • Individuelle Laufbahnpläne oder allgemeine Laufbahnmodelle
Logistik siehe auch: → Außendienst → Controlling → Informationsmanagement → Just in time → Kennzahlen	Die Logistik ist ein Querschnittsfunktion, die in die Bereiche Beschaffung, Produktion und Vertrieb hineinwirkt. Sie ist für die Organisation des gesamten Warenstroms im Unternehmen von der Warenannahme bis zur Auslieferung an die Kunden zuständig. In vielen Unternehmen wird die Rolle der Logistik unterschätzt. Die strategische Bedeutung des Warenstroms im Unternehmen wird vielfach übersehen, die Kosten werden häufig zu niedrig angesetzt und Einsparpotentiale nicht genutzt.	• Was ist Logistik? • Aufgabenfelder • Was kann Logistik leisten? – Kosten senken – Wettbewerbsfähigkeit erhalten – Kundennutzen erhöhen • Ziel der Logistik • Zielkonflikte • Logistikkosten • Optimierung der Logistik
Management-Informationssysteme (MIS)	Management-Informationssysteme (MIS) stellen leitenden Mitarbeitern relevante Führungsinformationen aktuell und zielgerichtet aufbereitet zur Verfügung. Es handelt sich dabei in der Regel um compu-	• Begriff • Ziele • Nutzen • Anforderungen • Einführung – Projektscreening – Anwendungsstrategie

siehe auch: → Frühwarnsysteme	tergestützte Anwendungen. Realisierte Lösungen können nicht nur abteilungs- und bereichsorientiert organisiert sein; verbreitet sind auch unternehmensweite und unternehmensübergreifende MIS-Anwendungen.	– Auswahl von Hard- und Software – Anwendungsentwicklung • Methoden und Techniken • Einsatzformen
Managementtechniken siehe auch: → Change Management → Führungsgrundsätze → Innovationsmanagement → Motivation → Open Book Management → Portfolio-Analyse → Profit Center → Projektmanagement → Stellenbeschreibung → Zielvereinbarungen	Management-by-Techniken ermöglichen die selbständige und eigenverantwortliche Bearbeitung einzelner Arbeitsgebiete und bieten einen Rahmen zur Ermittlung der Leistung der Mitarbeiter und der Vorgesetzten. Sie behandeln zumeist jeweils einen speziellen Aspekt der Führungstätigkeit (z. B. Delegation oder Zielvorgabe) und stellen seine Auswirkungen auf die gesamte Managementtätigkeit sowie die Organisation dar.	• Was sind Managementtechniken? • Management by Objectives • Management by Delegation • Management by Exeption • Management by Motivation • Management by Participation • Management by Walking around • Grenzen der Management-by-Techniken
Marketing siehe auch: → Conjointanalyse → Delphi-Methode → Direktmarketing → Image → Kundenorientierung → Kundenzufriedenheit → Marktforschung → Preispolitik → Public Relations → Verkauf → Vertrieb → Werbung	Marketing bedeutet „marktorientierte Unternehmensführung" und damit marktorientiertes Denken und Handeln des gesamten Unternehmens. Marketing ist eine Querschnittsfunktion und richtet sich nicht nur auf Kunden und Absatzmärkte, sondern auch auf andere wichtige Zielgruppen, wie z. B. Mitarbeiter, Aktionäre oder Lieferanten. Im Mittelpunkt dieses Beitrags steht das Absatzmarketing.	• Begriff • Marketingmanagement • Marketingorganisation • Marketingplanung • Marketingstrategien • Marketingskonzeption • Marketingmix

Mitarbeitergespräch siehe auch: → Fördergespräch → Konferenz → Mitarbeiterbeurteilung → Mitarbeiterführung → Rückkehrgespräch	Das Mitarbeitergespräch ist das wichtigste Instrument einer zeitgemäßen Mitarbeiterführung. Es kann auf allen hierarchischen Ebenen durchgeführt werden. Die Verantwortung für die Vorbereitung und korrekte Durchführung liegt beim Vorgesetzten. Regelmäßige Mitarbeitergespräche dienen der Verbesserung des Vorgesetzten-Mitarbeiter-Verhältnisses.	• Begriff • Führung durch Mitarbeitergespräche • Nutzen • Typische Fehler • Gesprächsvorbereitung • Gesprächsablauf • Leitfaden • Mitarbeiterbesprechung
Moderationsmethode siehe auch: → Konferenz → Kreativitätstechniken → Mitarbeitergespräch	Die Moderationsmethode ist eine teilnehmeraktive Konferenzmethode. Durch Fragen werden die Teilnehmer aktiviert; durch die Visualisierung auf Kärtchen werden sämtliche Beiträge und Ergebnisse gesichert. Die Moderationsmethode trägt zu einer Versachlichung und Effizienzsteigerung der Gruppenarbeit bei. Die Diskussion unter den Teilnehmern wird von einem Moderator gesteuert, der jedoch die inhaltlichen Entscheidungen der Gruppe nicht beeinflussen darf.	• Begriff • Steuerung durch einen Moderator • Aufgaben des Moderators • Visualisierung • Methodenvielfalt • Fragetechnik • 30-Sekunden-Regel • Dramaturgie • Anwendungssituationen
Outsourcing siehe auch: → Corporate Identity → Fusion → Joint-Venture	Outsourcing setzt sich aus den Begriffen outside (außerhalb) und resourcing (Bezug von Ressourcen) zusammen. Dahinter verbirgt sich das immer weiter verbreitete Auslagern bestimmter Unternehmensbereiche. Sie werden an externe Partner vergeben. Ziel des Outsourcing ist in erster Linie die	• Was ist Outsourcing? • Outsourcing-Ziele – Kostenersparnis – Qualität • Outsourcing-Bereiche • Formen von Outsourcing • Für oder gegen Outsourcing – Strategische

→ Kartell → Kooperation → Management Buy Out → Projektmanagement → Strategie und Planung	Kostenreduzierung. Durch Outsourcing können Unternehmen von externem Know-how profitieren.	Entscheidung – Kostengesichtspunkt – Fristenaspekte • Vor- und Nachteile
Personal-beschaffung siehe auch: → Anforderungsprofil → Arbeitsvertrag → Assessment Center → Fragerecht des Arbeitgebers → Mitarbeiterbeurteilung → Mitbestimmung → Personalakte → Personalentwicklung → Personalleasing → Probezeit → Vorstellungskosten	Zur Personalbeschaffung zählen alle Aktivitäten, um Mitarbeiter für das Unternehmen zu gewinnen. Damit reicht das Aufgabengebiet der Personalbeschaffung von der Personalwerbung (Personalsuche) über die Personalauswahl bis zur Einstellung durch Abschluß eines Arbeitsvertrags. Bei den Beschaffungswegen unterscheidet man zwischen interner und externer Beschaffung.	• Personalwerbung • Interne und externe Personalbeschaffung • Personalauswahl – Bewerbungsunterlagen – Vorstellungsgespräch – Testverfahren – Biographischer Fragebogen • Einstellung • Einführung neuer Mitarbeiter
Personalent-wicklung siehe auch: → Anforderungsprofil → Arbeitsstrukturierung → Assessment Center → Auslandseinsatz → Fördergespräch → Laufbahnplanung → Nachfolgeplanung → Schlüsselqualifikationen → Stellenbeschreibung	Die Personalentwicklung umfaßt alle Maßnahmen zur Bildung und Förderung der Mitarbeiter. Durch Personalentwicklung wird sichergestellt, daß die Qualifikationen der Mitarbeiter jederzeit den Anforderungen der Arbeitsplätze entsprechen. Zentraler Baustein einer systematischen Personalentwicklung ist das Fördergespräch, in dem die weitere berufliche Entwicklung und die dafür erforderlichen Qualifizierungsmaßnahmen festgelegt werden.	• Begriff • Ziele • Konzept der Personalentwicklung • Fördergespräch • Förderung durch Arbeitsgestaltung • Qualifikationsvermittlung durch Bildungsmaßnahmen • Training-on-the-job • Training-off-the-job • Zuständigkeiten
Projektmana-gement	Ein Projekt ist eine zeitlich begrenzte, komplexe Aufgabe, die in Unternehmen durchgeführt wird, um ein spezielles Produkt oder eine spezielle	• Begriff • Ziele • Entwicklung • Arten des Projektmanagement

siehe auch: → Moderation → Netzplan → Teamarbeit → Zielvereinbarungen	Dienstleistung zu erstellen. Das Projektmanagement stellt dafür das Konzept zur Leitung und Durchführung dar.	• Projektphasen • Grenzen des Projektmanagements
Selbstmanagement siehe auch: → Eisenhower-Prinzip → Konferenz → Kreativitätstechniken → Mindmapping → Moderationsmethode	Selbstmanagement umfaßt Arbeitstechniken, die Sie dabei unterstützen, Ihre Zeit durch systematisches Arbeiten effektiver zu nutzen. Selbstmanagement bedeutet Ziele und Prioritäten setzen, systematische Zeitplanung sowie die Minimierung von Störungen.	• Erkennen Sie den Wert der Zeit • Fehler im Umgang mit der Zeit • Ziele festlegen • Fünf Schritte zum systematischen Arbeiten • Tips für mehr Effizienz und Effektivität
Strategie und Planung siehe auch: → Balanced Score-Card → Budgetierung → Change Management → Controlling → Kennzahlen → SWOT-Analyse → Unternehmenskultur	Unternehmen können nur dann ihre Wettbwerbsvorteile ausnutzen, wenn sie ihren Erfolg planen und diesen Plan zielorientiert und systematisch verfolgen. Die strategische Planung legt die langfristige Planung des Unternehmens fest, die durch alle Mitarbeiter getragen werden soll. Sie sollte sich nicht an starren Planungsperioden orientieren, sondern äußere Einflüsse miteinbeziehen und eine „lernfähige" Organisation schaffen.	• Begriffe Planung und Strategie • Notwendigkeit strategischer Planung • Funktion des Leitbilds • Methoden – Strategie-Workshop – Szenario-Technik – Portfolio-Management – Strategische Situationsanalyse • Planungsprozesse gestalten
Teamarbeit siehe auch: → Arbeitsstrukturierung → Kompetenz → Konferenz → Kreativitätstechniken	Teamarbeit ist die gleichberechtigte Zusammenarbeit einer Gruppe von Menschen, die gemeinsame Leistungsziele haben. Teamarbeit erreicht durch Kombination unterschiedlicher individueller Stärken und Fähigkeiten ein Vielfaches der Summe der Einzelleistungen. Darüber hinaus ist Teamarbeit	• Begriff • Gründe für Teamarbeit • Nutzen für das Unternehmen • Voraussetzungen – im Unternehmen – im Team – beim einzelnen Teammitglied • Risiken

→ Moderationsmethode → Schlüsselqualifikationen → Selbstmanagement	ein gutes Instrument, um Mitarbeiter zu fördern und zu motivieren.	• Weiterentwicklung
Total Quality Management siehe auch: → Benchmarking → Controlling → FMEA → Kaizen → Kundenorientierung → Qualitätsmanagement → Qualitätszirkel → Quality Function Deployment → Zertifizierung	Total Quality Management ist eine Führungsmethode, welche die Qualität in den Mittelpunkt stellt und durch Zufriedenstellung der Kunden auf einen langfristigen Geschäftserfolg zielt. Dabei wird das Personal auf allen Hierarchieebenen mit einbezogen. Für den Erfolg sind die überzeugende Führung durch die Unternehmensleitung sowie die Ausbildung und Schulung aller Mitglieder der Organisation entscheidend.	• Neue Aspekte in der Qualitätsdiskussion • Was ist Qualität? • Bedeutung des TQM • Ablauf – Ziele und Grundwerte erarbeiten – Soll-Ist-Vergleich – Verbesserungsschritte – Implementierung • Bausteine eines TQM-Konzepts
Umweltmanagement siehe auch: → Öko-Audit → Öko-Bilanz → Strategie und Planung → Unternehmenskultur	Der Umweltschutz hat sich in den vergangenen zwei Jahrzehnten zu einem eigenständigen Unternehmensziel entwickelt. Heute stellt das betriebliche Umweltmanagement eine neue unternehmerische Führungsaufgabe dar. Es befaßt sich mit den betriebswirtschaftlichen Fragen des Umweltschutzes.	• Begriff • Ziele und Zweck • Defensives oder offensives Umweltmanagement • Werkzeuge – Umweltcontrolling – Umweltkennzahlen • Bausteine
Unternehmenskultur siehe auch: → Corporate Identity → Image → Kundenorientierung → Kundenzufriedenheit → Open Book Management → Public Relations → Sponsoring → Strategie und Planung → Teamarbeit	Die Unternehmenskultur ist ein integrierender Bestandteil der strategischen Unternehmensführung. Eine starke Unternehmenskultur kann eine Quelle strategischer Stoßkraft sein; neben den positiven Effekten ist aber auch die Gefahr negativer Auswirkungen zu berücksichtigen. Die Gestal-	• Begriff • Sinn und Zweck • Entstehung von Unternehmenskulturen • Charakterisierung • Wirkungen • Kulturtypen • Gestaltung der Unternehmenskultur

	tung der Unternehmenskultur umfaßt alle Aktivitäten, die der zielgerichteten Entwicklung der Unternehmenskultur dienen.	
Zielvereinbarungen siehe auch: → Controlling → Informationsmanagement → Managementtechniken → Moderation	Zielvereinbarungen sind Bestandteile der Unternehmens- und Mitarbeiterführung. Mit einzelnen Mitarbeitern oder Teams werden in regelmäßigen Abständen Ziele vereinbart. Die Ziele stehen in bezug zu den Unternehmenszielen, den Aufgaben des Mitarbeiters oder bestimmten Projekten.	• Was sind Zielvereinbarungen? • Nutzen für das Unternehmen • Nutzen für die Führungskräfte und Mitarbeiter • Umsetzung in sechs Stufen

ABC-Analyse

Die ABC-Analyse wird genutzt, um Planungsaktivitäten rationeller durchführen zu können. Aufgabe der ABC-Analyse ist es, dem Planer zu helfen, Wesentliches von Unwesentlichem zu unterscheiden. Sie folgt der 80-20-Regel: Häufig werden 80 % bestimmter Ergebnisse oder Ereignisse von nur 20 % der Ursachen hervorgerufen. In diesen Fällen ist es sinnvoll, die Planungstätigkeiten auf diese 20 % der Ursachen zu konzentrieren, da so die größten Effekte mit niedrigem Aufwand erzielt werden können.

Begriff

Die ABC-Analyse teilt Objekte wie Materialien, Kunden oder Lieferanten je nach ihrer Bedeutung ein. In abfallender Reihenfolge A, B und C ergibt sich eine Rangfolge der Wichtigkeit. Diese hilft, die Aufmerksamkeit und die Aktivitäten der Planung schwerpunktmäßig auf jene Objekte zu konzentrieren, die für den Erfolg ausschlaggebend sind und dort zu vereinfachen, wo es möglich ist.

Anwendungsgebiete

Die ABC-Analyse kann in verschiedenen Bereichen einer Unternehmung angewendet werden.
Sehen Sie dazu folgende Beispiele:

- Analyse der Produkte,
- Analyse des Lagerbestandes,
- Analyse der Kunden,
- Analyse der Debitoren,
- Analyse der Lieferanten,
- Analyse der Materialarten,
- Analyse der Kreditoren.

Ziel

Ziel der ABC-Analyse ist es, Wesentliches von Unwesentlichem zu unterscheiden. So kann die Planungstätigkeit durch Konzentration auf wichtige Dinge und Vereinfachung bei unwichtigen Dingen effizienter gestaltet werden.

Da die Vorgehensweise, unabhängig vom jeweiligen Sachverhalt, immer die gleiche ist, soll die Durchführung der ABC-Analyse am Beispiel der Materialwirtschaft veranschaulicht werden.

Die ABC-Analyse teilt z. B. Materialarten in drei Gruppen ein. Die A-Materialien haben wertmäßig die höchste Bedeutung im Unternehmen, die C-Materialien die niedrigste. Planungstätigkeiten sollten sich also vorwiegend auf A-Materialien konzentrieren. Dort sind die Einsparungsmöglichkeiten durch Verbesserung von z. B. Einkaufskonditionen und der Logistik am höchsten. Bei C-Materialien kann die Planung aufgrund ihrer geringen Bedeutung stark vereinfacht werden.

Ziel der ABC-Analyse in der Materialwirtschaft ist es also, Beschaffungsgüter hinsichtlich ihrer Wichtigkeit in Gruppen zusammenzufassen. Ausgangspunkt ist dabei die Erfassung der einzelnen Güter und deren materieller Wert. Die Erfahrung lehrt, daß meistens wenige Güter einen großen Anteil am Gesamtwert der verbrauchten Güter darstellen. Es werden aus diesem Grunde die verschiedenen Güter nach ihrem relativen Anteil am Gesamtverbrauch in A-, B- und C-Güter unterschieden.

- A-Güter: etwa 70 – 80 % des Gesamtverbrauchswertes, aber nur etwa 10 – 20 % der gesamten Verbrauchsmenge aller Materialarten,
- B-Güter: etwa 10 – 20 % des Gesamtverbrauchswertes und etwa 20 – 30 % der gesamten Verbrauchsmenge aller Materialarten,
- C-Güter: nur etwa 5 – 10 % des Gesamtverbrauchswertes, aber 60 – 70 % der gesamten Verbrauchsmenge aller Materialarten.

Die ABC-Analyse läßt sich graphisch mit Hilfe der Lorenzkurve darstellen.

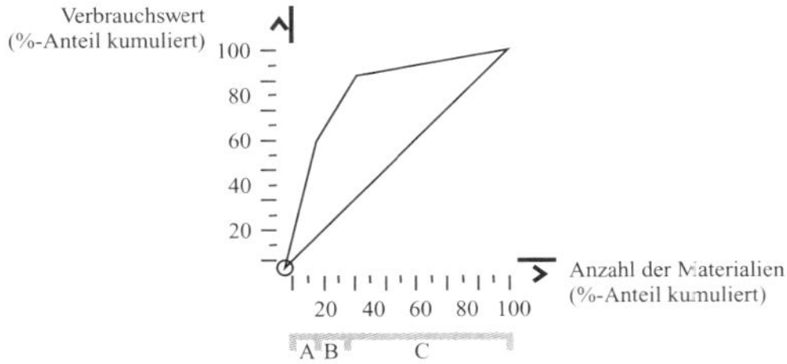

Gruppe	Anzahl der Materialart	%-Anteil	%-Anteil kumuliert	Verbrauchs-wert	%-Anteil	%-Anteil kumuliert
A	15	10,1 %	10,1 %	85.000 DM	57,8 %	57,8 %
B	28	18,9 %	29 %	46.000 DM	31,3 %	89,1 %
C	105	71 %	100 %	16.000 DM	10,9 %	100 %

Abb.: Lorenzkurve

Vorgehensweise

Bei der Durchführung einer ABC-Analyse empfiehlt es sich, in sechs Schritten vorzugehen.
Auch hier wird die ABC-Analyse am Beispiel der Materialwirtschaft dargestellt. Sie können die ABC-Analyse genauso für Ihre Kunden, Debitoren, Lieferanten oder Produkte durchführen.

Schritte zur Durchführung einer ABC-Analyse

1. Berechnung des Gesamtverbrauchs für jede Materialart in einer Periode,
2. Ordnung der Materialarten in absteigender Reihenfolge entsprechend des Gesamtverbrauchs,
3. Erstellen einer Werthäufigkeitstabelle mit Berechnung von absoluten Werten, Prozentwerten und kumulierten Werten,
4. Einteilung in A-, B- und C-Güter,
5. Erstellen der Lorenzkurve,
6. Ableitung von unterschiedlichen Planungsgrundsätzen für A, B und C-Güter.

Schlußfolgerungen

Aus einer Einteilung der Materialien in A-, B- und C-Gruppen lassen sich folgende Empfehlungen für die Lager- und Beschaffungsplanung der einzelnen Gruppen ableiten:

A-Güter haben den größten Anteil an der gesamten Verbrauchsmenge. Deshalb sollten sich Planungsaktivitäten auf diese Güter konzentrieren. Hier lassen sich die größten Einsparungen erzielen.

B-Güter liegen in bezug auf die Verbrauchsmenge im Mittelfeld. Deshalb kann von Fall zu Fall über die Planungs- und Kontrollaktivitäten entschieden werden, je nachdem wie groß die Bedeutung der betreffenden Materialien eingeschätzt wird.

Da C-Güter in bezug auf die gesamte Verbrauchsmenge relativ unbedeutend sind, ergeben sich hier die geringsten Einsparungsmöglichkeiten aufgrund einer genauen Planung und Kontrolle. Aus diesem Grunde reicht es in den meisten Fällen, wenn für diese Güter die Bestellmenge grob geschätzt, ein höherer Sicherheitsabstand festgelegt und der Lagerbestand seltener kontrolliert wird. Außerdem müssen Maßnahmen des Beschaffungsmarketings nur in Ansätzen realisiert werden.

Abschreibung

Abschreibungen sorgen für eine periodengerechte Verteilung der Ausgaben für Wirtschaftsgüter. Erstreckt sich die Nutzung eines erworbenen Wirtschaftsgutes über mehrere Geschäftsjahre, werden die Anschaffungs- oder Herstellungskosten über alle Jahre, in denen das Gut dem Betrieb zur Verfügung steht, verteilt. Die → Gewinn-und-Verlust-Rechnung gibt dabei den jährlichen Teilbetrag an. Gleichzeitig verringert sich der Wert des Wirtschaftsgutes in der → Bilanz um den jährlichen Abschreibungsbetrag.

Planmäßige Abschreibung (Handelsbilanz)

Die Anschaffungs- bzw. Herstellungskosten des abnutzbaren Anlagevermögens müssen handelsrechtlich planmäßig abgeschrieben werden. Dabei gilt jeder Vermögensgegenstand als abnutzbar, dessen Nutzung durch technischen oder wirtschaftlichen Verschleiß zeitlich begrenzt ist.

Die Anschaffungs- oder Herstellungskosten werden auf die voraussichtlichen Nutzungsjahre verteilt. Die Nutzungsdauer ist in Abschreibungstabellen festgelegt, die von der Finanzverwaltung und von Wirtschaftsverbänden veröffentlicht werden. Nach dem Handelsrecht können Unternehmen jede Abschreibungsmethode wählen, die den → Grundsätzen ordnungsmäßiger Buchführung entspricht. Die planmäßige Abschreibung beginnt mit dem Zeitpunkt der Lieferung und nicht erst mit der Inbetriebnahme des Anlagegutes.

Absetzung für Abnutzung (Steuerbilanz)

Die AfA (Absetzung für Abnutzung) ist das steuerrechtliche Äquivalent der planmäßigen Abschreibung. Sie ist der Art und Höhe nach für die einzelnen Anlagegegenstände festgelegt. Zwei Grundsätze müssen beachtet werden:

Maßgeblichkeitsgrundsatz
Gewerbetreibende, die der Buchführungspflicht unterliegen oder freiwillig Bücher führen, müssen das auszuweisende Betriebsvermögen ansetzen. Dies bedeutet:
- Handelsrechtliche Abschreibungsgebote sind auch für die Steuerbilanz bindend.
- Abschreibungsmethoden, für die in der Steuerbilanz ein Wahlrecht besteht, setzen ein entsprechendes Wahlrecht in der Handelsbilanz voraus.

Bewertungsvorbehalt
In der Steuerbilanz sind die Vorschriften über die AfA zu befolgen. Falls das Steuerrecht die Abschreibung in besonderer Weise regelt, gilt dies so auch für die Steuerbilanz.

Angeschaffte Anlagegegenstände müssen zum Zeitpunkt der Lieferung abgeschrieben werden, hergestellte Anlagegegenstände im Zeitpunkt der Fertigstellung. Die AfA erfolgt im Jahr der Anschaffung, Herstellung, Einlage, Veräußerung oder Entnahme zeitanteilig. Eine Ausnahme gilt für bewegliche Güter des Anlagevermögens: Wenn sie im ersten Halbjahr angeschafft oder hergestellt wurden, können sie mit der vollen Jahres-AfA abgeschrieben werden, bei Anschaffung in der zweiten Jahreshälfte mit der halben Jahres-AfA.

Lineare und degressive Abschreibung

Die **lineare Abschreibung** erfolgt in gleichbleibenden Jahresbeträgen. Ihre Höhe errechnet sich aus den Anschaffungs- bzw. Herstellungskosten, geteilt durch die betriebsgewöhnliche Nutzungsdauer.

Beispiel: Lineare Abschreibung

Die Anschaffungs- oder Herstellungskosten eines Anlagegegenstandes betragen 40 000 DM, seine Nutzungsdauer acht Jahre.

AfA-Betrag $$\frac{40.000\ \text{DM}}{8} = 5.000\ \text{DM}$$

Abschreibungssatz $$\frac{5.000\ \text{DM} \cdot 100}{40.000\ \text{DM}} = 12{,}5\ \%$$

oder $$\frac{100\ \%}{8} = 12{,}5\ \%$$

Die **degressive Abschreibung** darf für bewegliche Güter des Anlagevermögens angewendet werden. Diese werden dann in fallenden Jahresbeträgen abgeschrieben. Die Abschreibungsquote ist im ersten Jahr am höchsten, im letzten Jahr der Abschreibung am geringsten. Dabei kann die Degression der Abschreibungsquote regelmäßig oder unregelmäßig sein. Die Abschreibung darf höchstens 30% des jeweiligen Buchwertes betragen. Der Übergang zur linearen Abschreibung ist zulässig. Er bietet sich an, wenn der lineare AfA-Betrag höher ist als der degressive AfA-Betrag.

Beispiel: Degressive Abschreibung

Die Anschaffungs- oder Herstellungskosten eines Anlagegegenstandes betragen 40 000 DM, seine Nutzungsdauer acht Jahre.

Linearer Abschreibungssatz: 100 % : 8 = 12,5 %.
Degressiver Abschreibungssatz: 12,5 % x 3 = 37,5 %, höchstens 30 %.

Anschaffungs- oder Herstellungskosten:	40.000 DM
AfA Jahr 01: 30 % · 40.000 DM	- 12.000 DM
Buchwert 31.12.01	28.000 DM
AfA Jahr 02: 30 % · 28.000 DM	- 8.400 DM
Buchwert 31.12.02	19.600 DM
AfA Jahr 03: 30 % · 19.600 DM	- 5.880 DM
Buchwert 31.12.03	13.720 DM
AfA Jahr 04: 30 % · 13.720 DM	- 4.116 DM
Buchwert 31.12.04	9.604 DM
AfA Jahr 05: 30 % · 9.604 DM	- 2.881 DM
Buchwert 31.12.05	6.723 DM
AfA Jahr 06: 30 % · 6.723 DM	- 2.017 DM
Buchwert 31.12.06	4.706 DM
AfA Jahr 07: 30 % · 4.706 DM	- 1.412 DM
Buchwert 31.12.07	3.294 DM
AfA Jahr 08:	- 3.293 DM
Buchwert 31.12.08	1 DM

Im letzten Jahr des Abschreibungszeitraumes ist auf den Erinnerungswert von 1 DM abzuschreiben, wenn der Anlagegegenstand noch im Betriebsvermögen steht.

Leistungsgemäße Abschreibung

Falls es wirtschaftlich begründbar ist, können die Anschaffungs- und Herstellungskosten entsprechend der Beanspruchung nichtlinear verteilt werden. Die Leistung ist im einzelnen Geschäftsjahr nachzuweisen. Die Wahl dieser Methode in der Steuerbilanz setzt ihre Anwendung in der Handelsbilanz voraus.

Geringwertige Wirtschaftsgüter

Wenn die Anschaffungs- oder Herstellungskosten eines Wirtschaftsgutes, vermindert um den Vorsteuerbetrag, 800 DM nicht übersteigen, handelt es sich laut Steuerrecht um ein geringwertiges Wirtschaftsgut (GWG). Es darf bereits im Jahr der Anschaffung in voller Höhe als Betriebsausgabe abgesetzt werden.

Außerplanmäßige Abschreibung

In bestimmten Fällen darf bzw. muß eine außerplanmäßige Abschreibung vorgenommen werden.

Sie **muß** erfolgen, wenn das betreffende Wirtschaftsgut eine dauerhafte Wertminderung erlitten hat (Abschreibungsgebot in der Handels- und Steuerbilanz).

Sie **kann** erfolgen, wenn diese Wertminderung nur vorübergehend ist (Abschreibungswahlrecht in der Handels- und Steuerbilanz). Im letzteren Fall dürfen Kapitalgesellschaften nur Finanzanlagen außerplanmäßig abschreiben.

Abschreibung des Umlaufvermögens

Handelsrechtlich müssen Umlaufgegenstände am Abschlußstichtag auf den niedrigeren Wert abgeschrieben werden, der sich aus dem Börsen- oder Marktpreis ergibt. Es gilt das Niederstwertprinzip (Abschreibungsgebot).

Steuerrechtlich dürfen Umlaufgegenstände auf den Teilwert abgeschrieben werden, wenn dieser niedriger als die Anschaffungs- oder Herstellungskosten ist. Hier haben Sie ein Abschreibungswahlrecht.

AfA-Tabellen

Dieses Programm versteht sich als schnelles Werkzeug zur Berechnung aller wesentlichen Abschreibungsdaten eines Wirtschaftsgutes. Er beinhaltet lineare und degressive Abschreibung und beherrscht sowohl den automatischen Übergang von der degressiven zur linearen Abschreibung wie auch die Vereinfachungsregel. Weiterhin besteht die Möglichkeit, sonstige Abschreibungen (erhöhte Absetzungen, Sonderabschreibungen) zu verarbeiten.

Anforderungsprofil

Die Übereinstimmung der Fähigkeiten der Mitarbeiter mit den Anforderungen der Arbeitsplätze ist ein Anliegen jedes Unternehmens. Das Anforderungsprofil enthält die wesentlichen Anforderungen eines Arbeitsplatzes. Die wichtigsten Bestandteile eines Anforderungsprofils sind Kenntnismerkmale (Ausbildung, berufliche Erfahrung) und Persönlichkeitsmerkmale (Arbeits-, Sozial- und Führungsverhalten).

Begriff

Anforderungsprofile beschreiben die typischen Anforderungen einer Stelle nach Art und Ausprägung. Damit tragen Anforderungsprofile dazu bei, daß die Mitarbeiter auf den ihren Fähigkeiten entsprechenden Arbeitsplätzen eingesetzt werden.

Vielfältige Einsatzmöglichkeiten

Die Kenntnis der Anforderungen ist eine unerläßliche Voraussetzung für eine optimale Stellenbesetzung. Sie wird bei zahlreichen personalwirtschaftlichen Aufgabenstellungen benötigt:

- bei der qualitativen Personalbedarfsplanung,
- bei der Personalsuche und Bewerberauswahl,
- für die optimale Stellenbesetzung bei der Planung des Personaleinsatzes,
- als objektivierender Maßstab bei der → Mitarbeiterbeurteilung,
- als Basis für die → Personalentwicklung,
- bei der Auswahl von Bildungsmaßnahmen.

Aufbau von Anforderungsprofilen

Zum Inhalt gehören stellenkennzeichnende Informationen (z. B. Stellenbezeichnung, Abteilung), allgemeine Merkmale (z. B. Alter, Nationalität), Kenntnismerkmale (z. B. Ausbildung, Fachkenntnisse, Berufserfahrung, Produkt- oder Branchenkenntnisse), körperliche Anforderungen (z. B. Geruchs- oder Geräuschbelastung) und als ganz wesentlicher Bestandteil Persönlichkeitsmerkmale (siehe Beispiel).

Notwendige und wünschenswerte Anforderungen

Zu unterscheiden ist zwischen notwendigen und wünschenswerten Anforderungen.

Notwendige Anforderungen müssen bereits vorhanden sein und können nicht durch andere Qualifikationen kompensiert werden (z. B. Führerschein bei einer Tätigkeit im Außendienst).

Wünschenswerte Qualifikationen können gegebenenfalls noch zu einem späteren Zeitpunkt erworben werden.

Bei der Auswahl der Anforderungskriterien sollte beachtet werden, daß nur eine begrenzte Zahl von Kriterien ausgewählt wird, sonst leidet die Praktikabilität. Außerdem sollten sie sich nicht überschneiden und überprüfbar sein.
Am Beispiel zeigt sich die Problematik eines Anforderungsprofils. Die Anzahl der ausgewählten Persönlichkeitsmerkmale liegt an der Obergrenze. Außerdem müssen bei der Merkmalsausprägung Abstriche gemacht werden; es kann nicht jedes Merkmal mit „hoch" charakterisiert werden. Solche Mitarbeiter gibt es in der Praxis nicht. Es muß also genau geprüft werden, welche Merkmale für die jeweilige Stelle am wichtigsten sind bzw. wo am leichtesten Abstriche hingenommen werden können.

Anforderungsprofil	
Stellenbezeichnung:	Personalleiter
Vorgesetzter:	.....
Abteilung:	Personalabteilung
Ziele/Hauptaufgaben:	Verantwortung für sämtliche Personalfunktionen; Verhandlungen mit dem Betriebsrat; Vertretung in Personalangelegenheiten nach außen

Anforderungskriterien – Teil I		zwingend erforderlich	wünschenswert
Allgemeine Merkmale:			
• Geschlecht:	☐ weiblich ☐ männlich ☑ egal		
• Alter:	zwischen 30 und 40		x
• Nationalität:	europäisch		x
• Mobilität:	innerhalb Deutschland		x
• Betriebszugehörigkeit:	☑ nicht erforderl. ☐ erforderl. Dauer:		
• Führerschein:	Klasse 3	x	

Berufsausbildung: Kaufmännische Ausbildung		x
Studium: ☒ FH ☐ Universität Fachrichtung: BWL Promotion ☐ ja ☒ nein	x	x
Spezielle Abschlüsse: Ausbildereignungsprüfung	x	
Stellenbezogene Fachkenntnisse: Sehr gute Kenntnisse des Arbeits- und Tarifrechts	x	
Berufserfahrung: ● als: Personalleiter/-referent Dauer: mind. 2 Jahre ● als:		x
Produktkenntnisse: ☒ ja ☐ nein **Branchenkenntnisse:** ☒ ja ☐ nein **Unternehmenskenntnisse:** ☐ ja ☒ nein		x x
Körperliche Anforderungen: ● wegen der Art des Arbeitsplatzes: Bildschirmtätigkeit ● wegen der Belastung mit Gerüchen und Geräuschen: --- ● wegen spezieller Gefährdungsmerkmale: ---		

Anforderungskriterien - Teil II	**Ausprägung**		
	hoch	**mittel**	**gering**
Analytisches Denkvermögen	x		
Auffassungsvermögen	x		
Entscheidungsvermögen			x
Interne/externe Kundenorientierung	x		
Verhandlungsgeschick	x		
Kommunikationsvermögen		x	
Förderung der Mitarbeiter	x		
Führungsvermögen		x	
Organisatorische und planerische Fähigkeiten		x	
Unternehmerisches Denken		x	

Arbeitskampf

Zum Arbeitskampf zählen alle kollektiven Maßnahmen, durch die sich die Arbeitnehmer- und Arbeitgeberseite gegenseitig absichtlich unter Druck setzen, um den Abschluß eines → Tarifvertrags zu erzwingen und bestimmte Ziele (z. B. bessere Arbeitsbedingungen) zu erreichen.

Der Arbeitskampf wird gesetzlich zwar erwähnt (Art. 9 III GG; § 74 II BetrVG; § 116 AFG), aber nicht definiert. Parteien im Arbeitskampf sind einzelne Arbeitgeber oder Arbeitgeberverbände und Gewerkschaften. Der Arbeitgeber muß, die Gewerkschaften können den Ausbruch eines Arbeitskampfes dem Arbeitsamt anzeigen (§ 17 I AFG). Der Staat hat sich im Arbeitskampf neutral zu verhalten. Wichtigste Kampfmittel des Arbeitskampfes sind Streik und Aussperrung.

Streik

Ein Streik ist die gemeinsam und planmäßig durchgeführte Arbeitseinstellung durch mehrere Arbeitnehmer nach einem Streikbeschluß, die in der Absicht erfolgt, nach erfolgreicher Beendigung die Arbeit wieder aufzunehmen.

Rechtmäßigkeit
Der Streik ist rechtmäßig, wenn er von einer anerkannten Gewerkschaft nach geordneter Abstimmung beschlossen und ordnungsgemäß geleitet wird. Er muß außerdem mit erlaubten Kampfmitteln geführt werden und arbeitsrechtliche Ziele (z. B. Verbesserung der Löhne oder Arbeitsbedingungen) verfolgen. Vor Streikbeginn müssen alle Möglichkeiten einer friedlichen Konfliktlösung ausgeschöpft sein. Außerdem ist ein Streik während der Laufzeit des Tarifvertrags (Friedenspflicht) oder eines vereinbarten Schlichtungsverfahrens unzulässig.

Streikarten

Warnstreiks sind zulässig, wenn lediglich zu kurzen, zeitlich befristeten Arbeitsniederlegungen aufgerufen wird. Das Recht zum Streik ist durch Art. 9 GG ausdrücklich garantiert. Politische und wilde Streiks sind rechtswidrig.

Politische Streiks treffen zwar auch den Arbeitgeber, sie sind aber gegen eine staatliche Instanz gerichtet. Wilde Streiks sind gewerkschaftlich nicht organisiert und gebilligt. Mit Sympathiestreiks soll ein fremder Arbeitskampf unterstützt werden. Bei einem Schwerpunktstreik wird nur ein Teil der Betriebe eines Tarifbereichs bestreikt, um damit die Streikkasse zu schonen und trotzdem einen wirksamen Druck auf die Arbeitgeber auszuüben.

Aussperrung

Durch die Aussperrung wird durch einen oder mehrere Arbeitgeber eine größere Anzahl von Arbeitnehmern planmäßig unter gleichzeitiger Verweigerung des Arbeitsentgelts von der Arbeit ausgeschlossen.

Innerhalb der Aussperrung ist zwischen der Abwehraussperrung als Abwehrmaßnahme gegen Streikende eines Betriebs und der seltener vorkommenden Angriffsaussperrung, die sich gegen Nichtstreikende richtet, zu unterscheiden. Beide Formen sind von der Rechtsprechung anerkannt, obwohl ihre Auswirkungen auf das Arbeitsverhältnis umstritten sind.

Nach überwiegender Meinung wird durch die Aussperrung das Arbeitsverhältnis ebenso wie beim Streik nur suspendiert, d. h., die während des Arbeitskampfes ruhenden Rechte und Pflichten leben nach dessen Beendigung in vollem Umfang wieder auf. Demgegenüber wird bei der sog. „lösenden Aussperrung“ eine Auflösung des Arbeitsverhältnisses angenommen, so daß nach Beendigung des Arbeitskampfes eine Neubegründung erforderlich wird.

Arbeitsstrukturierung

Die Arbeitsstrukturierung ist ein Teilbereich der Arbeitsgestaltung, der sowohl die verschiedenen Formen der Arbeitszerlegung als auch der Arbeitserweiterung und Arbeitsbereicherung umfaßt.

Von der Spezialisierung zur Generalisierung

Die Arbeitsstrukturierung ist eine Folge der Arbeitsteilung. Die traditionellen Formen der Arbeitsstrukturierung haben die Stellenspezialisierung bevorzugt, d. h. es wurden kleinste Einzelaufgaben gebildet, die vom Arbeitnehmer routinemäßig erfüllt werden konnten. Der Hauptvorteil bestand in der Wiederholung der Arbeitselemente und dem dadurch bedingten hohen Übungs- und Leistungsgrad. Die wesentlichen Nachteile lagen in der einseitigen körperlichen Belastung, in der geringen Umstellungsfähigkeit der Arbeitnehmer und vor allem in der wiederholungsbedingten Monotonie.

Um diesen Nachteilen zu begegnen, rücken die neueren Formen der Arbeitsstrukturierung von der Spezialisierung wieder ab; der Trend geht zur Generalisierung. Die Arbeitsinhalte werden wieder vielfältiger gestaltet und der Arbeitsumfang wird vergrößert. Zu den wichtigsten Gestaltungsformen zählen Job Enlargement, Job Enrichment, Job Rotation und teilautonome Arbeitsgruppen.

Job Enlargement

Durch Job Enlargement (Aufgabenerweiterung) wird der Arbeitsinhalt durch Hinzufügen qualitativ gleichwertiger Tätigkeiten ausgeweitet. Dadurch entstehen größere Aufgaben, die jedoch von einer Person beherrscht und ohne große Schwierigkeiten erlernt werden können. Durch Job Enlargement kommt es zu einer Verlängerung des Arbeitszyklus oder der Taktzeit bei Fließarbeit je Mitarbeiter, wodurch der Sinnzusammenhang eines umfassenderen Arbeitsablaufs für die Arbeitnehmer eher erkennbar wird. Die Monotonie als Folge ständiger Wiederholungen einfacher Handgriffe und die daraus resultierenden Gefahren wie Fehlleistungen und Unfälle werden verringert. Die mit dem Job Enlargement verbundene Steigerung des Selbstwertgefühls der Mitarbeiter hat in der Praxis vielfach zur Verbesserung der Arbeitsleistung beigetragen.

Job Enrichment

Job Enrichment (Tätigkeitsbereicherung) bedeutet eine Integration mehrerer unterschiedlich schwieriger, aber sachlich zusammengehörender Verrichtungen zu einem neuen Aufgabenkomplex. Zu den rein ausführenden Aufgaben kommen dispositive Funktionen, also planende, organisatorische und kontrollierende Tätigkeiten hinzu. Auf diese Weise wird der Arbeitsinhalt durch qualitativ höherwertigere Arbeitselemente angereichert, so daß der Initiative und dem Gestaltungsraum des einzelnen größere Möglichkeiten im Sinne der Selbstverwirklichung geboten werden. Job Enrichment bedeutet Verlagerung von hierarchischen Positionen; der Umfang an Delegation nimmt zu, Fremdkontrolle wird teilweise durch Eigenkontrolle ersetzt. Job Enrichment kann sowohl in der Fertigung als auch im Büro- und Dienstleistungsbereich praktiziert werden.

Job Rotation

Job Rotation (Arbeitsplatzwechsel) bedeutet, daß die Mitglieder einer Arbeitsgruppe planmäßig in selbstgewählter oder vorgeschriebener Folge die Arbeitsaufgabe oder die Arbeitsplätze miteinander wechseln.

Wie bei anderen Formen der Arbeitsstrukturierung verfolgt Job Rotation in diesem Sinne als Hauptziel, die mit einfachen, manuellen Tätigkeiten verbundenen physischen und psychischen Belastungen zu verringern. Gleichzeitig werden die Flexibilität und Motivation der Beteiligten gesteigert.

In einem anderen Sinne bedeutet Job Rotation eine Möglichkeit der Bildung am Arbeitsplatz (Training-on-the-job), die der Vermittlung zusätzlicher Qualifikationen dient.

Teilautonome Arbeitsgruppen

Grundsätzlich werden Arbeitsgruppen in erheblichem Maße von außen bestimmt, d. h. Arbeitsaufgabe und Art der Durchführung sind vorgegeben. In sogenannten teilautonomen Arbeitsgruppen wird diese Fremdbestimmung immer weiter aufgehoben. Komplexe Aufgabenbereiche werden in den Verantwortungsbereich der Gruppe verlagert. Führungsaufgaben wie Arbeitsvorbereitung, Arbeitsorganisation und Ergebniskontrolle werden ebenfalls in die Gruppe delegiert. Besondere Anforderungen werden an den Gruppenführer gestellt. Er muß sowohl über Sach- als auch Führungskompetenz verfügen.

Einen Schritt weiter gehen autonome Gruppen; sie verzichten sogar auf einen Vorgesetzten. Da jeder Mitarbeiter alle Arbeiten der Gruppe beherrscht, werden Hierarchien überflüssig.

Arbeitsvertrag

Der Arbeitsvertrag ist ein Dienstvertrag, der eine unselbständige Arbeitsleistung zum Gegenstand hat. Parteien des Arbeitsvertrages sind Arbeitgeber und Arbeitnehmer. Der Arbeitsvertrag steht sowohl unter dem Grundsatz der Formfreiheit als auch unter dem der Vertragsfreiheit. Grundsätzlich wird der Arbeitsvertrag auf unbestimmte Zeit geschlossen und ist daher nur durch Kündigung oder Aufhebungsvertrag beendbar.

Begriff

Der Arbeitsvertrag ist ein Vertrag zwischen Arbeitnehmer und Arbeitgeber, durch den ein Arbeitsverhältnis begründet wird. Der Arbeitnehmer verpflichtet sich in dem Vertrag zur Leistung von Arbeit; der Arbeitgeber hat dafür die Vergütung zu zahlen. Charakteristisch für den Arbeitsvertrag ist die Weisungsgebundenheit des Arbeitnehmers, durch die sich der Arbeitsvertrag vom Dienstvertrag unterscheidet. Vom Werkvertrag unterscheidet er sich insofern, als daß nicht der Erfolg, sondern die Arbeit als solche geschuldet ist. Soweit nicht die Besonderheiten des Arbeitsrechts etwas anderes vorschreiben, gelten für den Arbeitsvertrag die Bestimmungen des Bürgerlichen Gesetzbuches (BGB).

Form des Vertragsschlusses

Für den Abschluß des Arbeitsvertrages gilt der Grundsatz der Formfreiheit. Arbeitsverträge können daher grundsätzlich mündlich oder schriftlich, ausdrücklich oder durch schlüssiges Verhalten geschlossen werden. Etwas anderes gilt nur dann, wenn ein Gesetz, ein Tarifvertrag (z. B. § 4 I BAT) oder eine Betriebsvereinbarung die Einhaltung der Schriftform vorsieht. Besonderheiten gelten jedoch seit dem Inkrafttreten des sogenannten Nachweisgesetzes vom 27. Juli 1995. Danach hat jeder Arbeitgeber dem Arbeitnehmer binnen einem Monat nach Aufnahme der Arbeit eine unterschriebene Niederschrift mit den wesentlichen Arbeitsbedingungen auszuhändigen – es sei denn, es ist ein schriftlicher Arbeitsvertrag abgeschlossen worden. Dann erübrigt sich diese Verpflichtung.

Geltung von Tarifverträgen

Falls für ein Arbeitsverhältnis Tarifverträge gelten, so haben diese unmittelbare Wirkung für den Arbeitsvertrag, d. h. Arbeitgeber und Arbeitnehmer sind an diese genauso gebunden wie an gesetzliche Vorschriften. Zugunsten des Arbeitnehmers kann stets von Tarifverträgen abgewichen werden.

Zeitliche Dauer

In der Regel werden Arbeitsverträge auf unbestimmte Zeit abgeschlossen, sind also unbefristet. Sie können dann nur durch (ordentliche oder außerordentliche) Kündigung oder Aufhebungsvertrag beendet werden. Den Arbeitsvertragsparteien ist es unter bestimmten Voraussetzungen jedoch auch gestattet, befristete Arbeitsverträge abzuschließen. Ein befristeter Arbeitsvertrag endet dann zu dem vereinbarten Zeitpunkt, ohne daß es einer Kündigung bedarf.

Inhalt

Da auch im Arbeitsrecht der Grundsatz der Vertragsfreiheit gilt, sind die Arbeitsvertragsparteien bei der inhaltlichen Gestaltung der getroffenen Vereinbarungen im Prinzip frei. Zu empfehlen ist, daß sich die Parteien in einem schriftlichen Arbeitsvertrag über die Punkte einigen, die für das Arbeitsverhältnis von Bedeutung sind.
Die folgende Checkliste faßt die regelungsbedürftigen Punkte zusammen:

Sind im Arbeitsvertrag folgende Punkte erläutert?

- Beginn des Arbeitsverhältnisses
- Entgelt
- Dauer der Probezeit
- Vereinbarung, ob und unter welchen Voraussetzungen eine Versetzung möglich ist
- Arbeitszeit (z. B. Lage der Arbeitszeit, Einsatz zur Schichtarbeit)
- Urlaub (falls nicht die Vorschriften des Bundesurlaubgesetzes oder tarifvertragliche Regelungen gelten)
- Krankheit (z. B. Zuzahlungen zum Krankengeld)
- Kündigungsfristen, falls diese von den gesetzlichen Fristen abweichen
- Kündigung vor Dienstantritt
- Umfang möglicher Nebentätigkeiten
- Verschwiegenheitspflicht
- Abtretung von Lohn- und Gehaltsansprüchen bzw. Pfändung
- Erfordernis der Schriftform für Änderungen und Ergänzungen des Vertrages

Vertragsmängel

Weist ein Arbeitsvertrag Mängel oder Unklarheiten auf, wird zunächst aus Gründen des Bestandsschutzes im Wege der (notfalls ergänzenden) Vertragsauslegung eine Anpassung des Vertrages versucht. Stellt sich heraus, daß einzelne Regelungen des Arbeitsvertrages von vornherein nichtig sind, hat dies in der Regel nicht die Nichtigkeit des gesamten Arbeitsvertrages zur Folge, sofern nicht wesentliche Bestandteile des Arbeitsvertrages betroffen sind.

Wird ein nichtiger Arbeitsvertrag durch Arbeitsaufnahme in Vollzug gesetzt, so entsteht nach herrschender Auffassung ein faktisches Arbeitsverhältnis, das rückwirkend nicht mehr beseitigt werden kann. Aus dem faktischen Arbeitsverhältnis folgen quasivertragliche Ansprüche des Arbeitnehmers für die Vergangenheit. Dies gilt insbesondere für die Ansprüche des Arbeitnehmers auf den vereinbarten Lohn sowie unter Umständen auf anteiligen Urlaub.

Arbeitsverträge

Die Arbeitsverträge können Sie in Ihr Textverarbeitungsprogramm einbinden und Ihren Bedürfnissen genau anpassen: Arbeitsvertrag, Teilzeitarbeitsvertrag (Halbtagstätigkeit), Gehaltsbescheinigung, Vertrag mit leitendem Angestellten, befristeter Arbeitsvertrag (allgemein), Berufsausbildungsvertrag, Ehegattenarbeitsvertrag, freier Mitarbeitervertrag.

Arbeitszeit

Arbeitszeit ist die Zeit, die der Arbeitnehmer dem Arbeitgeber zur Nutzung seiner Arbeitskraft gegen Entgelt zur Verfügung stellt. Gerechnet wird vom Beginn der Arbeit bis zu deren Ende abzüglich der Ruhepausen. Eine Flexibilisierung der Arbeitszeit wird durch

Entkoppelung der Arbeitszeit der Mitarbeiter von den Betriebszeiten erreicht.

Begriff

Unter Arbeitszeit wird die Zeit vom Beginn bis zum Ende der Arbeit ohne Ruhepausen verstanden (§ 2 II ArbZRG). Dabei ist es unerheblich, ob der Mitarbeiter in dieser Zeit tatsächlich die geforderte Leistung erbringt.

Arbeitszeit kann mit Zustimmung des Unternehmens auch außerhalb des Unternehmens erbracht werden, z. B. wenn ein Arbeitnehmer daheim arbeitet oder eine Veranstaltung besucht. Arbeitszeiten bei mehreren Arbeitgebern sind zusammenzurechnen.

Die vom Arbeitnehmer zu leistende Arbeitszeit wird in aller Regel durch die Vereinbarungen im Arbeitsvertrag bestimmt. Werden keine Regelungen über die Dauer und die Lage getroffen, gilt die betriebsübliche Arbeitszeit als vereinbart.

Regelungen zur Arbeitszeit

Der Grundsatz der Vertragsfreiheit ist bei der Festlegung der Arbeitszeit erheblich eingeschränkt. Eine Einschränkung erfolgt insbesondere durch die geltenden Tarifverträge, die im Regelfall bis ins einzelne gehende Arbeitszeitregelungen enthalten. Außerdem haben die Arbeitsvertragsparteien bei der Regelung der Arbeitszeit die gesetzlichen Arbeitszeitschutzvorschriften wie das Arbeitszeitgesetz, die Gewerbeordnung, das Jugendarbeitsschutzgesetz, das Mutterschutzgesetz sowie weitere Sonderregelungen zu beachten.

Seit dem 1. Juli 1994 gilt das Gesetz zur Vereinheitlichung und Flexibilisierung des Arbeitszeitrechts (Arbeitszeitrechtsgesetz – ArbZRG), das zahlreiche Gesetze, u. a. die bis dahin geltende Arbeitszeitordnung, aufgehoben hat. Das neue Gesetz gilt gleichermaßen für Arbeiter, Angestellte sowie die zu ihrer Berufsbildung Beschäftigten.

Wichtigste Regelungen im Arbeitszeitgesetz

- Die werktägliche **Arbeitszeit** darf grundsätzlich 8 Stunden nicht überschreiten; sie kann bis zu 10 Stunden verlängert werden, wenn innerhalb von sechs Monaten ein Ausgleich stattfindet (§ 3).
- Nach Beendigung der Arbeitszeit eines Arbeitstages muß dem Mitarbeiter eine ununterbrochene **Ruhezeit** von mindestens 11 Stunden gewährt werden (§ 5 II).
- Arbeitnehmer dürfen nicht länger als 6 Stunden ohne **Ruhepausen** beschäftigt werden (§ 4).
- Als **Nachtarbeit** gilt jede Arbeit, die mehr als 2 Stunden der **Nachtzeit** umfaßt; als Nachtzeit gilt der Zeitraum von 23 bis 6 Uhr (§ 2 III/IV).
- **Sonn- und Feiertagsarbeit** ist nur bei Vorliegen bestimmter Ausnahmetatbestände möglich (§ 9); sie ist durch einen Ersatzruhetag innerhalb von zwei Wochen auszugleichen.

Die Arbeitszeit ist aus sozialversicherungsrechtlicher Sicht für die Feststellung von Versicherungspflicht bzw. -freiheit von Bedeutung. Darüber hinaus ergeben sich in der Krankenversicherungspflicht arbeitszeitabhängige Befreiungsmöglichkeiten.

Nicht zur Arbeitszeit gehören z. B. die Wegezeit, also die Zeit, die der Arbeitnehmer braucht, um von seiner Wohnung zur Arbeitsstätte und wieder zurückzugelangen, und Zeiten der Rufbereitschaft.

Arbeitszeitschutz

Der Arbeitszeitschutz gewährt dem Arbeitnehmer einen vierfachen Schutz. Er setzt zum einen die Höchstdauer für die tägliche, unter Umständen die wöchentliche oder 14tägige Arbeitszeit fest, er regelt die zeitliche Positionierung der Arbeitszeit, er schreibt Arbeitspausen und Ruhezeiten vor, und er beschränkt die Arbeit an Sonn- und Feiertagen.

Die wichtigste Rechtsgrundlage ist auch hierfür das Arbeitszeitgesetz. Hinzu kommen Verordnungen zur Regelung der Sonn- und Feiertagsarbeit, nach der die Arbeit an diesen Tagen grundsätzlich nicht erlaubt ist, das Ladenschlußgesetz mit einzelnen Verordnungen, das Jugendarbeitsschutzgesetz, das bestimmte Höchstarbeitszeiten für Jugendliche festlegt, das Mutterschutzgesetz, das vor allem die Nachtarbeit für werdende Mütter untersagt, das Gesetz über die Arbeitszeit in Bäckereien und Konditoreien und das Gesetz über das Fahrpersonal im Straßenverkehr nebst diversen Verordnungen.

Für sogenannte gefährliche Betriebe bzw. gefährliche Arbeiten bestehen arbeitszeitliche Sonderregelungen. Das gleiche gilt für das Schank- und Gastwirtschaftsgewerbe. Auch für Kraftfahrer gibt es arbeitszeitrechtliche Sonderbestimmungen.

Arbeitszeitflexibilisierung

Bei der Gestaltung der Arbeitszeit ist zwischen den Dimensionen Länge und Dauer einerseits und der jeweiligen Lage und Struktur andererseits zu unterscheiden. Dabei haben die Notwendigkeit zum effizienten Arbeitszeiteinsatz, die Humanisierung der Arbeit und die Motivation der Mitarbeiter eine Reihe von Modellen zur Arbeitszeitflexibilisierung hervorgebracht.

Arbeitszeitflexibilisierung bedeutet die Entkoppelung der Arbeitszeiten der Arbeitnehmer von den Betriebszeiten. Hintergrund ist einerseits die Notwendigkeit der Unternehmen, die einzelnen Arbeitnehmer, je nach Arbeitsanfall und Kapazitätsauslastung, möglichst flexibel einsetzen zu können; andererseits soll durch die Arbeitszeitflexibilisierung auch den individuellen Bedürfnissen der Arbeitnehmer (z. B. persönliche und familiäre Verpflichtungen, Arbeitsrhythmus, stauungefährliche Anfahrtzeiten) Rechnung getragen werden.

Gleitende Arbeitszeit
Gleitende Arbeitszeit liegt dann vor, wenn die betriebliche Arbeitszeitregelung so gestaltet ist, daß der Arbeitnehmer innerhalb eines gewissen zeitlichen Spielraums die Zeit seiner Arbeitsaufnahme und der Be-

endigung seiner Arbeit selbst bestimmen kann und nur innerhalb einer bestimmten Zeitspanne, der sogenannten Kernzeit, notwendigerweise im Betrieb anwesend zu sein hat.

Durch die Gleitzeit ist die stärkere Individualisierbarkeit der Arbeitszeiten und die damit zusammenhängende größere Berücksichtigung individueller Arbeitnehmerbedürfnisse gewährleistet. Außerdem ist die Gleitzeit geeignet, die Mitarbeitermotivation zu fördern. Durch die Einführung der Gleitzeitarbeit ist der Arbeitgeber darüber hinaus nur noch in geringem Umfang verpflichtet, Arztbesuche u. ä. während der Arbeitszeit lohnfortzahlungspflichtig hinzunehmen.

Bei größeren Betrieben ist darüber hinaus die Einführung der Gleitzeitarbeit auch im öffentlichen Interesse, da hierdurch vielfach unerwünschtes erhöhtes Verkehrsaufkommen durch An- und Abfahrtsverkehr in Spitzenzeiten vermieden werden kann. Neben diesen Vorteilen ist zu berücksichtigen, daß die Einführung der Gleitzeitarbeit regelmäßig mit zusätzlichen Kontrollkosten verbunden ist, häufig die Einstellung zusätzlichen Personals erfordert und erhöhte Energiegestellungskosten aufgrund der längeren täglichen Betriebsgesamtarbeitszeit hervorruft.

Schichtarbeit

Schichtarbeit ist aus Sicht des Unternehmens die Besetzung eines Arbeitsplatzes mit mehreren Mitarbeitern, die diesen zeitlich versetzt wahrnehmen. Aus Sicht des Mitarbeiters ist dies die im Tages- oder Wochenrhythmus wechselnde Arbeitszeit.

Insbesondere zur Erhöhung von Maschinenlaufzeiten, aber auch zur kontinuierlichen Versorgung der Bevölkerung (Krankenhäuser, Verkehr) wird Schichtarbeit eingesetzt. Diese kann sich auf bis zu 24 Stunden täglich und sieben Tage die Woche erstrecken. Sonn- und Feiertagsarbeit ist jedoch nur unter bestimmten Voraussetzungen des Arbeitszeitgesetzes zulässig und muß in Einzelfällen gesondert genehmigt werden.

Nachtarbeit ist eine besondere Form der Schichtarbeit; sie umfaßt die Nachtschicht (i. d. R. zwischen 22.00 und 6.00 Uhr) und wird mit einem höheren Zuschlag bezahlt. Sonderschichten sind Schichten, die zusätzlich zu den regelmäßigen, betrieblich vereinbarten Schichten durchgeführt werden.

Die Mitarbeiter werden entweder immer in der gleichen oder aber in kontinuierlich wechselnden Schichten eingesetzt. In letzterem Fall hat dies Auswirkungen auf die wöchentliche Freizeit und die jeweils freien Tage. Für die Mitarbeiter entstehen dadurch eine Reihe von Nachteilen, wie Störung des biologischen Gleichgewichts und ggf. gesundheitliche Probleme, vermindertes Zugehörigkeitsgefühl zum Unternehmen, erschwerte soziale Bindungen oder Beeinträchtigungen bei der Freizeitgestaltung. Diese Nachteile können gemindert werden, wenn man

- auf Wechselschichten und Nachtarbeit verzichtet oder
- zusätzliche Freizeit durch Verkürzung der Arbeitszeit gewährt.

Telearbeit

Die Telearbeit umfaßt Tätigkeiten an einem betriebsexternen Arbeitsplatz, der unter Verwendung von Geräten der Informations- und Kommunikationstechnologie (Computer, Telefon, Fax) durch elektronische Kommunikationsnetze mit dem Betrieb verbunden ist. Die Tätigkeitsfelder, die für Telearbeitsplätze in Betracht kommen reichen von der einfachen Datenerfassung oder Textbearbeitung bis zu den Aufgaben leitender Angestellter.

Die Telearbeit kann in Form eines normalen Arbeitsverhältnisses, als Heimarbeit und als Selbständiger gestaltet werden. Je nach Zuordnung gelten unterschiedliche arbeits-, sozialversicherungs- und steuerrechtliche Auswirkungen.

Die Befürworter der Telearbeit gehen davon aus, daß sich mit Telearbeitsplätzen erhebliche Produktivitätssteigerungen realisieren lassen. Die Möglichkeit zur individuellen Zeiteinteilung, vor allem der Wegfall der Anfahrtswege und die damit verbundene geringere Belastung sowie niedrigere → Fehlzeiten aufgrund von Krankheiten sind die wesentlichen Gründe für diese Annahme.

Auch für die Arbeitnehmer hat Telearbeit auf den ersten Blick eine Reihe von Vorteilen. Allein schon der Wegfall der mitunter sehr langen Wege zum Arbeitsplatz kann ein positiver Faktor sein. Auch die größere Flexibilität bei der Arbeit, die eine weitestgehend freie Zeiteinteilung erlaubt, ist ein entscheidender Vorzug. Bei einem Telearbeitsplatz läßt sich die Berufstätigkeit wesentlich besser mit anderen (privaten) Anforderungen in Einklang bringen.

Job-Sharing

Job-Sharing liegt vor, wenn der Arbeitgeber mit zwei oder mehreren Arbeitnehmern vereinbart, daß sich diese die Arbeitszeit an einem Arbeitsplatz teilen (§ 5 BeschFG). Dabei sind bei Ausfall eines Arbeitnehmers die anderen in die Arbeitsplatzteilung einbezogenen Arbeitnehmer zu seiner Vertretung nur aufgrund einer für den einzelnen Vertretungsfall geschlossenen Vereinbarung verpflichtet.

Die Ausgestaltung des Job-Sharing-Arbeitsverhältnisses kann unterschiedlich sein. So ist es etwa denkbar, daß mehrere Job-Sharer nacheinander in aufeinanderfolgenden Schichten am selben Arbeitsplatz arbeiten, daß sie einige Tage vollschichtig und an anderen Tagen überhaupt nicht arbeiten oder daß sie wöchentlich oder monatlich wechseln. Dabei ist zu beachten, daß die am Job-sharing beteiligten Arbeitnehmer grundsätzlich die Arbeitszeit untereinander aufteilen können, also kein Direktionsrecht des Arbeitgebers besteht.

KAPOVAZ

Die KAPOVAZ (kapazitätsorientierte variable Arbeitszeit) bietet dem Arbeitgeber die Möglichkeit, die pro Zeitperiode mit einem Mitarbeiter vereinbarte Arbeitszeit je nach Arbeitsanfall relativ kurzfristig abzurufen. Damit verfügen die Unternehmen über die erforderliche Flexibilität, um Arbeitsspitzen auszugleichen, da sie die pro Zeitperiode mit einem Mitarbeiter vereinbarte Arbeitszeit je nach Arbeitsanfall relativ kurzfristig abrufen können.

Die KAPOVAZ kann dann von Interesse sein, wenn unregelmäßige Arbeitsbelastungen auftreten, die erst relativ kurzfristig vorhersehbar sind. Ein typisches Beispiel ist der Einzelhandel. In solchen Fällen kann der Arbeitgeber mit seinen Arbeitnehmern vertraglich ein Arbeitszeitkontingent vereinbaren und die endgültige Lage der abzuleistenden Arbeitszeit bei Bedarf erst kurzfristig festlegen.

Für die betroffenen Mitarbeiter bedeutet KAPOVAZ die Pflicht zu einer kontinuierlichen Betriebsbereitschaft. Wegen der nicht von vornherein eindeutig festliegenden Zeiten für den Arbeitseinsatz ist diese Variante der Arbeitszeitgestaltung sehr umstritten.

Teilzeitarbeit

Teilzeitarbeit liegt immer dann vor, wenn die vertraglich vereinbarte Arbeitszeit eines Arbeitnehmers kürzer ist als die betriebliche Regelarbeitszeit für Vollzeitkräfte; letztere wird i. d. R. durch Tarifverträge bestimmt. Die Teilzeitarbeit ist ein auf die Wochen- bzw. Monatsarbeitzeit bezogenes Modell der Arbeitszeitflexibilisierung.

Teilzeitmitarbeiter haben grundsätzlich die gleichen Rechte und Pflichten wie Vollzeitbeschäftigte, es sei denn, es liegt ein sachlicher Grund vor (z. B. anteiliger Urlaubs- und Weihnachtsgeldanspruch).

Teilzeitmodelle

Die Praxis kennt verschiedene Arten der Teilzeitarbeit:

- Halbtagsstellen (wenn zwei Teilzeitkräfte sich eine ganze Stelle teilen (Job-Sharing);
- Nachmittagsteilzeit (z. B. an kundenstarken Nachmittagen im Einzelhandel);
- Vollzeitarbeit an einzelnen Tagen und als Ausgleich ganze freie Tage (z. B. 3 Tage in der Woche, 3 Wochen im Monat oder 10 Monate im Jahr);
- Regelungen zur Verkürzung der Lebensarbeitszeit sind insbesondere der Vorruhestand oder die Altersteilzeit.

Altersteilzeit

Durch Altersteilzeitarbeit soll der gleitende Übergang älterer Arbeitnehmer vom Erwerbsleben in den Ruhestand durch Verkürzung der Arbeitszeit und damit die Beschäftigung Arbeitsloser gefördert werden.

Rechtsgrundlage ist das Altersteilzeitgesetz (früher Vorruhestandsgesetz). Die Bundesanstalt für Arbeit gewährt Arbeitgebern Leistungen für Arbeitnehmer, die nach Vollendung des 58. Lebensjahrs ihre Arbeitszeit auf die Hälfte der tariflichen regelmäßigen wöchentlichen Arbeitszeit, jedoch auf mindestens 18 Wochenstunden, reduzieren.

Außerdem müssen die Arbeitnehmer innerhalb der letzten fünf Jahre für mindestens 1080 Kalendertage (= 3 Jahre) vollzeitbeschäftigt gewesen sein.

Die Leistungen bestehen in einem Aufstockungsbetrag auf die Vergütung für Altersteilzeit um 20 % sowie der Übernahme der Beiträge zur gesetzlichen Rentenversicherung für die Differenz zwischen dem Entgelt für Altersteilzeit und 90 % der früheren Vollarbeitszeit.

Die Leistungen werden nur gewährt, wenn der freigewordene Arbeitsplatz mit einem Arbeitslosen besetzt wird.

Stafettenmodell
Das Stafettenmodell ist eine Variante der Arbeitszeitflexibilisierung, wobei entweder der Einstieg in das Erwerbsleben oder der Ausstieg aus dem Erwerbsleben gleitend gestaltet werden.

Beim gleitenden Berufseinstieg starten Berufsanfänger in Teilzeitarbeit (z. B. 50 % der Regelarbeitszeit) für eine befristete Laufzeit (z. B. drei Jahre); danach besteht eine Option auf eine Vollzeitstelle.

Dieses Modell bietet bei der gegenwärtigen Arbeitsmarktsituation für Hochschulabsolventen und Auszubildende nach Abschluß der Prüfung eine Möglichkeit zum sofortigen Berufseinstieg. Das Unternehmen hat trotz knapper Arbeitsplätze Gelegenheit, die Nachwuchskräfte der Zukunft kontinuierlich aufzubauen.

Beim gleitenden Ausstieg beginnen Arbeitnehmer ab dem 58. Lebensjahr zunächst mit einem freien Halbtag pro Woche und können die Freizeitperioden in den folgenden Jahren bis zu den vom Gesetz vorgegebenen Höchstgrenzen steigern. Für die Arbeitnehmer kann auf diese Weise ein abrupter Übergang in den Ruhestand vermieden werden; im Unternehmen entsteht Freiraum für Neueinstellungen.

Assessment Center (AC)

Das Assessment Center ist ein Verfahren zur Auswahl von Bewerbern. Etwa 10 bis 16 Kandidaten werden eingeladen und müssen gemeinsam verschiedene Übungen absolvieren, wobei sie von unterschiedlichen Personen beurteilt werden. Durch Simulation typischer Arbeitssituationen will das Assessment Center vor allem das Gruppen- und Führungsverhalten testen.

Begriff

Grundgedanke des Verfahrens ist, die für eine Stelle typischen Situationen in verschiedenen Übungen zu simulieren und das Verhalten der Teilnehmer zu beobachten und zu bewerten. Dabei werden mehrere Teilnehmer gleichzeitig von mehreren geschulten Beurteilern in ihrem Verhalten in Einzel- oder Gruppenübungen beobachtet und bezüglich ihrer Eignung begutachtet.

Ziele des Assessment Centers

Bevor ein Assessment Center durchgeführt wird, müssen die Ziele bestimmt werden, die mit dem Verfahren erreicht werden sollen:

- Auswahl externer Bewerber
- Erfassen individueller Stärken und Schwächen der Teilnehmer
- Auswahl von Mitarbeitern für spezielle Aufgaben
- Feststellung von Führungspotential im Mitarbeiterbereich für weitere Personalentwicklungsmaßnahmen (→ Personalentwicklung)
- Entwicklung der persönlichen Aus- und Weiterbildungsplanung für den einzelnen

Über die Ziele werden dann die Übungen für das jeweilige Assessment Center festgelegt.

Beurteilungsverfahren

Die Beurteiler sollten in der Unternehmenshierarchie mindestens zwei Stufen über den Teilnehmern stehen oder externe, auf die Durchführung von Assessment Center spezialisierte Experten (z. B. Unternehmens- oder Personalberater, Psychologen etc.) sein.

Vom Verhalten der Teilnehmer in Streß- oder Entscheidungssituationen leiten die Beurteiler Aussagen über die Eignung der Teilnehmer hinsichtlich definierter Anforderungen ab.

Typische Übungen im Assessment Center sind

- Tests,
- Gruppendiskussionen (Wer eröffnet die Diskussion …, wer hört wem zu …, wer trägt zur Lösung bei …?),
- Rollenspiele,
- Selbstpräsentation,
- Postkorbübungen,
- Interviews,
- Bearbeitung von Fallstudien.

Die einzelnen Schritte des Assessment-Center-Verfahrens
• die vorherige Entwicklung eines → Anforderungsprofils, • der Einsatz mehrerer ausgebildeter Beobachter, • verschiedenartige Übungen, • die systematische Erfassung und Bewertung von gezeigtem Teilnehmerverhalten und • die detaillierte Information der Teilnehmer über ihre Ergebnisse (Feedback).

Nutzen

Dem Assessment Center wird im Vergleich zu Einzeltestverfahren eine höhere Objektivität zugesprochen, weil unterschiedliche diagnostische Methoden gleichzeitig Anwendung finden.

Kritisch zu bemerken ist, daß eine realistische Simulation der Arbeitsumgebung in einem Assessment Center nie möglich ist: Der Konkurrenzdruck unter den Teilnehmern und die Ausrichtung der Teilnehmer auf schnelle und kurze Ergebnisse und die möglichst gute Selbstdarstellung stimmen nicht immer mit den benötigten Anforderungen im Unternehmen überein.

Auslandseinsatz

Auslandseinsatz bedeutet den vorübergehenden Einsatz deutscher Mitarbeiter im Ausland. Die möglichen Probleme erstrecken sich von der Auswahl und Vorbereitung über die Betreuung während des Auslandsaufenthalts bis zur erfolgreichen Wiedereingliederung nach der Rückkehr.

Begriff

Der Auslandseinsatz ist eine wesentliche Teilaufgabe der internationalen Personalarbeit. Unter Auslandseinsatz wird im allgemeinen der vorübergehende Aufenthalt deutscher Mitarbeiter multinational tätiger Unternehmen im Ausland verstanden. Je nach Dauer des Aufenthaltes im Ausland und der vertraglichen Regelungen werden verschiedene Varianten unterschieden.

Unterschiedliche Varianten des Auslandseinsatzes

- Bei einer **Dienstreise** werden Mitarbeiter kurzfristig ins Ausland entsandt, um dort die Interessen des Unternehmens wahrzunehmen. Am bestehenden Arbeitsvertrag ändert sich nichts.
- Eine Entsendung von wenigen Monaten (z. B. zur Durchführung von Montagearbeiten) wird als **Abordnung** bezeichnet. Auch hier bleibt das bestehende Arbeitsverhältnis gültig und wird gegebenenfalls durch einen Abordnungsvertrag ergänzt.
- Eine **Delegation** liegt vor, wenn Mitarbeiter für mittelfristige Aufenthalte ins Ausland entsandt werden, um dort für das Entsendungsunternehmen Arbeitsleistungen zu erbringen (z. B. Aufbau einer Vertriebsorganisation oder Mitarbeit in der ausländischen Tochter). Hier wird in der Regel der bestehende Arbeitsvertrag kombiniert mit einem Anstellungsvertrag im Ausland, in dem vor allem die Rechte und Pflichten unter Beachtung der arbeitsrechtlichen Vorgaben im Ausland geregelt werden.
- Bei einer **Versetzung** wird der Mitarbeiter dauerhaft oder für längere Zeit völlig in das ausländische Unternehmen integriert. Das Arbeitsverhältnis im Entsendungsunternehmen ruht oder wird aufgelöst. Die Rückkehrchance kann durch Abschluß eines Reintegrationsvertrages erhalten werden.

Anreize für einen Auslandseinsatz

Insbesondere der mittel- und langfristige Auslandseinsatz ist über die Regelung der vertraglichen Beziehungen hinaus mit zahlreichen, teilweise in den privaten Bereich hineinragenden Problemen verbunden. Viele Mitarbeiter international tätiger Unternehmungen sehen den Auslandsaufenthalt oft lediglich als eine (unvermeidbare) Stufe in der persönlichen Karriereplanung an, die es möglichst schnell zu überbrücken gilt. Seitens der Unternehmen werden deshalb oft spezielle Anreizsysteme geschaffen, um die Bereitschaft zum Auslandseinsatz zu wecken.

Zum Ausgleich finanzieller Nachteile werden ganze Kompensationspakete zusammengestellt. Sie umfassen:

- Grundgehalt,
- Auslandszuschläge,
- notwendige Versicherungen,
- Ausgleichszahlungen für Währungsverluste,
- Umzugskosten,
- Mietbeihilfen,
- Schulgeld.

Kein Auslandseinsatz ohne ausreichende Vorbereitung

Eine Fehlbesetzung und der damit verbundene Vertrauensschaden im Ausland können wesentlich teurer sein als eine gründliche Auswahl und Vorbereitung. Deshalb sollten Sie die zu entsendenden Mitarbeiter nach ihrer fachlichen Qualifikation, ihrer physischen und psychischen Belastbarkeit und ihrer familiären Situation auswählen. Auch die sprachlichen Fähigkeiten sind ein wichtiges Kriterium.

Erfahrungen in der Vergangenheit haben gezeigt, daß die Vorbereitung auf den Auslandsaufenthalt in den meisten Fällen viel zu kurz war. Die Vermittlung ausreichender Sprachkenntnisse ist für die spätere Integration im Gastland ebenso unerläßlich wie die Vorbereitung auf die sozialen und kulturellen Unterschiede. Durch eine Anpassungsphase wird versucht, die Folgen des nach einer gewissen Anfangseuphorie vielfach auftretenden Kulturschocks zu mindern.

Rückkehrprobleme werden oft unterschätzt

Bei vielen Mitarbeitern treten die Probleme dann wieder nach der Rückkehr auf. Sie können Ihren Mitarbeitern die Rückkehr erleichtern, wenn Sie die Heimkehrer mit zwischenzeitlich veränderten Arbeitsbedingungen umgehend vertraut machen. Bedenken Sie auch unter Umständen die hohe Erwartungshaltung durch Kollegen. Im negativen Fall kann dies – ebenso wie Neid – zur Ablehnung des zurückgekehrten Kollegen führen. Auch die notwendige Reintegration im privaten Bereich, geänderte finanzielle Verhältnisse wegen des Wegfalls der Auslandszulagen und ein zweiter, umgekehrter Kulturschock sind zu bedenken.

Außendienst

Der Außendienst ist ein integrierter Bestandteil des Vertriebsmanagements. Direkt im Markt positioniert, übernimmt er die Vertriebsaufgaben vor Ort. Im Vordergrund steht die Beratung und Betreuung von Kunden und Interessenten, mit dem Ziel, Anwendungsfälle optimal zu lösen und den Absatz der eigenen Produkte zu fördern.

Organisation und Führung

Die Wirksamkeit des Außendienstes hängt sehr stark von der Einbindung in die Vertriebsorganisation und der Qualität der Führung ab. Deshalb sollte auf folgende Punkte geachtet werden:

Klare Abgrenzung der Verkaufsgebiete
Nur durch eine klare Abgrenzung der Verkaufsgebiete ist es möglich, die Marktverantwortung an den Außendienst zu übertragen und die erbrachten Leistungen zu messen. Bei der Festlegung der Verkaufsgebiete ist darauf zu achten, daß eine Ausgewogenheit der Gebiete unter-

einander besteht, wobei das Marktpotential die Orientierungsgrundlage bildet.

Integration in die Vertriebsorganisation
In der Regel ist der Außendienst direkt der Vertriebsleitung unterstellt. Bezogen auf die Firmengröße oder den Umfang des Liefersortiments können aber auch eigenständige Außendienstgruppen gebildet werden, die von einem Gebietsverkaufsleiter geführt werden.

Einbindung in das Kommunikationsnetzwerk
Die örtliche Distanz des Außendienstes zum Unternehmen und die erforderliche Verfügbarkeit für den Kunden verlangt ein hohes Maß an Kommunikation. Mobiltelefon und integrierte Vertriebsinformationssysteme können dabei sehr nützlich sein.

Führung und Controlling
Außendienstler sind Einzelkämpfer und in der Arbeit auf sich allein gestellt. Dies kann zu Vereinsamung oder Fehlentwicklungen im Verhalten führen. Genügend Führungszuwendung und ein kooperatives Controlling ist deshalb sehr wichtig.

Besetzung des Außendienstes

Neben den organisatorischen Voraussetzungen hängt die erfolgreiche Tätigkeit des Außendienstes ganz entscheidend von der Besetzung der einzelnen Verkaufsgebiete ab. Der angestellte Reisende ist als Mitarbeiter des Unternehmens mit der direkten Einbindung in das Vertriebsmanagement die beste Lösung für die Besetzung eines Verkaufsgebiets. Aber auch der Handelsvertreter kann eine sinnvolle Alternative sein, wenn die wirtschaftlichen Rahmenbedingungen fehlen und das eigene Produkt zum Sortiment des Handelsvertreters paßt. Kombinationen von angestellten Reisenden und Handelsvertretern erzielen oft die beste Wirkung.

Die Aufgaben des Außendienstes

Der Erfolg des Außendienstes hängt von der Erfüllung der folgenden Aufgaben ab.

Kontinuierliche Beratung und Betreuung der Kunden
Die Kontinuität sollte sich dabei an der Wertigkeit und den Anforderungen der einzelnen Kunden orientieren. Neben der nötigen Breitenarbeit ist auch auf die optimale Verfügbarkeit für den Kunden bei Entscheidungsprozessen zu achten.

Aufbau und Pflege der Marktstammdaten
Dazu zählen strukturierte Stammsätze für Kunden und Interessenten, die alle wichtigen Inhalte für die Planung und Steuerung des Marktes beinhalten, sowie Personalstammsätze über wichtige Gesprächspartner, die dadurch bei wichtigen Aktionen direkt angesprochen werden können.

Sicherung einer aktuellen Markttransparenz
Diese Aufgabe gilt in beiden Richtungen. Marktinformationen sind strukturiert aufzubereiten und dem Unternehmen als Steuerungs- und Entscheidungshilfe verfügbar zu machen. Genauso wichtig ist die permanente Information der Kunden über Neuheiten und Veränderungen im Unternehmen. Aus diesem Wechselspiel entwickelt sich das nötige gegenseitige Vertrauen für tragfähige Marktpartnerschaften.

Balanced Score-Card

Die Balanced Score-Card hilft, eine Strategie im Unternehmen umzusetzen. Voraussetzung für ihre Anwendung ist also das Vorliegen einer gültigen, von allen Entscheidungsträgern akzeptierten Strategie.

Begriff

Bisher unterstützen zumeist traditionelle Kennzahlensysteme das Management dabei, eine Strategie wirksam umzusetzen. Doch wie die Ziele wirklich erreicht werden sollen, bleibt vielfach unklar. Lautet die Strategie z. B. mehr Kundenbindung, fehlen den meisten Strategien konkrete Handlungsanleitungen. Traditionelle Kennzahlensysteme helfen hier nicht weiter, denn sie beziehen sich oft nur auf einzelne, meist monetäre Aspekte. Dagegen bildet die Balanced Score-Card Unternehmensstrategien in vier Dimensionen ab: Finanzieller Erfolg, → Kundenzufriedenheit, Prozeßoptimierung sowie Lernen und Wachstum, die miteinander verknüpft sind. Je nachdem, wie die Strategie formuliert ist und welche Ziele verfolgt werden, bilden die Teilleistungen dieser vier Dimensionen im Idealfall ein Gleichgewicht (Balance), sind dann ausgewogen.

Finanzieller Erfolg

Je nach dem, ob sich eine Geschäftseinheit in der Wachstums-, Reife- oder Schrumpfungsphase befindet, müssen spezifische finanzielle Ziele gesetzt und gemessen werden.

Wachstumsphase
In Wachstumsgeschäften hat aufgrund der nötigen → Investitionen der → Return on Investment (ROI) nur beschränkte Aussagekraft. Ziele sollten daher Umsatzwachstum, Marktanteile in wichtigen Segmenten etc. sein, die eine langfristige Investitionsperspektive verkörpern. In dieser Phase sind aussagekräftige Zahlen:

- Umsatzanteil neuer Produkte
- Deckungsbeitrag neuer Produkte
- Anteil an Neuanwendungen eines vorhandenen Produkts
- Anteil neuer Kunden
- Anteil neuer Märkte
- Umsatz-/Gewinnanteil von kooperativen Projekten, falls die Zusammenarbeit forciert werden soll

Reifephase
In der Reifephase lohnen sich meist nur mittelfristige Investitionen. Entsprechend bilden klassische ROI-Kennzahlen oder der Deckungsbeitrag bei gleichbleibender Kapitalbindung geeignete Maßstäbe.

Sinnvoll ist es auch, eine Verbindung zwischen Kosten und Leistung herzustellen, wie z. B. Umsatz pro Beschäftigter oder Kosten pro Einheit.

Schrumpfende Märkte
In schrumpfenden Märkten sollten nur noch Ersatzinvestitionen getätigt werden, die sich auch auf kurze Sicht bezahlt machen. Hauptziel ist es, den → Cash-flow zu maximieren bzw. das gebundene Kapital zu reduzieren.

Wichtig ist auch die Risikoabschätzung finanzieller Verluste in einzelnen Geschäftseinheiten.

Kundenzufriedenheit

Die strategische Festlegung auf bestimmte Kundensegmente hat zwangsläufig zur Folge, daß andere Wünsche nicht (vorrangig) bedient werden. Um eine optimale Steuerung des Unternehmens sicherzustellen, muß das richtige Kundensegment gewählt werden. Wie profitabel das Kundensegment ist, hängt ab von:
- Marktanteil,
- Neukundenanteil,
- Wiederkaufsrate sowie
- Kundenzufriedenheit.

Das Unternehmen sollte ein sinnvolles Verhältnis von Neukunden und Wiederkaufsrate realisieren. Dabei spielt der Lebenszyklus des Produkts eine große Rolle. Je länger das Produkt auf dem Markt ist, desto gesättigter ist der Markt. Das bedeutet, daß die Neukundengewinnung schwieriger wird. Aus diesem Grund sollte das Unternehmen mehr Energie in das Halten von Stammkunden stecken.

Optimierung der Geschäftsprozesse

Eine weitere strategische Aufgabe ist die umfassende Optimierung aller Geschäftsprozesse von der Produktentwicklung bis zur Zahlungsabwicklung. Folgende Bereiche sind besonders wichtig:

- Produktentwicklung,
- After-Sales-Service
- Produktion und → Vertrieb.

Lernen und Wachstum

In diesem Bereich geht es vor allem um die Entwicklung von Kernkompetenzen. Die Faktoren Fähigkeit bzw. Motivation der Mitarbeiter und Informationssysteme stehen dabei im Vordergrund.

Bewertungsmaßstäbe für Fähigkeit und → Motivation der Mitarbeiter können
- Mitarbeiterproduktivität, -wertschöpfung,
- Mitarbeitervorschläge (→ Betriebliches Vorschlagswesen) und
- Mitarbeiterzufriedenheit (→ Fluktuation)

sein.

Die Anforderungen an Informationssysteme sind von Unternehmen zu Unternehmen unterschiedlich. Deshalb sind allgemeine Bewertungsmaßstäbe auf diesem Gebiet schwer zu entwickeln. Wichtig ist, daß das Informationssystem in der Lage ist, die Stärken der einzelnen Mitarbeiter zur Gesamtstärke des Unternehmens zusammenzuführen.

Benchmarking

Unter Benchmarking wird ein strukturierter Prozeß des Lernens aus der Praxis verstanden. Ein Unternehmen mißt die eigenen Leistungen, Aktivitäten und Methoden anhand objektiver Vergleichsgrößen mit denen der härtesten Konkurrenten bzw. Marktführer oder vergleicht sich mit Weltklasse-Unternehmen.

Begriff

Benchmarking ist der Prozeß des Vergleichens und Messens der eigenen Produkte, Dienstleistungen und Prozesse mit den besten Wettbewerbern oder mit den anerkannten Marktführern. Diese Unternehmen bzw. Organisationen, die einen zu untersuchenden Prozeß, ein Produkt oder eine Dienstleistung hervorragend beherrschen, werden dabei als Klassenbeste (Best in Class) bezeichnet. Im Vergleich zu diesen sollen Unterschiede zum eigenen Unternehmen erkannt und Möglichkeiten zur Verbesserung aufgezeigt werden.

Benchmarking beschränkt sich nicht auf den Vergleich von Produkten, sondern bezieht Dienstleistungen und vor allem Prozesse mit ein. Es ist damit auch keine Produktimitation, sondern der offene Wunsch, sich am Leistungsstandard der besten Mitbewerber zu messen und von ihnen zu lernen.

Ziele

Ziel und Nutzen des Benchmarking ist es,
- aus dem Vergleich mit den Besten zu lernen,
- die wirkungsvollsten Methoden (Best Practice) herauszufinden,
- zu adaptieren und die Leistungsfähigkeit des eigenen Unternehmens zu steigern,
- selbst die Spitzenposition als Bester der Besten (Best of the Best) zu erreichen.

Neue Aspekte des Benchmarking

Benchmarking als kontinuierliches Streben nach dem Besten geht nicht nur über den Betriebsvergleich hinaus, sondern auch über Wettbewerbsbeobachtung in ihren verschiedenen Formen, wie z. B. Konkurrenzanalyse, Produktimitation oder sogar Reverse Engineering.

Insbesondere beim **Reverse Engineering** wird ein Wettbewerbsprodukt systematisch in seine Bestandteile zerlegt und mit dem eigenen Produkt verglichen, um so durch die Analyse der einzelnen Komponenten und technischen Funktionen Erkenntnisse über die verwendeten Konstruktions- und Fertigungsverfahren zu gewinnen. Die Unterschiede werden monetär bewertet. Anschließend wird die Herstellung des Wettbewerbsproduktes mit Kosten abgeschätzt, wie sie im eigenen Unternehmen entstehen würden. Auf diese Weise lassen sich sehr schnell Potentiale zur Verbesserung aufzeigen, die bei zügiger Umsetzung auch eine entsprechend motivierende Wirkung auf die Mitarbeiter ausüben können. Da bei dieser Vorgehensweise die Produkte im Mittelpunkt stehen, wird das Verfahren deshalb auch als Reverse Product Engineering bezeichnet.

Arten des Benchmarking

Nachfolgend werden die Arten des Benchmarking mit ihren besonderen Eigenschaften dargestellt.

Internes Benchmarking (Internal Benchmarking)
Internes Benchmarking ist Benchmarking innerhalb eines Unternehmens bezüglich der geschäftlichen Vorgehensweise. Es können einzelne Unternehmen eines Konzerns, verschiedene Standorte, Cost- bzw. Profitcenter, Abteilungen, Gruppen und sogar Arbeitsplätze verglichen werden. Durch leichte Datenerfassung können ohne großen Aufwand brauchbare Ergebnisse erzielt werden, jedoch ist der Blickwinkel insgesamt begrenzt, da nur auf das eigene Unternehmen ausgerichtet.

Wettbewerbsorientiertes Benchmarking (Competitive Benchmarking)
Benchmarking mit unternehmensexternen, direkten Wettbewerbern bezüglich des gleichen oder eines sehr ähnlichen Produkts ist eine besonders überzeugende Art des Vergleichs. Unter direkten Wettbewerbern ist es in der Regel einfacher, vergleichbare Produkte oder Prozesse zu identifizieren. Auch ist die eindeutige Positionierung beider Unternehmen im Wettbewerb meist möglich. Hinzu kommt eine relativ hohe Akzeptanz des Verfahrens im Unternehmen sowie die Beschäftigung mit direkt verwertbaren, geschäftsrelevanten Informationen.

Funktionales Benchmarking (Functional Benchmarking)
Als funktionales Benchmarking bezeichnet man den Vergleich mit den anerkannten Marktführern oder mit den Klassenbesten (Best in Class), die einen Prozeß, ein Produkt oder eine Dienstleistung unabhängig von der Branche hervorragend beherrschen.

In dieser anspruchsvollsten und umfassendsten Art des Benchmarking liegt auch das größte Potential zur Findung innovativer Lösungen.

Die Phasen des Benchmarking-Prozesses

Unabhängig von der Art des Benchmarkings läßt sich der grundsätzliche Ablauf des Benchmarking-Prozesses in fünf Phasen einteilen, die sich in zehn Einzelschritte untergliedern lassen, sowie eine abschließende Reifephase (Maturity).

Planungsphase
In den ersten drei Schritten werden das **Benchmarking-Objekt,** der **Vergleichspartner** und die **Art der Datenerhebung** festgelegt.

Dazu wird ein Benchmarking-Team aus üblicherweise sechs bis acht Personen gebildet. Dieses ist interdisziplinär zu besetzen und mit den nötigen Entscheidungsbefugnissen sowie Zugriffsberechtigungen auf Daten und Informationen auszustatten.

Als **Benchmarking-Objekt** kommt grundsätzlich jedes Produkt und jede Leistung in Frage, sofern sich eine Bestmarke (Benchmark) im Sinne eines meßbaren Leistungsstandards bestimmen läßt.
Besonders sinnvoll sind hier Hauptprozesse bzw. -produkte, die Einfluß auf den Markterfolg des Unternehmens oder auf die Kundenzufriedenheit haben.
Entscheiden Sie anhand der folgenden Checkliste, ob das zu prüfende Objekt für das Benchmarking geeignet ist:

Ist das Benchmarking-Objekt geeignet?		
Arbeitstitel für das vorgesehene Benchmarking-Objekt:	**Hält das Projekt den Fragen stand?**	
	Ja	Nein
Bestehen im Benchmarking-Objekt große Schwächen, d.h., ist ein Bedarf an Veränderung gegeben?		
Hat das Vergleichsobjekt für den Kunden einen hohen Nutzen?		
Ist die Begründung für das Benchmarkingprojekt eindeutig und nachvollziehbar?		
Ist das Benchmarking-Objekt klar abgegrenzt?		
Ist es nicht zu komplex?		
Wurde ein Ziel abgestimmt und festgelegt?		
Hat das Benchmarking-Objekt die Qualität eines kritischen Erfolgsfaktors?		
Steht das Top-Management hinter dem Benchmarkingprojekt?		

Der **Vergleichspartner** sollte der „Klassenbeste" sein, damit ein Vergleich mit den bestmöglichsten Leistungen auf einem Gebiet möglich wird.

Die Auswahl ist eine sehr wichtige Phase; finden Sie nicht den richtigen Partner, werden Sie auch nicht die besten Lösungen für Ihr Problem finden.
Folgende Checkliste unterstützt Sie bei der Suche nach dem geeigneten Benchmarkingpartner:

Ermittlung des Benchmarkingpartners	
Fragen zum Benchmarking-Objekt:	**Bemerkungen**
Wer ist genau auf diese Leistung (Funktion; Prozeß) spezialisiert?	
Wo wird die Leistung (Funktion; Prozeß) besonders gefordert?	
Wer ist darin besonders innovativ?	
Wer muß auf diesem Gebiet sehr gut sein, da er sonst im Extremfall nicht überlebt?	
Fragen zur Vergleichbarkeit von Benchmarking-Partnern:	
Wer arbeitet unter vergleichbaren Bedingungen?	
Wer hat eine ähnliche Situation?	
Wer hat eine vergleichbare Organisation?	
Wer erreicht eine sehr hohe Kundenzufriedenheit?	
Wer wickelt den Prozeß optimal ab?	
Wer realisiert den Prozeß standardisiert?	
Wer hat eine vergleichbare Kundenstruktur?	

Analysephase
Die Analyse dient dem sorgfältigen Verständnis des Benchmarking-Objektes und bezieht sich sowohl auf das eigene Unternehmen als auch auf die Benchmarking-Partner. Auf diese Weise werden eigene Leistungslücken identifiziert und nach Möglichkeit durch Kennzahlen über Kosten-, Qualitäts- und Zeitaspekte dargestellt.

Anschließend müssen die Ursachen der Leistungslücken ermittelt und diese dann geschlossen werden. Weiterhin ist abzuschätzen, auf welchem Niveau sich die Leistungsstandards in Zukunft bewegen werden, um den Prozeß der ständigen Verbesserung gezielt ansetzen zu können. Dabei ist zu berücksichtigen, daß Benchmarking nicht nur einfach einen Leistungsrückstand ermittelt, sondern vor allem aufzeigen will, wie Prozesse effektiver und effizienter gestaltet werden können.

Integrationsphase
In dieser Phase werden die Ergebnisse des Benchmarking benutzt, um entsprechende Ziele zu setzen und zu operationalisieren. Der wichtigste Schritt ist dabei die klare und überzeugende Verdeutlichung der Analyseergebnisse gegenüber den anderen Mitarbeitern und der Unternehmensleitung. Wegen der oftmals notwendigen, weitreichenden Veränderungen ist es besonders bedeutsam, daß die Ergebnisse von allen Hierarchieebenen voll akzeptiert werden.

Umsetzungsphase
Vor dem Hintergrund der gesetzten Ziele werden in der Umsetzungsphase konkrete Maßnahmen festgelegt und Planungen zu ihrer Einführung entwickelt. Demgemäß erfolgt dann auch die Implementierung der neuen, aus den Benchmarking-Ergebnissen gewonnenen Verfahrensweisen im Unternehmen. In diesem Zusammenhang ist eine offene Kommunikation und Information über Fortschritte im Hinblick auf die Zielerreichung im Unternehmen besonders wichtig.
Ergreifen Sie in der Umsetzungsphase folgende Maßnahmen:

Maßnahmenkatalog, um die Ergebnisse des Benchmarking umzusetzen

- Eliminierung von nicht wertschöpfenden Aktivitäten (z. B. Reduktion eines übertriebenen Informationsbewußtseins).
- Einsatz neuer Aktivitäten (z. B. Einrichtung eines Frühwarnsystems).
- Automatisierung von Aktivitäten (z. B. Wegfall von Mehrfacheingaben durch Vernetzung von Computersystemen).
- Externalisierung (→ Outsourcing) von Aktivitäten (z. B. Vergabe gut abgrenzbarer Aufgaben an spezialisierte Unternehmen).
- Einführung von Standards (z. B. Vereinheitlichung von Marketingunterlagen).
- Zentralisierung von Aktivitäten (z. B. Kundenbetreuung).
- Dezentralisierung bestimmter Aktivitäten (z. B. eigenverantwortliche Budgetplanung für Niederlassungen).
- Institutionalisierung von Aktivitäten (z. B. Strategiemeetings).

Zur Umsetzung gehört ebenfalls eine periodische Messung und Überwachung des Erreichten mit Hilfe der identifizierten Kennzahlen sowie geeigneter Meilensteine. Ergänzend sollten die Benchmarking-Ergebnisse regelmäßig überprüft und gegebenenfalls aktualisiert werden (Rekalibrierung), da die Verfahrensweisen einer ständigen Veränderung und Verbesserung unterliegen.

Reifephase (Perfektionierung)
Die Rekalibrierung und schließlich permanente Durchführung des Benchmarking ermöglicht es, die in dynamischen Märkten ständig entstehenden, neuen und weiter verbesserten Verfahren zu identifizieren und sich mit den neuen „Klassenbesten" zu vergleichen. Auf diese Wei-

se wird es nicht nur möglich, selbst Klassenbester zu sein, sondern der Benchmarking-Prozeß wird bis zu seiner Perfektionierung beherrscht. Durch diese vollständige Integration in die (Geschäfts)-Prozesse wird Benchmarking zu einem fortwährenden, sich selbst initiierenden Bestandteil des Unternehmensführungsprozesses.

Grenzen des Benchmarking

Die lernende Umsetzung der Benchmarking-Ergebnisse ist zunächst eher vergangenheitsorientiert. Hier kommt der Abschätzung von zukünftigen Entwicklungen, wie sie in der Analysephase vorgenommen werden kann, eine besondere, eventuell sogar kompensierende Bedeutung zu. Grundsätzlich fraglich ist die sichere Identifikation eines Klassenbesten. Dies kann immer nur ein Herantasten an relativ gute Unternehmen sein. Die Unsicherheit über die absolute Güte bzw. das tatsächliche Leistungsniveau bleibt bestehen. Um diesen Umstand nach Möglichkeit auszugleichen, ist es sinnvoll, sich mit mehreren Benchmarking-Partnern zu vergleichen.

Unter der Voraussetzung einer selbstkritischen Betrachtung der Produkte, Prozesse und Leistungen ermöglicht Benchmarking jedoch insgesamt Erfolg versprechende Veränderungen innerhalb eines Unternehmens. Durch permanentes Lernen von anderen wird die Wettbewerbsfähigkeit gesteigert und die ständige Verbesserung gefördert.

Betriebliche Steuern

Steuern sind Zwangsabgaben, die Bund, Länder und Gemeinden erheben und denen keine konkrete Gegenleistung gegenüber steht. Sie können einmaliger Natur sein oder laufend erhoben werden. Die wichtigsten betrieblichen Steuern betreffen den Ertrag, das Vermögen und den Umsatz.

Betriebliche Steuerarten

Betriebliche Steuerarten lassen sich betriebswirtschaftlich sinnvoll in vier Kategorien einteilen:

Ertragsteuern richten sich nach der Einkommens- und Ertragserzielung des Unternehmens. Ihre Bemessungsgrundlage ist also vom wirtschaftlichen Ergebnis eines Wirtschaftsjahres abhängig. Für die diversen Steuern dieser Kategorie dienen unterschiedliche Teile des Ertrages als Bemessungsgrundlage.
Bei **Substanzsteuern** dient das Vermögen in unterschiedlichem Umfang als Bemessungsgrundlage der Besteuerung. Die Besteuerung basiert auf dem Roh- und Reinvermögen bzw. auf dem Einheitswert des Betriebsvermögens.
Verkehrsteuern orientieren sich nicht am wirtschaftlichen Erfolg oder an einer Vermögenssubstanz, sondern an bestimmten Verkehrsvorgängen (z. B. Warenlieferung, Grundstücksübertragung) zwischen dem Unternehmen und Partnern. Die wichtigste Verkehrsteuer ist die Umsatzsteuer.
Verbrauchsteuern belasten den Verbrauch und Gebrauch bestimmter Güter. Charakteristisch für diese Steuerart ist ihre Überwälzbarkeit.

Welche einzelne Steuerarten zu den jeweiligen Kategorien gehören, sehen Sie in der folgenden Übersicht:

Ertragsteuern	Substanzsteuern	Verkehrsteuern	Verbrauchsteuern
Einkommensteuer Kapitalertrags-. steuer Körperschafts- steuer Gewerbeertrags- steuer Solidaritätszu- schlag	Vermögensteuer Grundsteuer Gewerbekapital- steuer Erbschafts- und Schenkungssteuer	Umsatzsteuer Grunderwerbsst. Versicherungs- steuer Kraftfahrzeug- steuer Wechselsteuer Kapitalverkehr- steuer	Mineralölsteuer Tabaksteuer Biersteuer Kaffeesteuer Sektsteuer usw.

Steuern als Kosten

Bezüglich des Kostencharakters von Steuern besteht in der Fachliteratur keine Einigkeit. Gemeinhin stellen Steuern dann Kosten dar, wenn sie in einem unmittelbaren Bezug zur betrieblichen Leistungserstellung stehen. Verkehr- und Verbrauchsteuern können damit fraglos in die Kosten einbezogen werden. Die Einbeziehung der Substanzsteuern und der Ertragsteuern ist jedoch strittig.

Abzugsfähige und nichtabzugsfähige Steuern

Abzugsfähige Steuern sind bei der Ermittlung der Bemessungsgrundlage der Ertragsteuer abzugsfähig.

Man unterscheidet zwischen Steuern, die sofort oder im Zeitablauf abzugsfähig sind.

Eine genaue Aufstellung enthält die Übersicht:

Sofort abzugsfähige Steuern
• Gewerbeertrag- und Gewerbekapitalsteuer, • Grundsteuer, • Versicherungsteuer, • Kraftfahrzeugsteuer.
Im Zeitablauf abzugsfähige Steuern
• Grunderwerbsteuer im Wege der Abschreibung, • Umsatzsteuer, soweit sie nicht als Vorsteuer abzugsfähig ist.

Nichtabzugsfähige Steuern sind vom Betriebsausgabenabzug ausgeschlossen. Wenn sie zuvor als Aufwand verbucht wurden, müssen sie bei der Ermittlung des zu versteuernden Ergebnisses wieder hinzugerechnet werden.
Die nichtabzugsfähigen Steuern setzen sich folgendermaßen zusammen:

Nichtabzugsfähige Steuern
• Steuern vom Einkommen (Einkommen-, Kapitalertrag- und Körperschaftsteuer, inklusive Solidaritätszuschlag), • sonstige Personensteuern (Vermögen-, Erbschaft- und Schenkungsteuer), • Umsatzsteuer für den Eigenverbrauch.

Steuern im Jahresabschluß

In der → Bilanz, der → Gewinn-und-Verlust-Rechnung sowie im Anhang müssen Steuern berücksichtigt werden.

Gewinn-und-Verlust-Rechnung
In der GuV-Rechnung werden unter dem Punkt „Steuern" alle vom Unternehmen als Steuerschuldner zu tragenden Steuern erfaßt.

- Steuern vom Einkommen und Ertrag
  - Körperschaftsteuer (bei Kapitalgesellschaften),
  - Gewerbeertragsteuer (bei Personengesellschaften und Kapitalgesellschaften),
  - ausländische Steuern,
  - Aufwendungen oder Erträge aus der Abgrenzung latenter Steuern.

- sonstige Steuern
  - Vermögensteuer,
  - Gewerbekapitalsteuer,
  - Grundsteuer,
  - sämtliche Verkehr- und Verbrauchsteuern.

Steuern in der Bilanz
Steuerüberzahlungen werden auf der Aktivseite der Bilanz unter „sonstige Vermögensgegenstände" ausgewiesen. Steuerzahlungen, die noch zu leisten sind, werden auf der Passivseite unter „Steuerrückstellungen" ausgewiesen.

Steuer-Rechner

Mit der CD-ROM können Sie folgende Steuerarten berechnen:
- Erbschaftsteuer
- Kraftfahrzeugsteuer
- Umsatzsteuer

Betriebliches Vorschlagswesen

Das betriebliche Vorschlagswesen eröffnet den Mitarbeitern Möglichkeiten, durch eigene Initiativen das Betriebsgeschehen zu verbessern. Verbesserungsvorschläge können sich auf alle betrieblichen Belange beziehen. Neben der Honorierung ist für die Mitarbeiter die Chance zur Mitgestaltung ein besonderer Anreiz.

Begriff

Zum betrieblichen Vorschlagswesen zählen alle Einrichtungen und Maßnahmen, die es den Mitarbeitern ermöglichen, mit Verbesserungsvorschlägen aktiv zur wirtschaftlicheren und sichereren Gestaltung und zur Vereinfachung betrieblicher Einrichtungen, Verfahren und Abläufe beizutragen.

Verbesserungsvorschläge

Ein Verbesserungsvorschlag liegt nur vor, wenn

- seine Verwirklichung eine Verbesserung gegenüber der bisherigen Situation bewirkt,

- die Änderung ohne den Vorschlag zu diesem Zeitpunkt nicht durchgeführt worden wäre und
- der Vorschlag nicht nur Kritik enthält, sondern neben der Problemdarstellung auch Lösungswege aufzeigt.

Aus technisch-ökonomischer Sicht führt das Vorschlagswesen zu einer Leistungssteigerung; aus menschlich-sozialer Sicht fördert die damit verbundene Möglichkeit des Mitdenkens und Mitgestaltens die Arbeitszufriedenheit.

Anwendungsgebiete

Grundsätzlich kommen alle Bereiche oder Aufgaben für Verbesserungsvorschläge in Frage.

Typische Anwendungsfelder für Verbesserungsvorschläge
• Arbeitssicherheit und Gesundheitsschutz, • Umweltschutz, • Maschinen- oder Arbeitszeit, • Ablauforganisation, • Arbeitserleichterungen, • Materialänderungen unter Beibehaltung der Qualität, • Qualitätsverbesserungen, • betriebliche Sozialeinrichtungen, • Informationspolitik.

Bewertungsproblematik

Bei der Prämierung ist zu unterscheiden zwischen Vorschlägen mit errechenbaren Einsparungen (z. B. Senkung der Durchlaufzeit) und solchen mit „ideellem Wert" (z. B. Beseitigung einer Gefahrenquelle für Unfälle). Bei berechenbaren Ersparnissen werden etwa 10–20 % der Jahreseinsparungen als Prämie vergütet. Bei Vorschlägen mit nicht errechenbaren Einsparungen erfolgt die Prämienberechnung zumeist über ein Punktsystem mit verschiedenen Bewertungskriterien (z. B. Arbeitssicherheit, Qualitätsverbesserung).

Betriebsabrechnungsbogen

Der Betriebsabrechnungsbogen (BAB) ist eine tabellarische Übersicht, welche die Verteilung der Gemeinkosten außerhalb der Buchhaltung auf die Kostenstellen ermöglicht. Mit Hilfe des BAB werden die Zuschlagssätze für die Kalkulation der Kostenträgerstückrechnung ermittelt.

Aufbau

Die Werte für den Betriebsabrechnungsbogen (BAB) kommen aus der Finanzbuchhaltung. Die Zahlen der Buchhaltung sind somit Grundlage für die zu verteilenden Kosten. In der Regel erfolgt einmal monatlich die Erstellung eines BAB. In den Zeilen des BAB sind die Kostenarten, in den Spalten die Kostenstellen eingetragen. Die Gemeinkostenarten befinden sich in der linken Spalte.

Sehen Sie dazu die folgende Graphik:

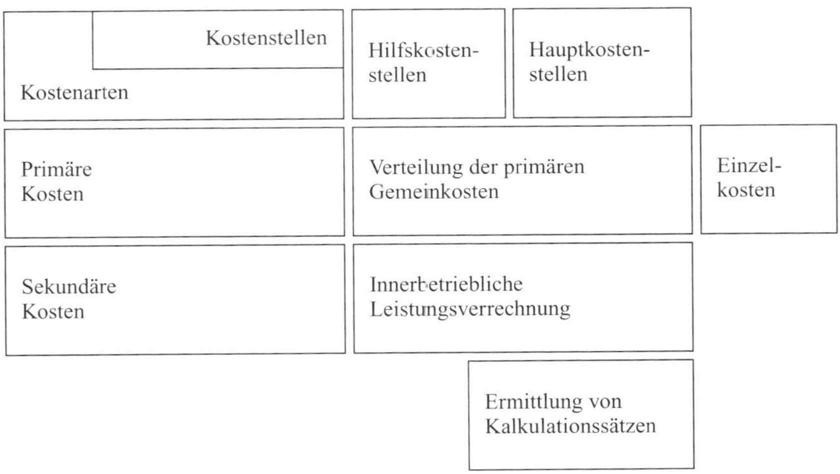

Abb.: Mit Hilfe des BAB können die Kosten auf die Kostenstellen verteilt werden und Kalkulationssätze für die Kostenträger ermittelt werden.

Funktionen

Der BAB erfüllt folgende Funktionen:

- Verteilung der primären Gemeinkosten aus der Buchhaltung auf die Kostenstellen,
- Verrechnung der Gemeinkosten von den Hilfs- auf die Hauptkostenstellen,
- Errechnung der Zuschlagssätze für die Kostenträgerstückrechnung,
- Ermittlung der Kalkulationssätze für die Vor- und Nachkalkulation,
- Wirtschaftlichkeitskontrolle durch die Überprüfung der Gemeinkosten am Ort der Entstehung.

Nicht über den BAB verteilt werden müssen solche Kosten, die per Beleg den Kostenstellen direkt zugeordnet werden können. Dies sind die Kostenstellen-Einzelkosten, z. B. Materialverbrauch oder Lohnkosten.

Gemeinkosten auf Kostenstellen

Die Gemeinkosten wie Miete und Hilfslöhne werden hingegen durch den BAB mit Hilfe von Verteilerschlüsseln indirekt auf die Kostenstellen umgelegt. Es handelt sich um Kostenstellen-Gemeinkosten. Die direkte Zuordnung dieser Kosten zu den Kostenstellen wäre nur mit hohem Aufwand oder gar nicht möglich; deshalb bedient man sich des BAB.

Bei diesem Verfahren ist wichtig, daß die Verteilerschlüssel für eine annähernd genaue Verteilung der Gemeinkosten sorgen. Eine absolut exakte Verteilung der anfallenden Kosten auf die betreffenden Kostenstellen oder Kostenträger ist mit Hilfe von Verteilungsschlüsseln nicht möglich. Die Schlüssel sollten deshalb sorgfältig ausgewählt und auf die jeweilige Kostenart abgestimmt werden.

Ein Beispiel eines möglichen Verteilerschlüssels sehen Sie in der folgenden Aufstellung:

Mögliche Gemeinkostenschlüssel	
Kostenarten	Verteilerschlüssel
Steuern	Prozentschlüssel
Gemeinkostenmaterial	Materialentnahmeschein
Miete	Quadratmeter
Raumkosten	Quadratmeter
Hilfslöhne	Lohnlisten
Reinigungskosten	Quadratmeter
Freiwillige Sozialleistungen	Anzahl der Beschäftigten
Energien	Quadratmeter
Kalkulatorische Abschreibungen	Anlagenkartei
Andere Kosten	Belege

Abb.: Verschiedene Gemeinkostenarten können nur mit Hilfe von geeigneten Verteilerschlüsseln auf die Kostenstellen weiterverrechnet werden, z. B. die gesamte Miete nach der Quadratmeterzahl, die von der jeweiligen Kostenstelle beansprucht wird.

Zuschlagssätze

Die einzelnen Kostenträger (Erzeugnisse) sollen mit den auf sie entfallenden Gemeinkosten belastet werden. Dies geschieht mit Hilfe von prozentuellen Gemeinkostenzuschlagssätzen in der Kostenträgerstückrechnung.

Zur Ermittlung dieser Zuschlagssätze benötigt man für jeden Kostenbereich eine Bezugsgröße, die in Relation zu den Gemeinkosten gesetzt wird. Diese Bezugsgröße nennt man Zuschlagsgrundlage. Jeder Kostenbereich erhält eine eigene Zuschlagsgrundlage, anhand derer der Zuschlagssatz ermittelt wird.

Einstufiger BAB

Dies ist die einfache Variante des BAB, die allerdings keine große Aussagekraft besitzt. Hier werden lediglich die Hauptkostenstellen aus den Bereichen Material, Fertigung, Verwaltung und Vertrieb berücksichtigt. Für Kleinbetriebe reicht diese reduzierte Form oft aus, da ihre Leistungserstellung übersichtlich ist.

Mehrstufiger BAB

Dieser berücksichtigt neben den Hauptkostenstellen auch die Hilfskostenstellen und die allgemeinen Kostenstellen. Dadurch können die Gemeinkosten wesentlich genauer den Kostenstellen zugeordnet werden. Für größere Betriebe sollte der mehrstufige BAB Anwendung finden. Er gliedert die Kostenstellen in

- allgemeine Kostenstellen
- Fertigungshilfs- oder Nebenkostenstellen
- Hauptkostenstellen
- Verwaltungskostenstellen
- Vertriebskostenstellen

Die Verteilung der Kosten erfolgt in mehreren Stufen.

Allgemeine Kostenstellen

Diese erfassen die Gemeinkosten, die allen Kostenbereichen zugeordnet sind. Allgemeine Kostenstellen sind z. B. Fuhrpark, Grundstücks- und Gebäudeverwaltung, Kantine usw. Die hier erfaßten Gemeinkosten werden auf nachfolgende Kostenstellen verteilt:

Fertigungshilfs- und Nebenkostenstellen

Gemeinkosten, die nicht einer Fertigungshauptkostenstelle zugerechnet werden können, werden auf Fertigungshilfskostenstellen erfaßt. Das sind z. B. Arbeitsvorbereitung und Qualitätssicherung. Anschließend werden diese Gemeinkosten auf die Hauptkostenstellen verteilt.

Hauptkostenstellen

Diese Kostenstellen stehen in direktem Zusammenhang mit der Produktion oder Erstellung einer Dienstleistung. Jeder Hauptkostenstelle wird eine Zuschlagsgrundlage und ein Gemeinkostenzuschlagssatz zugeordnet. Als Beispiele für Hauptkostenstellen lassen sich anführen: Dreherei, Montage usw.

Es folgen Verwaltungs- und Vertriebskostenstellen.

Verteilung der Gemeinkosten

Die Gemeinkosten verteilen sich folgendermaßen:

- Alle Gemeinkosten aus der Finanzbuchhaltung werden in den BAB übernommen.
- Direkt zurechenbare Einzelkosten werden sofort den Kostenstellen zugeordnet.
- Indirekt zurechenbare Gemeinkosten werden per Schlüssel auf die Kostenstellen verteilt.
- Gemeinkosten der Hilfskostenstellen werden auf die Hauptkostenstellen verrechnet.
- Danach folgt die Verteilung der errechneten gesamten Gemeinkosten auf die Hauptkostenstellen.
- Schließlich erfolgt die Ermittlung der Gemeinkostenzuschlagssätze für die Kostenträgerrechnung.

Betriebsabrechnungsbogen

Das leistet dieser Rechner:

- Er beinhaltet verschiedene Kostenstellen.
- Er errechnet aus den verschiedenen Kostenarten die Zuschlagssätze für die Gemeinkosten.
- Er dient als Grundlage zur Kostenträgerrechnung, bei der die Kosten für jedes einzelne Produkt berechnet werden.

Betriebsänderung

Bei einer Betriebsänderung hat der Betriebsrat ein Mitbestimmungsrecht. Sie stellt den Kernbereich der Mitbestimmung in wirtschaftlichen Angelegenheiten dar. Im Betriebsverfassungsgesetz ist dabei im einzelnen aufgezählt, welche Maßnahmen zu den Betriebsänderungen gehören.

Begriff

Als Betriebsänderungen im Sinne des BetrVG gelten die Einschränkung und Stillegung des ganzen Betriebes oder von wesentlichen Betriebsteilen, die Verlegung des ganzen Betriebes oder von wesentlichen Betriebsteilen, der Zusammenschluß mit anderen Betrieben, grundlegende Änderungen der Betriebsorganisation, des Betriebszweckes oder der Betriebsanlagen sowie die Einführung grundlegend neuer Arbeitsmethoden und Fertigungsverfahren.

Information des Betriebsrats

In Betrieben mit in der Regel mehr als 20 wahlberechtigten Arbeitnehmern hat der Betriebsrat bei geplanten Betriebsänderungen, die wesentliche Nachteile für die Belegschaft oder erhebliche Teile der Belegschaft zur Folge haben können, ein Mitwirkungs- und Mitbestimmungsrecht (§ 111 BetrVG). Der Unternehmer ist in erster Linie gehalten, den Betriebsrat rechtzeitig und umfassend über das geplante Vorhaben zu unterrichten sowie die geplanten Änderungen mit ihm zu beraten. Letztlich ist ein Interessenausgleich herbeizuführen und ein Sozialplan aufzustellen (§ 112 BetrVG).

Interessenausgleich

Ein Interessenausgleich ist eine Vereinbarung zwischen Unternehmer und Betriebsrat darüber, ob, zu welchem Zeitpunkt, in welchem Ausmaß und in welcher Form eine Betriebsänderung durchgeführt werden soll.

Der Unternehmer ist verpflichtet, mit dem Betriebsrat über einen Ausgleich der Interessen des Unternehmens an der Durchführung der beabsichtigten Maßnahmen auf der einen Seite und den Interessen der Belegschaft an der Vermeidung von wesentlichen Nachteilen auf der anderen Seite zu verhandeln (§ 112 BetrVG). Kommt ein Interessenausgleich nicht zustande, so können Unternehmer oder Betriebsrat den Präsidenten des Landesarbeitsamtes um Vermittlung ersuchen. Wird er nicht angerufen oder bleibt sein Vermittlungsversuch ergebnislos, so kann der Unternehmer oder der Betriebsrat die Einigungsstelle anrufen.

Sozialplan

Ein Sozialplan ist eine Einigung zwischen Unternehmer und Betriebsrat über den Ausgleich oder die Milderung der wirtschaftlichen Nachteile, die den Arbeitnehmern infolge einer geplanten Betriebsänderung entstehen; er hat die Wirkung einer Betriebsvereinbarung.

Typische Leistungsfaktoren eines Sozialplans
• Abfindungen zum Ausgleich des Arbeitsplatzverlustes, • Sicherung der zusätzlichen betrieblichen Altersversorgung, • Sicherung des Mietrechts in Werkswohnungen, • Sicherung der Ansprüche auf Jubiläumszuwendungen, Weihnachtsgeld, sonstige Gratifikationen, • Ausgleichsleistungen bei Entlassungen, z. B. weitere Teilnahme an günstigen Einkaufsmöglichkeiten, Benutzung betrieblicher Erholungseinrichtungen, Wiedereinstellungsanspruch bei künftigen Neueinstellungen; • Weitervermittlungshilfen für jüngere Belegschaftsmitglieder (z. B. Umschulung, Fahrtkostenerstattung zum neuen Arbeitsplatz).

Der Sozialplan ist schriftlich niederzulegen und von beiden Seiten zu unterschreiben. Bei Nichteinigung kann nach demselben Verfahren wie beim Interessenausgleich die Einigungsstelle angerufen werden. Diese hat die Aufgabe, sowohl einen Interessenausgleich wie auch einen Sozialplan herbeizuführen. Gelingt ein Übereinkommen zwischen den Parteien, so ist dieses schriftlich niederzulegen. Gelingt eine Einigung nicht, so entscheidet die Einigungsstelle über die Aufstellung eines Sozialplans. Eine zwangsweise Herbeiführung eines Interessenausgleichs kann dagegen nicht erfolgen.

Betriebsergebnis

Das Betriebsergebnis errechnet sich aus den Betriebserlösen und den Kosten, die in unmittelbarem Zusammenhang mit der gewöhnlichen Geschäftstätigkeit eines Unternehmens stehen. Andere Ge-

schäftsfälle dürfen das Betriebsergebnis nicht beeinflussen. Es kann anhand der Kostenrechnung oder der Gewinn-und-Verlust-Rechnung ermittelt werden.

Betriebsergebniskonto

Das Betriebsergebniskonto stellt die Kosten und Erlöse einer Abrechnungsperiode gegenüber. Die Bestandsveränderungen in Form von Lagerabgängen und -zugängen werden im Betriebsergebniskonto ebenfalls berücksichtigt. Der Saldo ergibt den Gewinn oder Verlust, den ein Betrieb aus seiner regulären Geschäftstätigkeit erwirtschaftet hat. Alle Kosten- und Erlöskonten werden deshalb auf dem Konto „Betriebsergebnis" abgeschlossen. Das Betriebsergebniskonto wird über das Eigenkapitalkonto abgeschlossen.

Betriebsverlust

Kosten	Verkaufserlöse Mehrbestand
	Betriebsverlust

Betriebsgewinn

Kosten Minderbestand	Verkaufserlöse
Betriebsgewinn	

Kostenrechnung

In der → Kostenrechnung lassen sich Nettoerlöse und Kosten ermitteln. Stellt man die Daten gegenüber, so erhält man den reinen Betriebsgewinn bzw. -verlust.

	Nettoerlöse
-	Kosten
=	Betriebsergebnis

Unternehmensergebnis

Um das Unternehmensergebnis zu errechnen, addiert man zum Betriebsergebnis das neutrale Ergebnis. Dieses beruht auf Tätigkeiten, die nichts mit dem eigentlichen Geschäftszweck zu tun haben.

	Betriebsergebnis
+	neutrales Ergebnis
=	Unternehmensergebnis

Kurzfristige Erfolgsrechung

Die → kurzfristige Erfolgsrechnung ist eine periodenbezogene Gegenüberstellung von Kosten und erzielten Erlösen. Sie erfaßt Bestandsveränderungen an fertigen und unfertigen Erzeugnissen.

Die kurzfristige Erfolgsrechnung weist das Betriebsergebnis, das neutrale Ergebnis und das Gesamtergebnis getrennt aus. Sie wird in der Regel für einen kurzen Zeitraum durchgeführt und bietet aufschlußreiche Einblicke in die Ertragskraft eines Unternehmens. Sie ist unabhängig von den Vorschriften der externen Rechnungslegung im Rahmen der Finanzbuchhaltung. Normalerweise basiert die kurzfristige Erfolgsrechnung auf einer Teilkostenrechnung.

Gewinn-und-Verlust-Rechnung

Das Betriebsergebnis der → Gewinn-und-Verlust-Rechnung (GuV) weicht vom Betriebsergebnis der Kostenrechnung ab. In der GuV werden keine kalkulatorischen Kosten berücksichtigt. In der Finanzbuchhaltungen sind dies Kosten, denen kein Aufwand gegenübersteht, sogenannte neutrale Aufwendungen.

Kalkulatorische Kosten

Anders als die GuV berücksichtigt das von der Kostenrechnung ermittelte Betriebsergebnis die → kalkulatorischen Kosten des Unternehmens. Diese dürfen also nur die Kostenrechnung beeinflussen, aber nicht das Gesamtergebnis des Betriebes.

Die kalkulatorischen Kosten geben jedoch den Werteverzehr einer Unternehmung wieder und sollten auf jeden Fall zum Zweck der Substanzerhaltung in die kurzfristige Erfolgsrechnung eingehen. Sie lassen sich in der Regel direkt in den einzelnen Kostenstellen erfassen. Kalkulatorische Kosten fließen über die Verkaufserlöse in den Betrieb zurück.

Betriebsergebnisrechnung

Das leistet dieser Rechner:

- Er stellt die nötigen Kategorien zur Verfügung, um die Gewinn-und-Verlust-Rechnung in eine Betriebsergebnisrechnung umzuwandeln.
- Er errechnet das tatsächliche Betriebsergebnis.
- Er gibt Auskunft über die finanzielle Lage eines Betriebs, v. a. in einem großen Konzern, in dem das schlechte Ergebnis eines Betriebs sonst nicht auffallen würde.

Betriebsprüfung

Die Ermittlung der Besteuerungsgrundlage erfolgt durch die Betriebe selbst. Deshalb führen die Finanzbehörden zur Überprüfung der Angaben Betriebsprüfungen in den Unternehmen durch. Diese Betriebsprüfungen sollen dazu beitragen, daß Steuern gleichmäßig und dem Gesetz entsprechend gezahlt werden. Dabei sind die Betriebsprüfer auch verpflichtet, zugunsten des Steuerpflichtigen zu prüfen. Die Häufigkeit und der Inhalt von Betriebsprüfungen sind von der Größe des Betriebes abhängig.

Durchführung der Betriebsprüfung

Bei einer korrekt durchgeführten Betriebsprüfung müssen die folgenden formalen Kriterien erfüllt werden:
- Prüfungsanordnung
- Ablaufregeln
- Schlußbesprechung
- Bilanzierung der Prüfergebnisse

Sehen Sie dazu die folgenden genaueren Erläuterungen.

Prüfungsanordnung
Die Betriebsprüfung wird von den zuständigen Finanzbehörden angeordnet. Die für eine Prüfung vorgesehenen Unternehmungen erfahren davon durch die Übersendung einer Prüfungsanordnung, die rechtzeitig – etwa zwei bis vier Wochen vor Beginn der Prüfung – zugestellt werden muß.

Ablauf
Bei einer Betriebsprüfung gelten bestimmte Ablaufregeln, die eingehalten werden müssen.

Ablauf der Betriebsprüfung
• Zunächst muß sich der Prüfer ausweisen und den Beginn der Prüfung aktenkundig machen. • Die Prüfung erfolgt in den Räumen des geprüften Unternehmens während der Geschäftszeiten. • Die Dauer ist auf das wesentliche Maß zu beschränken. Allerdings hat der Geprüfte darauf keinen unmittelbaren Einfluß. • Sie müssen als Steuerpflichtiger während der Prüfung über festgestellte Sachverhalte und mögliche steuerliche Auswirkungen benachrichtigt werden. • Sie sind zur aktiven Mitwirkung bei der Aufklärung steuerlicher Sachverhalte verpflichtet. • Bei Verdacht einer Steuerstraftat wird die zuständige Stelle unverzüglich unterrichtet.

Ergebnis und Schlußbesprechung
Nach der Beendigung der Prüfung kommt es zu einer Schlußbesprechung zwischen Ihnen und dem Prüfer. Der Prüfer muß Ihnen eine angemessene Zeit zur Vorbereitung auf diese Besprechung einräumen. In der Regel sind dies vier Wochen. Auf diese Besprechung haben Sie ein Anrecht.

Inhalt der Schlußbesprechung
• Die Klärung der Sachverhalte, die während der Betriebsprüfung strittig geblieben sind. • Die rechtliche Beurteilung von Prüfungsfeststellungen. • Die Darstellung über die Auswirkung der Betriebsprüfung.

Bilanzierung der Prüfungsergebnisse
Nachdem als Ergebnis der Prüfung die Steuerbescheide eingegangen

sind, müssen diese bilanziert werden. Der Prüfer erstellt als Hilfe in der Regel zu seinem Bericht folgende Anlagen:

- Gegenüberstellung der Handels- bzw. Steuerbilanz und der Prüferbilanz,
- Mehr- und Wenigerrechnung,
- Kapitalentwicklung,
- gegebenenfalls Gewinnverteilung bei Personengesellschaften,
- Ermittlung der berichtigten Entnahmen und Einlagen,
- Sonstiges.

Bilanz

Kaufleute und Gewerbetreibende müssen laut Handels- und Steuergesetzen einmal jährlich einen Jahresabschluß erstellen. Dieser besteht aus der Bilanz und der → Gewinn-und-Verlust-Rechnung. In der Bilanz werden zu einem bestimmten Stichtag der Gewinn und das Vermögen des Bilanzierenden ermittelt. Auf der Aktivseite der Bilanz läßt sich die Mittelverwendung und auf der Passivseite die Mittelherkunft ablesen.

Handelsbilanz

In der Handelsbilanz muß der Kaufmann sein Vermögen und seine Schulden darstellen. Die Bestandskonten der Finanzbuchhaltung sind übersichtlich in einzelne Positionen zusammengefaßt. Die Bilanz besteht aus einer Aktiv- und einer Passivseite. Auf der Aktivseite der Bilanz läßt sich die Mittelverwendung und auf der Passivseite die Mittelherkunft ablesen.

Sehen Sie zur Veranschaulichung die folgende Beispielbilanz:

Aktiva	Handelsbilanz zum 31.12.01		Passiva
A. Anlagevermögen		A. Eigenkapital	
I. Immaterielle Vermögensgegenstände		I. Gezeichnetes Kapial	400.000 DM
1. Lizenzen	50.000 DM	II. Kapitalrücklage	40.000 DM
II. Sachanlagen		III. Gewinnrücklage	300.000 DM
1. Grundstücke und Gebäude	500.000 DM	IV. Jahresüberschuß	100.000 DM
2. Technische Anlagen und Maschinen	200.000 DM	B. Rückstellungen	
3. Andere Anlagen, Betriebs- und Geschäftsausstattung	100.000 DM	1. Rückstellungen nach § 249 I HGB	750.000 DM
B. Umlaufvermögen		2. Rückstellungen nach § 249 II HGB	100.000 DM
I. Vorräte		C. Verbindlichkeiten	
1. Roh-, Hilfs- und Betriebsstoffe	800.000 DM	1. Verbindlichkeiten gegenüber Kreditinstituten	350.000 DM
2. Unfertige Erzeugnisse	100.000 DM	2. Verbindlichkeiten aus Lieferungen und Leistungen	350.000 DM
3. Fertige Erzeugnisse	300.000 DM	3. Sonstige Verbindlichkeiten	80.000 DM
II. Forderungen und sonstige Vermögensgegenstände		D. Rechnungsabgrenzungsposten	30.000 DM
1. Forderungen aus Lieferungen und Leistungen	380.000 DM		
2. Sonstige Vermögensgegenstände	20.000 DM		
III. Wertpapiere			
1. Sonstige Wertpapiere	20.000 DM		
IV. Kassenbestand, Guthaben bei Kreditinstituten			
1. Kasse	2.000 DM		
2. Bank	18.000 DM		
C. Rechnungsabgrenzungsposten	10.000 DM		
	2.500.000 DM		2. 500.000 DM

Abb.: Eine kleine Handelsbilanz, aufgestellt zum 31.12.

Beide Seiten der Bilanz müssen in ihrer Summe gleich sein. Auf der Aktivseite finden Sie die Posten

- Anlagevermögen, z. B. Grundstücke und Maschinen,
- Umlaufvermögen, z. B. Forderungen und Geld,
- aktive Rechnungsabgrenzungsposten.

Auf der Passivseite finden Sie die Posten

- Eigenkapital,
- Schulden, z. B. Rückstellungen, Verbindlichkeiten,
- passive Rechnungsabgrenzungsposten.

Die Handelsbilanz soll über den Erfolg des Unternehmens innerhalb eines bestimmten Zeitraumes informieren. Über die Handelsbilanz kann das Jahresergebnis folgendermaßen ermittelt werden: Zieht man die Schulden (= Fremdkapital) und die passiven Rechnungsabgrenzungsposten vom Vermögen und den aktiven Rechnungsabgrenzungsposten ab, erhält man das Eigenkapital. Die Veränderung des Eigenkapitals im Vergleich zum Eigenkapital zu Beginn des Geschäftsjahres ist der Geschäftserfolg. Private Einlagen und Entnahmen sind dabei jedoch herauszurechnen.

Eröffnungsbilanz

Bei Geschäftseröffnung muß eine erste Handelsbilanz erstellt werden. Die Vermögensgegenstände müssen per → Inventur ermittelt und in der Eröffnungsbilanz aufgeführt werden. Die Schlußbilanz eines Geschäftsjahres ist gleichzeitig Eröffnungsbilanz des darauffolgenden Geschäftsjahres. Bei Kontoeröffnung dieses neuen Geschäftsjahres werden die Werte der Bilanzpositionen als Anfangsbestände in die Buchführung übernommen.

Schlußbilanz

Im Laufe des Geschäftsjahres verändern sich die Bilanzpositionen. Die Salden aller Konten werden am Ende des Geschäftsjahres zur Schlußbilanz zusammengefaßt. Die Schlußbilanz ist also der Abschluß der laufenden Buchführung. Gemeinsam mit der Gewinn-und-Verlust-Rechnung bildet die Schlußbilanz den Jahresabschluß.

Die Handelsbilanz soll den Geschäftserfolg des Unternehmens darstellen. Dieser beruht auf den im laufenden Geschäftsjahr angefallenen Geschäftsvorfällen. Deshalb dürfen auch nur die Ereignisse in die Bilanz einfließen, die zu dem Geschäftsjahr gehören, für das die Bilanz aufgestellt wird. Somit müssen die einzelnen Geschäftsjahre klar voneinander getrennt werden.

Für Kapitalgesellschaften gibt es gesetzliche Fristen für die Aufstellung des Jahresabschlusses: für große und mittelgroße Kapitalgesellschaften drei Monate, für kleine Kapitalgesellschaften sechs Monate.

Bilanzgliederung

Für alle Unternehmen gelten folgende Gliederungsvorschriften der Bilanz:

Bilanzgliederungsvorschriften
• Sie muß den → Grundsätzen ordnungsmäßiger Buchführung entsprechen. • Sie muß klar und übersichtlich sein. • Sie muß sämtliche Vermögensgegenstände, Schulden und Rechnungsabgrenzungsposten beinhalten, ohne daß zuvor Aktiva mit Passiva verrechnet werden. • Sie muß das Anlage- und Umlaufvermögen, das Eigenkapital und die Schulden sowie die Rechnungsabgrenzungsposten gesondert ausweisen und hinreichend gliedern.

Steuerbilanz

Die Steuerbilanz ist aus der Handelsbilanz abgeleitet. Maßgebend für die Steuerbilanz sind die Ansätze der Handelsbilanz **(Maßgeblichkeitsgrundsatz)**. Handelsrechtliche Bilanzierungsgebote und -verbote müssen daher auch für die Steuerbilanz beachtet werden. Steuerrechtliche Wahlrechte dürfen nur ausgeübt werden, wenn zuvor in der

Handelsbilanz ebenso bilanziert wurde (umgekehrte Maßgeblichkeit). Nur wenn zwingende steuerrechtliche Vorschriften andere Wertansätze bestimmen, können die Bilanzansätze von Handels- und Steuerrecht unterschiedlich sein.

Es ist der Sinn der Steuerbilanz, den vollen Gewinn des Unternehmens zu erfassen. Im Handelsrecht hat der Kaufmann bei manchen Wirtschaftsgütern ein Aktivierungswahlrecht. In der Steuerbilanz darf er sich jedoch nicht ärmer machen, als er ist. Daher wird ein handelsrechtliches Aktivierungswahlrecht zu einem steuerrechtlichen Aktivierungsgebot. Handelsrechtliche Passivierungswahlrechte werden zu einem Passivierungsverbot.

Für die Bewertung gibt es steuerrechtliche Bewertungsvorschriften. Besteht aber im Steuerrecht ein Bewertungswahlrecht und im Handelsrecht ein Bewertungsgebot, muß in der Steuerbilanz der handelsrechtliche Wertansatz befolgt werden. Existiert sowohl für die Handelsbilanz als auch für die Steuerbilanz ein Bewertungswahlrecht, wird in der Steuerbilanz ebenfalls der handelsrechtliche Wert angesetzt.

Besondere Bilanzen

Zu besonderen Anlässen sind eigene Bilanzen zu erstellen. Der Anlaß bestimmt dann den Zweck und die Wertermittlung für die Bilanz.

Gründungs-, Umwandlungs- und Fusionsbilanzen werden in der Regel als Ergänzung zum Gesellschafts-, Umwandlungs- oder Fusionsvertrag erstellt, um das jeweilige Kapital nachzuweisen. Auseinandersetzungsbilanzen dienen dazu, den tatsächlichen Wert eines Unternehmens festzustellen. Es werden dabei alle stillen Reserven aufgedeckt. Tritt etwa ein KG- oder OHG-Gesellschafter aus, kann anhand einer Auseinandersetzungsbilanz die Abfindungshöhe an den Gesellschafter bestimmt werden.

Statusbilanzen sind z. B. Liquiditätsbilanzen, Überschuldungsbilanzen, Vergleichs- und Konkursbilanzen. Sie werden zu einem bestimmten Zweck auf einen bestimmten Stichtag hin erstellt, um Finanzierungs- oder Vermögensfragen zu klären.

Bilanzanalyse

Durch die Bilanzanalyse werden die Daten des Jahresabschlusses so aufbereitet, daß sinnvolle Aussagen über die wirtschaftliche und finanzielle Situation des Unternehmens gemacht werden können. Instrumente der Bilanzanalyse sind vorwiegend Kennzahlen und eine strukturelle Gliederung von Vermögen, Kapital und Gewinn-und-Verlust-Rechnung.

Ziel der Bilanzanalyse

Aus der Bilanz sind bei weitem nicht alle Informationen direkt ersichtlich, deshalb müssen die Bilanzwerte weiter aufbereitet und interpretiert werden. Dies geschieht im Rahmen einer Bilanzanalyse. Weitere Informationen hierzu liefern die → Gewinn-und-Verlust-Rechnung und die eventuell zusätzlich im Jahresabschluß enthaltenen Teile „Anhang" und „Lagebericht".

Ziel der Bilanzanalyse ist es, Informationen über Lage und Entwicklung des Unternehmens zu liefern. Nutzer von Bilanzanalysen sind etwa

- Banken, die eine Kreditwürdigkeitsprüfung erstellen,
- Dritte, die aufgrund von Beteiligungsabsichten Finanzanalysen erstellen,
- Wirtschaftspresse,
- Konkurrenten,
- Aktionäre oder sonstige am Unternehmen interessierte Personen.

Probleme der Bilanzanalyse

Der Gesetzgeber hat für die Bilanzierung Spielräume gelassen. Gesetzlich zugelassene **Bilanzierungswahlrechte** (Ansatz- und Bewertungswahlrechte) ermöglichen dem Bilanzierenden, seine Bilanz zu beeinflussen. Dadurch kann eine Analyse erschwert werden.

Der Bilanzierende muß zudem im Anhang der Bilanz Auskunft über die angewandten Grundsätze und Methoden geben. Der Bilanzanalytiker kann erkennen, ob vorsichtig bilanziert wurde. Die Unternehmen betreiben → Bilanzpolitik, d. h., sie versuchen im Rahmen ihrer Gestaltungsmöglichkeiten in formeller und materieller Art bei den Bilanzempfängern einen bestimmten Eindruck zu erwecken.

Mittel zur Bilanzbeeinflussung
• Gliederung • Bewertung • Abschreibungspolitik • Rücklagenpolitik • Ausschüttungspolitik

So kann z. B. in einem schlechten Geschäftsjahr die → Bilanzpolitik zur Ergebnisaufbesserung eingesetzt werden. Eventuell werden stille Reserven oder Rückstellungen aufgelöst. Daneben kann man beispielsweise durch die Nutzung sämtlicher Aktivierungswahlrechte die Ermittlung von Herstellungskosten beeinflussen. Natürlich läßt sich umgekehrt auch ein extrem hoher Gewinn schmälern.

Praktische Bilanzanalyse

Zur anschaulichen Aufbereitung des Jahresabschlusses sollten die Beträge gerundet werden (auf TDM oder Mio. DM). Um die branchen- und unternehmensspezifischen Bilanz- und Erfolgskriterien hervorzuheben, bietet sich folgende Vorgehensweise an:

Die Vermögensseite wird nach Liquiditätsgesichtspunkten gruppiert. Die Kapitalseite (Passiva) wird nach Herkunft und Fristigkeit des Kapitals gegliedert. Auffälligkeiten müssen auf ihre Ursachen hin untersucht werden. Bei den Abweichungen kann es sich entweder um stichtagsbedingte Zufälle oder um eindeutige Trends handeln. Dies abzuschätzen ist Aufgabe des Analytikers.

Analyse der Vermögensstruktur
Auf der Aktivseite der Bilanz unterscheidet man zwischen kurzfristig gebundenem Vermögen (= Umlaufvermögen) und langfristigem Ver-

mögen (= Anlagevermögen). Diese Gliederung läßt sich noch weiter unterteilen. So sind beispielsweise Bankguthaben liquider als Forderungen, beide rechnen aber zum Umlaufvermögen.

Aus dem Verhältnis des Anlagevermögens zum Umlaufvermögen oder Gesamtvermögen ergibt sich die Anlagenintensität. Eine hohe Anlagenintensität deutet auf eine hohe Fixkostenbelastung aus Abschreibungen hin:

$$\text{Anlagenintensität} = \frac{\text{Anlagevermögen}}{\text{Umlaufvermögen}}$$

oder

$$\text{Anlagenintensität} = \frac{\text{Anlagevermögen}}{\text{Gesamtvermögen}}$$

Wenn sich im Lauf der Zeit das Verhältnis von Vermögen zu Umsatz ändert, ist dies ein Indiz für eine Änderung der Kapazitätsauslastung oder der Umschlagshäufigkeit:

$$\text{Kapazitätsauslastung} = \frac{\text{Anlagevermögen}}{\text{Umsatz}}$$

$$\text{Umschlaghäufigkeit} = \frac{\text{Fertige Erzeugnisse/Vorräte}}{\text{Umsatz}}$$

Für die Analyse der Vermögensstruktur hat sich das **Working Capital** als sinnvolle Größe erwiesen. Man kann es auch als Netto-Umlaufvermögen bezeichnen. Hierfür werden die kurzfristigen Verbindlichkeiten vom Umlaufvermögen abgezogen.

Analyse der Kapitalstruktur
Unter Kapitalstruktur versteht man das Verhältnis von Eigenkapital zu Fremdkapital. Ein hoher Eigenkapitalanteil ist positiv. Die Eigenkapitalquote steht für den Quotienten aus Eigenkapital und Fremdkapital:

$$\text{Eigenkapitalquote} = \frac{\text{Eigenkapital}}{\text{Fremdkapital}}$$

Der umgekehrte Quotient heißt Verschuldungsgrad. Je höher die Zinsen für die Schulden sind, desto stärker ist das Unternehmen durch Fremdkapital belastet:

$$\text{Verschuldungsgrad} = \frac{\text{Fremdkapital}}{\text{Eigenkapital}}$$

Oft werden auch mehrere Positionen zusammengefaßt, die sich z. B. in ihrer Fristigkeit entsprechen. Die goldene Finanzierungsregel beispielsweise besagt, daß die eigenen Mittel des Unternehmens nicht kurzfristiger sein dürfen als deren Verwendung. Quotienten, die größer sind als 1, weisen auf eine ausreichende Finanzlage hin.

$$\text{Goldene Finanzierungsregel} = \frac{\text{Eigenkapital}}{\text{Anlagevermögen}}$$

Ähnlich verhält es sich mit der goldenen Bilanzregel. Demnach muß das Anlagevermögen durch Eigenkapital, mindestens aber durch Eigenkapital und langfristiges Fremdkapital gedeckt sein:

$$\text{Goldene Bilanzregel} = \frac{\text{Eigenkapital} + \text{langfristiges Fremdkapital}}{\text{Anlagevermögen}}$$

Diese Regel läßt sich erweitern, indem das langfristige Umlaufvermögen durch Eigenkapital und langfristiges Fremdkapital gedeckt werden soll:

$$\text{Modifizierte goldene Bilanzregel} = \frac{\text{Eigenkapital} + \text{langfristiges Fremdkapital}}{\text{Anlagevermögen} + \text{langfristig gebundenes Umlaufvermögen}}$$

All diese Kennziffern geben jedoch nur eine Momentaufnahme des Unternehmens wieder. Keineswegs lassen sie eine verbindliche Prognose für die Zukunft zu.

Analyse der Liquidität

Sie erhalten reine Liquiditätskennziffern, indem Sie folgende Größen zueinander in Beziehung setzen:

- kurzfristige Forderungen und Geldbestände zu den kurzfristigen Verbindlichkeiten,
- langfristige Forderungen zu den langfristigen Verbindlichkeiten.

Liquidität ist dann gegeben, wenn die flüssigen Mittel die Schulden übersteigen. Überschüssige kurzfristige Mittel können zur Deckung langfristiger Schulden mitbenutzt werden. Für die Beibehaltung der Liquidität sind zukünftige Ein- und Auszahlungen maßgebend. Liquidität liegt nur bei einem Zahlungsüberschuß aus dem laufenden Geschäft oder bei einer Verlängerung von Krediten vor.

Eine entsprechende Auskunft hierüber gibt der → Cash-flow, der die Ertragskraft des Unternehmens aufzeigt. In seiner einfachsten Betrachtung geht der Cash-flow vom Jahresüberschuß aus und bereinigt diesen um nicht ausgabewirksame Posten (z. B. Abschreibungen und Rückstellungszuführungen).

$$\text{Barliquidität} = \frac{\text{liquide Mittel}}{\text{fällige Verbindlichkeiten}}$$

$$\text{Liquidität 1. Grades} = \frac{\text{liquide Mittel + kurzfristige Forderungen}}{\text{kurzfristige Verbindlichkeiten}}$$

$$\text{Liquidität 2. Grades} = \frac{\text{Überschuß 1. Grades + Umlaufvermögen}}{\text{kurzfristige Verbindlichkeiten}}$$

Analyse der Gewinn-und-Verlust-Rechnung

Die Analyse der → Gewinn-und-Verlust-Rechnung erfordert eine andere Vorgehensweise als die Analyse der Bilanz. Die hier verwendeten Kennzahlen stellen meist Kosten und Umsätze gegenüber. Eine Aussage liefern solche Kennzahlen jedoch erst, wenn sie mit den Kennzahlen der Vorjahre verglichen werden. Die möglichen Kennzahlen für die Analyse können Sie der folgenden Tabelle entnehmen:

Personalaufwand Gesamtkosten	oder
Personalaufwand Umsatz	
Materialaufwand Gesamtkosten	oder
Materialaufwand Umsatz	

Nicht erklärbare starke Abweichungen deuten auf einen höheren Verbrauch von Produktionsfaktoren im Vergleich zum Umsatz oder auf einen Preisverfall beim Absatz hin.

Dynamische Bilanzanalyse

Eigentlich ist die Bilanzanalyse nur eine Stichtagsbetrachtung. Die Analyse der Gewinn-und-Verlust-Rechnung ist dagegen eine Zeitraumbetrachtung. Um auch bei der Bilanz Zeiträume zu betrachten, können zwei aufeinanderfolgende Jahresabschlüsse miteinander verglichen werden. Hier bietet sich z. B. der Vergleich von → Kennzahlen an.

Die Entwicklung innerhalb des betrachteten Zeitraumes wird deutlich, wenn beide Bilanzen saldiert werden. Daraus ergibt sich eine Bewegungsbilanz. Dieser Aufbau zeigt Ihnen, wie sich die Bilanzen verändert haben. So lassen sich durch den Zahlenvergleich mehrerer Jahre in der Regel wichtige Trends feststellen.

Grenzen der Bilanzanalyse

Ansatz- und Bewertungswahlrechte begrenzen die Aussagefähigkeit der Bilanzanalyse. Zudem weist der Jahresabschluß nur Zahlen der vergangenen Periode auf. Außerdem liegt dieser erst eine gewisse Zeit nach Ende des Geschäftsjahres vor. Somit fehlen oft Informationen über die aktuellsten Fakten. Ebenso muß vor einer allzu schematischen Anwendung der Analyseinstrumente gewarnt werden.

Bilanzpolitik

Bilanzpolitik ist Finanzierungs-, Steuer- und Publizitätspolitik. Der Gesetzgeber läßt dem Bilanzierenden gewisse Spielräume für die Darstellung seiner Geschäftstätigkeit. Die wichtigsten Optionen der Bilanzpolitik sind unterschiedliche Bewertungsmethoden, Wahl der Abschreibungsmethode, Rücklagenpolitik, Gewinnausschüttungsmaßnahmen und Gliederung des Jahresabschlusses.

Ziele der Bilanzpolitik

Die Bilanzpolitik dient dazu, andere Ziele des Unternehmens zu unterstützen. Sie dient insbesondere der betrieblichen Finanzierungs-, Steuer- und Publizitätspolitik. Um beispielsweise Kredite zu erhalten, ist ein ausgewogenes Erscheinungsbild des Jahresabschlusses von Bedeutung.

Die wichtigsten Ziele der Bilanzpolitik
• Beeinflussung des finanziellen Bereichs: z. B. Höhe des ausgewiesenen und zu versteuernden Gewinns, Liquiditäts- und Rentabilitätsverbesserung durch Bewertungs-, Abschreibungs- und Rücklagenpolitik. • Beeinflussung der am Jahresabschluß interessierten Personen, um auf diese im Sinne des Unternehmens einzuwirken: Dies kann z. B. durch Informationen geschehen, die über die gesetzlich für den Jahresabschluß vorgeschriebenen Richtlinien hinausgehen. Allerdings ist auch die Verschleierung von Risiken und Verlusten möglich. • Verringerung der Steuerbelastung: Die ertragsabhängigen Steuern können durch eine Verlagerung der Erträge zeitlich nach hinten verschoben werden. Eine Verlagerung der Aufwendungen in die Gegenwart verstärkt den Effekt. • Andere Ziele der Bilanzpolitik im Einzelfall: Die Geschäftsleitung kann mit ihr etwa beabsichtigen, das eigene Handeln nach außen möglichst positiv darzustellen. Eventuell können sogar Fehlleistungen vertuscht und Kontrollmöglichkeiten umgangen werden. • Weiterhin kann Bilanzpolitik durch Unternehmenszusammenschlüsse oder durch Veräußerung von Teilbetrieben ausgeübt werden.

Im Rahmen einer → Bilanzanalyse oder einer Unternehmensbewertung sollte besonders auf eine veränderte Bilanzpolitik in den zurückliegenden Jahren geachtet werden.

Formelle und materielle Bilanzpolitik

Die formelle Bilanzpolitik befaßt sich mit der Gliederung, dem Ausweis und den Erläuterungen der Abschlußposten. Auch die Gestaltung des Anhangs und des Lageberichtes gehören dazu. Die Adressaten sollen durch Gestaltungsmöglichkeiten beeinflußt werden.

Ziel der materiellen Bilanzpolitik ist es, die Darstellung der Vermögens-, Finanz- und Ertragslage zu beeinflussen. Ihr gilt in der Praxis das Hauptinteresse.

Zur Bilanzpolitik im weiteren Sinne gehören auch die Wahl der Rechtsform, die Standortbestimmung und die terminliche Festsetzung des Wirtschaftsjahres, weil hierdurch Einfluß auf den Jahresabschluß ausgeübt werden kann.

Mittel der Bilanzpolitik

Grundsätzlich ist zwischen Wahlrechten und Spielräumen zu unterscheiden: Bei Wahlrechten hat man die Wahl zwischen zumindest zwei Alternativen. Bei einem Spielraum ist der Bilanzansatz zwar vorgeschrieben, die Bewertungsmethoden allerdings stehen frei.

Mittel der formellen Bilanzpolitik
Formelle Bilanzpolitik verfolgt vor allem Informationsziele. § 246 HGB schreibt die Vollständigkeit des → Jahresabschlusses vor und untersagt gleichzeitig, daß Posten der Aktiv- mit solchen der Passivseite vertauscht werden. Ebenso dürfen Aufwendungen nicht mit Erträgen verrechnet werden (z. B. Grundstücksrechte und Grundstückslasten). Eine Einschränkung dieses „Bruttoprinzipes" führt zu einer Bilanzverkürzung und damit zu Veränderungen der Relationen (Kennziffern). Die Größenmerkmale für Kapitalgesellschaften (§ 267 HGB) lassen sich dadurch eventuell auch umgehen.

- *Vertikale Bilanzbeeinflussung*

Vertikal läßt sich die Bilanz durch Umschichtungen der Positionen beeinflussen. Dann werden beispielsweise Wertpapiere nicht dem Anlagevermögen, sondern dem Umlaufvermögen zugerechnet oder umgekehrt. Damit verändern sich die Relationen und auch die horizontalen und vertikalen Bilanzkennziffern (z. B. goldene Bilanzregel).

• *Gesamtkosten- und Umsatzkostenverfahren*

Die in § 275 I HGB gegebene Wahlmöglichkeit zwischen Gesamtkosten- und Umsatzkostenverfahren für die → Gewinn-und-Verlust-Rechnung zählt ebenfalls zur formellen Bilanzpolitik. Das Umsatzkostenverfahren gewährt weit weniger Einblick in die Gewinn-und-Verlust-Rechnung als das Gesamtkostenverfahren, da nur die Kosten der abgesetzten Betriebsleistungen angegeben werden. Darüber hinaus werden zusätzliche Erläuterungen im Anhang vorgeschrieben (§ 285 Nr. 8 HGB).

Mittel der materiellen Bilanzpolitik

Bei den Bilanzierungsalternativen gibt es mehr Wahlrechte als Spielräume. Die Bilanz muß jederzeit dem Gebot der Vollständigkeit entsprechen. Die Wahlrechte stellen Ausnahmen dar, die vom Gesetzgeber und der Rechtsprechung ausdrücklich erlaubt sind. Auffällig sind dabei die vielen Passivierungswahlrechte, die es dem Kaufmann gestatten, entsprechend seiner Einschätzung alle Erfordernisse der Vorsicht zu berücksichtigen.

Der Gewinn kann beispielsweise folgendermaßen beeinflußt werden: Soll ein niedriger Gewinn ausgewiesen werden, so wird man auf Aktivierungen verzichten, während Passivierungsmöglichkeiten genutzt werden. Umgekehrt wird man von möglichst vielen Aktivierungsmöglichkeiten Gebrauch machen, um einen hohen Gewinn ausweisen zu können.

In der Handelsbilanz gibt es mehr Wahlrechte als in der Steuerbilanz. Wo das Handelsrecht ein Wahlrecht einräumt, besteht steuerrechtlich fast ausnahmslos Aktivierungspflicht. Ebenso untersagt das Steuerrecht handelsrechtliche Passivierungswahlrechte.

Die folgende Übersicht stellt die Wahlmöglichkeiten der Handels- und Steuerbilanz gegenüber.

Wahlrechte		Spielräume	
Aktivierungs-wahlrechte	Passivierungs-wahlrechte	Aktivierungs-spielräume	Passivierungs-spielräume
Aufwendungen für die Ingangsetzung des Geschäftsbetriebes (H), § 269 HGB	Wertaufholungsrücklage (H), § 58 IIa AktG, § 29 IV GmbHG	Abgrenzung Herstellungsaufwand/Erhaltungsaufwand (H/S)	Eintritt des Rückstellungsgrunds bei drohenden Einzelrisiken (H/S)
Disagio (H), § 250 III HGB	Sonderposten mit Rücklagenanteil (H/S) § 247 III HGB	Abgrenzung des Merkmals „entgeltlicher Erwerb" beim Zugang eines immateriellen Anlageguts im Hinblick auf § 248 II HGB (H/S)	Auflösung von Rückstellungen bei Wegfall drohender Risiken (H/S)
Von Lieferanten freiwillig gewährte Umsatzprämien (H)	Mittelbare Verpflichtungen aus Pensionszusagen (H) Art. 28 I Satz 2 EGHGB		Passivierung bedingter Verbindlichkeiten (H, zum Teil S)
Latente Steuern (H), § 274 II HGB	Rückstellungen für unterlassene Reparaturen, nach dem dritten, jedoch bis zum zwölften Monat (einschließlich) nach Bilanzstichtag nachzuholen (H). § 249 I Satz 3 HGB		
Derivativer Geschäfts- oder Firmenwert, § 255 IV HGB	Aufwandsrückstellungen für Großreparaturen (H), § 249 II HGB		
	Rückstellungen für spätere Ausgleichsansprüche von Handelsvertretern (H)		
	Rückstellungen für bestimmte künftige Jubiläumszuwendungen an Arbeitnehmer (H)		

H = Gestaltungsmöglichkeiten in der Handelsbilanz
S = Gestaltungsmöglichkeiten in der Steuerbilanz

Bewertungsalternativen

Einmal in Anspruch genommene Bewertungsalternativen müssen nach dem Grundsatz der Bewertungsstetigkeit beibehalten werden. Nur in begründeten Fällen darf von den Bewertungsmethoden des Vorjahres abgewichen werden (§ 252 II HGB). Obwohl die Flexibilität der Bilanzpolitik dadurch prinzipiell eingeschränkt ist, wird diese Vorschrift in der Praxis eher als Soll- denn als Muß-Bestimmung betrachtet.

Strategische Bilanzpolitik

Bilanzpolitik sollte nicht nur kurzfristig – wie in den Zielen der Bilanzpolitik ausgedrückt – gesehen werden. Eine langfristige Ausrichtung der Bilanzpolitik ist sinnvoll. Eine zu rasch getroffene Entscheidung kann in den folgenden Jahren Gestaltungsspielräume verbauen. Das strategische Konzept der Bilanzpolitik sollte auf die bilanzpolitisch zu beeinflussenden Bilanzpositionen und den Kreis der Adressaten abgestimmt werden.

Break-Even-Analyse

Die Break-Even-Analyse – auch Gewinnschwellenrechnung genannt – ist ein vielseitig einsetzbares, einfach handhabbares Planungsinstrument. Ziel ist die Ermittlung des Break-Even-Points. Sie kann sowohl grafisch als auch rechnerisch erfolgen. Voraussetzung ist die Aufteilung der Kosten in Fixkosten und variable Kosten.

Begriff

In der Break-Even-Analyse werden Zusammenhänge zwischen Kosten, Umsatz und Gewinn aufgezeigt. Der Break-Even-Point ist jener Punkt, bei dem der Gewinn des Unternehmens Null ist, d. h. das Unternehmen sich gerade beim Übergang von der Verlustzone in die Gewinnzone befindet.

Voraussetzungen

Voraussetzung für die Anwendung ist eine genaue Aufteilung der Gesamtkosten in fixe und in variable Kosten.

Fixe Kosten sind unabhängig vom Umsatz oder von Beschäftigungsschwankungen und werden deshalb auch als Kosten der Betriebsbereitschaft bezeichnet, weil sie in jedem Fall in gleicher Höhe anfallen. Beispiele sind Mieten oder Gehälter im Produktionsbereich, da diese auch zu bezahlen sind, wenn in einer bestimmten Periode nur die Hälfte oder überhaupt nichts produziert wird.

Variable Kosten sind diejenigen Kosten, die mit einer Änderung der Produktions- oder Ausbringungsmenge variieren. Beispiele sind Materialkosten, die von der Menge der hergestellten Produkte abhängen.

Die drei verschiedenen Break-Even-Points

Zur Berechnung der verschiedenen Break-Even-Points muß man zunächst die ausgabenwirksamen und die nicht-ausgabenwirksamen Fixkosten bestimmen. Ausgabenwirksame Fixkosten sind beispielsweise Gehälter, Mieten usw. Ausgabenunwirksame Fixkosten sind z. B. Abschreibungen, da hier kein Geldabfluß aus dem Unternehmen vorliegt; d. h. sie haben keine Auswirkungen auf die Liquidität.

Finanz-Break-Even-Point (BE 1)
Dieser Punkt berücksichtigt nur die ausgabenwirksamen Fixkosten. Er ist zugleich auch der Liquiditätspunkt. Wenn der BE 1 nicht erreicht wird, ist die Unternehmung finanziell gefährdet, da die ausgabenwirksamen fixen Kosten nicht gedeckt werden können.

Substanzerhaltungs-Break-Even-Point (BE 2)
Der nächste Break-Even-Punkt ist erreicht, wenn auch die nicht-ausgabenwirksamen Fixkosten gedeckt sind.

Er wird Substanzerhaltungspunkt genannt, da auch die kalkulatorischen Abschreibungen gedeckt sind. Das bedeutet, daß Liquidität zur Erneuerung veralteter Anlagen geschaffen wird.

Der Break-Even-Point der Entwicklungssicherung (BE 3)
Gewinne sollten als Plangrößen formuliert sein. Aus diesem Grund sollte in der Break-Even-Analyse auch berechnet werden, wie hoch der Umsatz sein muß, damit nicht nur alle fixen und variablen Kosten gedeckt werden, sondern auch ein geplanter Unternehmensgewinn realisiert werden kann. Der über dem BE 3 liegende Gewinn wird auch „Management-Erfolg" genannt, da er über dem geplanten Gewinn liegt.

Berechnung
Zur mathematischen Berechnung des Break-Even-Points ist die Kenntnis des → Deckungsbeitrages notwendig. Der Deckungsbeitrag ist der Erlös abzüglich aller variablen Kosten. Er ist damit der Betrag, der zur Deckung der fixen Kosten sowie eines Gewinnes bleibt. Werden vom Deckungsbeitrag schließlich die fixen Kosten abgezogen, ergibt sich der Gewinn.

Budgetierung

Die Budgetierung als zentrale Planungsaufgabe im Unternehmen gibt die Aufwendungen und Erträge der zukünftigen Periode für alle Einheiten des Unternehmens vor. Dadurch wird die Planung der Unternehmensleitung erleichtert, und die einzelnen Einheiten haben eine Vorgabe, an die sie sich halten müssen.

Begriff

Unter Budgetierung versteht man Vorgaben über Input- und Output-Größen in einer organisatorischen Einheit für die nächste Periode. Diese Vorgaben werden in der Regel in Kennzahlen ausgedrückt. Man unterscheidet das

- Kostenbudget (Personalkosten, Energiekosten, Materialkosten usw.) und das
- Investitionsbudget (Neu- oder Ersatzinvestitionen).

Voraussetzung für eine sinnvolle Budgetierung

Für eine sinvolle Budgetierung sind gewisse Voraussetzungen nötig. Die folgende Aufstellung gibt Ihnen einen Überblick.

Budgetierungsvoraussetzungen
• Das Erarbeiten der Vorgaben muß gemeinsam von der Unternehmensleitung (oder dem Controller) und der betroffenen Unternehmenseinheit durchgeführt werden. • Die Vorgaben müssen vom Unternehmensziel abgeleitet werden. • Die Budgetierung muß ein kontinuierlicher Prozeß sein, der Abweichungen sofort erkennt und die Vorgabe den Gegebenheiten anpassen kann. • Die Vorgaben müssen verbindlich sein. • Die Unternehmenseinheit muß die Verantwortung für die Einhaltung der Vorgaben haben. • Eine Budgetkontrolle muß durchgeführt werden.

Budgetierungsarten

Grundsätzlich werden zwei Budgetierungsarten unterschieden, die traditionelle und die Zero-Base-Budgetierung.

Die **traditionelle Budgetierung** erstellt auf der Basis von Vergangenheitswerten (mit Auf- oder Abschlag) die Vorgaben für die nächste Periode. Nachteil ist, daß die Vorgaben nicht gut genug an neue Anforderungen angepaßt sind. Außerdem wird bestehende Unwirtschaftlichkeit in die nächste Periode übernommen.

Beim **Zero-Base-Budgeting (Null-Budgetierung)** wird die Budgetierung so durchgeführt, als hätte man keine Erfahrungswerte; man kann so sehr flexibel auf neue Anforderungen reagieren. Es ist jedoch ein aufwendiges und teures Verfahren, das die Gefahr der vollkommenen Fehlplanung in sich birgt.

Budgetierung und Plankostenrechnung

Als hervorragendes Hilfsmittel zur Budgetierung hat sich die flexible Plankostenrechnung (→ Kostenrechnung) bewährt. Man ist so in der Lage, die Verbrauchsabweichungen (höhere Materialkosten, höhere Personalkosten ...) von den Beschäftigungsabweichungen (höhere Kosten wegen schlechter Kapazitätsauslastung) zu trennen. Dadurch kann man die Budgetierung sehr schnell an geänderte Absatzmengen anpassen.

Ziel der Budgetierung

Die Budgetierung verfolgt vor allem das Ziel, die Unternehmensplanung zu unterstützen und abzusichern, gleichzeitig soll sie für eine Abstimmung zwischen Leistungserstellung und Leistungsverwertung sorgen.

Nutzen der Budgetierung

Die Budgetierung ist ein wichtiges Planungsinstrument mit einem vielseitigen Nutzen für das Unternehmen.

Sie dient der Steuerung und Kontrolle der Aktivitäten einer Unternehmenseinheit, der Kostensenkung und der Mitarbeitermotivation (wenn die Mitarbeiter selbst an der Formulierung der Vorgaben beteiligt waren, sind sie motiviert, diese einzuhalten).

Budgetkontrolle

Die Budgetkontrolle wird am Ende einer Periode durchgeführt. Sie besteht aus:

- Soll-Ist-Vergleich,
- Abweichungsermittlung,
- Abweichungsanalyse,
- Ergreifung von Maßnahmen zur Gegensteuerung.

Nachteil der Budgetierung

Häufig sehen die Verantwortlichen für eine Organisationseinheit die Bedeutung ihrer Einheit und damit auch ihre persönliche Bedeutung in der Höhe des Budgets. Aus diesem Grund versuchen sie, ein hohes Budget durchzusetzen, auch wenn das gar nicht nötig ist. Das führt zu einer Kostenexplosion im Unternehmen.

Cash-flow

Der Cash-flow gibt Auskunft über die Liquiditätslage eines Betriebes und benennt die Höhe des Finanzüberschusses einer Periode. Anhand des Cash-flow ist zu ersehen, welche Geldmittel einem Unternehmen für Investitionen, Schuldentilgung und Gewinnausschüttung zur Verfügung stehen. Da er die finanzielle Stabilität des Betriebes widerspiegelt, ist der Cash-flow zudem ein wichtiges Kriterium für die Beurteilung der Kreditwürdigkeit. Als Basis für die Berechnung des Cash-flow dienen die Daten des → Jahresabschlusses (→ Bilanzanalyse).

Verwendung des Cash-flow

Der Cash-flow wird in erster Linie für finanzwirtschaftliche Analysen wie z. B. die Jahresabschlußanalyse oder die Analyse der Kreditwürdigkeit verwendet.

Für solche Analysen ist der Cash-flow aber nur eine aussagekräftige Größe, wenn seine Entwicklung über einen längeren Zeitraum hin verfolgt wird.

Jahresabschlußanalyse
Analytiker können aus dem Cash-flow ersehen, ob das Unternehmen künftig mit Zahlungsüberschüssen rechnen kann. Die Aussagekraft des Cash-flow erhöht sich, wenn er zu anderen → Kennzahlen in Beziehung gesetzt wird.

Bestimmung der Kreditwürdigkeit
Der Cash-flow gibt Kreditinstituten Aufschluß darüber, ob der Betrieb Zinsen und Tilgungsbeträge erwirtschaften kann. Er ist deshalb ein wichtiger Anhaltspunkt für die Kreditwürdigkeit.

Interne und externe Berichterstattung
Intern wird der Cash-flow als Kennziffer zur Planung und zur Kontrolle des Unternehmens eingesetzt. Viele große Unternehmen publizieren den Cash-flow mittlerweile auf freiwilliger Basis in ihren Geschäftsberichten.

Ermittlung des Cash-flow

Ausgangspunkt zur Ermittlung des Cash-flow ist immer der in der Jahresbilanz ausgewiesene Überschuß der Einnahmen gegenüber den Ausgaben. Dieser Überschuß entspricht jedoch nicht der tatsächlichen Ertragskraft Ihres Unternehmens. Der Periodengewinn wird beispielsweise erhöht durch Aufwendungen, denen keine Auszahlungen wie z. B. Abschreibungen gegenüberstehen. Gleichzeitig vermindert sich der Gewinn um Erträge, mit denen keine Einzahlungen korrespondieren. Dies ist z. B. bei Auflösungen von Rückstellungen der Fall.

Berechnungsmethoden
Die dargestellten Wege zur Errechnung des Cash-flow sind nur zwei der zahlreichen Varianten. Allen Methoden ist jedoch gemeinsam: → Abschreibungen und → Rückstellungen spielen eine zentrale Rolle bei der Ermittlung des Cash-flow.

Abschreibungen: Durch sie werden oft erhebliche stille Reserven gebildet. Da diese für externe Analytiker im einzelnen schwer zu ermitteln sind, werden die Abschreibungen in voller Höhe in der Cash-flow-Berechnung berücksichtigt.
Rückstellungen: Sie können die stillen Reserven Ihres Betriebs ebenfalls erhöhen. Für externe Analytiker sind meist nur die Pensionsrückstellungen exakt erfaßbar.

Variante 1: Grundformel

	Jahresüberschuß
+	unbare Aufwendungen (Abschreibungen, Zuführung zu Rückstellungen)
-	unbare Erträge (Auflösung von Rückstellungen)
=	Cash-flow

Diese Kurzformel berechnet allerdings nur annäherungsweise die Liquidität Ihres Betriebs. Einen exakteren Informationsgehalt ergibt die zweite Variante.

Variante 2: Exakte Berechnung

	Jahresüberschuß
+	Abschreibungen auf Gegenstände des Anlagevermögens
-	Zuschreibung zu Gegenständen des Anlagevermögens
+/-	Veränderung der Rückstellungen für Pensionen bzw. andere langfristige Rückstellungen
+/-	Veränderung der Sonderposten mit Rücklageanteil
+/-	Andere nicht zahlungswirksame Aufwendungen und Erträge von wesentlicher Bedeutung
=	Jahres-Cash-flow
+/-	Bereinigung ungewöhnlicher zahlungswirksamer Aufwendungen und Erträge von wesentlicher Bedeutung
=	Cash-flow

Hierbei handelt es sich um eine gemeinsame Empfehlung des „Arbeitskreises externe Unternehmensrechnung“ der Schmalenbach-Gesellschaft – Deutsche Gesellschaft für Betriebswirtschaft (SG) und der Kommission für Methodik der Finanzanalyse der Deutschen Vereinigung für Finanzanalyse und Anlageberatung (DVFA).

In der Literatur gibt es keine einheitliche Formel zur Berechnung des Cash-flow. Das ist ein wesentlicher Grund, warum die Meinungen über den Informationsgehalt des Cash-flow auseinandergehen. Für externe Vergleiche ist er nur nach einer exakten Abstimmung der Berechnungswege geeignet.

Kennziffernrechnung mit dem Cash-flow

Sie können die Aussagefähigkeit des Cash-flow erhöhen, indem Sie ihn zu anderen Unternehmensgrößen in Beziehung setzen.

Umsatz-Betrachtung:

$$\text{Verhältnis Cash-flow/Umsatz in Prozent} = \frac{\text{Cash-flow} \cdot 100}{\text{Umsatz}}$$

Durch diese Kennzahl wird deutlich gemacht, wieviel Prozent des Umsatzes als Cash-flow dem Unternehmen zugeflossen sind.

Rendite-Betrachtung:

Cash-flow-Rendite in Prozent zum Gesamtkapital

$$= \frac{\text{Cash-flow} \cdot 100}{\text{Gesamtkapital}}$$

Cash-flow-Rendite in Prozent zum Eigenkapital

$$= \frac{\text{Cash-flow} \cdot 100}{\text{Eigenkapital}}$$

Verschuldungsgrad-Betrachtung:

$$\text{Cash-flow-Verschuldungsgrad} = \frac{\text{Effektivverschuldung}}{\text{Cash-flow}}$$

Effektivverschuldung
Diese Kennzahl zeigt Ihnen an, wie viele Jahre das Unternehmen noch benötigt, um die Verbindlichkeiten aus selbsterwirtschafteten Mitteln tilgen zu können.

Zu verzinsendes langfristiges Fremdkapital
+ Kurzfristige Fremdmittel
- Flüssige Mittel
- Kurzfristige Forderung
= Effektivverschuldung

Change Management

Change Management bedeutet die laufende Anpassung von Unternehmensstrategie und -strukturen an die Rahmenbedingungen, die das Unternehmen beeinflussen. Entwicklungen am Markt müssen frühzeitig erkannt und bewertet werden, um geeignete Maßnahmen für das Unternehmen zu erarbeiten. Kurz- und mittelfristige Pläne können durch Change Center umgesetzt werden.

Begriff

Change Management verfolgt eine kontinuierliche und umfassende Umgestaltung des gesamten Unternehmens. Entsprechend den sich laufend verändernden technischen, wirtschaftlichen und sozialen Rahmenbedingungen werden dabei die Strategien und Strukturen des Unternehmens angepaßt. Change Management setzt sowohl auf der

Ebene des einzelnen Mitarbeiters als auch auf der Ebene der gesamten Unternehmung an.

Ziele

Das Change Management verfolgt zwei Ziele:

- Einerseits wird eine laufende Anpassung der Unternehmensstrategie und Organisationsstruktur an veränderte Rahmenbedingungen angestrebt. Dadurch stellt Change Management sicher, daß die Bedürfnisse der Kunden und anderer wichtiger Stakeholder (Interessengruppen) besser und/oder schneller befriedigt werden als durch die Konkurrenz.
- Andererseits verankert Change Management das Bewußtsein für die Flexibilisierung des Unternehmens. Durch Change Management wird der Wandel zum festen Bestandteil der Unternehmensführung: Nicht Stabilität ist die Norm, sondern Veränderung.

Vorgehensweise

Change Management beruht auf einer fundamentalen Analyse der Rahmenbedingungen, unter denen das Unternehmen erfolgreich sein muß. Folgende Fragen müssen dabei berücksichtigt werden:

Ansprüche der wichtigsten Stakeholder des Unternehmens
Manche Anforderungen sind relativ stabil, andere eher kurzfristig und stark von äußeren Umständen abhängig. Um die künftige Entwicklung abschätzen zu können, sollten die Grundlagen der Ansprüche der wichtigsten Stakeholder daher eingehend durchleuchtet werden.

Beispiel: Ein Automobilhersteller identifiziert neben seinen Kunden auch die Kapitalgeber, die Mitarbeiter und die Umwelt- und Wirtschaftspolitiker als wichtigste Stakeholder. Das eigentliche Produkt Auto bezieht sich auf die Lösung des Mobilitätsproblems der Abnehmer. Die Kapitalgeber orientieren sich mit ihren relativ gleichbleibenden Erwartungen am Kapitalmarkt und den dort angebotenen Anlagealternativen. Auf ähnliche Art werden auch die Ansprüche der anderen Interessengruppen analysiert.

Gegenwärtige und zukünftige Alternativen
Bedingt durch die technische, wirtschaftliche und gesellschaftliche Evolution unterliegen fast alle Leistungen für die Interessengruppen einem Alterungsprozeß. Zudem sind es aber oft nicht so sehr Innovationen im angestammten Bereich, sondern branchenfremde Neuerungen, die sehr rasch zu fundamentalen Änderungen führen und das Management überraschen.

In vielen Fällen ist es eine wertvolle Hilfe, sich mit den Neben- und Folgewirkungen der gegenwärtigen Lösungen auseinanderzusetzen, denn häufig sind in der aktuellen Situation künftige Entwicklungen vorgezeichnet. Diese Tendenzen und Strömungen werden zu Szenarien zusammengefaßt und bilden die Grundlage für Entscheidungen über die Positionen, die das Unternehmen künftig in der Umwelt einzunehmen gedenkt. Die Herausforderung für Change Management besteht insbesondere darin, die sich in der Zukunft ergebenden Möglichkeiten schneller als die Wettbewerber aufzugreifen.

Strategisches Denken

Hat sich ein Unternehmen das anspruchsvolle Ziel gesetzt, bestimmte, als strategisch wichtig erkannte Potentiale zu erschließen, ist ein Übergang von einer im Alltag oft dominierenden kurzfristigen und vorwiegend an finanziellen Maßstäben orientierten Sichtweise zu einer langfristigen erforderlich. Dieser Perspektivenwechsel ist deshalb so wichtig, weil die angestrebten Veränderungen nur verwirklicht werden können, wenn heute schon die notwendigen Schritte eingeleitet werden.

Schrittweises Vorgehen

Oft ist die Lücke zwischen vorhandenen und angestrebten Fähigkeiten so groß, daß sie sowohl auf das Management als auch auf die Mitarbeiter entmutigend wirkt. Eine Möglichkeit, dieser Motivationsfalle zu entgehen, besteht darin, die erforderlichen Maßnahmen in überschaubare, realistische Teilschritte zu zerlegen. Durch den Entwurf eines sogenannten Strategic Staircase werden große und langfristige Aufgaben in kurz- bis mittelfristige Pläne übersetzt.

Einrichtung von Change Centers

Vor allem in großen Unternehmen ergibt sich eine weitere Schwierigkeit: Die Maßnahmen zur Einleitung von Veränderungen betreffen immer verschiedene, organisatorisch oder geographisch getrennte Unternehmensbereiche und Funktionen gleichzeitig. Durch die Einrichtung von Change Centers, die als Rahmen für eine abteilungsübergreifende Diskussion dienen, können Barrieren abgebaut werden.

Förderung des organisationalen Lernens

Change Management beruht auf einem kontinuierlichen und kollektiven Lernprozeß. Obwohl grundsätzlich zwischen dem Lernen des gesamten Unternehmens und dem individuellen Lernen der Mitarbeiter unterschieden werden kann, resultieren erfolgreiche Veränderungen aus einem ergänzenden Zusammenspiel beider Ebenen.

Erfolgreiches Change Management resultiert sowohl aus internen Aktivitäten („learning by doing, using and failing“) als auch aus der Verbindung zur Umwelt („learning from competitors, customers, suppliers, technological sources“). Neben der üblichen Vorgehensweise, unternehmensinterne Veränderungen herbeizuführen, gewinnt die Fähigkeit, von anderen Unternehmen oder Branchen zu lernen, zunehmend an Bedeutung.

Coaching

Unter Coaching im engeren Sinne (auch internes Coaching) werden sämtliche Maßnahmen eines Vorgesetzten zur Entwicklung seiner Mitarbeiter verstanden. Coaching im weiteren Sinne (auch externes Coaching) bedeutet eine psychologische Beratung, die in erster Linie Hilfe zur Selbsthilfe in Konfliktsituationen bietet.

Begriff

Als typische Aufgaben des Coaching im engeren Sinne kommen der Ausbau von Stärken oder der Abbau von Schwächen, die Förderung der weiteren Entwicklung, die Beratung während der Einarbeitung sowie das Erreichen gemeinsam vereinbarter Ziele in Frage. Coaching in diesem Sinne deckt sich weitgehend mit Zielen der → Personalentwicklung und eignet sich für Mitarbeiter aller Ebenen.

Coaching im weiteren Sinne geht über den rein entwicklungsbezogenen Ansatz hinaus und stellt stärker auf beratende und therapeutische Aspekte ab. Mögliche Anlässe können private Problemsituationen, organisatorische Änderungen, eine gewandelte Unternehmenskultur, die Behebung individueller Defizite oder die Übernahme neuer Aufgaben sein. Coaching kommt immer dann in Frage, wenn das vorhandene Verhaltensrepertoire einer Führungskraft nicht mehr ausreicht, um gegenwärtige oder zu erwartende Situationen zu bewältigen.

Im Mittelpunkt jeder Coaching-Beratung steht das Gespräch. Mit einem psychologisch geschulten, externen Berater werden persönliche Wertvorstellungen und Verhaltensweisen reflektiert und ggf. verändert.

Phasen der Coaching-Beratung

Eine Coaching-Beratung besteht aus fünf Phasen.

Die folgende Aufstellung zeigt Ihnen, in welchen Phasen eine externe Coaching-Beratung abläuft:

Ablauf einer externen Coaching-Beratung
Kontaktphase • Unverbindliche Kontaktaufnahme zwischen Klient und Coach • Überprüfung der gegenseitigen Akzeptanz • Entscheid über die dauerhafte Zusammenarbeit und vertragliche Regelung **Orientierungsphase** • Gemeinsame Analyse der Problemsituation • Abgrenzung und Auswahl der Problemfelder **Diagnose- und Lösungsphase** • Analyse ausgewählter Einzelprobleme • Entwickeln und Bewerten von Problemlösungen • Festlegung der weiteren Strategie und Handlungsalternativen **Realisierungsphase** • Umsetzung der festgelegten Strategien • Training • Anwendung geänderter Verhaltensweisen in der Praxis • Beobachtung (Supervision) durch den Coach **Abschlußphase** • Bewertung der Effektivität • Beendigung der Zusammenarbeit (oder Fortsetzung mit der Analyse eines neuen Problemfeldes)

Beim **Team-Coaching (System-Coaching)** wird eine ganze Gruppe eines Unternehmens beraten. Mögliche Inhalte können die Klärung zwischenmenschlicher Konflikte in der Gruppe, die Zusammenführung neu gebildeter Gruppen, Änderungen im Führungs- oder Leistungsverhalten oder die Beratung bei organisatorischen Maßnahmen sein.

Conjoint-Analyse

Die Conjoint-Analyse ist eine Methode der → Marktforschung. Einer der wichtigsten Anwendungsbereiche ist die Neuproduktentwicklung. Es geht hier um die Frage, welche Bedeutung einzelne Produkteigenschaften für die Zielgruppe besitzen. Das Ziel ist die Konzeption des für die Zielgruppe optimalen Produkts.

Ziel

Mit der Conjoint-Analyse kann man den Nutzen herausfinden, den einzelne Produkteigenschaften für den Kunden darstellen. Der Sinn ist, den richtigen „Mix" von Eigenschaften zu erkennen, um den für den Kunden maximalen Gesamtnutzen anbieten zu können.

Die Conjoint-Analyse (Trade-off Analyse) berechnet das Gewicht, das einzelne Produkteigenschaften für den Kunden haben. Dabei berücksichtigt sie die gegenseitigen Austauschbarkeiten (Trade-offs) der verschiedenen Ausprägungen dieser Eigenschaften, d.h., daß eine höhere Qualität vom Kunden mit einem höheren Preis bezahlt werden muß.

Vorgehensweise

Dem Kunden werden Beschreibungen von Produkten beispielsweise auf Kärtchen vorgelegt. Anschließend wird er gebeten, diese Produkte nach seiner Präferenz in eine Rangordnung zu bringen.

Die so ermittelte Rangordnung ist dann die Grundlage zur Ableitung von Teilnutzenwerten für die einzelnen Produkteigenschaften.

Sehen Sie in der folgenden Übersicht den Ablauf der Conjoint-Analyse:

Ablauf der Conjoint-Analyse
• Auswahl der Produkteigenschaften und Eigenschaftsausprägungen: Zunächst sind jene Produkteigenschaften (z. B. Preis) auszuwählen, die in der Studie berücksichtigt werden. • Definition der Eigenschaftsausprägungen: Jede Eigenschaft wird mit zwei oder drei Ausprägungen definiert (z. B. drei verschiedene Preise). • Durchführung der Erhebung: Es wird ein Vorlageblatt erstellt, in dem verschiedene Kombinationen von Produkteigenschaften bei den zu beurteilenden hypothetischen Produkten dargestellt sind. Der Kunde wird gebeten, die einzelnen hypothetischen Produkte in eine Präferenzrangreihe zu bringen. • Auswertung der Daten: Aus der von den Kunden aufgestellten Rangordnung wird ermittelt, welches Gewicht den einzelnen Merkmalsausprägungen für die Gesamtbewertung der Produkte zukommt.

Nutzen der Conjoint-Analyse

Der Nutzen der Conjoint-Analyse liegt vor allem darin, daß sie wichtige Informationen zur Konzeption von Neuprodukten liefert. Sehen Sie im einzelnen:

- Genaue Ermittlung der relativen Wichtigkeit von Produkteigenschaften und Merkmalsausprägungen
- Ermittlung des Gesamtnutzens von verschiedenen Produkten
- Bestimmung der Preiselastizität der Nachfrage
- Ermittlung der Stärken und Schwächen von Produkten im Vergleich zur Konkurrenz
- Simulation der Wirkung von Veränderungen verschiedener Produkteigenschaften bei der Neueinführung von Produkten.

Controlling

Controlling ist ein Instrument zur Führung eines Unternehmens. Der Begriff geht zurück auf das englische control („steuern“, „lenken“). Neben der Steuerung sind Planung und Kontrolle die Hauptaufgaben des Controlling. Das Controlling stellt den Führungskräften Zahlen zur Verfügung, um Probleme frühzeitig und schon im Ansatz zu umgehen. Man unterscheidet zwischen operativem und strategischem Controlling.

Controllingaufgaben

Controlling befaßt sich mit den möglichen zukünftigen Entwicklungen des Unternehmens. Eine Hauptaufgabe des Controllers ist es, alle Abläufe und wesentlichen Probleme des Unternehmens zu kennen. Die Konzentration auf Kernprobleme nennt man Engpaßorientierung. Oft gibt es mehrere Engpässe gleichzeitig in einem Unternehmen, so daß der Controller Prioritäten setzen muß, um die einzelnen Probleme nacheinander zu beseitigen.

In Zusammenarbeit mit allen Bereichen sollen mit Hilfe des Controlling Unternehmensziele formuliert werden. Ein solches Unternehmensziel wäre beispielsweise, den Umsatz im folgenden Jahr um 5 % zu erhöhen. Sind alle Ziele formuliert, gilt es, diese durch Soll-Vorgaben und Pläne zu beschreiben.

Planung, Kontrolle, Steuerung

Controlling muß eine strategische und eine operative Ausrichtung haben. Die Hauptaufgaben des Controlling sind folglich:

- Planung: Dies bedeutet die Definition der Unternehmensziele, operative Planung für Ergebnis und Liquidität sowie strategische Planung zur Existenzsicherung.
- Kontrolle: Soll-Ist-Vergleiche, Abweichungsanalysen und Schwachstellenanalysen.

- Steuerung: Soll-Ist-Vergleiche, Einleitung und Durchführung von Korrekturmaßnahmen sowie Erkennen und Beseitigen von Engpässen.

Je nach Zeithorizont unterscheidet man zwischen operativem (kurzfristig: zwei bis drei Jahre) und strategischem (langfristig: drei bis fünf Jahre) Controlling. Da beide Arten des Controlling auf gegenseitigen Erkenntnissen beruhen, dürfen sie nicht getrennt betrachtet werden. Ohne strategisches Controlling ist der operative Ansatz wertlos und umgekehrt.

Planung

Die Hauptaufgaben des Controlling, d. h. die Planung, Kontrolle und Steuerung, sind sowohl für das operative als auch das strategische Controlling gleich. Allerdings unterscheiden sich beide in der Art der Planung und benutzen unterschiedliche Instrumente.

Operatives Controlling
Eine detaillierte operative Planung baut auf Teilplänen (Budgets) auf. Die einzelnen Abteilungen erhalten diese in Form von Vorgaben über durchzuführende Maßnahmen und angestrebte Ziele.

Zunächst wird von einem Absatz- und einem Umsatzplan ausgegangen. Diese bilden die Grundlage für alle weiteren Budgets.

Bei der operativen Planung werden kurzfristige Pläne aufgestellt, ihr Ziel ist es deshalb, Liquidität, Rentabilität und Ertragskraft des Unternehmens zu sichern. Sie orientiert sich am Tagesgeschäft.

Rentabilität bezeichnet hier die Differenz von Reingewinn und eingesetztem Kapital, Liquidität steht für die Differenz zwischen Einnahmen und Ausgaben.

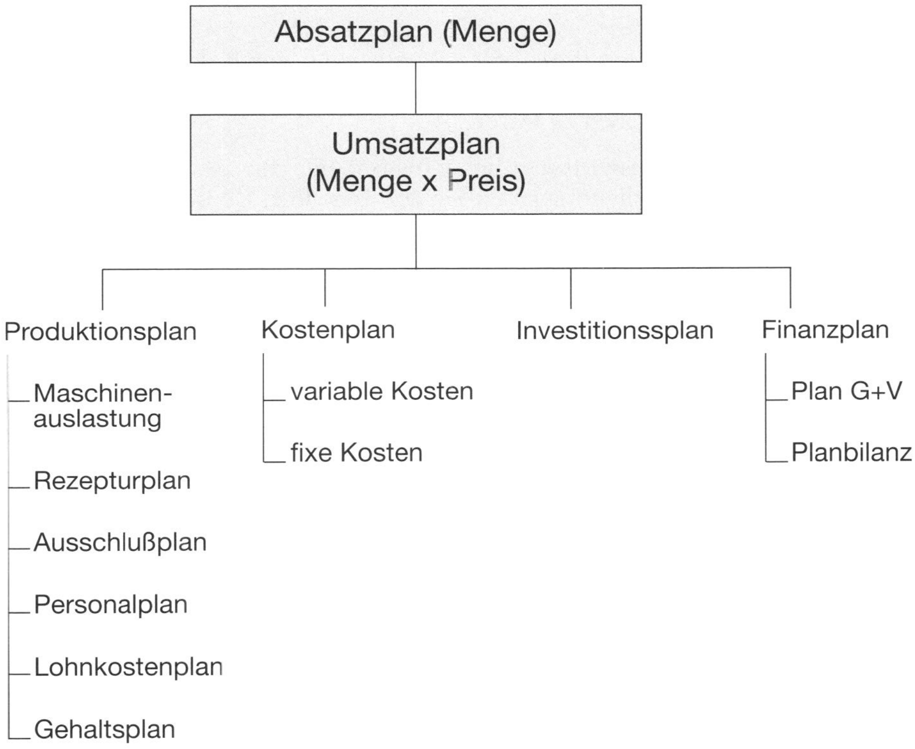

Abb.: Absatzplan, Umsatzplan sowie die Produktions-, Kosten-, Investitions- und Finanzpläne gehören zur operativen Unternehmensplanung.

Die operative Planung bezieht regelmäßig alle Abteilungen mit ein und wird nach Kostenstellen und Kontenarten durchgeführt. Im Idealfall stellen alle Abteilungen Pläne für die von ihnen zu erbringenden Leistungen und die dabei anfallenden Kosten auf. Diese Pläne werden dann zu einer Gesamtplanung für das folgende Jahr zusammengefaßt und der Geschäftsführung vorgelegt.

Viele Unternehmen führen eine Planrevision durch. Dabei werden die Budgets in einer zweiten Planung nochmals überarbeitet, um neue Erkenntnisse einfließen zu lassen.

Wichtige betriebswirtschaftliche Instrumente für das Controlling im operativen Bereich entnehmen Sie der folgenden Übersicht:

Instrumente des operativen Controlling
• → Deckungsbeitragsrechnung, • → kurzfristige Erfolgsrechnung, • → ABC-Analyse, • Gemeinkostenwertanalyse, • Bestellmengenanalyse, • Auftragsstrukturanalyse, • → Break-even-Analyse, • → Return-on-Investment-Analyse, • Make-or-buy-Analyse.

Strategisches Controlling

Bei der strategischen Planung (→ Strategie und Planung) handelt es sich um eine Grobplanung, in die Erkenntnisse der operativen Planung einfließen. Wie die operative Planung wird auch die strategische Planung ständig überarbeitet. Für die strategische Planung bietet sich der jährliche Überarbeitungsturnus an. Sie versucht nicht das Tagesgeschehen zu planen, sondern will vielmehr grundsätzliche Chancen und Möglichkeiten des Unternehmens ausarbeiten. Hier ist die Existenzsicherung des Unternehmens oberstes Ziel. Die Pläne sollen weniger Details als vielmehr Richtungsvorgaben und Grundsatzentscheidungen enthalten (z. B. Erschließung neuer Märkte, Produktinnovationen, Ausbau der Vertriebswege).

Für das strategische Controlling setzt man folgende betriebswirtschaftliche Instrumente ein:

Instrumente des strategischen Controlling
• Potentialanalysen, • → Portfolioanalysen, • Produktlebenszykluskurven, • Funktionsstrategien, • Erfahrungskurven, • Produktmatrix, • ROI-Analyse (Return-on-Investment-Analyse), • Break-even-Analyse, • Fünfjahresplanung für Cash und Ergebnis.

Kontrolle

Kontrolle ist die Gegenüberstellung von Ist- und Planwerten. Es wird überprüft, ob die eingetretenen Ergebnisse mit den geplanten Größen übereinstimmen. Der Soll-Ist-Vergleich spielt vor allem bei operativem Controlling eine große Rolle.

Das wichtigste Kontrollinstrument des Controlling bildet der **Soll-Ist-Vergleich**. Dabei werden die von der operativen Planung aufgestellten Planwerte (Soll) in regelmäßigen Abständen mit den tatsächlichen Werten verglichen. Planwerte können z. B. für Größen wie Umsatz, Kosten oder Gewinn aufgestellt werden. Der Controller muß Abweichungen frühzeitig erkennen. Wenn Abweichungen zutage treten, muß eine Ursachenanalyse durchgeführt werden. Diese muß den Verantwortlichen zur Verfügung gestellt werden, damit Korrekturmaßnahmen eingeleitet werden können.

Abweichungen können nur zwei Ursachen haben: falsche Planung oder falsche Umsetzung der Pläne. Gründe für Fehlplanungen könnten eine falsche Einschätzung des Unternehmensumfeldes oder mangelnde interne Abstimmung sein. Die betroffenen Mitarbeiter sind an der Planung und Fehleranalyse zu beteiligen. Die fehlerhafte Umsetzung der Planung beruht oft darauf, daß beschlossene Ziele nicht verfolgt werden oder daß vorgesehene Maßnahmen nicht mit dem nötigen Nachdruck durchgeführt werden.

Als Kontrollzeitraum bietet sich für das operative Controlling ein monatlicher Rhythmus an. Kürzere Intervalle (etwa im Wochentakt) sind zu stark schwankungsanfällig. Intervalle von mehr als einem Monat Dauer sind deshalb problematisch, weil dann bereits viel Zeit für wirksame Korrekturmaßnahmen verstrichen ist.

Steuerung

Um die in der Planung aufgestellten und durch die Kontrolle überprüften Ziele zu erreichen, müssen Steuerungsmaßnahmen eingeleitet werden. Hierdurch sollen entstandene Abweichungen frühzeitig ausgeglichen und die gesetzten Ziele doch noch erreicht werden. Die Teilbereiche des Controlling, Planung, Kontrolle und Steuerung, müssen miteinander verbunden werden. Damit wird ein Regelkreis geschaffen, der sich selbst steuert und damit die Erreichung des Ziels erst ermöglicht. Ebenso müssen operatives und strategisches Controlling aufeinander bezogen werden, und die strategische Ausrichtung des Unternehmens muß aufgrund der eventuellen Plankorrekturen im operativen Teil neu gesetzt werden.

Voraussetzungen für ein funktionierendes Controlling

Auf nachstehender Seite sind alle Voraussetzungen zusammengefaßt, die Sie in Ihrem Unternehmen für ein funktionierendes Controlling schaffen sollten:

Voraussetzungen für ein funktionierendes Controlling
• Eine Teilkostenrechnung in Form einer Deckungsbeitragsrechnung und einer kurzfristigen Erfolgsrechnung muß vorhanden sein. • Der Controller muß von der Unternehmensführung volle Unterstützung erfahren, da er in der Regel nicht über Weisungsbefugnis verfügt. • Controlling basiert auf Überzeugungsarbeit und Zusammenarbeit. Nur wenn jeder Funktionsinhaber zur Mitarbeit bereit ist, kann Controlling effektiv eingesetzt werden. • Alle Mitarbeiter sollten so informiert werden, daß sie den Sinn und die Notwendigkeit des Controlling verstehen. Nur so werden sie ihre Mitarbeit anbieten.

Corporate Identity

Der Begriff Corporate Identity beinhaltet den Zusammenhang zwischen Unternehmensverhalten und -kommunikation mit dem daraus resultierenden Erscheinungsbild nach innen und außen. Dieses Erscheinungsbild soll positiv und unverwechselbar sein, so daß der Kunde Produkte und Mitarbeiter mit diesem Image in Verbindung bringt.

Das versteht man unter Corporate Identity

Unter Corporate Identity (CI) versteht man das vom Unternehmen schlüssig dargestellte Selbstverständnis, das sich u. a. aus dem Verhalten (Corporate Behaviour), dem Erscheinungsbild (Corporate Design und Corporate Image) und der Kommunikation (Corporate Communications) des Unternehmens ergibt.

Anders ausgedrückt könnte man auch sagen: CI ist die bewußt entwickelte, ganz individuelle, unverwechselbare Persönlichkeit eines Unternehmens. Diese Persönlichkeit wird sowohl innerhalb des Unternehmens spürbar, z. B. im Verhältnis der Mitarbeiter und der Führung, als auch außerhalb, z. B. im Verhältnis zum Kunden oder zu den Medien.

Warum ist eine einheitliche Identität wichtig?

Viele Gründe sprechen für die aktuelle Bedeutung von CI:

Gründe für CI

- Viele Unternehmen begegnen den Herausforderungen des globalen Wettbewerbs durch Zusammenschlüsse. Oft treffen dabei verschiedenartige, oft sogar gegensätzliche → Unternehmenskulturen aufeinander, die zusammengeführt werden müssen.
- Das Management hat gewechselt, jedoch soll Bewährtes fortgeführt werden. Es stellt sich die Frage, in welcher Tradition das Unternehmen weitergeführt wird und wo Neuerungen angezeigt sind.
- Es gibt viele eigenständige Abteilungen oder Interessengruppen in einer Firma, die miteinander konkurrieren und dem Unternehmen als Gesamtorganismus schaden. Das Einigende ist verlorengegangen.
- Das Unternehmen oder seine Produkte sind in der Öffentlichkeit wenig bekannt.
- Mitarbeitern fehlt eine Leitlinie für ihr Handeln. Sie kennen weder die Ziele des Unternehmens noch wissen sie, welche Rolle sie innerhalb dieser Zielsetzung spielen und was von ihnen erwartet wird.
- Der Auftritt des Unternehmens zeigt kein einheitliches Bild, z. B. passen die Produktverpackungen aus Kunststoff nicht zur Umweltpolitik oder die Werbung ist konservativ und widerspricht dem modernen Selbstbild.

Voraussetzungen für den Aufbau einer Corporate Identity

Die Erarbeitung einer CI verlangt einen längeren Prozeß. Die nachfolgende Übersicht stellt wichtige Punkte vor, wenn Sie sich mit dem Thema CI befassen wollen:

Vorüberlegungen beim Aufbau einer Corporate Identity

CI-relevante Faktoren	**Frage**
Einsicht in die Bedeutung von Kommunikation	Teilt die Führung die Meinung, daß der unternehmensinternen wie -externen Kommunikation im Unternehmen ein bedeutende Rolle zukommt?
Bereitschaft zur Mitarbeit	Sind alle Mitarbeiter und der Führungsstab gewillt, den CI-Prozeß zu unterstützen?
Offenheit	Sind Sie bereit, die Vergangenheit kritisch zu hinterfragen?
Entscheidungskraft	Sind Sie bereit, sich zu entscheiden: für bestimmte Stärken Ihres Unternehmens, für bestimmte Ziele, Werte etc.?
Investitionswille	Sind die Verantwortlichen bereit, langfristig in CI-Anstrengungen zu investieren?
Kontrolle	Wird es im Unternehmen eine Instanz geben, die die Einhaltung des CI sicherstellt?
Geduld	Sind Sie bereit, Zeit zu investieren in etwas, was erst langfristig Früchte trägt?
Akzeptanz von Veränderungen	Sind Führungskräfte und Mitarbeiter bereit, mögliche Konsequenzen von Entscheidungen zu tragen?
Wille zur Information	Ist die Führung willens, Mitarbeiter umfassend über den CI-Prozeß und diese Phase hinaus zu informieren?

Vorteile einer Corporate Identity

Es ist nicht möglich, den Nutzen eines CI-Programmes in Zahlen wiederzugeben. Jedoch gibt es eine ganze Reihe von Vorteilen, die für ein solches Programm sprechen.

Unterschieden wird dabei eine Innen- und eine Außenwirkung der CI.

Nach innen schafft eine CI
• ein gemeinsames sinnstiftendes Ziel • mehr Zusammengehörigkeitsgefühl unter den Mitarbeitern sowie zwischen Mitarbeitern und Führungsebene • ein besseres Arbeitsklima • höhere Motivation und Leistungssteigerung • weniger → Fluktuation • ein effektiveres und effizienteres Zusammenspiel aller Kräfte in einem Betrieb (Prozesse und Abläufe werden vereinfacht und damit wirtschaftlicher gestaltet) • rationellere Arbeitsweisen und damit auch Einsparungseffekte (z. B. muß bei der Entwicklung einer Produktverpackung das Rad nicht neu erfunden werden, da es Richtlinien gibt, die als Orientierung dienen)
Nach außen schafft eine CI
• Bekanntheit durch Wiedererkennungseffekte • Vertrauen der Zielgruppen wie Kunden, Lieferanten, Banken, Personalmarkt, Handel etc. • Sicherheit • Verständnis

So gehen Sie ein CI-Programm an

Zunächst ist intern zu klären, was von CI-Maßnahmen erwartet wird und warum überhaupt Bedarf entstanden ist. Bereits in diesem Schritt werden sich jedoch häufig Probleme ergeben, die ohne die Hilfe eines fachkundige CI-Beraters nicht gelöst werden können. Berater können Hilfestellung geben bei der Ausformulierung von Leitlinien, Unternehmensphilosophie und Zielsetzungen, bei Konzeption und Umsetzung von CI-Maßnahmen und bei der Durchsetzung geplanter CI-Programme, da ein externer Berater mehr Autorität genießt als ein Mitarbeiter aus den eigenen Reihen.

CI-Projekte brauchen die Unterstützung der Führung

Die grundlegenden CI-Entscheidungen liegen beim Management. Steht dieses nicht hinter den CI-Anstrengungen oder läßt es sie im Sande verlaufen, so fehlt die motivierende Kraft, die alle Einzelaktivitäten bündelt und in die richtige Richtung lenkt.

Wenn die Grundsatzentscheidung gefallen ist, müssen frühzeitig die Mitarbeiter einbezogen werden. Fördern Sie das Wir-Gefühl, indem Sie ausreichend informieren und die Mitarbeiter mit verantwortungsvollen Aufgaben in diesen Prozeß einbeziehen.

Es gibt kein Standardschema für den Ablauf eines CI-Projekts. Die Bausteine der folgenden Übersicht müssen je nach den vorliegenden Erfordernissen zusammengefügt werden:

Ablauf eines CI-Projektes

- Erkennen Sie das Problem, grenzen Sie es ein und definieren Sie es!
- Analysieren und bestimmen Sie den eigenen Standort: Wie sieht der Ist-Zustand auf dem Hintergrund des formulierten Problems aus?
- Aus der Problemdefinition und der Analyse des Ist-Zustandes ergibt sich die Aufgabenstellung. Die Frage ist: Was soll erreicht werden?
- Formulieren Sie das Ziel: Dies ist einer der wichtigsten Punkte. Das Ziel muß während des kompletten CI-Programms präsent bleiben. Bei allen anstehenden Arbeiten, sei es auf der Führungsebene oder bei der späteren Gruppenarbeit, muß dieses ordnende Ziel bekannt sein.
- Erstellen Sie einen Projektplan. Dieser sollte drei Dinge enthalten:
  - die inhaltlichen Schritte des CI-Programms,
  - den zeitlichen Rahmen für die geplanten Aktivitäten
  - und das Budget.
- Bestimmen Sie einen Projektleiter. Er ist auch der richtige Ansprechpartner bei Fragen und sollte engen Kontakt mit der Führung und dem externen Berater halten.
- Bilden Sie Arbeitsgruppen, die Teilziele erarbeiten!
- Präsentieren Sie Lösungen, und setzen Sie diese um! Die Lösungen werden dem Führungsstab präsentiert und von diesem verabschiedet.
- Vernachlässigen Sie nicht die Information! Der Realisierungsprozeß dauert oft ein paar Jahre. Es kann nicht alles auf einmal geändert oder neu eingeführt werden. Wichtig ist, daß in dieser Zeit das Bewußtsein für die Veränderungen nicht verlorengeht.
- Führen Sie eine Erfolgskontrolle durch!

Corporate Behaviour

Das Verhalten eines Unternehmens gegenüber seinen Zielgruppen ist sicher das wichtigste Instrument der CI. Je mehr es gelingt, durch ein positives Verhalten aufzufallen, desto besser für die wirtschaftlichen Ziele des Unternehmens.

Damit wird auch deutlich, daß es längst nicht mehr nur um die Qualität der Produkte geht, die ein Unternehmen fertigt, sondern auch um die Qualität der Beziehungen, die es zu Mitarbeitern, Kunden, Lieferanten, Kapitalgebern etc. knüpft.

Corporate Communications

Unter Corporate Communications verstehen wir die Art eines Betriebes, verbale und visuelle Botschaften zu übermitteln.

Wir unterscheiden dabei unternehmensinterne und unternehmensexterne Kommunikation.

Intern wirken im Idealfall alle Aktivitäten daraufhin, den Mitgliedern eine Art Zugehörigkeitsgefühl zu vermitteln. Die Kommunikation ist innerhalb der Corporate Identity sicher der flexibelste Baustein, da sie sich jeden Tag mit jedem Ereignis anders gestalten kann (z. B. der Umgang der Führungskräfte mit den Mitarbeitern).

Die Geschlossenheit der Kommunikation ist intern gewiß einfacher zu bewältigen als extern. So weisen Experten immer wieder daraufhin, daß beispielsweise die Markenartikelhersteller vor dem Problem stehen, daß bestimmte Marken-Identitäten aus der Unternehmens-CI herausgehalten werden und ein eigenständiges Leben führen. Das kann zur Folge haben, daß die Produktmarke die Unternehmensmarke verdrängt. Für einen Öffentlichkeitsarbeiter dieses Unternehmens könnte dies zum Problem werden: Um sich bei seinen Zielgruppen profilieren zu können, benötigt er ein überzeugendes Unternehmensprofil.

Zur Realisierung der Corporate Communications stehen zahlreiche Wege zur Verfügung:

Interne Kommunikation	Externe Kommunikation
• Schwarzes Brett • e-Mail • → Mitarbeitergespräche • Firmenzeitung/Hauszeitung • Aus- und Weiterbildung • Leihbibliotheken • Sport- und Freizeitveranstaltungen für Mitarbeiter • Jubiläen • Betriebsausflüge • Einbindung von Pensionären • Tage der offenen Tür • Betriebsversammlungen	• → Pressemitteilungen • Prospekte • Messen und Ausstellungen • Beschriftungen (Hausschilder, Fahrzeuge, Gebäude) • Personalwerbung • Geschäftsberichte • →Pressekonferenzen • Serviceleistungen • Handelswerbung • Endverbraucherwerbung • Produkt-PR • Verkaufsförderung (für Außendienst, Einkauf, Endverbraucher)

Corporate Design

Corporate Design ist das einheitliche visuelle Erscheinungsbild eines Unternehmens. Viele Firmen meinen, wenn sie ein modernes Logo und dazu passende Briefbögen fertigen lassen, wäre dies bereits ihre CI. In Wirklichkeit handelt es sich nur um einen Baustein, wenngleich er sicher derjenige ist, den die breite Öffentlichkeit am deutlichsten wahrnimmt.

Die Bereiche des Corporate Design sind in der folgenden Übersicht zusammengefaßt:

Bereiche des Corporate Design	
Unternehmen:	• Name • Slogan • Unternehmensmarke
Produkte:	• Material • Farben • Verpackungen • Formen
Kommunikationsmittel:	• Layout • Typographie • Zeichnungen, Fotos • Farben
Gebäudearchitektur:	• Form • Farben • Größe • Orientierungs- und Informationshilfen (Schilder, Infotafel) • Ambiente (Ruhezonen, Kommunikationszonen, Park) • Innenarchitektur • Arbeitsräume, Betriebsräume

Datenschutz

Einzelangaben über persönliche und/oder sachliche Verhältnisse einer bestimmten oder bestimmbaren Einzelperson, also personenbezogene Daten, werden vor Mißbrauch geschützt. Die entsprechenden Gesetzesvorschriften regeln die Rechte der Betroffenen und die Pflichten der speichernden Stelle. In öffentlichen Institutionen wacht ein Datenschutzbeauftragter über die Einhaltung der Bestimmungen, die sich aus den Datenschutzgesetzen ergeben.

Gesetzesvorschriften

In Deutschland regeln das Bundesdatenschutzgesetz (BDSG) und die Landesdatenschutzgesetze (LDSG) den Umgang mit personenbezogenen Daten. Das BDSG gilt für die Datenverarbeitung öffentlicher Stellen des Bundes und für die geschäftsmäßige, berufliche oder gewerbliche Datenverarbeitung. Jedes LDSG gilt für die Datenverarbeitung öffentlicher Stellen eines Landes und seiner Gemeinden. Daneben gelten für einzelne Arten von Daten weitergehende Gesetzes- und Standesvorschriften, wie z. B. die ärztliche Schweigepflicht.

Rechte des Betroffenen

Nach dem BDSG hat jeder Betroffene das Recht auf

- Auskunft über die zur Person gespeicherten Daten, ihre Herkunft und gegebenenfalls ihre Empfänger sowie über den Zweck der Speicherung,
- Berichtigung von nachweislich unrichtigen personenbezogenen Daten,
- Löschung von unzulässig gespeicherten oder nicht mehr benötigten Daten,
- Sperrung personenbezogener Daten, deren Richtigkeit die speichernde Stelle und deren Unrichtigkeit der Betroffene nicht beweisen kann,
- Schadensersatz, wenn durch unrichtige oder unzulässige Verarbeitung personenbezogener Daten ein Schaden entstanden ist.

Die Auskunft über die gespeicherten personenbezogenen Daten ist unentgeltlich. In Ausnahmefällen darf keine Auskunft gegeben werden, etwa dann, wenn dadurch der Zweck der Datenspeicherung gefährdet würde. Wenn eine öffentliche Stelle die Datenschutzbestimmungen verletzt hat, wenden sich die Betroffenen an den zuständigen Datenschutzbeauftragten. Bei Verletzungen durch eine private Stelle ist die Aufsichtsbehörde zuständig. In den meisten Bundesländern ist dies das Innenministerium.

Für die geschäftsmäßige Datenspeicherung zum Zwecke der Übermittlung, wie sie Adreßverlage, Auskunfteien oder Kreditschutzorganisationen betreiben, sind die Rechte der Betroffenen eingeschränkt. So kann etwa für die Auskunft ein Entgelt verlangt werden, wenn sie wirtschaftlich nutzbar ist. Andererseits unterliegt diese Art der Datenverarbeitung einer strengeren Aufsicht.

Pflichten der speichernden Stelle

Als speichernde Stelle bezeichnet das Gesetz alle Organisationen und Betriebe, die personenbezogene Daten verarbeiten. Dazu gehören z. B. auch Handwerks- und Gewerbebetriebe, die ihre Kundenadressen und -konten speichern. Die Betriebsleitung hat die Datenverarbeitung so zu organisieren, daß diese den besonderen Anforderungen des Datenschutzes gerecht wird. Insbesondere müssen alle Personen, die mit der Datenverarbeitung beschäftigt sind, auf das Datengeheimnis verpflichtet werden. Falls mehr als fünf Personen ständig mit der automatisierten Datenverarbeitung beschäftigt sind, muß ein Beauftragter für den Datenschutz bestellt werden.

Daneben muß die speichernde Stelle geeignete technische Vorkehrungen gegen einen unbefugten Zugriff auf Datenverarbeitungsanlagen, Datenübertragungseinrichtungen und Datenträger treffen. Außerdem ist nicht jede Datenverarbeitung erlaubt. Es dürfen nur jene personenbezogenen Daten verarbeitet werden, die zur Erfüllung der Verträge mit den Betroffenen benötigt werden.

Deckungsbeitragsrechnung

Die Deckungsbeitragsrechnung ist eines der wichtigsten, betriebswirtschaftlichen Steuerungsinstrumente. Der Deckungsbeitrag eines Produkts ergibt sich aus der Differenz zwischen den Erlösen und seinen variablen Kosten. Durch Rückrechnung wird ermittelt, welche Produkterlöse die Fixkosten abdecken, Gewinne erwirtschaften und welche Produkte deshalb gefördert werden sollten.

Teilkostenrechnung

In der Teilkostenrechnung (→ Kostenrechnung) als Grundlage der Deckungsbeitragsrechnung werden nicht alle Kosten den betrieblichen Leistungen zugeordnet. Hier rechnen Sie ausschließlich die volumen- bzw. beschäftigungsabhängigen Kosten (auch Grenzkosten, variable Kosten, Leistungskosten) den Leistungen oder Produkten zu.

Die volumenunabhängigen Kosten werden über den Deckungsbeitrag gedeckt. Im Gegensatz dazu verrechnen Sie in der Vollkostenrechnung alle Kosten proportional auf die Leistung.

Voraussetzungen der Deckungsbeitragsrechnung

Voraussetzungen für eine funktionierende Deckungsbeitragsrechnung sind:
- eine Unternehmensorganisation mit Kostenstellen (z. B. Abteilungen) und Bereichen, damit entsprechende Kostentransparenz geschaffen werden kann;
- eine Teilkostenrechnung, in der allen Kostenträgern (Produkte, Aufträge oder Dienstleistungen) nur die variablen Kosten zugerechnet werden.

In der Deckungsbeitragsrechnung wird die Teilkostenrechnung quasi um die Erlöse zu einer Erfolgsrechnung erweitert: Die Gegenüberstellung von Kosten und Erlösen sowie ihre Verdichtung erlauben eine Darstellung des Betriebsergebnisses.

Insbesondere bei kurzfristigen, produktbezogenen Entscheidungen ist die Deckungsbeitragsrechnung unverzichtbar. Sie kann in bestimmten Situationen als Entscheidungsgrundlage herangezogen werden.

Sehen Sie dazu die folgende Aufstellung:

Einsatz der Deckungsbeitragsrechnung

- Ein Kunde möchte einen Auftrag zu einem sehr niedrigen Preis erteilen. Nehmen Sie den Auftrag an oder nicht?
- Produzieren Sie ein Teil selbst oder beziehen Sie es von Zulieferern?
- Welchen von zwei Aufträgen nehmen Sie an, wenn Sie wegen zu geringer Kapazität nur einen ausführen können (relativer Deckungsbeitrag)?
- Wie hoch muß der zusätzliche Mengenabsatz sein, damit Sie bei einer Preissenkung mindestens den gleichen Gesamt-Deckungsbeitrag erzielen wie ohne Preissenkung?
- Welche Nachlässe können Sie bei einem Angebot gewähren, ohne bei dem Auftrag Verluste zu machen?
- Sie wollen Ihren Außendienst erfolgswirksamer einsetzen. Zahlen Sie die Provisionen auf Basis des Deckungsbeitrags und nicht des Umsatzes.
- Lohnt sich eine Kapazitätserweiterung, z. B. eine zusätzliche Maschine? Dann errechnen Sie mit der Deckungsbeitragsrechnung, wie hoch Ihr zusätzlicher Absatz auf Dauer sein muß, um die fixen Kosten für die Anlage zu erwirtschaften.
- Sie wollen eine Hitliste Ihrer wichtigsten Produkte erstellen. Richten Sie sich nach dem Deckungsbeitrag und nicht nach dem Umsatz.

Varianten der Deckungsbeitragsrechnung

Es gibt zwei Grundtypen:

Typ 1 (Direct Costing, Marginal Costing, Grenzplankostenrechnung)
Hier werden die Kosten zunächst als fix oder variabel charakterisiert oder durch Kostenspaltung in ihre variablen und fixen Bestandteile zerlegt. Während vom Produkterlös nur die variablen Kosten subtrahiert

werden, zieht man die Fixkosten im Block von allen Produkten ab (einstufige Deckungsbeitragsrechnung).

Diese Variante können Sie vorwiegend in Fertigungsunternehmen einsetzen (siehe Beispiel).

Beispiel (Typ 1): Deckungsbeitragsrechnung im Fertigungsbetrieb

Nachstehend sehen Sie eine dreistufige Fixkostendeckungsrechnung für einen Betriebsbereich mit zwei Artikelgruppen. Die differenzierte Fixkostenverrechnung ermöglicht es Ihnen, die Wirtschaftlichkeit der beiden Produkte zu vergleichen. Vor allem in der Praxis mittelständischer Unternehmen ist dies ein häufig anzutreffendes Modell. Bei der Bildung der Fixkostenstufen in Ihrer Kostenrechnung sollten Sie sich immer fragen, ob diese Fixkosten bei Wegfall der Stufen eingespart werden können.

(Alle Werte in DM)	Artikelgruppe A		Artikelgruppe B	
	Art. 11	Art. 12	Art. 21	Art. 22
Nettoumsatz	100.000	250.000	300.000	70.000
– Material (RHB)	31.000	45.000	30.000	1.000
– Fertigungslöhne	6.500	15.000	30.000	7.000
– SEK Fertigung	1.000	5.000	500	500
– SEK Vertrieb	1.500	4.000		
Deckungsbeitrag I	60.000	181.000	239.500	61.500
– Produktive Kosten	8.000	31.000	29.500	6.500
Deckungsbeitrag II	52.000	150.000	210.000	55.000
Summe Deckungsbeitrag II	202.000		265.000	
– Artikelgruppenfixe Kosten	32.000		115.000	
Deckungsbeitrag III	170.000		150.000	
Summe Deckungsbeitrag III	320.000			
– Fixe Kosten Verwaltung	150.000			
– Fixe Kosten Vertrieb	100.000			
– Sonstige Kosten	50.000			
Betriebsergebnis	20.000			

RHB = Roh-, Hilfs- und Betriebsstoffe
SEK = Sondereinzelkosten

Falls Sie sich für die Deckungsbeitragsrechnung eines Handelsunternehmens interessieren, finden Sie hierzu ebenfalls ein Modell (siehe folgendes Beispiel).

Beispiel (Typ 1): Deckungsbeitragsrechnung im Dienstleistungsgewerbe

Nur langsam findet die Teilkostenrechnung in Form der Deckungsbeitragsrechnung Eingang bei mittelständischen Betrieben z. B. des Hotel- und Gastronomiegewerbes. Dies dürfte am niedrigen Anteil der Fixkosten am Umsatz liegen. Beträgt jener weniger als zehn Prozent, lohnt sich die Einführung eines Kostenrechnungssystems in der Regel nicht.

Zum einen entstehen die betriebsbedingten Kosten durch das laufende Geschäft. Hier wird die eigentliche Leistung erbracht, die sich hinterher als Umsatz niederschlägt. Dazu zählen z. B. Personal- und Warenkosten.

Die anlagebedingten Kosten fallen unabhängig vom Umsatz an. Im Beispiel werden sie vom Deckungsbeitrag II als fixe Kosten abgezogen.

(Alle Werte in DM)	Speisen	Getränke
Umsatz	200.000	400.000
– Wareneinsatz	90.000	150.000
– Bedienungsprovision	16.000	32.000
Deckungsbeitrag I	94.000	218.000
Deckungsbeitrag I gesamt	312.000	
– Personalkosten	150.000	
– Energiekosten	6.000	
– Sonstige Betriebskosten	28.000	
Deckungsbeitrag II	128.000	
– Pacht	60.000	
– Ausschreibungen	30.000	
Betriebsergebnis	38.000	

Typ 2 (Relative Einzelkostenrechnung)

Dem Zurechnungsobjekt – z. B. Kostenstelle, Auftrag, Projekt – werden die Kosten nach dem Identitätsprinzip zugeordnet. Da alle Kosten als Einzelkosten zugerechnet werden, kann die Zurechnung nur bei solchen Objekten erfolgen, bei denen Einzelkostenbeziehung besteht. Im Gegensatz zum Direct Costing unterteilen Sie die Kosten hier in Leistungs- und Bereitschaftskosten.

Typ 2 eignet sich für den Einsatz in Dienstleistungsunternehmen (siehe Beispiel 3).

Beispiel (Typ 2): Deckungsbeitragsrechnung im Handel

Der Aufbau einer Deckungsbeitragsrechnung im Handel erfolgt nach vorhandenen, zusammengefaßten Warengruppen oder Sortimenten. Ein Handelsunternehmen hat sein Sortiment in zwei Warengruppen eingeteilt. Umsätze und Kosten werden, soweit möglich, den Warengruppen zugerechnet. So erhalten Sie Informationen über die zukünftige Gewichtung.

Warengruppe A ist wesentlich attraktiver als Warengruppe B. Eine Umsatzerhöhung bei A würde das Gesamtbetriebsergebnis wesentlich verbessern. Sie sollten versuchen, Ihre Gemeinkosten auch im Handel nicht als einheitlichen Block zu betrachten. Teile des Kostenblocks werden nur von einzelnen Warengruppen verursacht und sollten diesen deshalb separat zugerechnet werden.

	Warengruppe A		Warengruppe B	
	DM	%	DM	%
Nettoumsatz	100.000	100,0	300.000	100,0
– Wareneinsatz	50.000	50,0	165.000	55,0
– Verderb	2.000	2,0	2.500	0,8
– Bezugskosten	500	0,5	900	0,3
– Kosten der Warenabgabe	500	0,5	1.500	0,5
– Verpackungsmaterial	1.000	1,0	3.000	1,0
+ Lieferskonti	233	0,2	667	0,3
Deckungsbeitrag I	46.233	46,2	127.767	42,6
– Direkt zurechenbare Personalkosten	8.000	8,0	29.000	9,7
Deckunsbeitrag II	38.233	38,2	98.767	32,9
Summe Deckungsbeitrag II	137.000		34,3	
– Nicht direkt zurechenbare Personalkosten	24.000		6,0	
– Raumkosten	20.000		5,0	
– Sonstige Kosten	55.000		13,8	
Betriebsergebnis	38.000		9,5	

Einstufige Deckungsbeitragsrechnung

Anhand der einstufigen Deckungsbeitragsrechnung läßt sich das Grundprinzip darstellen. Praxisrelevanz kommt ihr selten zu (siehe nachstehendes Beispiel).

Beispiel: Einstufige Deckungsbeitragsrechnung

In der einstufigen Deckungsbeitragsrechnung kann das Betriebsergebnis vor Steuern nach folgendem Schema ermittelt werden:

Nettoumsatzerlöse
- Variable Kosten (z. B. Fertigungsmaterial) - Fertigungslöhne - Energie - Frachten/Verpackungen - Fremdleistungen = Deckungsbeitrag
- Gesamtfixkosten (z. B. Gehälter) - Gehaltsnebenkosten - Mieten, Pachten, Leasing - Abschreibungen - Kosten für Forschung und Entwicklung - Kapitalkosten
= Betriebsergebnis

Dem jeweiligen Erzeugnis werden nur die Kosten zugerechnet, die es tatsächlich verursacht. Die Fixkosten tragen alle hergestellten Artikel gemeinsam. Sie können zwar sehen, ob die Summe der Deckungsbeiträge ausreicht, um Ihre Fixkosten abzudecken und einen Gewinn zu erzielen, Sie wissen aber nicht, ob wirklich alle Bereiche positiv arbeiten!

Mehrstufige Deckungsbeitragsrechnung

Erst die mehrstufige, in der Praxis verwendete Deckungsbeitragsrechnung zeigt, wo Gewinn erwirtschaftet wird (siehe Beispiel). Hier müssen Sie den Fixkostenblock unterteilen.

Beispiel: Mehrstufige Deckungsbeitragsrechnung

Berechnungsschema:

Erlöse
- Variable Kosten (Grenzkosten)
= Deckungsbeitrag I
- Produktgruppenfixkosten
= Deckungsbeitrag II
- Unternehmensfixkosten
= Deckungsbeitrag III (Gewinn)

Die mehrstufige Deckungsbeitragsrechnung ermöglicht Ihnen die Beantwortung folgender Fragen:

- Welche Produkte oder Produktgruppen haben einen hohen Deckungsbeitrag?
- Welche Produkte oder Produktgruppen erwirtschaften nicht einmal ihre eigenen Fixkosten und werden von anderen Bereichen quasi subventioniert?
- Kann ich die geringen Deckungsbeiträge eines Produktes, das ich zur Komplettierung des Sortiments benötige, durch andere Produkte der gleichen Produktgruppe kompensieren?
- Was ist bei Kapazitätsengpässen zu tun?

Prüfen Sie folgende Möglichkeiten, wenn Sie Produkte mit geringem Deckungsbeitrag im Sortiment behalten müssen:

Handlungsbedarf bei geringem Deckungsbeitrag

- Lassen sich Preiserhöhungen ohne Absatzrückgänge am Markt durchsetzen?
- Können Sie den Absatz bei freien Kapazitäten z. B. durch Werbemaßnahmen forcieren, um über die Menge den Gesamt-Deckungsbeitrag zu steigern?
- Können Sie die variablen Kosten reduzieren, z. B. durch günstigeren Einkauf oder rationellere Fertigung?
- Können Sie die fixen Kosten senken, damit Sie mit einem geringen Deckungsbeitrag Gewinn erzielen?

Vorteile der mehrstufigen Deckungsbeitragsrechnung sind:

- exaktere Beurteilung von Produktgruppen und -bereichen,
- besserer Einblick in die Erfolgsstruktur des Unternehmens,
- Verhinderung von Fehlentscheidungen: Werden sprungfixe Kosten (Einstellung von Personal, Maschinenkauf) durch Mehrerlös bei zusätzlicher Herstellung eines Artikels abgedeckt?

Achtung: Selbst wenn der Stück-Deckungsbeitrag von jedem Produkt im Sortiment positiv ist, so bedeutet dies nicht, daß Sie einen Gewinn erzielen! Die Gewinnzone erreichen Sie erst, wenn die Erlöse größer als die Gesamtkosten sind bzw. der Gesamtdeckungsbeitrag größer ist als die Fixkosten.

Im Übergangspunkt von der Verlust- in die Gewinnzone (Gewinnschwelle, → Break-Even-Analyse) sind die Erlöse gleich den Gesamtkosten.

Gewinnschwellenanalyse

Das leistet dieser Rechner:

- Verteilen Sie alle Fixkosten nach Verkauf einer bestimmten Anzahl von Produkten.
- Ermitteln Sie anschließend die Gewinnschwelle.
- Beobachten Sie, wie jeder weitere verkaufte Artikel den Gewinn um den jeweils individuellen Artikeldeckungsbeitrag erhöht.

Delphi-Methode

Die Delphi-Methode ist ein Prognoseverfahren, bei dem eine Gruppe von Experten mittels Fragebögen befragt wird. Die Ergebnisse einer ersten Befragung werden von einem Leitungsgremium ausgewertet und derselben Expertenrunde noch einmal vorgelegt. Jeder Experte hat dann die Möglichkeit, seine Position noch einmal zu überdenken und zu ändern.

Ziel

Ziel der Delphi-Methode ist es, Prognoseergebnisse zu erhalten, die auf der Einschätzung einer Gruppe von Experten beruhen. Dabei steht das Bemühen im Vordergrund, einen möglichst hohen Grad an Übereinstimmung zwischen den Experten zu erhalten. Dies soll dadurch erreicht werden, daß den Experten die Möglichkeit gegeben wird, in ihren Einschätzungen aufeinander einzuwirken.

Vorgehensweise

Zunächst ist ein Leitungsgremium zu bilden, welches für die Durchführung des Prognoseprozesses verantwortlich ist. Dieses Gremium, das aus wenigen Personen bestehen sollte, entwickelt einen ausführlichen Fragebogen, der einer Gruppe von Experten unterschiedlicher Fachrichtungen vorgelegt wird. Nachdem die Experten die ihnen präsentierten Fragebögen ausgefüllt haben, sind die einzelnen Fragebögen durch das Leitungsgremium auszuwerten.

Das Leitungsgremium entwickelt dann einen zweiten Fragebogen, wobei die Ergebnisse der ersten Erhebung in die zweite Befragung Eingang finden. Hierbei werden die im Rahmen der ersten Befragung erhobenen Einschätzungen allen Experten mitgeteilt, so daß jeder Experte die Gelegenheit erhält, seinen eigenen Standpunkt vor dem Hintergrund der Ergebnisse der anderen Experten zu überarbeiten. Wichtig ist hierbei, daß die Experten, sofern sie andere als die bisher eingenommenen Positionen beziehen, den entsprechenden Wandel begründen. Auf der Grundlage dieses zweiten Fragebogens hat das Leitungsgremium den im Mittelpunkt der Betrachtungen stehenden Problemkreis zu prognostizieren.

Wichtige Kriterien

Um möglichst objektive Prognoseergebnisse zu erhalten, sollten Sie die folgenden Punkte beachten:

- Bei der Auswahl geeigneter Experten ist darauf zu achten, daß dadurch keine bestimmte Tendenz der Prognoseergebnisse gegeben ist.
- Der erste Fragebogen muß möglichst umfassend sein, da dem zweiten Fragebogen nur noch die Aufgabe zukommt, Korrekturen beziehungsweise Präzisierungen von Einschätzungen zu bewirken.
- Der zweite Fragebogen sollte so gestaltet sein, daß es zu einer möglichst großen Zahl an übereinstimmenden Einschätzungen kommen kann.

Direktmarketing

Durch Direktmarketing wird der persönliche Kontakt bzw. Dialog zwischen Unternehmen und Zielgruppe angestrebt. Ziel ist der direkte Produktverkauf. Die heutige Bedeutung des Direktmarketing geht zum Großteil zurück auf das sich ständig vergrößernde Produktangebot in Verbindung mit der technischen Entwicklung der letzten Jahre. Dabei bedient sich der Hersteller oder Dienstleister der Instrumente der personalisierten Direktwerbung, der Verkaufsförderung und des persönlichen Verkaufs.

Gründe für das Direktmarketing

Für den Einsatz von Direktmarketing sprechen verschiedene Gründe:

- Die direkte Kommunikation ermöglicht eine persönliche Ansprache

und/oder ein gezieltes Eingehen auf die individuellen Bedürfnisse der einzelnen Mitglieder einer Zielgruppe,
- Direktmarketing erlaubt in der Regel eine direkte Reaktion der Zielgruppe, z. B. die Bestellung der angebotenen Produkte,
- mit gewissen Einschränkungen führen die Möglichkeiten einer direkten Kundenreaktion zu einer erleichterten Werbeerfolgskontrolle,
- gründet sich die Direktmarketingaktivität auf eine gepflegte Datenbank (Database), hat sie im Vergleich zu anderen kommunikationspolitischen Maßnahmen meist einen geringeren Streuverlust.

Medien des Direktmarketing

Abhängig von verschiedenen Faktoren wie Zielgruppen, vorhandene Mittel usw., bedient sich das Direktmarketing unterschiedlicher Instrumente.

Werbebriefe
Werbebriefe (direct mail) sind mit individueller Anschrift versandte Schreiben, die die Empfänger zu einer Reaktion, meist zum Kauf eines Produkts, veranlassen sollen. Basis eines Werbebriefs ist eine Adreßkartei oder -datei. Mit zunehmender Verbreitung des Personal Computers (PC) haben auch die Anforderungen an die Individualität der Werbebriefe zugenommen. Vor diesem Hintergrund wächst die Bedeutung von Datenbanken zur gezielten Kundenansprache.

Kataloge/Prospekte
Kataloge und Prospekte stellen mehrere Produkte in Wort und Bild vor, die der Empfänger meist mittels einer Bestellkarte oder telefonisch direkt bestellen kann. Sie werden häufig von Werbebriefen begleitet.

CD-ROM-Kataloge
CD-ROM-Kataloge (elektronische Produktkataloge) entsprechen inhaltlich herkömmlichen Katalogen, sind jedoch in digitaler Form auf einem Datenträger gespeichert. Sie können von der Zielgruppe mittels eines Personalcomputers mit entsprechendem Laufwerk betrachtet werden. CD-ROM-Kataloge haben gegenüber herkömmlichen Katalogen

zwei Hauptvorteile: Sie haben ein weitaus geringeres Gewicht und sind somit preiswerter zu versenden und es können auf der CD auch bewegte Bilder, d. h. Filmsequenzen, gezeigt werden.

Responseanzeigen

Responseanzeigen enthalten ein Responseelement, entweder einen Coupon (Couponanzeige) oder eine Postkarte. Das Responseelement erleichtert der Zielgruppe die direkte Kommunikation mit dem werbenden Unternehmen.

Telefonmarketing

Dieser meist mit Beratung einhergehende Verkauf per Telefon (Teleselling) setzt sich vor allem im Business-to-Business-Bereich immer mehr durch. Der Grund: die Kunden möchten möglichst persönlich beraten und informiert werden. Dabei sind Kosten- und Zeitaufwand beim Telefonmarketing bedeutend geringer als beim Kundenbesuch durch einen Außendienstmitarbeiter.

Direct Response Television/Direct Response Radio

Im Rahmen des Fernseh- oder Radiospots werden Telefonnummern genannt, unter denen Interessenten sofort die angebotenen Produkte bestellen können. Im Fernsehbereich laufen Tests auch in Deutschland, um nach amerikanischem Vorbild sogenannte Home-Shopping-Kanäle zu etablieren. Dabei handelt es sich um Programme, bei denen Moderatoren Produkte anpreisen, die die Zuschauer direkt per Telefon oder spezieller Fernbedienung ordern können.

Business Television

Business Television sind unternehmenseigene Fernsehsender, die über Satellit ausgestrahlt werden und per Decoder in einzelnen Haushalten empfangen werden können. Business Television wird zur Zeit vor allem für die unternehmenseigene Mitarbeiterinformation und -schulung eingesetzt. Mittelfristig sollen darüber auch gezielt bestimmte Kunden- und Interessentengruppen mit Informationen über das Unternehmen und seine Produkte versorgt werden.

T-Online/Internet
T-Online (ehemals BTX, Datex-J) ist ein bundesweiter Service der Telekom, der per Personalcomputer (PC) und Modem empfangen werden kann. Gegen Entgelt können Unternehmen Informationen in dieses System einstellen sowie Produkte vermarkten. Internet (Abkürzung für International Network) ist ein Netzwerk, das weltweit Computer miteinander verbindet und einen Datenaustausch ermöglicht. Verstärkt stellen Unternehmen Informationen in das Datennetz und bieten Produkte an, die direkt bestellt werden können. Durch die Entwicklung von Computergeld (Cyber money) wird diese Form des Direktmarketing in Zukunft immer mehr Bedeutung gewinnen.

Kundenclubs
Kundenclubs werden in erster Linie als Kundenbindungsinstrument eingesetzt und auch für die direkte Kommunikation und den direkten Produktverkauf an die Mitglieder des Clubs genutzt.

Dumping

Ein Unternehmen betreibt Dumping (englisch: Schutt abladen), wenn es in einem ausländischen Markt Güter zu wesentlich niedrigeren Preisen anbietet als im Inland oder wenn es die Güter unter dem Selbstkostenpreis verkauft. Finanziert werden die Dumpingangebote durch überhöhte inländische Preise. Dadurch ergibt sich die Gefahr des Wiederimports der günstigen Güter in den Inlandsmarkt.

Ziel des Dumpings

Mit Dumpingpreisen erzielen Unternehmen im allgemeinen keine Gewinne (Ausnahme: Sozialdumping). Es wird versucht, durch extrem niedrige Preise die Konkurrenz aus dem Markt zu verdrängen, um später hohe Monopolpreise durchsetzen zu können. Häufig werden Dumpingpreise auch dann eingesetzt, wenn Unternehmen versuchen, durch die Exporte die Kapazitäten im Inland auszulasten.

Bei staatlich gelenkten Planwirtschaften wird Dumping häufig benutzt, um im ausländischen Markt Marktstörungen herbeizuführen und so politischen Druck auszuüben. Die Staaten des ehemaligen Ostblocks haben Dumping auch gezielt eingesetzt, um ihre Devisenvorräte zu erhöhen.

Häufig wird der Begriff Dumping mit dem Begriff Niedrigpreisimport gleichgesetzt. Niedrigpreisimporte liegen vor, wenn die ausländischen Güter günstiger sind als die der inländischen Konkurrenz. Dumping bedeutet allerdings, daß ein Unternehmen im Ausland wesentlich niedrigere Preise festsetzt als im Inland.

Problem des Dumpings

Das große Problem für Unternehmen, die Dumping betreiben, sind die sogenannten Wiederimporte. Die billigen Waren werden aus dem Ausland wieder in das Ursprungsland eingeführt, wo das Preisniveau höher ist. Dadurch wird der Preis gedrückt und die Unternehmen haben nicht mehr die Möglichkeit, die Dumpingpreise im Ausland durch die hohen Preise im Inland zu finanzieren.

GATT und Vertrag zur Gründung der EG

Im Allgemeinen Zoll- und Handelsabkommen (GATT) verpflichteten sich die Unterzeichnerstaaten, das Dumping zu verbieten. Die Realität entspricht allerdings nicht ganz diesem Abkommen.

Dumping ist nach dem EWG-Vertrag nicht zulässig. Die Europäische Kommission weist ein Unternehmen, das Dumping betreibt, an, dies zu unterlassen. Falls das Unternehmen darauf nicht reagiert, kann die Kommission erlassen, daß die Waren ohne mengenmäßige Beschränkung und ohne Zölle in das Herkunftsland reimportiert werden können.

Maßnahmen gegen Dumping

Es gibt verschiedene Möglichkeiten, um gegen Dumping vorzugehen. Dazu gehören, neben Einfuhrverboten, auch generelle Zollerhöhungen und Zollzuschläge (nur für die betroffenen Güter).

Soziales Dumping

Soziales Dumping unterscheidet sich vom herkömmlichen darin, daß die Anbieter trotz der niedrigen Preise Gewinn machen. Die Löhne und Sozialabgaben im Herkunftsland sind so niedrig, daß die Güter in Ländern mit hohen Standortkosten konkurrenzlos günstig angeboten werden können.

Eisenhower-Prinzip

Das Eisenhower-Prinzip ist eine Entscheidungshilfe für die Erledigung der Aufgaben im Sinne einer Prioritätensetzung.

Begriff

Das Eisenhower-Prinzip unterscheidet verschiedene Aufgaben nach den beiden Kriterien Dringlichkeit und Wichtigkeit. Eine aus diesen beiden Dimensionen gebildete Matrix schafft ein Entscheidungsraster, mit dessen Hilfe eine Prioritätensetzung vorgenommen werden kann.

Aufgabenarten

Je nach Höhe von Wichtigkeit und Dringlichkeit ergeben sich vier Aufgabenarten. Teilen Sie Ihre Arbeit konsequent nach diesem Schema ein, damit Sie in weniger Zeit ein besseres Arbeitsergebnis erreichen:

- **Sehr dringliche und sehr wichtige Aufgaben**
  Diese müssen sofort und von Ihnen selbst erledigt werden.

- **Dringliche und nicht so wichtige Aufgaben**
  Da diese Aufgaben keine so hohen Anforderungen stellen, sollten sie auf jeden Fall delegiert werden. Sie tragen damit zu Ihrer persönlichen Arbeitsentlastung bei und nutzen das Potential und die Erfahrung Ihrer unterstellten Mitarbeiter

- **Nicht dringliche, aber wichtige Aufgaben**
  Diese Aufgaben können erst einmal aufgeschoben werden. Nach Möglichkeit sollte dies aber nicht der Fall sein, da sie früher oder später doch dringlich werden und dann von Ihnen selbst in kürzester Zeit erledigt werden müssen. Versuchen Sie, auch wichtige Aufgaben an Ihre Mitarbeiter zu delegieren. Durch die Übertragung eigenständig zu lösender Aufgaben und der dazugehörigen Kompetenzen fördern Sie die Motivation und Entwicklung Ihrer Mitarbeiter.

- **Nicht dringliche und nicht wichtige Aufgaben**
  Diese Art Aufgaben gehören in die Ablage oder in den Papierkorb. Sie tragen lediglich zur Arbeitsüberlastung bei und sollten auch nicht auf Ihre Mitarbeiter abgewälzt werden.

Anhand der folgenden Checkliste können dringliche und wichtige Aufgaben klassifiziert werden. Dabei sollte es das Ziel sein, die wirklich wichtigen und somit meist schwierigen Aufgaben in der am besten zur Erledigung geeigneten Zeit, also nicht unter Zeitdruck, bearbeiten zu können.

Eisenhower-Prinzip: Wichtigkeit und Dringlichkeit	
Wichtig ist: • alles, wo viel auf dem Spiel steht, wie Image der Firma, Gewinnchancen, Verlustreduzierung; • alles, was Sie Ihren persönlichen Zielen näherbringt; • alles, was Sie erledigen müssen, damit andere weiterarbeiten können, z. B. Anträge, Berichte, Gesuche.	**Dringlich ist:** • alles, was exakt terminiert ist; • alles, was bei Terminüberschreitung geschäftsschädigend wirkt; • alles, was bei Termineinhaltung als Qualitäts- und Verläßlichkeitsmerkmal gilt.

E-Mail

Die elektronische Post (E-Mail) bietet gegenüber dem herkömmlichen Postweg verschiedene Vorteile. Die Nachrichten erreichen den Empfänger auf diesem Weg wesentlich schneller und die elektronische Übermittlung ist wesentlich preiswerter.

Populärster Internet-Dienst

E-Mail dürfte nach wie vor der meistgenutzte Dienst im weltweiten → Internet sein. Über E-Mail ist nicht nur jeder Teilnehmer erreichbar, der direkt ans Internet angeschlossen ist, sondern auch alle Abonnenten, die über einen der kommerziellen Online-Dienste wie AOL, CompuServe, T-Online oder MSN Zugang zum Netz haben. Es reicht sogar schon ein indirekter Zugang zum Internet aus, etwa über eine Mailbox, um an dieser Kommunikationsform teilzuhaben.

Organisation

Außer diesem Online-Zugang benötigen Sie für die Teilnahme nur noch einen Mail-Editor zum Verfassen und Verwalten der Nachrichten. Derartige Programme sind in der Regel schon Bestandteil der Zugangs-Software für die Online-Dienste. Auch die meisten Internet-Browser haben solch ein Modul integriert. Daneben gibt es für das Internet jedoch noch viele spezielle Mail-Clients, die häufig zusätzliche Optionen und mehr Komfort bieten.

Durch eine eindeutige E-Mail-Adresse wird jedem Teilnehmer ein elektronisches Postfach zugewiesen, in dem die an ihn adressierten Mails gesammelt werden. Diese Postfächer befinden sich je nach Art des Internet-Zugangs auf einem Mail-Server, der beim Internet-Provider, beim Online-Dienst oder bei der Mailbox steht. Eine typische E-Mail-Adresse ist nach dem Muster „Ihr Name“@„Ihre Internet-Domäne“ aufgebaut, könnte also z. B. lauten: MMeier@aol.com. Unter dem Namensteil der Internet-Domäne findet sich oftmals der Name des Internet-Providers oder der Firmenname.

Dateiversand via E-Mail

Per E-Mail können Sie nicht nur einfache Textnachrichten versenden, sondern auch Dateien als Anhang mitschicken. Immer mehr Mail-Programme erlauben auch die direkte Einbindung bestimmter Elemente in den eigentlichen Mail-Text. So können Texte z. B. als HTML-Dokumente verschickt werden, die den Empfängern erlauben, durch einfaches Anklicken eines Links gleich zu dem jeweiligen Web-Dokument zu gelangen. Auch die Versendung von Audiodateien als Voice-E-Mail ist mit verschiedenen Programmen möglich.

Im Internet gibt es ein besonderes Informationsangebot, das Sie über E-Mail nutzen können, die Mailing-Listen. Dies sind in der Regel Diskussionsforen, in denen bestimmte Themen behandelt werden. Jeder Teilnehmer kann eine Nachricht an die Liste schreiben, die dann automatisch an alle anderen Abonnenten der Gruppe verschickt wird. Bei vielen Informationsanbietern im Internet gibt es zudem die Möglichkeit, sich zu individuell ausgesuchten Themengebieten regelmäßig aktuelle Nachrichten per E-Mail übermitteln zu lassen.

Entscheidungstechniken

Die Lösung von Entscheidungsproblemen stößt häufig an die Grenzen der Komplexität des Problems. Entscheidungstechniken strukturieren komplexe Sachverhalte und erleichtern so die Entscheidungsfindung. Ganz allgemein verfolgen Entscheidungstechniken zwei Ziele: Die Qualität der Entscheidungen soll sich verbessern und die Entscheidungsfindung soll transparent gemacht werden.

Begriff

Entscheidungstechniken sollen helfen, Entscheidungen auf einer sicheren Basis zu treffen. Gemeinsam ist den Entscheidungstechniken, daß die wahrscheinlichen Wirkungen der alternativen Lösungen systematisch beurteilt werden. Durch Entscheidungstechniken lassen sich nicht nur qualitativ bessere Entscheidungen erreichen, sondern gleichzeitig werden Entscheidungsprozesse nachvollziehbar, und die Entscheidungsfindung im Team wird gefördert.

Ziel

Ziele und Nutzen des Einsatzes von Entscheidungstechniken sind:

- Die Moderation von Entscheidungsprozessen kann gezielt und systematisch erfolgen.

- Bewertungskriterien werden offengelegt. Die Argumente für und wider eine Lösung können sachlicher erörtert werden.
- Die Entscheidungsfindung im Team wird gefördert. Ergebnisse, die in dieser Form dokumentierbar zustandekommen, werden damit auch zu einer höheren Akzeptanz bei allen Betroffenen führen.
- Werden für die Anwendung der Entscheidungstechniken Computerprogramme eingesetzt, können Handlungsalternativen bei Variationen geprüft werden. Ein Rückgriff auf einmal erfaßte Sachverhalte ist jederzeit möglich, was den zeitlichen Aufwand enorm reduziert.

Komponenten des Entscheidungsprozesses

Jeder Entscheidungsprozeß kann als ein Informationsverarbeitungsprozeß bezeichnet werden. Darin sind tatsächliche und bewertete Komponenten wirksam, die miteinander in Einklang zu bringen sind:

Tatsächliche Entscheidungskomponenten
• Situation (Realität, Umweltzustände) • mögliche Aktionen (alternative Handlungen) • erwartete Ergebnisse (Konsequenzen) der Aktionen
Bewertete Entscheidungskomponenten
• Ziele (mit unterschiedlichen Präferenzen) • Nutzen der Ergebnisse der Aktionen (unter Berücksichtigung der Ziele)

Wahl der Entscheidungstechnik

Mit der Anwendung von Entscheidungs- und Bewertungstechniken kann eine Formalisierung des Verfahrens der Entscheidungsfindung erreicht werden. Der Bewertungsvorgang selbst besteht aus

- der Einzelbewertung jeder Lösungsmöglichkeit,
- dem Vergleich der Ergebnisse und
- der Ordnung der Lösungsmöglichkeiten nach ihrer Vorzugswürdigkeit.

Nutzwertanalyse

Die Nutzwertanalyse (auch Scoring-Modell) ist eine einfache, weitverbreitete und effektive Matrixtechnik, bei der die Entscheidungskriterien frei wählbar sind. Anders gesagt: Es geht nicht nur um Kostenfaktoren, sondern auch um nicht quantifizierbare Komponenten, wie z. B. Personalfragen oder die qualitative Beurteilung von Produkten.

Prinzipiell kann die Nutzwertanalyse auf jedes Problem angewendet werden, bei dem Handlungsalternativen und Bewertungskriterien entweder von vornherein feststehen oder sich ohne größere Schwierigkeiten festlegen lassen.

Der Einsatz dieses Verfahrens – insbesondere bei komplexen (Projekt-) Alternativen – gewinnt auch aufgrund interessanter Computerlösungen zunehmend an Bedeutung. Sein besonderes Kennzeichen ist darin zu sehen, daß der Bewertung von Alternativen eine Vielzahl sowohl quantitativ faßbarer als auch quantitativ nicht faßbarer Kriterien zugrunde gelegt werden kann. Aufgrund dieser Eigenschaften ist die Beteiligung unterschiedlicher Bewerter(gruppen) mit differenzierten Interessen oder Zielvorstellungen gewünscht. Durch die Zusammenfassung der Ergebnisse verschiedener Bewerter kann ein gesamter Nutzwert ermittelt und damit die demokratische Entscheidungsfindung im Team gefördert werden.

Wirtschaftlichkeitsberechnung

Auch hierfür sind Computerprogramme einsetzbar. Allerdings lassen sich nicht alle Entscheidungen in monetären Größen abbilden; hinzu kommt die Notwendigkeit der Berücksichtigung qualitativer Aspekte bei komplexen Entscheidungsaufgaben. Der Schwerpunkt solcher Methoden und Programme liegt deshalb auf der Unterstützung von klar quantifizierbaren Investitionsentscheidungen verschiedener Art.

Kosten-Wirksamkeits-Analyse

Im Grunde handelt es sich um eine Nutzwertanalyse, die um eine Wirtschaftlichkeitsberechnung bzw. Kosten-Nutzen-Rechnung erweitert wird. Die Kosten-Wirksamkeits-Analyse existiert in mehreren Varianten.

Der Vorteil: Die Kosten, die ja nun mal für Wirtschaftsunternehmen eine zentrale Rolle spielen, lassen sich durch die Kosten-Wirksamkeits-Analyse wesentlich besser fassen als durch das grobe Raster der Nutzwertanalyse. Besonders geeignet für die Beurteilung von Investitionsentscheidungen.

Auswahl der Bewertungstechnik

Für die Auswahl der geeigneten Bewertungstechnik kann die mögliche Meßbarkeit der Merkmale als Orientierung dienen:

- Bei monetärer Meßbarkeit aller Merkmale bieten sich die Verfahren der Wirtschaftlichkeitsrechnung an. Die Entscheidungsempfehlung ergibt sich durch den monetären Vorteil einer Alternative.
- Lassen sich die Merkmale nicht vollständig monetär bewerten, ist die Nutzwertanalyse angebracht.
- Auch ein gemischter Einsatz (monetäre und nichtmonetäre Merkmale) kann durchaus sinnvoll sein. Diese sogenannte Kosten-Wirksamkeits-Analyse erreicht ihre Aussagekraft über eine Verhältniszahl zwischen Kosten und Nutzen je Alternative.

Teilschritte

Unabhängig von der Art der eingesetzten Entscheidungstechnik gibt es zahlreiche Gemeinsamkeiten des Vorgehens.

Zielbildung und Zielgewichtung

Ohne klare Zielvorgabe wird nicht ersichtlich, welches Entscheidungsproblem im Detail zu lösen ist. Dies kann dazu führen, daß Probleme übersehen oder falsche Prioritäten gesetzt werden. Für die Zielvorgabe sind – wie Erfahrungen der Praxis zeigen – einige Grundsätze zu beachten:

Grundsätze der Zielvorgabe
• **Ziele sollen lösungsneutral sein** • **Ziele bzw. Zielsysteme sollen vollständig sein** (aber nicht mehr als 20 Ziele in einem Zielsystem) • **Ziele sollen operational formuliert sein** (sie müssen klar, verständlich und meßbar formuliert sein) • **Ziele müssen realisierbar sein** (unerreichbare Ziele können Handlungen nicht leiten) • **Ziele sollen in ihrer Präferenz erkennbar sein** (Wichtiges soll im Vergleich zu Unwichtigerem deutlich werden; Trennung von Muß- und Kann- Zielen ist erforderlich) • **Ziele sind schriftlich zu fixieren** (zwingt zu einer bewußten Entscheidung; läßt den Problemlöser nicht im „Regen" der Beweisnot stehen)

Für die Zielgewichtung können zwei Verfahren unterschieden werden: die stufenweise Punktvergabe und die Präferenzmatrix. Bei der Vergabe der Gewichtungen ist im allgemeinen darauf zu achten, daß insgesamt nicht mehr als 100 Prozentpunkte vergeben werden bzw. daß bei der stufenweisen Gewichtung nicht das Gewicht des Oberziels überschritten wird.

Erfassung und Bewertung von Alternativen
Meist stehen mehrere Alternativen zur Lösung eines Problems zur Diskussion. Diese müssen nach Zweckerfolg, Mitteleinsatz, Vor- und Nachteilen, Nutzen, Kosten etc. bewertet werden. Diese Merkmale werden Bewertungskriterien genannt.

Berechnungen und Ergebnisaufbereitung
Nach der Erfassung der Gewichte der Zielkriterien sowie der Präferenzen der Bewerter kann im Rahmen einer Nutzwertanalyse der Gesamtnutzwert ermittelt werden (siehe Tabelle „Beispiellösung mit Excel für die Ermittlung des Gesamtnutzwerts").

Muß-Ziel/Varianten		Drucksystem 1		Drucksystem 2		Drucksystem 3	
Max. Kosten < 300.000			150.000		250.000		280.000
Einführung bis 01.07.1997			ja		ja		ja
Kann-Ziel	Gew.	Punkte	Gew. Punkte	Punkte	Gew. Punkte	Punkte	Gew. Punkte
Ankosten	20	4	80	7	140	6	120
Wartung	10	6	60	6	60	5	50
Verkauf	10	4	40	5	50	4	40
Schrift	10	5	50	8	80	7	70
Korrektur	15	9	135	4	60	6	90
Komfort	5	3	15	3	15	4	20
Lärm	20	5	100	4	80	3	60
Servicequalität	5	6	30	5	25	7	35
Schnelligkeit	5	8	40	6	30	8	40
	Summe		550		540		525
Zielerreichungsgrad			55 %		54 %		53 %

Gew. = Gesamtnutzwert

Abb.: Der Gesamtnutzwert jeder Handlungsalternative läßt sich ermitteln, indem zuerst die Zielkriterien gewichtet und erfaßt werden. Ebenso fließen die Präferenzen der Bewerter in die Entscheidung mit ein.

Der Nutzwert ist dann das Ergebnis einer ganzheitlichen Bewertung der Konsequenzen einer Handlungsalternative. Die verschiedenen Nutzwerte der Handlungsalternativen drücken die relative Vorzugswürdigkeit der in Betracht gezogenen Lösungsvarianten hinsichtlich des gesamten Zielsystems aus. Aus dem Vergleich der ermittelten Nutzwerte und Teilnutzwerte sind dann erste Aussagen über den voraussichtlichen Erfolg oder Mißerfolg einer Alternative möglich.

Bei Einsatz von Wirtschaftlichkeitsrechnungen wie etwa der Amortisationsrechnung oder der Methode des internen Zinsfußes werden die Kosten- und Leistungsdaten erfaßt und Berechnungen unter Zeitaspekten vorgenommen.

Auswertungen und Analysen

Auswirkungen geänderter Prämissen der Bewertung sind bei der Anwendung der Nutzwertanalyse über Sensitivitätstechniken vielfach überprüfbar. So wird deutlich, wann das Ergebnis „kippt“. Dabei besteht die Technik darin, einen Parameter im Beurteilungsmodell zu variieren und – bei Konstanthaltung aller übrigen Daten – seinen Einfluß auf das Ergebnis zu bestimmen. Als variierbare Parameter kommen dazu in Betracht: Gewichtungsfaktoren, Skalierungswerte und Bewertungsergebnisse. Die auf diese Weise neu ermittelten Nutzwerte lassen sich dann einfach den Ausgangsnutzwerten gegenüberstellen.

Grenzen von Entscheidungstechniken

Beachten Sie allerdings: Jede Technik hat ihre Grenzen, auch die Techniken zur Unterstützung der Entscheidungsfindung:

- Die für eine Entscheidung wirksame Realität kann in der Regel nicht objektiv und nicht vollständig erfaßt werden.
- Jede Entscheidung betrifft auch die zukünftige Realität. Je weiter die Wirksamkeit der Entscheidung in die Zukunft hineinragt, desto unsicherer ist die Entscheidungsgrundlage.
- Die Entscheidungstechniken machen die Entscheidungsfindung transparenter. Sie können aber die subjektiven Einflüsse (Wertvorstellungen, Machtansprüche, persönliche Interessen, Sympathien etc.) nicht aufheben.

Euro (Währung)

Mit Verwirklichung der Europäischen Wirtschafts- und Währungsunion (EWWU) am 1. Januar 1999 erhielten die elf Teilnehmerländer eine gemeinsame Währung, den Euro. Die DM wurde damit ebenso abgeschafft wie die Währungen der anderen Teilnehmerstaaten. Die Umstellung der DM auf Euro erfolgt nun zum unwiderruflich festgelegten Kurs von 1,95583. Nach dem bisherigen Stufenplan sollen Euro-Scheine und -Münzen spätestens zum 1. Januar 2002 offizielle Zahlungsmittel werden.

Die Übergangsphase

Vom 1. Januar 1999 bis zum 1. Januar 2002 wird nur der unbare Zahlungsverkehr in Euro abgewickelt. Wenn der Euro am 1. Januar 2002 offizielles Zahlungsmittel ist, ist eine Frist von sechs Monaten vorgesehen, in der die neuen Noten und Münzen Schritt für Schritt eingeführt werden. In dieser Zeit sollen Euro und DM nebeneinander Gültigkeit haben. Nach der sechsmonatigen Einführungsfrist verlieren die alten Münzen und Scheine ihre Funktion als gesetzliches Zahlungsmittel, können bei den Notenbanken aber noch umgetauscht werden.

Die neuen Banknoten

Ende 1996 wurden Stückelung und Design der Euro-Scheine bekannt gegeben. Sie werden in einer Stückelung von 5, 10, 20, 50, 100, 200 und 500 Euro ausgegeben. Auf einem Schein werden jeweils drei Architekturelemente aus einer europäischen Kulturepoche dargestellt. Das ausgewählte Design stammt von dem Österreicher Robert Kalina, der bei der staatlichen Notenbankdruckerei der Österreichischen Nationalbank arbeitet. Die neuen Münzen wird es in den Stückelungen 1, 2, 5, 10, 20 und 50 Cents (statt Pfennige) sowie 1- und 2-Euro-Münzen geben.

Umstellungsprobleme

Für die Währungsumstellung zum Euro gilt: Alle Einnahmen und Ausgaben, alle Verpflichtungen und Forderungen werden in demselben Umrechnungsverhältnis umgestellt. Das heißt: Die Zahlen ändern sich, der Wert bleibt gleich.

Wenn das neue Geld kommt, werden alle Kassensysteme und Maschinen zum Zählen von Geld umgestellt werden. Alle Verträge, Quittungen, Kataloge, Werbematerialien etc. werden dann auf Euro lauten. In der Übergangsphase muß zweigleisig gefahren werden - das wird vor allem bei Unternehmen mit hohem Bargeldanteil wie im Einzelhandel, bei Gaststätten oder Automatenherstellern einigen Zusatzaufwand erfordern.

Auswirkungen auf die Finanzbranche

Die Umstellung auf den Euro machte aus den vielen mittelgroßen Kapital- und Aktienmärkten Europas zumindest in bezug auf die Währung einen Einheitsraum. Die Umstellung der in Europa handelbaren Finanzprodukte von der jeweiligen Landeswährung auf den Euro gelang zum Jahreswechsel 1998/99 ohne größere Probleme. Das Angebot an Fremdwährungsanleihen hat sich durch den Wegfall vieler anderer europäischer Währungen gleichzeitig drastisch verringert. Andererseits eröffnet sich z. B. dem Fondsanleger ein riesiger neuer Markt von Produkten, die alle auf Euro lauten. Ein verschärfter Wettbewerb gleichartiger Angebote wird sich sicherlich zum Vorteil der Anleger auswirken.

Den größten Anpassungsbedarf nach der Einführung des Euro gibt es bei den Anleihen- und Geldmarktfonds. Nicht nur die heimischen DM-Fonds fallen weg, sondern auch viele der bisher üblichen Fremdwährungsfonds. Bewertungsunterschiede von Anleihen europäischer Länder werden nicht mehr über die Entwicklung von Wechselkursparitäten und Zinsdifferenzen ausgetragen, künftig wird die Kreditwürdigkeit - gemessen an der Bewertung der internationalen Rating-Agenturen - im Mittelpunkt der Bewertungsunterschiede von Anleihen europäischer Länder stehen.

Die Stabilität des Euro

Die Konvergenzkriterien des Maastrichter Vertrags waren nicht nur stichtagsgerecht zu erfüllen. Der Ende 1996 beschlossene Stabilitätspakt der Mitgliedsländer der EU soll dies garantieren. Zudem soll die in Frankfurt domizilierte Europäische Zentralbank mit unabhängiger Geldpolitik für die Stabilität des Euro sorgen.

Eurorechner

Das leistet dieser Rechner:

- Er rechnet die wichtigsten Währungen in den Euro um.
- Er berücksichtigt die Umsatzsteuer, die bei Einkäufen im Ausland zurückerstattet wird.
- Er rechnet alle relevanten Währungen auch direkt um.

Europäische Währungsunion

Mit den Maastrichter Verträgen wurde im Dezember 1991 die Errichtung der Europäischen Währungsunion beschlossen. Die Endstufe der Europäischen Währungsunion wurde am 1. Januar 1999 mit der Einführung einer gemeinsamen Währung, dem Euro, erreicht. Die Entscheidung, welche Mitglieder der Europäischen Union zur Teilnahme an der Währungsunion qualifiziert sind, wurde anhand der Konvergenzkriterien getroffen, die in den Maastrichter Verträgen festgelegt wurden.

Die Konvergenzkriterien von Maastricht

Da die Währungsparitäten zwischen verschiedenen Ländern langfristig Ausdruck unterschiedlicher Wirtschaftskraft sind, mußte als Voraussetzung zur Einrichtung einer Einheitswährung für die Mitglieder der Europäischen Union ein Gleichschritt der wirtschaftlichen Entwicklung hergestellt werden. Er wird anhand der sogenannten Maastricht-Kriterien gemessen:

- Preisentwicklung ähnlich den preisstabilsten EU-Staaten;
- Haushaltsdefizit von 60 % des Bruttoinlandsprodukts (BIP);
- Finanzierungssaldo des Staates in Höhe von 3 % des BIP;
- Annäherung an das Zinsniveau der stabilsten Länder;
- spannungsfreie Position im EWS binnen der letzten zwei Jahre vor Eintritt in die Währungsunion.

Die Verantwortung für die Geld- und Währungspolitik der europäischen Nationalstaaten geht mit Beginn der Währungsunion auf die unabhängige Europäische Zentralbank über.

Vorteile und mögliche Nachteile

Eine Währungsunion bringt den teilnehmenden Bürgern und Unternehmen den Wohlfahrtsgewinn geringerer Transaktions- und Informationskosten im grenzüberschreitenden Verkehr. Im Währungsraum Euro werden die Kosten des Umtauschs und der Absicherung gegen Wechselkursschwankungen im grenzüberschreitenden Handel und Kapitalverkehr entfallen. Zudem werden die Preise von Gütern und Dienstleistungen über die nationalen Grenzen hinweg unmittelbar vergleichbar.

Jedoch könnten sich die positiven Wirkungen des Währungszusammenschlusses im Vergleich zu möglichen negativen Begleiterscheinungen als zu gering erweisen, falls es längerfristig zu deutlich höherer Inflation und größerer Währungsinstabilität kommen sollte. Diese Gefahr ist trotz der Einrichtung der unabhängigen Europäischen Zentralbank durchaus gegeben.

Factoring

Factoring nennt man den Verkauf von Forderungen aus Lieferungen und Leistungen vor deren Fälligkeit an eine Factoring-Bank (Factor). Der Factor sichert die Liquidität des Klienten, indem er ihm die offenen Forderungen sofort nach Rechnungsstellung gutschreibt.

Echtes und unechtes Factoring

Beim echten Factoring übernimmt die Bank drei Funktionen für das Unternehmen:

- Finanzierungsfunktion: Die Bank kauft die Forderungen des Klienten auf und bevorschußt sie bis zu ihrer Fälligkeit (→ Finanzierung; → Liquiditätssteuerung).
- Delkrederefunktion: Die Bank übernimmt das Risiko des Forderungsausfalls.
- Dienstleistungs- und Servicefunktion: Die Bank führt für das Unternehmen die Debitorenbuchhaltung sowie das Mahnwesen und betreibt das Inkasso.

Beim unechten Factoring verbleibt die Delkrederefunktion beim Unternehmen. Sie tragen als Unternehmer somit weiterhin das Risiko für ausgefallene Forderungen. Die Bank tritt in diesem Fall ausschließlich als Finanzierer auf.

Grundregeln des Factoring

Natürlich kann ein Unternehmen nicht nur seine risikobehafteten Forderungen an eine Bank abtreten. Factoring-Gesellschaften kaufen deshalb nur Forderungsgesamtheiten. Vor Abschluß des Vertrages unterzieht der Factor häufig sowohl das Unternehmen (seinen Klienten) wie auch dessen Kunden (die Drittschuldner) einer Bonitätsprüfung. Die Zahlungsfähigkeit des Klienten spielt dabei aber nur hinsichtlich der Zinsen und Gebühren eine Rolle. Der Drittschuldner wird hingegen eingehend auf seine Kreditwürdigkeit geprüft. Forderungen, die den Kriterien des Factors nicht entsprechen, werden von diesem nur treuhänderisch übernommen.

Exportfactoring

Dabei wird zusätzlich zum Exportfactor im Land Ihres Abnehmers ein sogenannter Importfactor eingeschaltet. Dieser übernimmt das Delkredererisiko, zieht die Forderung ein und überweist den Gegenwert an den Exportfactor. Der Importfactor im Abnehmerland kann bereits für Zwecke der Bonitätsprüfung eingeschaltet werden, weil er vor Ort die Verhältnisse und die Kunden kennt.

Kosten

- Für die sofortige Zahlung der abgetretenen Forderung verlangt die Factoring-Bank von dem Unternehmen (Klient) bankübliche Zinsen, und zwar so lange, bis der Drittschuldner seine Rechnung beglichen hat.
- Außerdem legt der Factor einen Teil der angekauften Forderungen auf einem Sperrkonto an (circa 5 – 20 %), bis die Rechnungen bezahlt sind. Diese Summe gilt als Sicherheit im Fall von Reklamationen und Zahlungsausfällen.
- Bei Übernahme der Debitorenbuchhaltung und des Mahnwesens werden zusätzlich 0,5 – 3 % des Forderungsumsatzes einbehalten.
- Für das Risiko des Forderungsausfalles (Delkredere) ist eine Risikoprämie fällig. Je nach Bonität des Drittschuldners und dem Anteil dubioser Forderungen am Umsatz liegt diese zwischen 0,8 und 2,5 % der Rechnungshöhe.

Vor- und Nachteile des Factoring

Vergleichen Sie in der folgenden Übersicht die Vorteile des Factoring mit seinen Nachteilen.

Pro und Contra Factoring	
Vorteile	**Nachteile**
• Den Kunden können Zahlungsziele eingeräumt werden, ohne die eigene Liquidität zu belasten. • Debitorenbuchhaltung und Mahnwesen entfallen. • Im Falle des echten Factoring keine Belastung mit uneinbringlichen Forderungen. • Die Kosten einer Kreditversicherung werden eingespart. • Aufgrund der Liquidität können Verbindlichkeiten mit Skontoabzug beglichen werden. • Die Bilanzoptik wird günstiger, weil der Abbau der Verbindlichkeiten die Bilanzsumme verkürzt und damit die Eigenkapitalquote verbessert.	• Der Factor erhält Zinsen und Gebühren in nicht unerheblicher Höhe (vergleiche Kosten des Factoring). • Bei einer langfristigen vertraglichen Bindung können Probleme entstehen, wenn das Unternehmen nach Ablauf des Vertrages die Dienstleistungsfunktionen wieder selbst übernehmen will. • Manche Kunden reagieren mißtrauisch auf das Einschalten einer Factoring-Bank und vermuten dahinter eine wirtschaftliche Schwäche. • In manchen Fällen räumen Unternehmen ihren besonders wichtigen Kunden auch eine Zielüberschreitung ein. Eine Factoring-Bank macht solche Zugeständnisse nicht.

Da die Factoring-Gesellschaft dem Unternehmen sofort das Geld für noch offene Forderungen überweist, kann dieses damit seine eigenen Rechnungen mit Skontoabzug bezahlen. Factoring ist sinnvoll, wenn ein Unternehmen expandieren will oder Liquiditätsprobleme auftreten. Factoring ist jedoch keine Lösung bei fehlender Rentabilität.

Factory Outlet

Als Factory Outlet wird der Verkauf ab Fabrik bezeichnet. Ursprünglich war es nur als Angebot für das Personal gedacht, kostengünstig direkt ab Fabrik einzukaufen. Seit einiger Zeit können jedoch auch Endverbraucher diese Möglichkeit nutzen.

Produkte

Im Rahmen von Factory Outlet werden meist nur ganz bestimmte Produkte verkauft:

- Produkte aus der vergangenen Saison oder Produkte mit kleinen Fehlern,
- Restposten,
- Überproduktionen,
- Ware mit leichten Materialfehlern,
- Artikel zweiter Wahl.

Markenartikel werden mit einem Rabatt von 30 – 60 % gegenüber dem ursprünglichen Einzelhandelspreis angeboten. Doch dafür müssen die Kunden weit fahren, denn die Fabriken liegen meist außerhalb der Ballungszentren.

Factory Outlet Center

Eine Weiterentwicklung der Factory Outlets sind die Factory Outlet Center („Schnäppchen-Paradiese"). Sie bündeln eine Vielzahl von separat geführten Verkaufsstellen in einem Einkaufszentrum. Hier finden sich eine Fülle von Anbietern unter einem Dach. Die Organisation dieser Einkaufszentren liegt dann nicht mehr bei den einzelnen Fabriken selbst, sondern wird von einer Betreibergesellschaft übernommen. Diese Gesellschaft stellt Personal, Werbung, Verkaufsflächen usw. zur Verfügung. Die Hersteller zahlen dafür als Gegenleistung eine Provision.

Fehlzeiten

Als Fehlzeiten (Absentismus) werden Zeiten verstanden, in denen die Mitarbeiter wegen Krankheit, Unfall, Kur, Mutterschaft und aus persönlichen Gründen ihren Verpflichtungen gegenüber dem Betrieb nicht nachkommen.

Fehlzeiten aus persönlichen Gründen können ihre Ursachen im privaten Bereich haben oder auf betriebliche Anlässe zurückgehen (z. B. Unzufriedenheit mit den Arbeitsbedingungen). Der Begriff Fehlzeiten ist damit enger definiert als der Begriff Ausfallzeiten, der auch andere gesetzlich oder tariflich begründete Abwesenheiten (z. B. Urlaub, gesetzliche Feiertage, Freistellungen nach dem BetrVG) einbezieht.

Krankenstand

Die krankheitsbedingten Fehlzeiten werden auch als Krankenstand bezeichnet; sie machen mit etwa 80 % den größten Anteil an der gesamten Fehlzeitenquote aus und bilden beim Bemühen um eine Senkung den wichtigsten Ansatzpunkt.

Fehlzeitenstatistik

Durch eine systematische Fehlzeitenstatistik werden negative Entwicklungen frühzeitig erkannt und Gegenmaßnahmen können eingeleitet werden. Eine ausreichend detaillierte Fehlzeitenstatistik verdeutlicht

- Fehlzeiten welcher Art
- in welchen Betriebsbereichen
- wann und für welchen Zeitraum

angefallen sind. Das Ausmaß der Fehlzeiten wird durch Kennzahlen erfaßt, wobei für die wichtigsten Fehlzeitenarten entweder die Zahl der abwesenden Mitarbeiter zum Personalbestand oder die ausgefallene Arbeitszeit zur Sollarbeitszeit in Bezug gesetzt wird.

Kennzahlen zur Erfassung des Krankenstandes:

Krankenstand am... =

$$\frac{\text{arbeitsunfähig Erkrankte am ..... x 100}}{\text{Personalbestand am...}}$$

Krankenstand der Periode X =

$$\frac{\text{arbeitsunfähig Erkrankte in Periode X x 100}}{\text{durchschnittl. Personalbest. der Periode X}}$$

Krankenquote am... =

$$\frac{\text{krankheitsbed. Fehlzeiten am... x 100}}{\text{zu leistende tägl. Sollarbeitszeit}}$$

Krankheitsquote der Periode X =

$$\frac{\text{krankheitsbed. Fehlzeiten in Periode X x 100}}{\text{Soll-Arbeitszeit in Periode X}}$$

Fehlzeitenursachen

Als Fehlzeitenursachen kommen außerbetriebliche Einflüsse (z. B. Konjunkturlage), die persönliche Situation der Mitarbeiter sowie betriebliche Einflußfaktoren in Frage. Kurzfristig kann versucht werden, den Krankenstand unmittelbar zu beeinflussen, indem einzelne Symptome aufgegriffen werden. Das → Rückkehrgespräch (Fehlzeitengespräch) zwischen Vorgesetzten und Mitarbeitern, die ihre Arbeit wieder aufnehmen, ist die in der Praxis am häufigsten eingesetzte Maßnahme.

Mittel- und längerfristig wird es erforderlich sein, das Problem bei seiner Wurzel zu packen und durch eine Steigerung der Arbeitszufriedenheit (durch einen zeitgemäßen → Führungsstil; aufgeschlossenes Informationsverhalten; neuere Formen der → Arbeitsstrukturierung) vor allem zum Abbau motivationsbedingter Fehlzeiten beizutragen.

Finanzierung

Der Begriff der Finanzierung umfaßt alle Aktivitäten der Kapitalbeschaffung, die letztlich der Durchführung und Aufrechterhaltung betrieblicher Abläufe dienen. Dabei wird zwischen der Beschaffung von Eigenkapital und der von Fremdkapital unterschieden. Die Finanzierung von außen kann in Form von Geld, Gütern oder Wertpapieren erfolgen. Die richtige Finanzierung ist eng mit einer vorausschauenden → Finanzplanung verbunden.

Innenfinanzierung

Hier erfolgt die Finanzierung „aus eigener Kraft“, dem betrieblichen Umsatz. Quellen der Kapitalbeschaffung sind:

Selbstfinanzierung
Darunter versteht man die Finanzierung durch die Einbehaltung von Gewinnen.
Von **offener Selbstfinanzierung** spricht man, wenn Teile des in der Bilanz ausgewiesenen und versteuerten Gewinns einbehalten werden.
Die **stille Selbstfinanzierung** nutzt die Möglichkeit, Gewinne in der Bilanz geringer erscheinen zu lassen.

Cash-flow
Der → Cash-flow benennt die Höhe des Finanzüberschusses einer Periode. Der errechnete Überschuß kann als Eigenanteil in die Finanzierung eingebracht werden. Für die Banken ist der Cash-flow ein

wichtiger Indikator für die Selbstfinanzierungskraft und damit die Kreditwürdigkeit eines Unternehmens.

Rückstellungen
Durch die Bildung von → Rückstellungen werden Zahlungsansprüche an das Unternehmen als Aufwand verrechnet, obwohl die Ausgabe erst später erfolgt. Man spricht dabei auch von innerbetrieblicher Fremdfinanzierung.

Vermögensumschichtung
Dadurch erhöht sich nicht das Kapital, aber die Liquidität. Formen der Finanzierung aus Vermögensumschichtung sind Abschreibungen, Veräußerung nicht betriebsnotwendigen Anlagevermögens, Auflösung stiller Reserven, Abbau von Lagerbeständen und ein straffes Mahnwesen.

Die Einbringung privater Gelder oder Güter gehört nicht zur Innenfinanzierung, da dieses Geld nicht aus dem Unternehmen selbst stammt. Die Kapitalerhöhung hat jedoch de facto eine Erhöhung der betrieblichen Mittel zur Folge, zählt aber eigentlich nicht zu den Instrumenten der Finanzierung.

Außenfinanzierung

Alle Fälle, in denen sich ein Unternehmen sozusagen von außen Kapital verschafft, werden als Außenfinanzierung bezeichnet. Man trennt diese in Eigen- und Fremdfinanzierung.

Eigenfinanzierung
Der Eigentümer des Unternehmens tritt als Geldgeber in Erscheinung. Er haftet für die Schulden des Unternehmens bis mindestens zur Höhe seines Kapitalanteils. Zu einem solchen Haftkapital gehören:
- verbriefte Anteile an Kapitalgesellschaften (Aktien, Kuxe und Genußscheine),
- nicht verbriefte Anteile an Kapitalgesellschaften (GmbH-Anteile),
- Einlagen bei Personengesellschaften und Einzelunternehmen.

Fremdfinanzierung

In diesem häufigsten Fall der Kapitalbeschaffung sind die Geldgeber Gläubiger. Formen der Fremdfinanzierung sind:

Bankkredite

Dies ist die am meisten verbreitete Art der Fremdfinanzierung. An die Gewährung eines Kredits sind bestimmte Ansprüche des Kapitalgebers geknüpft. Beide Parteien müssen sich u. a. auf den Zinssatz, die Dauer des Kredits und die Rückzahlungsmodalitäten einigen. In diese Kategorie fallen auch Schuldverschreibungen und Schuldscheindarlehen.

Mit der Zunahme der Insolvenzen wurden auch die Kreditvergabekriterien der Banken entsprechend verschärft. Insbesondere die Neufassung des Kreditwesengesetzes (§ 18 KWG) hat hier für eine Veränderung der Vergabepraxis von Firmenkrediten geführt. Deshalb sollten Sie folgende Punkte bei Bankverhandlungen über Firmenkredite besonders beachten:

Kreditverhandlung mit Banken

- Bereiten Sie sich sehr gut auf ein solches Gespräch vor, indem Sie Unterlagen schriftlich aufbereiten.
- Erstellen Sie eine ausführliche Beschreibung Ihres Investitionsvorhabens mit entsprechendem Wirtschaftsplan.
- Eine ansprechende Bilanz, die Gewinn-und-Verlust-Rechnung und eine aktuelle Beschreibung der Geschäftslage sind Pflichtunterlagen.
- Umsatzentwicklung, kurzfristige Erfolgsrechnung und aktuelle Controllingzahlen sollten Sie ebenfalls offenlegen.
- In einem Finanzplan sollten Sie darlegen, wie Sie das beanspruchte Darlehen und die Zinsen bezahlen werden.
- In einer Erfolgsrechnung sollten Sie aufzeigen, wie sich die Neuinvestition mit gesteigerten Umsätzen oder durch Kostenersparnis „bezahlt“ macht.

> - Nehmen Sie Ihren Steuerberater oder einen anderen versierten Fachmann zu dem Gespräch mit.
> - Fordern Sie das Einbeziehen von öffentlichen Fördermitteln in die Finanzierung.
> - Verhandeln Sie über alles: Zinskonditionen, Auszahlung, Tilgung, Besicherung etc.

Wer Kredite in Anspruch nimmt, muß zum Schutz der Gläubiger einen genauen Einblick in seine Vermögens- und Schuldenverhältnisse ermöglichen. Anhand der Buchführung mit Bilanz und Gewinn-und-Verlust-Rechnung muß der Verlauf der Schuldenentwicklung nachvollziehbar sein.

Handelskredite

- Lieferantenkredite

Angaben wie „zahlbar ohne Abzug in 30 Tagen" sind eine übliche Form des Lieferantenkredits, den viele Unternehmen gerne ausnützen. In vielen Branchen wird der Lieferantenkredit als Wechselkredit gegeben, da ein Wechsel sicherer ist als eine einfache Forderung. Lieferantenkredite sind besonders interessant, wenn keine Skontierungsmöglichkeit besteht.

- Kundenanzahlungen

Dies ist eine Art des Kredits, die besonders in Gewerben mit langer Fertigungszeit gewährt wird, wie im Schiffsbau oder im Baugewerbe. Es ist ratsam, diese Form des Kredits auszuschöpfen. So wird die Fremdfinanzierung vermieden und erhebliche Zinskosten können eingespart werden.

Leasing und Factoring

Unter → Leasing versteht man die entgeltliche Nutzungsüberlassung von Anlagegegenständen. Der Unternehmer zahlt also eine Art Miete an die Leasinggesellschaft und erspart sich dadurch große Investitionen. Eine Option für wirtschaftlich schwierige Situationen ist das sogenannte Sale-and-lease-back-Verfahren. Dabei verkauft der Eigentümer bisher in seinem Anlage- oder Umlaufvermögen befindliche Wirtschaftsgüter an eine Leasinggesellschaft und least diese anschließend wieder. Damit entsteht Liquidität, wobei die Wirtschaftsgüter noch relativ neu sein müssen, weil sonst kein Kaufpreis zu erzielen ist.

Beim → Factoring verkauft das Unternehmen seine Forderungen an eine Factoring-Bank.

Öffentliche Fördermittel
Bund, Länder und die Europäische Union unterstützen Unternehmen in vielfältiger Weise mit Subventionen, Steuervergünstigungen und Krediten. Bevor Sie also eine Bank um einen Kredit bitten, sollten Sie sich über diese sehr zinsgünstigen Finanzierungsmöglichkeiten informieren.

Damnum-Disagio

Das leistet dieser Rechner:

- Er stellt den Plan für die Tilgung des gesamten Darlehens auf für einen Raten- und einen Annuitätenkredit.
- Er berechnet die Gesamtkosten des Kredits sowohl absolut als auch in Form eines effektiven Jahreszinses.
- Er berücksichtigt neben dem Nominalzins auch Disagio und Bearbeitungsgebühr.

Finanzplanung

Die Finanzplanung ist eine Prognose über die zukünftige Liquidität eines Unternehmens. Sie beruht auf der möglichst exakten Darstellung künftiger Zahlungsströme. Oberstes Gebot jeder Finanzplanung ist es, das finanzielle Gleichgewicht und die Liquidität eines Unternehmens zu wahren.

Anforderungen

Damit der Finanzplan zu einer zuverlässigen Prognose führt, muß er bestimmte Voraussetzungen erfüllen.

Vollständigkeit: Sämtliche geplanten Ein- und Ausgaben des gesamten Unternehmens müssen erfaßt werden. Nur vollständige Finanzpläne erlauben einen präzisen Rückschluß auf die zukünftige Liquidität.

Genauigkeit: Hier muß allerdings berücksichtigt werden, daß es nicht immer möglich ist, exakte Angaben über zukünftige Zahlungsströme zu machen. Schwankungen müssen also von vornherein einkalkuliert werden.

Liquiditätsplanung

Die Zukunftsbewertung folgender Größen liegen dem Finanzplan zugrunde:

Umsätze
Die Umsätze der Vergangenheit gelten als Richtschnur. Eine realistische Betrachtung der Marktstellung und der Möglichkeiten ist von größter Wichtigkeit. Hier gilt es, die Konkurrenzsituation, die allgemeine Konjunktur, die Branchenkonjunktur und die Preissituation der Produkte und Dienstleistungen zu berücksichtigen. Euphorie und übertriebene Vorsicht hinsichtlich künftiger Umsatzzahlen sollten vermieden werden.

Einnahmen
Zunächst zählen dazu feste Einnahmen wie Mieten und Zinsen, deren Höhe exakt bestimmbar ist. Einen Ungenauigkeitsfaktor stellen verbuchte Forderungen dar, deren Begleichung nicht immer zum vereinbarten Zahlungsziel erfolgt. Grundlage sind aber dennoch die mit der Fakturierung erfolgten eingebuchten Umsätze.

Ausgaben und Kosten
Alle Kostenpositionen müssen genau und vollständig erfaßt werden:

Ausgaben aufgrund betrieblicher Aufwendungen
• Personalaufwendungen inklusive Sozialkosten • Miete und Pacht • Zinsen und Tilgungsbeiträge • Leasingraten • Werbungskosten • Steuervorauszahlungen • Materialaufwand etc.
Sonstige Ausgaben
• Entnahmen und Ausschüttungen • Reparaturen • Ersatz- und Neuinvestitionen

Investitionen
Zeitpunkt und Umfang der zu tätigenden Investitionen gehen aus den vorliegenden Abschreibungstabellen des Anlagevermögens (→ Abschreibung) hervor. Für Neu- und Ersatzinvestitionen sollten in der Planung entsprechende Rücklagen berücksichtigt werden. Den Rahmen dafür bilden die Investitions- und Kapitalbedarfsplanung.

Finanzierungsregeln

Eine wichtige Basis für die Finanzplanung bildet die Einhaltung der sogenannten „Goldenen Finanzierungsregeln". Sie tragen wesentlich zur Liquiditätsversorgung bei. Die Finanzierungsregeln stellen Beziehungen zwischen den Vermögensanteilen und den Kapitalanteilen her, zeigen auf, ob die im Anlagevermögen gebundenen Mittel richtig finanziert sind und verdeutlichen, ob die kurzfristigen Mittel in einem ausgewogenen Verhältnis zum Umlaufvermögen stehen.

Die Theorie trennt zwischen vertikalen und horizontalen Finanzierungsregeln, deren Inhalte sich im Lauf der Jahre erheblich verändert haben.

Vertikale Finanzierungsregeln setzen das Fremdkapital in bezug zum Eigenkapital. Als Norm gilt je nach Branche ein Verhältnis von 1:2 oder 1:3.
Horizontale Finanzierungsregeln fordern eine Übereinstimmung zwischen der Bindungsdauer des Vermögens und der Fälligkeit des Kapitals.

Die folgende Checkliste faßt die Finanzierungsregeln zusammen:

Finanzierungsregeln

- Finanzieren Sie Ihr Anlagevermögen immer durch Eigenkapital und langfristige Verbindlichkeiten.
- Zinsen und Tilgungsleistungen sollten stets mit Hilfe des Brutto-Cash-flow zu begleichen sein.
- Bemessen Sie die kurzfristigen Finanzierungsmittel großzügig.
- Beachten Sie bei der Auswahl der Finanzierungsformen deren Rentabilität.
- Legen Sie branchenübliche Zahlungsziele fest.
- Optimieren Sie Ihre Lagerhaltung.
- Vermeiden Sie Abhängigkeiten von Banken, Lieferanten und Kunden.
- Passen Sie Ihr Vorratsvermögen der Lagerumschlagshäufigkeit an.

Finanzplanrechner

Das leistet dieser Rechner:

- Er bietet einen lückenlosen Überblick über alle finanziellen Vorgänge im Unternehmen.
- Er errechnet den Finanzbedarf der zukünftigen Perioden.
- Er errechnet den Überschuß oder die Finanzierungslücke.

Fluktuation

Mit Fluktuation wird das Ausscheiden von Mitarbeitern aus dem Unternehmen bezeichnet. Neben den Kosten und dem Ausmaß der Fluktuation interessieren vor allem die von den Mitarbeitern ausgehenden, beeinflußbaren Fluktuationsursachen. Hauptprobleme der Fluktuationskostenerfassung ist die mangelhafte Quantifizierungsmöglichkeit einzelner Kostenarten.

Begriff

Als Fluktuation werden Mitarbeiterabgänge aus dem Unternehmen bezeichnet. Dabei muß man zwischen den sogenannten außerbetrieblichen Abgängen (endgültiges Ausscheiden aus dem Berufsleben) und den sogenannten zwischenbetrieblichen Arbeitsplatzwechseln (Wechsel zu einem anderen Unternehmen) unterscheiden. Teilweise werden die natürlichen Abgänge (Tod, Pensionierung) nicht mit einbezogen.

Notwendigkeit begrenzter Fluktuation

Im begrenzten Ausmaß ist Fluktuation für ein Unternehmen von großer Bedeutung. Nur dadurch kann man eine gesunde Mischung aus Mitarbeitern aus den eigenen Reihen und Mitarbeitern, die von anderen Unternehmen kommen, erreichen. Mitarbeiter von außen sind notwendig für das Unternehmen, weil sie neue Ideen mitbringen und Mißstände aufdecken, die den anderen Mitarbeitern gar nicht mehr auffallen.

Fluktuationsursachen

Bei den Fluktuationsursachen werden natürliche und gesetzliche Gründe (z. B. Pensionierung), Kündigungen durch den Arbeitgeber (z. B. Wegfall von Arbeitsplätzen), Kündigungen durch die Arbeitnehmer aus persönlichen Gründen (z. B. geplanter Berufswechsel) und vom Arbeitnehmer ausgehende Gründe wegen betrieblicher Ursachen (z. B. Betriebsklima, fehlende Aufstiegschancen) unterschieden.
Hinsichtlich der Beeinflußbarkeit interessiert vor allem das auf die Mitarbeiter zurückgehende Ausscheiden wegen betrieblicher Ursachen.

Fluktuationsquote

Bei der Berechnung der Fluktuationsquote werden die Abgänge einer Periode in Relation zum durchschnittlichen Personalbestand gesetzt.

Die Praxis verwendet zwei unterschiedliche Formeln:

- BDA (Bundesverband der Arbeitgeber) – Formel: Berechnung mit sämtlichen Abgängen,
- ZVEI (Zentralverband der elektrotechnischen Industrie) – Formel: Berechnung nur mit den Abgängen, die danach wieder ersetzt wurden.

BDA-Formel

$$\text{Fluktuation im Jahr} = \frac{\text{Anzahl der Abgänge x 100}}{\text{durchschnittlicher Personalbestand}}$$

ZVEI-Formel

$$\text{Fluktuation im Jahr} = \frac{\text{ersetzte Abgänge x 100}}{\text{durchschnittlicher Personalbestand}}$$

Um einen Vergleich mit den Werten anderer Betriebe zu ermöglichen, ist eine eindeutige Abgrenzung erforderlich. Da der Fluktuationsumfang nach Mitarbeitergruppen differiert, sollte bei der Ermittlung der Fluktuationsquote entsprechend differenziert werden.

Fluktuationskosten

Zu den Fluktuationskosten zählen alle Kosten, die anfallen, weil Mitarbeiter aus dem Unternehmen ausscheiden und durch andere Mitarbeiter ersetzt werden müssen. Die kostenmäßige Auswirkung der Fluktuation erstreckt sich demgemäß vom Zeitpunkt der Austrittsentscheidung (→ innere Kündigung) des ausscheidenden Mitarbeiters bis zum Zeitpunkt, zu dem der Nachfolger diesen Arbeitsplatz wieder vollwertig ausfüllt.

Das Hauptproblem einer exakten Kostenermittlung besteht in der mangelhaften Quantifizierung einzelner Kostenpositionen. Beispiele hierfür sind: Kosten, die entstehen, weil ein Mitarbeiter, der sich entschieden hat, das Unternehmen zu verlassen, weniger Leistung erbringt. Ebenfalls schwer quantifizierbar sind die Kosten neuer Mitarbeiter bis zum Erreichen ihrer vollen Leistungsfähigkeit.

FMEA

Die Fehlermöglichkeits- und -einflußanalyse (FMEA) ist eine formalisierte Methode, um mögliche Probleme sowie deren Risiken und Folgen bereits vor ihrer Entstehung systematisch und vollständig zu erfassen. Man setzt sie am wirksamsten in den frühen Phasen des Produktentstehungsprozesses ein.

Begriff

Die Fehlermöglichkeits- und -einflußanalyse (FMEA) ermittelt das potentielle Auftreten von Fehlern. Dieses wird von einem bereichsübergreifenden Arbeitsteam unter Anwendung in der Vergangenheit gewonnener Erfahrungen und unter Benutzung des kreativen Potentials der Beteiligten frühzeitig aufgezeigt, bewertet und durch Festlegung geeigneter Maßnahmen vorausschauend vermieden.

Dabei unterscheidet man nach dem Zeitpunkt der Anwendung und dem Objekt der Untersuchung zwischen der Konstruktions-FMEA für ein Produkt (Entwicklungs- und Konstruktionsphase) und der Prozeß-FMEA für ein Herstellungsverfahren (Produktionsplanungsphase). Hinzu kommt die System-FMEA, die sich in den letzten Jahren zur Betrachtung übergeordneter Gesamtsysteme mit ihren Wechselwirkungen zwischen den jeweiligen Einzelsystemen entwickelt hat.

Ziel

Neben der grundsätzlich präventiven, fehlervermeidenden Wirkung hat die FMEA folgende wesentliche Aufgaben und Ziele:

Ziele der FMEA

- Identifizierung kritischer Komponenten und potentieller Schwachstellen,
- frühzeitiges Erkennen und Lokalisieren von möglichen Fehlern,
- Abschätzung und Quantifizierung von Risiken,
- Verkürzung der Entwicklungszeit, Senkung der Entwicklungskosten sowie des Fehlleistungsaufwands,
- Vermeidung von Doppelarbeit und Verringerung von Änderungen nach Beginn der Serienfertigung,
- Beitrag zur Erfüllung unternehmenspolitischer Qualitätszielsetzungen.

Arten der FMEA

Abhängig davon, für welchen Unternehmensbereich die FMEA eingesetzt wird, unterscheidet man drei Arten der FMEA.

Konstruktions-FMEA

Die Konstruktions-FMEA ist speziell auf ein Produkt ausgerichtet. Sie wird in der Entwicklungs- und Produktionsplanungsphase von einem interdisziplinären Arbeitsteam, bestehend aus Fachleuten aller beteiligten Bereiche, durchgeführt. Wichtig ist, daß alle möglicherweise auftretenden Fehler betrachtet und vorausschauend vermieden werden. Das Produkt wird so gegen Schwachstellen aller Art abgesichert, beispielsweise in bezug auf Funktionalität, Zuverlässigkeit, Geometrie, Werkstoffauswahl, wirtschaftliche Herstellbarkeit, Prüfbarkeit und Servicefreundlichkeit.

Die Konstruktions-FMEA ist besonders wirkungsvoll bei neuen oder geänderten Teilen bzw. Werkstoffen, bei geänderten oder zusätzlichen Anforderungen, bei besonderen Funktions- und Sicherheitsrisiken, bei fertigungstechnischen Dauerproblemen und erfahrungsmäßigen Feldproblemteilen sowie bei Schnitt- und Verbindungsstellen und allgemein schwieriger Prüfbarkeit.

Prozeß-FMEA
Die Prozeß-FMEA bezieht sich auf einen bestimmten Prozeß in den Bereichen Fertigung, Montage sowie Prüfung und wird im Rahmen der Produktionsplanungsphase durchgeführt. Sie übernimmt auch die in der Konstruktions-FMEA festgestellten Fehlerursachen, die sich auf einen Prozeß beziehen, und bietet auf dieser Grundlage die Möglichkeit, weitere Untersuchungen durchzuführen.

Im Rahmen der Prozeß-FMEA sind Eignung und Sicherheit des Herstellverfahrens, seine Qualitätsfähigkeit sowie Prozeßstabilität und die Ermittlung von Prozeßsteuerungsmerkmalen besonders zu betrachten.

System-FMEA
Mit Hilfe der System-FMEA wird das funktionsgerechte Zusammenwirken der einzelnen Komponenten eines komplexen Systems untersucht. Die dafür notwendigen Ausgangsinformationen können beispielsweise als Pflichtenheft oder als Ergebnisse der Qualitätsplanung mittels → Quality Function Deployment vorliegen. Ziel ist dabei die frühzeitige Vermeidung von Fehlern schon im Stadium des Systementwurfs.

Im Sinne eines methodischen Zusammenhangs kann die System-FMEA als Basis für die Konstruktions-FMEA angesehen werden, aus der sich wiederum die Prozeß-FMEA ableiten läßt. Dabei wird gemäß der grundsätzlichen Vorgehensweise bei einer FMEA zunächst für das zu betrachtende Endprodukt, Bauteil oder den Prozeß die jeweilige Funktion beschrieben, woraus dann die potentielle Fehlerart sowie deren mögliche Auswirkung und Ursache abzuleiten sind.

Vorgehensweise

Zur methodischen Durchführung einer FMEA empfiehlt sich die Benutzung eines Formblattes. Dadurch werden die Ergebnisse in schriftlicher Form festgehalten sowie Systematik und Übersichtlichkeit sichergestellt. Ein solches Arbeits- und Denkschema kann grundsätzlich in vier Blöcke eingeteilt werden: Fehleranalyse, Risikobeurteilung, Lösungsmöglichkeiten bzw. Maßnahmenvorschläge und Ergebnisbeurteilung. Auch der Ablauf einer FMEA läßt sich sehr gut anhand des Formblattes erklären.

Fördergespräch

Im Fördergespräch werden unter Berücksichtigung der betrieblichen Möglichkeiten sowie der Fähigkeiten und Neigungen der Mitarbeiter deren weitere berufliche Entwicklung sowie die erforderlichen Förder- und Bildungsmaßnahmen abgestimmt.

Baustein der Personalentwicklung

Damit ist das Fördergespräch ein zentraler Baustein der → Personalentwicklung. Es wird entweder mit dem Beurteilungsgespräch zusammengefaßt und vom unmittelbaren Vorgesetzten oder als eigenes Gespräch von einem höheren Vorgesetzten (oder Mitglied der Personalabteilung) geführt. Im Gegensatz zum Beurteilungsgespräch dominieren beim Fördergespräch die zukunftsorientierten Aspekte. Im abgedruckten Gliederungsvorschlag wird als Basis eine vorangegangene → Mitarbeiterbeurteilung unterstellt.

Rechtliche Aspekte

Nach §82 Abs. 2 BetrVG können die Mitarbeiter verlangen, daß ihre weiteren beruflichen Entwicklungsmöglichkeiten mit ihnen erörtert werden. Sie können dabei ein Mitglied des Betriebsrats hinzuziehen.

Inhaltsvorschlag zum Fördergespräch
• Gesprächsatmosphäre aufbauen • Bisheriges Aufgabengebiet des Mitarbeiters einschl. gezeigter Stärken und Schwächen • Ergebnisse aus Mitarbeiterbeurteilung, Befragungen, Potentialerhebungen • Erwartungen, Wünsche, Interessensgebiete des Mitarbeiters • Erörterung der bestehenden betrieblichen Möglichkeiten • Endgültige Abstimmung über die künftigen Arbeitsziele und Aufgaben (das können auch die bisherigen sein) • Festlegen vorgesehener Fördermaßnahmen (z. B. Nachfolgeregelung, Laufbahnplanung usw.) • Auswahl begleitender Bildungsmaßnahmen • Grobe Zeitplanung zu den vorgesehenen Förder- und Bildungsmaßnahmen • Gesprächsabschluß

Fragerecht des Arbeitgebers

Der Arbeitgeber darf den potentiellen Arbeitnehmer alles fragen, was für das künftige Arbeitsverhältnis von Bedeutung ist, insbesondere, was im Zusammenhang mit dem Arbeitsplatz und der zu leistenden Arbeit steht. Beschränkungen des Fragerechts ergeben sich aus dem allgemeinen Persönlichkeitsrecht des Arbeitnehmers.

Einzelne Fragen

Fragen nach den **persönlichen Verhältnissen** des Arbeitnehmers sind zulässig, soweit der Arbeitgeber an ihrer Beantwortung wegen des zu begründenden Arbeitsverhältnisses ein berechtigtes Interesse hat. Hierzu gehören Fragen nach Wohnort, Geburtsdatum, Familienstand und Zahl der Kinder. Fragen nach einer Religions-, Partei- oder Gewerkschaftszugehörigkeit sind grundsätzlich unzulässig. Ausnahmen gelten für Tendenzbetriebe. Unzulässig ist auch die Frage nach einer zukünftigen Eheschließung.

Fragen nach dem **beruflichen Werdegang** und den beruflichen Fähigkeiten, nach Abschlüssen, Zeugnissen und Zeugnis- sowie Prüfungsnoten dürfen uneingeschränkt gestellt werden.

Schwerbehinderte müssen auf Befragen ihre Schwerbehinderteneigenschaft offenbaren. Eine Offenbarungspflicht besteht auch ohne ausdrückliche Nachfrage, wenn der Arbeitnehmer erkennen muß, daß er wegen seiner Behinderung die vorgesehene Arbeit nicht leisten kann oder die Behinderung für den vorgesehenen Arbeitsplatz von ausschlaggebender Bedeutung ist.

Fragen zum **Gesundheitszustand** sind nur zulässig, soweit an ihrer Beantwortung für die Arbeit, den Betrieb oder die übrigen Arbeitnehmer ein berechtigtes Interesse besteht. Dies gilt insbesondere für die Frage nach früheren Erkrankungen. Fragen nach bestehenden Erkrankungen sind zulässig, soweit ein enger sachlicher Zusammenhang mit dem einzugehenden Arbeitsverhältnis besteht. Eine Offenbarungspflicht des Arbeitnehmers besteht nur dann, wenn er zum Zeitpunkt des Dienstantritts voraussichtlich krank oder zur Kur sein wird. Fragen nach bevorstehenden Operationen oder beantragten Kurmaßnahmen sind zulässig.

Nach der Rechtsprechung des BAG ist die Frage nach einer **bestehenden Schwangerschaft** nur dann zulässig, wenn sich lediglich Frauen um den Arbeitsplatz bewerben. Eine andere Auffassung vertritt der Europäische Gerichtshof, der eine Geschlechtsdiskriminierung auch dann annimmt, wenn sich nur Frauen um eine Stelle bewerben und eine Bewerberin nur wegen einer bestehenden Schwangerschaft abgelehnt wird. Eine Ausnahme wird dann anzunehmen sein, wenn die Schwangere die vorgesehene Tätigkeit wegen der Schwangerschaft nicht ausüben kann (Mannequin, Stewardeß etc.). Generell sei vor dieser Frage eindrücklich gewarnt.

Fragen nach **Vorstrafen** sind zulässig, soweit die zukünftige Tätigkeit des Bewerbers dies erfordert. So kann ein Kassierer oder ein Buchhalter nach Vorstrafen wegen Eigentums- oder Vermögensdelikten, ein Kraftfahrer nach Vorstrafen wegen Verkehrsdelikten gefragt werden. Sind die Vorstrafen aus dem Bundeszentralregister getilgt, darf sich der Bewerber als nicht vorbestraft bezeichnen.

Fragen nach **Vermögensverhältnissen** sind nur bei leitenden Angestellten und bei Mitarbeitern in einer besonderen Vertrauensstellung (Kassierer etc.) zulässig, nicht bei Mitarbeitern in unteren oder mittleren Verantwortungsbereichen. Ähnliches gilt für die Frage nach bestehenden Lohnpfändungen.

Uneingeschränkt zulässig sind Fragen nach bestehenden **Wettbewerbsverboten,** welche die Arbeit im Unternehmen des neuen Arbeitgebers einschränken können. Richtigerweise wird sogar von einer Hinweispflicht des Arbeitnehmers auch ohne entsprechende Frage auszugehen sein.

Unrichtige Angaben

Die bewußt unrichtige oder unvollständige Beantwortung einzelner Fragen berechtigt den Arbeitgeber in der Regel zur Anfechtung des Arbeitsvertrages wegen arglistiger Täuschung, soweit die Fragen zulässig waren und der Arbeitnehmer wissen oder erkennen mußte, daß seine Lüge für die Einstellung von ausschlaggebender Bedeutung sein könnte und letztlich auch war. Unzulässige Fragen müssen demgegenüber nicht wahrheitsgemäß beantwortet werden.

Fragetechnik

Die Fragetechnik ist eines der wichtigsten Instrumente einer erfolgreichen Gesprächsführung. Richtig eingesetzt, nützt die Fragetechnik sowohl dem Fragesteller als auch dem Befragten.

Nutzen

Im einzelnen kann die Fragetechnik sehr unterschiedlichen Zwecken dienen:

- Fragen als Instrument, um ein Gespräch in Gang zu bringen
- Fragen als Instrument, um Gespräche zielorientiert vorwärts zu bringen
- Fragen als Instrument, um sich Informationen zu verschaffen
- Fragen als Instrument, um auf den Partner einzugehen
- Fragen als Instrument, um Zeit zu gewinnen

Neben diesen vielen Vorteilen dürfen einige Probleme beim Einsatz der Fragetechnik nicht verschwiegen werden. Die Frage soll weder zum bohrenden Ausfragen benutzt werden, noch als ein Instrument, um Ihre Gesprächspartner zu manipulieren.

Nachfolgend werden die wichtigsten Fragearten dargestellt. Für sämtliche Beispiele wurde als Anwendungssituation ein Einführungsgespräch unterstellt.

Offene Fragen lassen dem Befragten einen breiten Spielraum für die Antwort zu. Sie beginnen mit einem Fragewort (wozu, weshalb, womit, wieso, wie usw.) und können nicht mit "ja" oder "nein" beantwortet werden. Offene Fragen sind besonders gut geeignet, wenn umfassende Informationen erfragt werden sollen. Aber auch am Anfang eines Gesprächs oder bei schüchternen Mitarbeitern sind offene Fragen ein bewährtes Mittel, um das Gespräch in Gang zu bringen. (Beispiel: *Was für Erfahrungen haben Sie mit der Tabellenkalkulation?*)

Geschlossene Fragen beginnen mit einem Verb oder Hilfsverb. Sie lassen sich in der Regel nur mit "ja" oder "nein" beantworten. Geschlossene Fragen eignen sich zur Steuerung von Gesprächen und als Entscheidungsfragen. (Beispiel: *Haben Sie Erfahrung mit der Tabellenkalkulation?*)

Alternativfragen (Entscheidungsfragen) geben dem Befragten mit der Fragestellung Wahlmöglichkeiten für die nachfolgende Antwort vor. Bei richtiger Anwendung fällt die Antwort für den Fragesteller immer positiv aus. (Beispiel: *Möchten Sie zunächst lieber am Projekt A oder am Projekt B mitarbeiten?*)

Kontrollfragen dienen dazu, festzustellen, ob die Partner einen Gedankengang mit vollzogen haben oder ob bestimmte Informationen oder Gesprächsergebnisse richtig verstanden wurden. Sie eignen sich auch für den Abschluß eines Gesprächs bzw. eines Teilabschnitts. (Beispiel: *Wir sind uns also einig, daß Sie zunächst in der Projektgruppe A beginnen werden?*)

Provozierende Fragen sollen die Gesprächspartner aus der Reserve locken und damit die Diskussion in Gang bringen. Sie werden auch benutzt, um dem Partner Informationen herauszulocken, die er sonst möglicherweise zurückgehalten hätte. Wegen des negativen Einflusses auf die Gesprächsatmosphäre und der besonderen Situation sollten provozierende Fragen möglichst vermieden werden. (Beispiel: *Mußten Sie bei Ihrer früheren Tätigkeit auch einmal wirkliche Entscheidungen treffen?*)

Motivationsfragen (stimulierende Fragen) sollen durch "partnerfreundliche" Formulierungen (Streicheleinheiten!) das Gesprächsklima positiv beeinflussen. Sie werden allerdings häufig als manipulativ (unehrlich) oder als ironisch empfunden. (Beispiel: Würden Sie mit Ihrer großen Erfahrung in der Tabellenkalkulation zunächst in der Arbeitsgruppe D arbeiten?)

Suggestivfragen beinhalten bereits eine Meinung und sollen bewirken, daß sich die Befragten dieser Meinung anschließen. Die Beeinflussung wird durch die Wörter doch, auch, sicher, ebenfalls usw. erreicht. Wegen ihres manipulativen Charakters stoßen Suggestivfragen auf Ablehnung und sollten weitgehend vermieden werden. (Beispiel: *Es* *macht Ihnen doch sicherlich nichts aus, gelegentlich einmal Überstunden zu machen?*)

Bei einer **Gegenfrage (Rückfrage)** wird auf eine Frage des Partner nicht die mögliche Antwort gegeben, sondern mit einer Gegenfrage reagiert. Das verschafft in jedem Fall einen minimalen Zeitgewinn; außerdem bewirkt die Gegenfrage in vielen Fällen, daß die ursprüngliche Fragestellung abgewandelt wird bzw. völlig verlorengeht oder vom Fragesteller selbst beantwortet wird. Häufig erbringt die Gegenfrage auch zusätzliche Informationen, an denen sich die spätere Antwort orientieren kann. Die Gegenfrage hat teilweise destruktiven Charakter oder wird als unhöflich empfunden, deshalb sollte sie nur in Engpaßsituationen eingesetzt werden.

Franchise

Franchise wird häufig als Vertriebsform eingesetzt. Der Franchisenehmer übernimmt den Vertrieb der Produkte des Franchisegebers in eigener Regie mit eigenem Kapital und Risiko. Dafür ist er an bestimmte Richtlinien, die im Franchisevertrag festgehalten werden, gebunden und muß dem Franchisegeber eine Franchisegebühr erstatten. Dadurch kommt es zur schnellen Expansion des Franchisegebers mit Hilfe des Fanchisenehmers. Besonders hilfreich ist das Franchise für Existenzgründer, da sie weniger Kapital benötigen und das Risiko durch die bekannte Marke vermindert wird.

Begriff

Franchise ist die vertikale → Kooperation zwischen Franchisegeber (Franchisor) und Franchisenehmer (Franchisee). Der Franchisegeber überläßt dem Franchisenehmer Produkte, Dienstleistungen und/oder Know-how langfristig zum Vertrieb. Er ist selbst in der Kooperation für das Marketing verantwortlich und verfügt über bestimmte Weisungs- und Kontrollrechte. Der Franchisenehmer muß für die erhaltenen Leistungen einen Gegenwert erstatten.

Bekannte Franchisegeber sind Bennetton, McDonald's, Coca-Cola.

Pflichten der Franchisepartner

Die beiden Kooperationspartner gehen mit der Entscheidung zum Franchise bestimmte Verpflichtungen ein. Der Franchisegeber stellt das Franchisepaket zur Verfügung, der Franchisenehmer muß seinerseits dafür Gegenleistungen erbringen. Sehen Sie dazu die folgende Aufstellung:

Franchisepaket
• Beschaffungs-, Absatz-, Organisationskonzept • Gewährung von Schutzrechten (Name, Logo ...) • Ausbildung des Franchisenehmers • aktive Unterstützung bei der Entwicklung des Produktes
Verpflichtungen des Franchisenehmers
• Bezahlung der Franchisegebühr (in der Regel eine einmalige Gebühr und eine monatliche Umsatzbeteiligung) • Beachtung des Beschaffungs-, Absatz- und Organisationskonzepts • in der Regel Einhaltung des vorgegebenen Preisniveaus • Verzicht auf den Vertrieb von Konkurrenzprodukten

Vorteile der Franchisepartner

Die beteiligten Partner haben folgende Vorteile:

Vorteile für den Franchisegeber
• überdurchschnittliche Expansion mit Hilfe des Kapitals des Franchisenehmers • kein Risiko, da kein eigenes Kapital eingesetzt wird
Vorteile für den Franchisenehmer
• Bewahrung weitgehender Selbständigkeit • Nutzung eines bewährten Konzepts • Nutzung einer bekannten Marke • keine Probleme beim Eintritt in den Beschaffungs- und Absatzmarkt

Frühwarnsysteme

Plötzlich auftretende Entwicklungen, die dem Unternehmen neue Chancen eröffnen oder Wettbewerbsvorteile bedrohen, können um so besser bewältigt werden, je früher sie erkannt werden. Daher existieren seit vielen Jahren Konzepte der Frühwarnung, die eine rechtzeitige Erfassung relevanter Veränderungen sicherstellen sollen.

Begriff

Ursprünglich sollten Frühwarnsysteme schwache Signale, die grundlegende Veränderungen der Umwelt ankündigen, möglichst bald erfassen und so eine beschleunigte Reaktion ermöglichen. Heute geht es im Rahmen von Frühwarnsystemen um eine Schärfung des Bewußtseins für die ständige Evolution des Unternehmens und seiner Umwelt.

Frühwarnsysteme dienen also weniger dazu, möglichst früh und möglichst exakt Entwicklungen zu prognostizieren, sondern sichern vielmehr eine kontinuierliche Auseinandersetzung mit der eigenen Wahrnehmung von Veränderungen innerhalb und außerhalb des Unternehmens.

Aufbau traditioneller Konzepte der Frühwarnung

Traditionelle Konzepte der Frühwarnung zielen in erster Linie auf eine kontinuierliche Sammlung von Informationen über das Umfeld des Unternehmens ab. Je nach Grad der Ungewißheit lassen sich aus diesen Informationen Reaktionsstrategien ableiten. Im Grunde geht es also um ein fortlaufendes und möglichst exaktes „Scannen" der Umwelt.

Typischerweise sind derartige Frühwarnsysteme aus drei Modulen aufgebaut:

- Es erfolgt eine dauernde Überwachung des Unternehmensumfeldes. Jede entdeckte Diskontinuität wird hinsichtlich ihrer Bedeutung als Chance oder Bedrohung und auf ihre Auswirkungen hin untersucht.
- Gleichzeitig werden die Stärken und Schwächen des Unternehmens erhoben, um realisierbare Reaktionsstrategien entwickeln zu können.
- Schließlich erfolgt die Zusammenführung beider Schritte in einem Anfälligkeitsprofil für jede Geschäftseinheit, wobei sowohl die Dringlichkeit als auch die Kostenwirksamkeit der Reaktion untersucht werden.

Grenzen traditioneller Frühwarnsysteme

Die Probleme, die ein solcher Ansatz mit sich bringt, sind offensichtlich:

- Das ständige Bemühen, immer mehr und immer neuere Daten zu sammeln, birgt die Gefahr des Information Overload. Dadurch wird es schwierig, den Überblick zu bewahren, eine fundierte Bewertung der Informationen durchzuführen, aus der Vielzahl von Daten konsistente Szenarien oder Zukunftsvisionen abzuleiten und (Reaktions-) Strategien zu entwickeln.

- Oft lassen sich unklare Entwicklungen nur sehr schwer als Chance oder Bedrohung einstufen bzw. diese Einstufung hängt vom Kompetenzprofil des Unternehmens ab. Derartige Frühwarnsysteme bergen daher die Gefahr, dem Management Voraussagbarkeit vorzugaukeln und ein trügerisches Sicherheitsgefühl zu schaffen.
- Schließlich pflegen Überraschungen genau dort aufzutreten, wo sie nicht erwartet werden, und dies zu einem Zeitpunkt, den keiner vorhersehen kann. Auch in diesem Zusammenhang wiegen traditionelle Frühwarnsysteme Führungskräfte eher in falscher Sicherheit, als daß sie ihre Aufmerksamkeit und Offenheit für Veränderungen stärken.

Neue Konzepte der Frühwarnung

Aufgrund der Nachteile der traditionellen Frühwarnkonzepte ist man in den letzten Jahren dazu übergegangen, nicht so sehr die Menge der gesammelten Daten zu steigern, sondern deren Qualität zu verbessern. In erster Linie geschieht dies, indem – meist in einer Gruppe von Führungskräften aus verschiedenen Fachbereichen und Geschäftseinheiten – innerhalb des Unternehmens die Eindrücke und Interpretationen von Signalen aus der Umwelt ausgetauscht werden.

Kennzeichen neuer Frühwarnkonzepte

Die neuen Frühwarnkonzepte haben sich der gesamten Entwicklung in der Unternehmensführung angepaßt und gegenüber den traditionellen Modellen entsprechend geändert.

Frühwarnung als Aufgabe des gesamten Unternehmens
Bei den neuen Konzepten der Frühwarnung steht das Bemühen im Vordergrund, den Informationsfluß an den Rändern des Unternehmens, etwa von Außendienstmitarbeitern, Einkäufern etc., stärker zu nutzen. Frühwarnung ist somit nicht mehr Aufgabe der Stabsstelle strategische Planung, sondern betrifft das gesamte Unternehmen. Auf diese Weise werden vorhandene Informationen von mehreren Verantwortungsträgern gemeinsam begutachtet und in einem breiten Diskussions- und Entscheidungsprozeß hinsichtlich ihrer Folgen und möglichen Reaktionen untersucht.

Hinterfragen von Denkmustern
Darüber hinaus umfaßt Frühwarnung nach neuerem Verständnis eine generelle Auseinandersetzung mit Wahrnehmungs- und Interpretationsmustern. Regelmäßig werden dabei sowohl die Instrumente der Informationsgewinnung und -verarbeitung als auch deren Inhalte und deren Interpretation hinterfragt.

Dazu dient beispielsweise die Beschäftigung mit kognitiven Karten: Dabei erforschen Führungskräfte die Beurteilungskriterien, die sie auf die Lösung komplexer Sachverhalte anwenden. Vor allem werden die – meist nicht bewiesenen, sondern angenommenen – Ursache-Wirkungs-Zusammenhänge, die auf diese Beurteilungskriterien einwirken, bewußt gemacht. Auf diese Weise wird ein Überblick über Denkmuster ermöglicht, und Zirkelschlüsse, selbsterfüllende Prophezeiungen oder logische Denkfehler können leichter erkannt werden.

Führungsgrundsätze

Führungsgrundsätze sind die geschriebenen und/oder ungeschriebenen Regeln und Prinzipien eines Unternehmens, durch welche die Beziehungen zwischen Mitarbeiter und Vorgesetzten bestimmt werden. Es hat sich als sinnvoll erwiesen, die Mitarbeiter an der Erarbeitung von Führungsgrundsätzen zu beteiligen.

Begriff

Führungsgrundsätze sind Vorgaben, nach denen sich die Unternehmensführung und alle Führungskräfte verhalten sollen. Sie basieren häufig auf allgemeingültigen Führungskonzepten, wie beispielsweise den sogenannten Management-by-Konzepten (→ Managementtechniken).

Unternehmensziele mit den Führungsgrundsätzen verbinden

Die Führungsgrundsätze sollen mit den Unternehmenszielen und -werten erarbeitet werden. Aus den Zielen lassen sich die erforderlichen Maßnahmen ableiten. Diese bestimmen auch das nötige Verhalten und die Werte, die mit dem Produkt und dem Auftritt des Unternehmens verbunden sind. Lassen sich die Führungsgrundsätze daraus ableiten, werden sie nachvollziehbar und pragmatisch.

Mitarbeiter frühzeitig beteiligen

Je nach Führungsstil werden die Grundsätze erarbeitet. Als sinnvoll hat sich in den letzten Jahren erwiesen, dies zusammen mit allen Mitarbeitern durchzuführen. Denn dann ist die Beachtung eher gewährleistet: Dadurch, daß jeder an der Entstehung und Formulierung mitgewirkt hat, können diese gemeinsam formulierten Grundsätze auch für alle als verbindlich gelten.

In dem Maße, in dem → Teamarbeit, der Abbau von Hierarchien und die Verlagerung der Verantwortung auf alle Ebenen zunehmen, sind auch Führungsgrundsätze stärker einer kritischen Prüfung aller ausgesetzt.

Führungsgrundsätze einhalten

Führungsgrundsätze, die allgemein im Unternehmen bekannt sind, müssen auch eingehalten werden. Als ein erster Schritt sollten Führungsgrundsätze als sogenannte Führungsanweisungen schriftlich formuliert werden. Entscheidend ist jedoch der Wille und die Bereitschaft der Führungskräfte, diese Führungsgrundsätze im Unternehmen auch anzuwenden. Wenn nicht, provozieren die Führenden die → „innere Kündigung" bei den Mitarbeitern: „Wenn der sich schon nicht danach hält, warum soll ich dann …"

Führungsstil

Als Führungsstil bezeichnen wir die Art und Weise, in der Führungskräfte ihre Führungsfunktion ausüben. Wesentlich ist das zeitlich überdauernde, idealtypische und in bezug auf verschiedene Situationen konstante Führungsverhalten. Grob betrachtet läßt sich zwischen autoritärer und demokratischer Führung unterscheiden.

Begriff

Der Führungsstil kennzeichnet die Art und Weise, in der Führungskräfte sich ihren Mitarbeitern gegenüber verhalten bzw. ihre Führungsfunktion ausüben. Insbesondere wird dabei das zeitlich überdauernde und in bezug auf verschiedene Situationen konstante Führungsverhalten betrachtet.

Einfluß des Führungsstils

Der Führungsstil umfaßt die Ausstattung der Mitarbeiter mit Mitwirkungsrechten, die Gestaltung der Unter- und Überstellungsverhältnisse und den Einbezug der Mitarbeiter in das bestehende Informationssystem. Der Führungsstil bestimmt maßgeblich den Führungserfolg, beeinflußt die Einstellung der Mitarbeiter zur Arbeit und wirkt sich auf deren Zufriedenheit, Motivation und Leistungsbereitschaft aus.

Die Auswirkungen unterschiedlicher Führungsstile auf Verhalten, Zufriedenheit und Leistungswillen wurden vielfach empirisch untersucht. Trotzdem können die Ergebnisse für die Unternehmenspraxis nur schwer verallgemeinert werden.

Die Frage nach dem optimalen Führungsstil ist sehr schwer zu beantworten, da sie von einer Vielzahl von Faktoren abhängt:
- Persönlichkeit des Vorgesetzten,
- Persönlichkeit der Mitarbeiter,

- Arbeitssituation,
- gesellschaftliches Umfeld.

Autoritäre und demokratische Führung

Der sogenannte eindimensionale Ansatz knüpft an die Unterscheidung zwischen autoritärem und demokratischem Führungsstil an. Der Führungsstil wird teilweise noch feiner differenziert: patriarchalisch, autoritär, informierend, kooperativ etc. Der Vorgesetzte übt demnach einen mehr oder weniger autoritären bzw. kooperativen Führungsstil aus.

Der Vorteil des eindimensionalen Ansatzes ist eindeutig seine Verständlichkeit. Autoritäre Führung wird praktiziert, wenn Sachentscheidungen in kurzer Zeit durchgesetzt werden müssen. Dagegen ist die kooperative Führung vorteilhafter, wenn ein gewisser Handlungsspielraum besteht und die → Motivation der Mitarbeiter besonders im Vordergrund steht.

Aufgabenorientierte und mitarbeiterorientierte Führung

Die sogenannten zweidimensionalen Ansätze orientieren sich an zwei wesentlichen Verhaltensausrichtungen der Vorgesetzten. Dabei wird zwischen Aufgabenorientierung und Mitarbeiterorientierung unterschieden:

Aufgabenorientierung wird dabei an der Ausrichtung auf quantitative und qualitative Sachziele gemessen – also die Betonung von Effektivitäts- und Effizienzüberlegungen, wie z. B. Gewinn- und Umsatzzahlen, Kapazitätsauslastung oder eine bestimmte Produktqualität.

Mitarbeiterorientierung zeigt sich in Verständnis und Unterstützung der Mitarbeiter sowie im Bemühen der Führungskräfte um deren Zuneigung auf der Grundlage von Vertrauen, Respekt, Gehorsam und Mitgefühl. Dazu zählt aber auch das Interesse an Fragen der Arbeitsbedingungen, der Gehaltsstruktur, Sozialleistungen und der Arbeitsplatzsicherheit.

Die beiden Verhaltensausrichtungen können auf einem zweidimensionalen Verhaltensgitter, dem „Managerial Grid" (Grid Management), zueinander in Beziehung gesetzt werden. Jede der beiden Grundausrichtungen wird, je nach Grad der Ausprägung, auf einer neunteiligen Koordinatenachse abgebildet. Jede der so entstehenden 81 Kombinationsmöglichkeiten entspricht einem anderen Führungsstil. Blake und Mouton, die Entwickler des „Managerial Grid", haben die möglichen Führungsstile jedoch auf die fünf wichtigsten reduziert (die Zahlen geben dabei die Position innerhalb des Koordinatensystems wieder):

- **1,1-Führungsverhalten:** Überlebensmanagement: Die minimale Anstrengung zur Erledigung der geforderten Arbeit genügt gerade noch, sich im Unternehmen zu halten.
- **1,9-Führungsverhalten:** Samthandschuh-Management: Die Rücksichtnahme auf die Bedürfnisse der Mitarbeiter nach zufriedenstellenden zwischenmenschlichen Beziehungen bewirkt ein gemächliches und freundliches Betriebsklima und Arbeitstempo.
- **5,5-Führungsverhalten:** Organisationsmanagement: Eine angemessene Leistung wird ermöglicht durch die Herstellung eines Gleichgewichts zwischen der Notwendigkeit, die Arbeit zu erledigen, und der Aufrechterhaltung einer zufriedenstellenden Betriebsmoral.
- **9,1-Führungsverhalten:** Befehl-Gehorsam-Management: Der Betriebserfolg beruht darauf, die Arbeitsbedingungen so einzurichten, daß der Einfluß persönlicher Faktoren auf ein Minimum beschränkt wird.
- **9,9-Führungsverhalten:** Teammanagement: Hohe Arbeitsleistung der engagierten Mitarbeiter und gemeinschaftlicher Einsatz für das Unternehmensziel verbinden die Menschen in Vertrauen und gegenseitiger Achtung.

Die eindeutige Präferenz von Blake und Mouton lag auf dem 9.9-Führungsstil und basierte auf der Idee, daß bei hoher Ausprägung beider Dimensionen die Gesamteffektivität als maximal angenommen wird. Damit wird der optimale Führungsstil aber als unabhängig von der jeweiligen Situation gesehen und allgemeingültig festgelegt. Dies ist auch der am meisten kritisierte Punkt des Modells.

Situative Führung

Die situative Führung geht davon aus, daß es nicht einen einzigen, angemessenen Führungsstil gibt, sondern daß dieser von der jeweiligen Situation abhängig ist.

Am bekanntesten ist in diesem Zusammenhang das Führungsmodell von Hersey/Blanchard. Dabei hängt der jeweils geeignete Führungsstil davon ab, ob das grundsätzliche Führungsverhalten eines Vorgesetzten eher aufgaben- oder mitarbeiterbezogen ist. Allerdings schließen sich diese zwei Orientierungen nicht gegenseitig aus, sondern werden in unterschiedlicher Ausprägung miteinander kombiniert.

Ein weiterer Faktor ist der sog. Reifegrad des Mitarbeiters (d. h. die Fähigkeit, sich selbst Ziele zu setzen; Eigenmotivation; Bereitschaft, Verantwortung zu übernehmen). Der Reifegrad kann, je nach Aufgabe und Situation, variieren. So kann z. B. derselbe Mitarbeiter bei der Durchführung von Kundenbesuchen bereits sehr „reif" sein, während es ihm bei der Erstellung von Präsentationen noch an der notwendigen Reife mangelt.

Je reifer ein Mitarbeiter in der jeweiligen Situation ist, desto geringer sollte die Aufgabenorientierung (Erläuterung und Anleitung, wie einzelne Aufgaben zu lösen sind) und desto höher die Mitarbeiterorientierung (Anerkennung) sein. Liegt eine überdurchschnittlich hohe Mitarbeiterreife vor, sollte der Vorgesetzte auch die Mitarbeiterorientierung wieder reduzieren. Denn ein solch „reifer Mitarbeiter" benötigt die soziale Unterstützung des Vorgesetzten nur noch in geringem Maße. Gute Führungskräfte stellen zunächst den Reifegrad ihrer Mitarbeiter bei der jeweiligen Aufgabe fest und übertragen dann eine Gesamtaufgabe lediglich mit Zielvorgabe (hoher Reifegrad) oder gliedern die Gesamtaufgabe in Teilschritte mit regelmäßigem Feedback (niedriger Reifegrad).

Entwicklung des Führungsstils

In den Jahren der Hochkonjunktur und des Arbeitskräftemangels mußten viele Führungskräfte entgegen ihrer Überzeugung ihre Mitarbeiter scheinbar kooperativ behandeln. Es galt als fortschrittlich und war tatsächlich unabdingbar, sich in jeder Situation kooperativ zu verhalten. Andernfalls bestand die Gefahr einer geringeren Leistungsbereitschaft der Mitarbeiter, einer höheren Krankheitsquote, sogar einer Kündigung.

In einem wirtschaftlichen Umfeld, das eher durch Arbeitskräfteüberschuß geprägt ist, wandelt sich das Verhältnis von autoritärem und kooperativem Führungsstil. Jetzt spielen wieder anerzogene Führungsmuster eine stärkere Rolle.

Fusion

Unter einer Fusion versteht man den Zusammenschluß von zwei oder mehreren rechtlich selbständigen Unternehmen zu einer wirtschaftlich und rechtlich neuen Einheit.

Rechtliche Unterscheidung

Aus rechtlicher Sicht sind zwei Formen von Fusionen zu unterscheiden. Die erste Form sind Fusionen, bei denen es zu einer rechtsgeschäftlichen Übertragung des Vermögens mit anschließender Liquidation kommt. Hierbei erfolgt eine Einzelübertragung, eine Gesamtrechtsnachfolge findet nicht statt. Dies steht im Gegensatz zur zweiten Form der Fusion, die dadurch gekennzeichnet ist, daß eine Gesamtrechtsnachfolge stattfindet, wobei diese Fusionsform auf Kapitalgesellschaften beschränkt ist.

Horizontale und vertikale Fusion

Unter einer horizontalen Fusion versteht man eine Verschmelzung von Unternehmen, die auf der gleichen Produktions- oder Handelsstufe stehen. Eine vertikale Fusion liegt hingegen dann vor, wenn sich Unternehmen zusammenschließen, von denen das eine im Verhältnis zum anderen auf einer vor- bzw. nachgelagerten Produktions- oder Handelsstufe steht.

Freundliche und unfreundliche Fusion

Fusionen können zum einen auf solche Weise vonstatten gehen, daß sich beide Gesellschaften darüber einig sind, Vorteile aus einer direkten Verbindung zu ziehen. Hier sind das Management und die Alteigentümer mehrheitlich mit der Fusion einverstanden.

Von diesen Fusionen sind diejenigen zu unterscheiden, die durch ein Unfriendly Takeover erzwungen wurden. Hier erfolgt die Fusion gegen den Willen des Managements eines der beteiligten Unternehmen.

Wettbewerbsrechtliche Konsequenzen

Gemäß deutschem und europäischem Recht sind Fusionen den Kartellbehörden zur Genehmigung vorzulegen. Würde eine Fusion zu einer marktbeherrschenden Stellung führen, können die Behörden die Fusion verbieten bzw. nur unter Auflagen zulassen.

Gewinn-und-Verlust-Rechnung (GuV)

Die Gewinn-und-Verlust-Rechnung (GuV) ist die Gegenüberstellung sämtlicher Aufwendungen und Erträge eines Geschäftsjahres. Die GuV gibt Auskunft über Herkunft und Zusammensetzung des Geschäftserfolgs eines Unternehmens. Die GuV ist ein wichtiges Steuerungsinstrument, muß aber um die → Kostenrechnung ergänzt werden, weil sie nicht alle betriebswirtschaftlich relevanten Kostenarten erfaßt.

Aufstellungspflicht

Alle Einzelunternehmer, Personengesellschaften und Kapitalgesellschaften müssen am Ende eines Geschäftsjahres einen Jahresabschluß erstellen. Dieser besteht aus einer Bilanz und einer Gewinn-und-Verlust-Rechnung (GuV).

Wer seine Bücher nach den Grundsätzen der doppelten Buchführung führt, von dem verlangt das Finanzamt auch die Vorlage einer Gewinn-und-Verlust-Rechnung. Die GuV muß den → Grundsätzen ordnungsmäßiger Buchführung, insbesondere der Klarheit und der Vollständigkeit, entsprechen. Mit der ungekürzten Fassung des handelsrechtlichen → Jahresabschlusses kommen Sie dieser Forderung nach.

Jahresabschlußbuchungen

Alle Geschäftsvorfälle, die sich auf den Geschäftserfolg des Unternehmens auswirken, werden jeweils einmal auf einem Bestandskonto und einmal auf einem Erfolgskonto gebucht. Erträge werden auf der Sollseite eines Bestandskontos und auf der Habenseite eines Erfolgskontos gebucht. Aufwendungen werden in einem Aufwandskonto im Soll und in einem Bestandskonto im Haben gebucht.

Gewinnermittlung

Der Geschäftserfolg am Ende eines Wirtschaftjahres wird doppelt ermittelt. Das Betriebsvermögen ändert sich durch die erfolgsändernden Sollbuchungen auf den Bestandskonten.

	Kapital am Ende des Geschäftsjahres
-	Kapital zu Beginn des Geschäftsjahres
+ -	Entnahmen Einlagen
=	Geschäftserfolg aufgrund Betriebsvermögensvergleich

Die Erfolgskonten werden über das Gewinn-und-Verlust-Konto abgeschlossen. Das bedeutet: Die Salden der Aufwandskonten werden auf dem GuV-Konto auf der Sollseite gebucht, die Salden der Ertragskonten (Erfolgskonten) auf der Habenseite. Der Saldo des GuV-Kontos stellt den Geschäftserfolg des abgelaufenen Geschäftsjahres dar.

Ertragskonto	
	an GuV-Konto

GuV-Konto	
	an Aufwandskonto

	Summe der Salden der Ertragskonten
-	Summe der Salden des Aufwandskonten
=	Geschäftserfolg des ablaufenden Wirtschaftsjahres

In der Gewinn-und-Verlust-Rechnung werden die Posten des GuV-Kontos nach bestimmten Ordnungskriterien gegliedert. Zusammengehörende Posten werden zusammengefaßt. Der Ausweis erfolgt auf Aufwands- und Ertragskonten.

Konto- oder Staffelform

Die Gewinn-und-Verlust-Rechnung kann prinzipiell in zwei Formen dargestellt werden:

- Die Kontoform stellt alle Aufwendungen und Erträge einander gegenüber: Aufwendungen links, Erträge rechts. Der Saldo dieses GuV-Kontos ist dann der Geschäftserfolg.
- Die Staffelform hingegen addiert und subtrahiert Erträge und Aufwendungen in einer einzigen Rechnung. Zwischenergebnisse sind „Rohertrag" und das Ergebnis der gewöhnlichen Geschäftstätigkeit. Am Ende steht der „Gesamterfolg vor Steuern". Zieht man den Steueraufwand ab, erhält man den Gewinn oder Verlust des Unternehmens. Diese Form ist vorgeschrieben für Kapitalgesellschaften.

Es gibt zwei Berechnungsarten der Gewinn-und-Verlust-Rechnung:
- Gesamtkostenverfahren,
- Umsatzkostenverfahren.

Das Gesamtkostenverfahren wird in der Staffelform dargestellt und weist bestimmte Erfolgskonten brutto auf dem GuV-Konto aus:
- Bestandserhöhung an fertigen und unfertigen Erzeugnissen,
- Bestandsverminderung an fertigen und unfertigen Erzeugnissen,
- Aufwendungen für Roh-, Hilfs- und Betriebsstoffe.

Das Umsatzkostenverfahren hingegen bucht alle Herstellungskosten zunächst auf ein eigenes Konto. Der Saldo dieses Herstellungskontos wird dann in die GUV eingebracht. Der „Rohgewinn" errechnet sich als Differenz zwischen Umsatzerlösen und Herstellungskosten der für die Umsatzerlöse erbrachten Leistungen.

Grundsätze ordnungsmäßiger Buchführung (GoB)

Unter den Grundsätzen ordnungsmäßiger Buchführung (GoB) versteht man Leitsätze und Ordnungsprinzipien, um eine zweckmäßige Gestaltung des Rechnungswesens und der Rechnungslegung sicherzustellen. Die GoB bilden den Ordnungsrahmen für die laufende Buchführung und gelten für alle Kaufleute.

GoB-Grundlagen

Die Grundsätze ordnungsmäßiger Buchführung (GoB) gelten entgegen ihrer wörtlichen Bedeutung für alle Bereiche wirtschaftlichen Handelns. Die GoB im weiteren Sinn umfassen die Teilbereiche Buchführung, → Inventur, → Bilanz und Bewertung. GoB im engeren Sinn befassen sich ausschließlich mit der eigentlichen Buchführung.

Nur ein Teil der GoB ist kodifiziert, d. h. rechtlich festgeschrieben. Viele GoB beruhen auf Gewohnheitsrecht und haben sich aus Praxis, Lehre und Rechtsprechung entwickelt. Sie sind daher weder umfassend noch hinreichend bestimmt. Es gibt keinen Vorrang der kodifizierten vor den ungeschriebenen GoB. Die wichtigsten kodifizierten Normen betreffen die Aufstellung des → Jahresabschlusses und die Ausweisung des Betriebsvermögens in der Steuerbilanz.

Nicht zu den GoB zählen Fragen der Gewinnverwendung und die oft rechtsformabhängigen Regeln zum Bilanzgewinn und der Bildung von Rücklagen. Auch für die Aufstellung von Anhang und Lagebericht bei Kapitalgesellschaften existieren keine GoB.

Handelsrechtliche Grundsätze

Folgende Grundsätze gelten für die Buchführung aller Unternehmen, gleich welcher Rechtsform:

Grundsätze für die Buchführung

- **Klarheit:** Die Buchführung soll formal klar und übersichtlich sein.
- **Bilanzidentität:** Eröffnungsbilanz und vorangegangene Schlußbilanz müssen übereinstimmen.
- **Bilanzstetigkeit:** Buchführung und Bilanz müssen formell und materiell vergleichbar sein.
- **Vorsicht:** Mögliche Wertverluste sind zu erfassen; dies betrifft die Bewertung der Wirtschaftsgüter.
- **Wirtschaftlichkeit:** Aufwand und Ertrag stehen in der Buchführung in einem vertretbaren Verhältnis.

Grundsatz der Klarheit

Besonders wichtig ist der Grundsatz der Klarheit. Für Ihre Buchführung bedeutet dies im einzelnen:

- Sichern Sie eine schnelle, einfache Erkennung der Geschäftsvorfälle Ihres Unternehmens.
- Verweisen Sie stets von Buchung zu Beleg und umgekehrt.
- Führen Sie Ihre Bücher in einem lebendigen Deutsch.
- Achten Sie auf Verständlichkeit bei Abkürzungen und Symbolen.
- Ihre Eintragungen sollten vollständig, richtig, zeitgerecht und geordnet sein.
- Nehmen Sie Veränderungen in der Buchführung vor, müssen diese danach noch zu erkennen sein.
- Stellen Sie Ihren Jahresabschluß zeitnah, also möglichst bald nach Ende des Geschäftsjahres auf.

Steuerrechtliche Vorschriften

Zur Ordnungsmäßigkeit der Buchführung bestimmt das Steuerrecht, daß diese dann ordnungsgemäß ist, wenn sie den handelsrechtlichen Grundsätzen entspricht. Das ist der Fall, wenn

- die für die kaufmännische Buchführung erforderlichen Bücher geführt werden,
- die Bücher förmlich in Ordnung sind,
- der Inhalt sachlich richtig ist.

Buchführungsmängel

Einzelne Mängel, die aufgrund von Nachlässigkeiten oder Versehen auftreten, beeinflussen die Ordnungsmäßigkeit der gesamten Buchführung in der Regel nicht. Ausschlaggebend für die Beurteilung ist stets die Gesamtheit aller aufgetretenen Mängel. Fehler in der Buchführung sind entweder formeller oder materieller Art.

Fehler in der Büchführung	
Formelle Fehler	**Materielle Fehler**
• fehlende Belege für Buchungen, • zeitlich falsche Aufzeichnung von baren und unbaren Geschäftsvorfällen, • Fehler bei den Belegnachweisen, • zu kurze Aufbewahrungsfristen, • zu späte Aufstellung von Eröffnungs- und Schlußbilanz.	• Buchungen auf falsche Konten, • Buchungen mit falschen Werten, • unvollständige Buchungen.

Als Einzelkaufmann oder bei Personengesellschaften dürfen Sie den bereits als ordnungsmäßig deklarierten Jahresabschluß noch verändern. Fehler in der Buchhaltung können so beseitigt werden. Die Handelsbilanz muß spätestens bis zur Einreichung beim Finanzamt den Grundsätzen ordnungsmäßiger Buchführung entsprechen.

Sollte die Buchführung den steuerrechtlichen Bedingungen nicht entsprechen, kann das Finanzamt die Besteuerungsgrundlage nach eigenen Maßstäben schätzen. Eine Prüfung der Buchführung durch das Finanzamt ist unabhängig von der Ordnungsmäßigkeit immer möglich.

Image

Image zählt im globalen Wettbewerb zu den wichtigen Erfolgsfaktoren. Der Erwerb einer Sport- und Freizeitbrille vermittelt ein bestimmtes Lebensgefühl; die Seife aus dem Body-Shop wird nicht nur ihrer Qualität wegen gekauft; die Einsatzbereitschaft der Mitarbeiter steigt mit dem Ansehen ihrer Firma. Das Image ist letztlich die vereinfachte Bewertung eines Meinungsgegenstandes, die entscheidet, ob und warum dieser akzeptiert oder abgelehnt wird.

Begriff

Unter Image versteht man die Gesamtheit aller Einstellungen, Kenntnisse, Erfahrungen, Wünsche und Gefühle, die mit einem Unternehmen, einer Marke oder einem Produkt in Verbindung gebracht werden. Das Image ist das Fremdbild eines Unternehmens bzw. seiner Produkte, das bei Kunden, Lieferanten, Mitarbeitern, Kapitalgebern sowie allgemein in der Öffentlichkeit entsteht und deren Verhalten prägt.

Bestimmungskriterien

Ein Image entsteht aus der Kombination objektiver und subjektiver Faktoren. Es ist kein allgemeingültiges Bild, sondern wird von persönlichen, nicht sachlichen Bestimmungsfaktoren geprägt. Die Komplexität der Meinungsbildung wird reduziert, indem die Bewältigung der pausenlos einströmenden Umweltreize durch ein schon bekanntes Image erleichtert wird. Außerdem ist es die eigentliche Realität für den Verbraucher. Sein Verhalten wird durch seine subjektiven Vorstellungen, nicht durch die objektive Realität bestimmt. Es besteht eine Abhängigkeit zu den Erwartungen und Bedürfnissen der Kunden und der Aktivitäten der Konkurrenzunternehmen. Verändert sich diese, verändert sich das Image. Es kann erfaßt, analysiert und systematisch verändert werden (Imageanalyse), kann aber auch falsch sein, d. h. den nachprüfbaren Gegebenheiten widersprechen.

Bedeutung

Die Kriterien, nach denen Kunden entscheiden, sind häufig vor allem durch emotionale Faktoren beeinflußt.

Das Image eines Unternehmens wirkt besonders auf dieser Ebene und hat deswegen eine zentrale Bedeutung, sowohl für den Verbraucher als auch für den Verkäufer.

Für den Verbraucher

- Vereinfachung: Informationen werden verdichtet, die Vielfalt der Einzeleindrücke auf das Wesentliche beschränkt.
- Orientierung: Durch das Image werden fehlende Informationen ersetzt, die Meinungsbildung wird überschau- und bewertbarer.
- Entscheidungshilfe: Unsicherheit wird reduziert, subjektives Risiko minimiert, Verhalten gesteuert und stabilisiert.

Für den Verkäufer

- Produkte bestehen nicht nur aus funktionalen Eigenschaften und dem Preis. Viele subjektive Faktoren, Wert- und Vorstellungsbilder, werden mit ihnen assoziiert (z. B.: Mercedes-Benz = Qualität).
- Nur sehr wenige Kunden entscheiden wirklich rational – das Kaufverhalten wird größtenteils durch emotionale Faktoren bestimmt.
- Bei immer austauschbareren Produkten und Dienstleistungen bietet das Image eine Orientierungshilfe, beseitigt die Anonymität der Produkte und stärkt das Vertrauen der Kunden. Image ermöglicht Profilierung und Abgrenzung.
- Marken können über das Image positioniert werden.
- Eine erfolgreiche Produktdifferenzierung kann durch das vermittelte Image erreicht werden.

Image-Arten

Ein Image kann auf verschiedenen Ebenen wirken. Es kann sich z. B. auf eine ganze Branche beziehen oder nur auf eine einzelne Marke. Deshalb unterscheidet man verschiedene Image-Arten.

Das Produkt-Image oder Branchen-Image

Der Verbraucher kategorisiert und beurteilt einzelne Produkte vielfach nach den übergeordneten Merkmalen einer ganzen Produktgattung oder Branche. Diese Vorstellungen und Assoziationen betreffen sowohl den Grundnutzen des Produkts als auch Verpackung und Preis. Das Branchen-Image führt zu einer Erwartungshaltung des Konsumenten, die erfüllt werden muß, um die Kaufbereitschaft nicht zu beeinträchtigen.

Bei einem negativen Branchen-Image fällt es schwer, ein eigenes, positives Produkt- oder Firmen-Image aufzubauen.

Das Marken-Image oder Brand-Image
Das Marken-Image ist die bekannteste Image-Art und umfaßt die Erfahrungen, die Vorstellungen und das Vertrauen, die mit einer Marke, wie z.B. Nivea, Milka oder Levi's verbunden werden. Das Image von Markenartikeln wird vor allem für die Differenzierung von Produkten des täglichen Bedarfs herangezogen, aber auch bei Luxus- und Investitionsgütern wird das Marken-Image gezielt eingesetzt.

Das Corporate Image und das Firmen-Image
Das Firmen-Image resultiert aus den Wahrnehmungen und aus den Erfahrungen, die Menschen mit einer bestimmten Firma machen. Handelt es sich hierbei um ein Unternehmen mit eigenständigen Tochterfirmen, wird auch von Corporate Image (→ Corporate Identity) gesprochen. Der Firmenname kann als übergeordnete „Dachmarke" Einfluß auf das Image der Produkte und Marken haben. Als Beispiel für positive Synergieeffekte gelten Nestlé und Siemens.

Strategische Überlegungen sollten die gegenseitige Abstimmung der einzelnen Image-Arten berücksichtigen und deren Verträglichkeit mit der eigenen → Unternehmenskultur, der Corporate Identity und der Umwelt überprüfen.

Image-Analyse

Die Image-Analyse befaßt sich mit den bestimmenden Faktoren, die für das untersuchte Image relevant sind. Es wird aufgezeigt, welche Faktoren mit imagebildender Wirkung einer besonderen Berücksichtigung und Pflege bedürfen.

Ziel
Die Image-Analyse soll deutlich machen, welches Bild die Kunden, Mitarbeiter, Lieferanten, Konkurrenzunternehmen oder allgemein die Öffentlichkeit vom Unternehmen bzw. seinen Produkten hat.

Die Image-Analyse gibt der Unternehmensleitung die Möglichkeit, ihr Unternehmen und ihre Produkte mit den Augen der Interessengruppen zu sehen und Maßnahmen für die Image-Korrektur, den Image-Wandel oder sogar die Neugestaltung abzuleiten.

Vorteile

Die Durchführung von Image-Analysen in regelmäßigen Abständen bringt für die Formulierung von Marketingstrategien wichtige Vorteile, Informationen und Anhaltspunkte:

- Kaufgründe und Kaufbarrieren bzw. Gründe der Akzeptanz oder Ablehnung werden transparenter (Stärken-Schwächen-Profil),
- die Auswirkungen von Werbe- und Image-Maßnahmen können überprüft werden,
- die imagebildenden Faktoren der Zielgruppe werden deutlich,
- Marktnischen können entdeckt werden, wenn bestimmte Vorstellungen, Erwartungen und Wünsche der Käufer bisher von keinem Anbieter erfüllt wurden,
- die Analyse von Konkurrenz-Images gibt Anhaltspunkte für eigene Strategien,
- der Grad der Übereinstimmung bzw. Divergenz zwischen den Image-Arten wird untersucht,
- wiederholte Analysen zeigen Veränderungen im Verbraucherverhalten, in den Einstellungen, Erwartungen und Gefühlen,
- Maßnahmen zur Imagekorrektur werden frühzeitig ermöglicht.

Aus der Unterscheidung der verschiedenen Image-Arten ergeben sich auch unterschiedliche Kriterien für die Image-Analyse. Die folgende Übersicht faßt die einzelnen Punkte zusammen:

Kriterien der Image-Analyse

Kriterien für die Analyse des Produkt-Images:

- Vorherrschende Merkmale des Produkt-Images
- Bedeutung des Produktbereichs für den Verbraucher
- Bedürfnisse des Verbrauchers und deren Abdeckung
- Kritische Beurteilung des Produktbereichs durch den Verbraucher
- Preis-Leistungsverhältnis
- Konsum- und Einkaufsverhalten

Kriterien für die Analyse des Marken-Images:

- Bekanntheitsgrad des Markennamens
- dominante Faktoren im Markenbild
- globaler Markeneindruck
- objektiver und subjektiver Produktnutzen
- psychologische Nutzenversprechen durch das Unternehmen
- Konsum- und Verwendungssituationen
- Preis-Leistungsverhältnis
- Verpackung
- typische Verwender

Kriterien für die Analyse des Corporate Images:

- Bekanntheitsgrad des Firmennamens
- Spontanassoziationen mit dem Firmennamen
- Größe und Marktstellung des Unternehmens
- Unternehmensform und Management
- Produktpalette
- Werbung

Image-Veränderung

Der Aufbau, die Korrektur oder der Wandel eines Corporate-, Marken-, oder Produkt-Images braucht Zeit, Kompetenz und Ausdauer. Großes Einfühlungsvermögen ist notwendig, um die Kaufgewohnheiten bzw. das Verhalten von Menschen in die gewünschte Richtung zu beeinflussen.

Es besteht die Gefahr, daß PR- und Werbekampagnen auf die Ablehnung der Adressaten stoßen und somit gar einen negativen Effekt haben. Image-Kampagnen sind anhand gezielt abgestimmter Werbe- und PR-Maßnahmen durchzuführen. Eine neuere Methode zur Image-Werbung ist z. B. das → Sponsoring.

Informationsmanagement

Information ist zunehmend zu einem wichtigen Faktor für den Unternehmenserfolg geworden. Über ein effizientes Management von Informationen ist in der Praxis sicherzustellen, daß der Produktionsfaktor Information effektiv und effizient eingesetzt wird. Die Informationsbedarfsanalyse legt fest, in welchem Umfang strategische Informationen erforderlich sind, wie die bereitgestellten Informationen zu verdichten und welches die besonders erfolgskritischen Informationen sind.

Begriff

Der Begriff Informationsmanagement umfaßt alle Aktivitäten, die dazu beitragen, Informationen in einer Unternehmung effektiv (zielgerichtet) und effizient (wirtschaftlich) einzusetzen. Zur Bewältigung dieser Aufgaben ist auf organisatorischer Ebene eine Ermittlung des Informationsbedarfs notwendig. Das darauf aufbauende Management des Informationseinsatzes ist in besonderer Weise Aufgabe der Unternehmensführung. Es geht dabei um das Setzen von Prioritäten für systematisch bereitzustellende Planungs-, Steuerungs- und Kontrollinformationen sowie für Dokumentationserfordernisse. Auf dieser Basis können technische Lösungen für das Informationsmanagement entwickelt werden.

Ziele

Ziele im Rahmen des Informationsmanagements sind die einfache Informationsaufnahme und Informationspflege für alle Informationsarten, die Verbesserung der Informationsqualität durch Bereitstellung aller benötigten und vorhandenen Informationen, die Beschleunigung der Informationssuche durch geeignete Werkzeuge sowie die gezielte Weiterverwendung von Informationen.

Information als Erfolgsfaktor

Die Bedeutung von Informationen nimmt immer mehr zu. Erfahrung und Intuition reichen in der Regel nicht mehr aus, um die komplexen Anforderungen moderner Unternehmensführung bewältigen zu können.

Üblicherweise wird Information als „zweckorientiertes Wissen“ gekennzeichnet. Wird unter Zweck die Erfüllung von Aufgaben zu einem übergeordneten Teilsystem verstanden, so lassen sich als Informationen diejenigen Aussagen kennzeichnen, die den Wissensstand des Stelleninhabers zur Erfüllung einer Aufgabe verbessern.

Bereitgestellte Nachrichten können in die Kategorien Informationen und Redundanz unterteilt werden. Nur diejenige Teilmenge von Nachrichten, die aufgabenträgerbezogen eine Zweckorientierung zur Erfüllung einer Aufgabe aufweist, ist als Information anzusehen. Nachrichten ohne (direkten) Bezug zur Aufgabe werden als Redundanz bezeichnet.

Anforderungen an ein professionelles Informationsmanagement

Informationen treffen üblicherweise unstrukturiert ein und können daher nicht unmittelbar verarbeitet werden. Deshalb ist es unbedingt notwendig, die Fülle der anfallenden Informationen zu ordnen, zu sortieren und zu selektieren.
Basis für jedes Führungshandeln sind Informationen, an die folgende Anforderungen gestellt werden:

Anforderungskriterien
• hoher Aussagegehalt (genau, eindeutig, möglichst quantifizierbar) • aktuelle und zeitgerechte Bereitstellung • Vollständigkeit • leichte Zugänglichkeit und unmittelbare Verfügbarkeit • sichere Speicherung (keine Zugriffsmöglichkeit für Unbefugte) • attraktive Darstellung und • sinnvolle Informationsverdichtung

Vermeiden Sie die weitverbreiteten Schwachstellen des klassischen Berichtswesens: Vergangenheitsorientierung, überlange Listen, Unübersichtlichkeit. Führungskräfte erhalten so lediglich ein fest vorgegebenes Daten- und Wertegerüst, dessen Inhalt nicht mehr direkt beeinflußbar ist.

Werden Dokumente lediglich in Papierform oder als Mikrofilm aufbewahrt und nicht in elektronischen Archiven abgelegt, ist ein gezieltes Wiederauffinden von archivierten Dokumenteninformationen nur schwer möglich. Die Folge ist, daß frühere Erfahrungen durch fehlende inhaltsorientierte Ordnung der Materialien verlorengehen (sogenannte tote Ablagen).

Optimierung des Informationsmanagements

Wie kann eine Optimierung des Informationsmanagements erreicht werden? Bewährt hat sich das Durchlaufen der folgenden Teilschritte, wobei bestimmte Grundsätze zu beachten sind.

Bestimmung des Informationsbedarfs
Damit ist die Menge und Qualität der Informationen gemeint, die objektiv zur optimalen Aufgabenerfüllung benötigt werden. Denn trotz der Informationsflut kann der spezifische Informationsbedarf nicht immer abgedeckt werden; es ergeben sich häufig Informationsdefizite.

Prüfung der Informationsquellen
Prüfen Sie, welche der Informationsquellen, die bisher nicht zur Verfügung stehen, heute und zukünftig genutzt werden können. Beispiele sind die Einrichtung dezentraler Datenbanken, der Zugriff auf vorhandene betriebliche Informationssysteme sowie die Nutzung öffentlich zugänglicher Informationsquellen.

Anpassung des Informationsbedarfs
Der spezifische Informationsbedarf ändert sich je nach Unternehmenstätigkeit (z. B. bei neuen Märkten) sowie organisatorischen Umstrukturierungen (z. B. nach Einführung neuer Technologien) mitunter erheblich und muß damit neu definiert werden.

Wichtigkeit der Art der Informationsaufbereitung
Nur die richtige Informationsaufbereitung führt einerseits zu Zeiteinsparung, andererseits können hierdurch die wirklich wichtigen Informationen sofort identifiziert werden. „Weniger Informationen bringen häufig mehr" kann auch hier ein wichtiger Grundsatz sein. Es müssen allerdings gleichzeitig alle entscheidungsrelevanten Informationen darin enthalten sein.

Operative und strategische Informationen

Operative Daten aus dem Tagesgeschäft werden von den Sachbearbeitern der Fachbereiche geführt und gepflegt. Beispiele sind Daten zu

Kreditoren, Kunden, Lieferanten und Kosten. Diese Daten stellen die Basis für den Aufbau und die Anwendung umfassender Führungsinformationssysteme dar.

Die Führungskräfte der Fachbereiche können auf der Grundlage der operativen Daten festlegen, über welche strategischen Daten sie verfügen wollen. Diese sollen dann beispielsweise Entscheidungen über Produkteinführungen, Preispolitik oder Produktionsmengen unterstützen.

In vielen Unternehmen nehmen das operative Tagesgeschäft und damit operative Daten einen besonders hohen Stellenwert ein. Die strategische Ausrichtung wird dagegen oft vernachlässigt. Wichtig ist, daß das Zusammenspiel beider Komponenten beachtet wird.

Verdichtete Informationen und Detailinformationen

Eine Aufgaben- und Anforderungsanalyse macht meist sofort deutlich, daß die Informationen für die verschiedenen Stufen der Unternehmenshierarchie auch unterschiedlich aufbereitet werden müssen. Grundsätzlich muß eine Überversorgung mit Informationen ebenso vermieden werden wie eine Unterversorgung.

Die Unternehmensführung benötigt insbesondere verdichtete Daten. Informationen, die bereits selektiert, konzentriert und transformiert sind, können von der Unternehmensführung unmittelbar verwertet werden – ein vielfach enormer zeitlicher Vorteil.

Erfolgskritische Informationen

Führungskräfte sollten sich primär mit den sogenannten erfolgskritischen Faktoren eines Unternehmens befassen. Die Analyse der kritischen Erfolgsfaktoren einzelner Unternehmensbereiche und die ständige Überprüfung der Inhalte bilden die Grundlage für unternehmenspolitische Entscheidungen.

Beispielsweise lassen sich folgende wichtige erfolgskritische Informationen herausstellen:

- **Marktinformationen:** Führungskräfte benötigen Daten über Konkurrenten, Marktentwicklungen und Konjunkturverläufe.
- **Volkswirtschaftliche Informationen:** Beispiele hierfür sind Informationen über volkswirtschaftliche Rahmendaten (Geldmenge, Höhe des Diskontsatzes, Staats- und Länderhaushalte) sowie Brancheninformationen.
- **Börseninformationen:** Beispiele hierfür sind Aktienkurse sowie Informationen über Warenterminmärkte.

Neben der Art der erfolgskritischen Informationen ist auch der Zeitaspekt von Bedeutung. Festzulegen ist deshalb auch der erforderliche Aktualitätsgrad und damit der dazugehörige Bereitstellungszyklus von Informationen.

Grenzen und Nutzen

Informationstechnologie kann die Effektivität des Managements verbessern. Allerdings hängt der Erfolg von Informationssystemen sehr stark von der Qualität der Planung und Implementierung ab.

Ein → Management-Informationssystem (MIS) ist jedoch zum Scheitern verurteilt, wenn falsche Indikatoren ausgewählt wurden, um die Situation des Unternehmens abzubilden, oder falsche, wenig aussagekräftige oder irreführende Darstellungen für diese Indikatoren verwendet werden. Das Ziel muß somit lauten, dem Benutzer die richtigen Indikatoren in einer geeigneten Darstellung anzubieten. Hier ist das Zusammenwirken zwischen dem Manager als Benutzer und dem Systementwickler äußerst wichtig.

Mittlerweile ist das Spektrum der Software-Lösungen für das Informationsmanagement recht breit gefächert. Es sind vor allem Lösungen auf PC-Ebene, die neue Chancen für ein effizientes Informationsmanagement ermöglichen. Sie bieten meist eine hohe Flexibilität, können schnell installiert und zielgerichtet zur Anwendung gebracht werden.

Innere Kündigung

Innere Kündigung bedeutet, daß Mitarbeiter sich innerlich vom Unternehmen verabschiedet haben, ihren Arbeitsplatz aber dennoch beibehalten. Hauptanlaß für innere Kündigungen sind Führungsfehler. Das regelmäßige Mitarbeitergespräch ist das wichtigste Mittel, um rechtzeitig von Unzufriedenheiten der Mitarbeiter zu erfahren und gegensteuern zu können.

Begriff

Der Vollzug einer inneren Kündigung bedeutet, daß Mitarbeiter trotz Unzufriedenheit an ihrem Arbeitsplatz verbleiben, jedoch ihr Engagement und ihren Arbeitseinsatz bewußt oder unbewußt zurückschrauben.

Bei schlechter Lage auf dem Arbeitsmarkt ist die Fluktuationsrate (→ Fluktuation) deutlich niedriger als normalerweise. Unzufriedene Mitarbeiter schlucken ihren Ärger oder ihre Enttäuschung hinunter und halten auf ihrem Arbeitsplatz weiter aus. Damit geht die Anzahl der äußeren (formalen) Kündigungen deutlich zurück, ohne daß dadurch allerdings schon etwas über die innere Kündigung ausgesagt wird.

Bleiben trotz innerer Kündigung

Bei der Frage, warum Mitarbeiter trotz einer vollzogenen inneren Kündigung bleiben, werden folgende Gründe genannt:

- Schlechte Arbeitsmarktsituation,
- Lebensalter,
- Versäumnisse bei Fortbildungsveranstaltungen,
- befürchtete Gehaltseinbußen,
- mangelnde Mobilität.

Die Tatsache, daß fehlende Alternativen am Arbeitsmarkt oder andere Gründe trotz innerer Verabschiedung zum Bleiben zwingen, führt nicht zwangsläufig dazu, daß die innere Kündigung wieder zurückgenommen wird. Weder der Anlaß für die innere Kündigung noch die damit verbundenen Folgen werden durch den Zwang zum Bleiben beseitigt. Wer sich einmal innerlich gegen sein bisheriges Unternehmen entschieden hat, der wird dies durch sein weiteres Verhalten zum Ausdruck bringen.

Innere Kündigung als Führungsproblem

Als entscheidender Anlaß für die innere Kündigung werden auf allen Stufen der Hierarchie Führungsfehler (→ Führungsstil) angesehen. Schätzungen sprechen davon, daß bis zu 50 % der Mitarbeiter sich aufgrund von Führungsfehlern innerlich von ihrem Unternehmen verabschiedet haben. Die häufigst genannten Gründe für eine innere Kündigung können Sie der folgenden Aufstellung entnehmen.

Gründe für die innere Kündigung
• mangelnde Informations- und Kommunikationsbereitschaft der Führungskräfte, • fehlendes Vertrauen in die Mitarbeiter und wenig Bereitschaft zur Delegation, • öffentliche Kritik, wenig Anerkennung, • keine Zeit für die Mitarbeiter, • Willkür bei Beförderungen, • persönliche Schwächen des Vorgesetzten (z. B. keine Bereitschaft, eigene Fehler zuzugeben; Entscheidungsschwäche).

Natürlich kann im Einzelfall auch einmal Unzufriedenheit mit dem Entgelt der Anlaß für eine innere Kündigung sein. Andere Ursachen werden jedoch häufiger genannt. Die Konsequenz kann damit nur lauten, Führungsfehler weitestgehend zu vermeiden.

Möglichkeiten zur Vermeidung der inneren Kündigung

Ein Patentrezept gegen die innere Kündigung gibt es weder zur Diagnose noch zur Therapie. Folgende Möglichkeiten geben den Vorgesetzten die Chance, die Gefahr der inneren Kündigung zu verringern:
- regelmäßige → Mitarbeitergespräche, um rechtzeitig erste Anzeichen der inneren Kündigung erkennen zu können;
- ein transparentes Konzept der → Personalentwicklung, um den Mitarbeitern zu zeigen, daß Leistung belohnt wird;
- regelmäßige anonyme Beurteilung der Führungskräfte durch die Mitarbeiter.

Innovationsmanagement

Innovationen stellen für jedes Unternehmen eine Grundvoraussetzung zur Sicherung der Wettbewerbsfähigkeit und des langfristigen Erfolgs dar. Unter Innovationsmanagement versteht man die Planung, Steuerung und Kontrolle von Innovationsprozessen. Um ein effizientes Innovationsmanagement realisieren zu können, wird der Innovationsprozeß in idealtypische Phasen zerlegt.

Innovationsprozeß

Unter einer Innovation versteht man eine Neuheit, die sich sowohl auf Produkte als auch auf Prozesse und Systeme (Produktionsverfahren, Informationstechnologie, Vertriebskonzepte) beziehen kann. Dabei gibt es absolute Innovationen, die stets eine bisher nicht dagewesene Marktneuheit darstellen, und Betriebsinnovationen, die lediglich für das Unternehmen neu sind.

Der Innovationsprozeß läßt sich idealtypisch in fünf Phasen einteilen:

Phasen des Innovationsprozesses
Sondierungsphase: In der Sondierungsphase werden Informationen über zukünftige Trends gesammelt und selektiert. **Generierungsphase:** Während der Generierungsphase werden Produkt-/Projektideen initiiert und entwickelt. **Evaluierungsphase:** In der Evaluierungsphase werden Produkt-/Projektideen bewertet und erfolgversprechende Ideen selektiert. **Initialisierungsphase:** In der Initialisierungsphase gilt es, Projektideen zu konkretisieren und umzusetzen. Dazu werden Prototypen entwickelt und getestet. **Kommerzialisierungsphase:** In der abschließenden Kommerzialisierungsphase werden Produkte/Systeme produziert, im Markt eingeführt und möglichst etabliert.

Organisation von Innovationsprozessen

Grundsätzlich ist es erforderlich, durch geeignete organisatorische Maßnahmen die Rahmenbedingungen für ein innovationsfreudiges Klima zu schaffen. Hierzu gehören flache Hierarchien, kurze Entscheidungswege und Anreize, die eine Belohnung von Innovationsideen in Aussicht stellen (z. B. die Prämierung von Verbesserungsvorschlägen im Rahmen des betrieblichen Vorschlagswesens).

Freie Projektteams
Insbesondere in den ersten beiden Phasen, die der Ideenfindung dienen, empfiehlt sich die Einrichtung freier Projektteams, die sich aus Mitarbeitern unterschiedlicher Funktionsbereiche zusammensetzen. Hier kommt es vor allem darauf an, das kreative Potential der Mitarbeiter anzuregen und auszuschöpfen. Die darauffolgenden Phasen der Umsetzung verlangen dagegen eine wesentlich strukturiertere, analytische Vorgehensweise und hierarchisch verankerte Organisationsformen.

Inventoren und Innovatoren
In personeller Hinsicht unterscheidet man zwischen Inventoren und Innovatoren. Die Inventoren sind die kreativen Erfinder und Denker, die neue Ideen entwickeln und initiieren, während die Innovatoren Machertypen sind, die aufgrund ihres Typs und ihrer Position im Unternehmen in der Lage sind, Produktideen im Unternehmen durchzusetzen und die Umsetzung vorantreiben. Letztlich müssen in einem Unternehmen beide Typen vorhanden sein, um Innovationen zum Erfolg zu führen.

Innovationsstrategien

Mit seiner Innovationsstrategie legt ein Anbieter fest, zu welchem Zeitpunkt er in den Markt eintreten will: als Pionier oder als Verfolger.

Pionierstrategie
Mit der Pionierstrategie verfolgt ein Unternehmen das Ziel, als erstes eine Innovation – in diesem Falle eine absolute Marktneuheit – auf den Markt zu bringen. Es entsteht ein neuer Markt, in dem der Pionier zunächst als Monopolist auftritt. Diese Strategie hat den Vorteil des Pionierbonusses, der darin zum Ausdruck kommt, daß er die Spielregeln des Marktes festlegen kann und zunächst als einziger Anbieter Marktführer ist.

Die Nachteile des Pioniers liegen zum einen in dem höheren (Flop-)Risiko eines unbekannten Marktes und zum anderen in der Ungewißheit über die Amortisation der zumeist hohen Forschungs-, Entwicklungs- und Markterschließungskosten.

Verfolgerstrategie
Die Verfolgerstrategie ist dadurch gekennzeichnet, daß ein Unternehmen abwartet, bis (mindestens) ein anderer Anbieter (Pionier) eine Produktneuheit zuerst einführt. Der Verfolger versucht durch diese Haltung, sowohl seine Kosten als auch sein Risiko möglichst gering zu halten. Zudem kann er aus möglichen Fehlern des Pioniers lernen und ein ausgereifteres Produkt auf den Markt bringen.

Internes Kontrollsystem

Anhand eines IKS (Internes Kontrollsystem) können sämtliche internen Unternehmensabläufe vor, während und nach deren Bewerkstelligung überwacht werden. Der wesentliche Grund für die Installation eines IKS liegt in der Ausschaltung bzw. Korrektur menschlichen Versagens. Das IKS wird meistens von der internen Revision ausgeführt.

Aufgaben

Mit dem Internen Kontrollsystem (IKS) können Sie Arbeitsschritte in Ihrem Betrieb vor, während und nach deren Ausführung überwachen. Wesentliche Aufgaben des IKS sind die Verlustsicherung des Betriebsvermögens, die Gewinnung exakter und zeitnaher Aufzeichnungen, die Förderung des betrieblichen Wirkungsgrades durch Auswertung der Aufzeichnungen, und die Unterstützung der Geschäftspolitik.

Grundsätze

Um ein IKS wirksam ausführen zu können, sollten Sie einige Grundsätze beachten:

Definieren und organisieren Sie **klare Arbeitsabläufe.** Hierzu gehört, daß Sie gleichartige Arbeitsabläufe durch eine festgefügte Ablauforganisation regeln (z. B. mittels konkreter Arbeitsanweisungen und schematisierter Belege und Vordrucke).

Trennen Sie miteinander **unvereinbare Funktionen** (z. B. Einkauf und Verkauf, Finanzbuchhaltung und Lager/Kasse).

Regelmäßige Kontrollen können im allgemeinen die ausführenden Stellen selbst durchführen. Ergebnisse einer bestimmten Arbeit (z. B. Umsatzstatistiken im Vertrieb) können mit denen einer von ihr unabhängigen Arbeit (z. B. mit Kreditorenkonten der Buchhaltung) verglichen werden.

Kontrollmaßnahmen in Klein- und Mittelbetrieben

Kontrollmaßnahmen sollten über das ganze Jahr verteilt stattfinden. Einige sollten täglich geschehen (z. B. Durchsicht der Ein- und Auszahlungen), bei anderen genügt die fallweise Kontrolle (z. B. Prüfung von Zwischenabschlüssen). Achten Sie auf ein passendes Zeitraster.

Die folgende Checkliste soll Ihnen die verschiedenen Kontrollmaßnahmen zeigen:

Kontrollmaßnahmen in Klein- und Mittelbetrieben
Täglich: • Durchsicht der gesamten Ein- und Ausgangspost (besonderes Augenmerk: Mahnungen), • Durchsicht sämtlicher Zahlungsein- und -ausgänge (Überweisungen, Schecks, Wechsel). **Wöchentlich:** • Durchsicht von Kassenbuch und Kassenbelegen, • Durchsicht von Bank- und Postscheckauszügen (nach Möglichkeit mit dazugehörigen Belegen). **Monatlich:** • Durchsicht der Saldenlisten aus dem Bereich Debitoren und Kreditoren, • Durchsicht der Lohn- und Gehaltslisten, • Abstimmung der Bank- und Postscheckauszüge mit den Sachkonten. **Fallweise:** • Prüfung von Zwischenabschlüssen, • Prüfung ausgebuchter Forderungen, • Kassensturz und Kontrolle der Einhaltung eventueller Kassenrichtlinien (z. B. Belegprinzip, Höchstbetrag für Kassenbestand), • körperliche Aufnahme einiger ausgewählter Lagerartikel, • Prüfung der Einhaltung von Unterschriftsberechtigungen.

> **Zum Jahresabschluß:**
> - Vorbereitung und Überwachung der Inventur, Prüfung der Inventurdifferenzen,
> - Überprüfung der Bewertungsmethode und der Abschreibungspläne.

Prüfung

Externe Stellen sollten prüfen, ob das IKS alle vorgegebenen Kontrollmechanismen einhält und vollständig ist (also auch betriebsblinde „alte Traditionen“ einbindet).

Ihr Wirtschaftsprüfer kontrolliert das IKS. Er analysiert Sicherheit, Ordnungsmäßigkeit und Schwächen des IKS und erstattet der Geschäftsleitung hierüber Bericht. Bei größeren Unternehmen wird die Prüfung des IKS im allgemeinen mit der Jahresabschlußprüfung vorgenommen.

Internet

Das Internet ist das größte weltweite Computernetz. Es steht häufig als Synonym für eine Informationsgesellschaft, in der jedermann Zugang zu einem schier unendlichen Informationsangebot hat. Der populärste Internetdienst ist das World Wide Web (WWW), das auch die Übertragung multimedialer Daten erlaubt.

Dienste im Internet

Mit einem Internet-Anschluß, den Sie z. B. über die Teilnahme an einem der großen Online-Dienste wie T-Online, MSN, CompuServe oder AOL oder über einen spezialisierten Internet-Provider bekommen, haben Sie Zugang zu einem schier unendlichen Angebot von Informationen, die von Rechnern auf der ganzen Welt bereitgehalten werden. Gleichzeitig können Sie das Internet aber auch zur Nachrichtenübermittlung einsetzen oder sogar direkt mit anderen Teilnehmern kommunizieren. Hierzu bietet das Internet verschiedene Dienste an. Die wichtigsten sind

- E-Mail
- FTP
- News
- WWW (World Wide Web)

Darüber hinaus gibt es seit einiger Zeit auch die Möglichkeit, über das Internet zu telefonieren. Mit entsprechenden Internet-Telefonprogrammen, einer Soundkarte und Mikrophon lassen sich weltweit Gespräche zum Ortstarif führen. Allerdings sind der Komfort und auch die Übertragungsqualität bei dieser Art des Telefonierens derzeit noch eingeschränkt.

Wesentlich populärer sind daher zur Zeit noch die klassischen Internet-Dienste. → **E-Mail** gehört zu den am häufigsten benutzten Diensten. Mit der elektronischen Post reduzieren sich die Übertragungszeiten im Vergleich zum herkömmlichen Postweg wesentlich, und zudem können durch diese Art der Übermittlung auch Kosten gespart werden. Neben einfachen schriftlichen Mitteilungen können auch Dateien auf diese Weise übertragen werden.

FTP steht für File Transfer Protocol. Zahlreiche Server halten z. B. Unmengen von Dateien bereit, die im Anonymus FTP von allen Internet-Teilnehmern auf den eigenen Rechner übertragen werden können. Zahllose Shareware-Programme, aktuelle Treiber, Bilder oder sonstige Software-Produkte sind auf diesem Weg erhältlich.

In zahllosen **News-Gruppen** können die Teilnehmer des Internet untereinander über bestimmte Themen kommunizieren. Ob wissenschaftliche Diskussionsrunde oder ausgefallene Hobbys – es gibt so gut wie kein Thema, das nicht Gegenstand einer dieser Gruppen ist. News-Gruppen sind auch eine gute Anlaufstelle, um bei bestimmten Fragen und Problemen Rat und Tat von Fachleuten oder Betroffenen zu erhalten.

Das **WWW (World Wide Web)** schließlich ist aufgrund seiner einfachen Bedienbarkeit und seiner multimedialen Fähigkeiten zu der Applikation im Internet schlechthin geworden. Durch die neuen Push-Technologien (Web-Casting) soll das Auffinden bestimmter Informationen im Web einfacher werden, indem die Anwender hier „Informationskanäle“ von bestimmten Anbietern abonnieren, und die hier gebotenen Informationen dann automatisch überspielt bekommen.

Browser für die Navigation

Zur Nutzung des Webs benötigen Sie eine spezielle Zugangs-Software, den Browser. Mit den modernen Browsern (Netscape Navigator, Microsoft Internet Explorer) lassen sich gleichzeitig auch die anderen wichtigen Internet-Dienste nutzen. Im WWW können Sie einfach per Mausklick die miteinander per Hyperlink verknüpften HTML-Dokumente aufrufen. Für die Orientierung in den Informationsfluten des WWW gibt es eine ganze Anzahl von Suchmaschinen, mit denen Sie gezielt zu den gewünschten Informationen gelangen.

Seit über spezielle Browser-Zusatzprogramme (Plug-Ins), Weiterentwicklungen von HTML (der Dokumentenbeschreibungssprache des WWW), dreidimensionale Darstellungen (VRML) und über die neue Programmiersprache Java immer mehr multimediale Präsentationsformen in das Web Einzug gehalten haben, ist die Popularität dieses Dienstes weiter gestiegen.

Inventur

Jeder Kaufmann ist verpflichtet, zu Gewerbebeginn und am Ende eines Geschäftsjahres ein Inventar aufzustellen. Dabei handelt es sich um ein umfassendes Bestandsverzeichnis, in dem alle Vermögensgegenstände und Schulden einzeln aufgeführt sind. Um das Verzeichnis aufstellen zu können, müssen zuvor die entsprechen-

den Bestände aufgenommen werden. Diese vollständige und richtige Bestandserfassung ist die Durchführung einer Inventur.

Inventurbegriff

Inventur ist die Bestandsaufnahme von Vermögen und Schulden nach Art, Menge und Wert zu einem bestimmten Stichtag. Das Ergebnis der Inventur wird im Inventar festgehalten. Neben den Inventarlisten kann u. a. die Anlagenkartei als Teil des Inventars betrachtet werden, wenn Mengen und Werte der Anlagegegenstände problemlos aus der Kartei ersichtlich sind.

Durch die Bestandsaufnahme soll die vollständige Erfassung, die sachgemäße Bewertung und der Nachweis der tatsächlichen Existenz aller Vermögensgegenstände und Schulden eines Kaufmanns sichergestellt werden.

Die Inventur am Ende eines Wirtschaftsjahres dient der Überwachung der Ordnungsmäßigkeit der Buchführung und ist Grundlage für die Aufstellung des → Jahresabschlusses.

Abweichungen zwischen dem durch Inventur ermittelten Istbestand und dem im Geschäftsjahr erfaßten, wertmäßigen Sollbestand (Buchbestand) müssen korrigiert werden.

Inventursysteme

Die Praxis unterscheidet zwei Inventursysteme:

Stichtagsinventur

Die Bestandsaufnahme erfolgt am Bilanzstichtag oder am davor- oder danachliegenden Tag, an dem nicht gearbeitet wird. Die Stichtagsinventur gilt traditionell als das sicherste Verfahren. Einheitliche Gesichtspunkte und ein fester Termin schützen vor Erfassungsfehlern wie Nicht- oder Doppelerfassung.

Permanente Inventur

Die Bestandsaufnahme wird zu beliebigen Zeitpunkten durchgeführt. Zum Stichtag werden die Bestände aufgrund der Lagerbuchführung erfaßt. Die permanente Inventur ist also eine Kombination zwischen buchmäßiger und körperlicher Erfassung. Bei dieser Inventurmethode sind die Anforderungen an Lagerbuchführung und Anlagenkartei streng.

Anwendungsvoraussetzungen der permanenten Inventur

- Lagerkarteien/-bücher mit ständigen Eintragungen mengen- und wertmäßiger Bestandsänderungen (Zu- und Abgänge)?
- Eintragungen einzeln nach Tag, Art und Menge (Stückzahl, Gewicht, Kubikinhalt) sowie belegmäßiger Nachweis?
- Einmal wirtschaftsjährlich Überprüfung durch köperliche Bestandsaufnahme und gegebenenfalls Berichtigung der buchmäßigen Bestände?
- Anfertigung von Protokollen der Überprüfung mit zehn Jahren Aufbewahrungsfrist?
- Keine besonders wertvollen Güter?
- Keine Bestände, bei denen z. B. durch Verderben unkontrollierbare Abgänge eintreten können?

Inventurverfahren

Eine Inventur kann nach verschiedenen Verfahren durchgeführt werden.

Stichprobeninventur

Diese ist zulässig, wenn es sich um Vermögensgegenstände handelt, anerkannte, mathematisch-statistische Methoden eingesetzt werden, sie nach den → Grundsätzen ordnungsmäßiger Buchführung durchgeführt wird, und der Aussagewert dem einer vollständigen, körperlichen Aufnahme entspricht.

Körperliche Inventur

Der Bestand wird lückenlos durch Zählen, Messen, Wiegen oder Schätzen erfaßt. Es besteht die Möglichkeit, bei der Stichprobeninventur eine Teilerfassung vorzunehmen. Durch Hochrechnung wird auf den Wert des Gesamtbestandes geschlossen.

Sehen Sie in der Checkliste, worauf Sie bei der Bestandsaufnahme besonders achten sollten.

Tips zur Bestandsaufnahme

Auf folgende Punkte sollten Sie besonders achten:

- Numerieren Sie die Aufnahmeblätter für die Eintragung der Bestände vor. Gliedern Sie die Wirtschaftsgüter sinnvoll, z. B. nach Art, Artikelspezifikation, Identifikationsmerkmalen und Menge.
- Führen Sie die Bestandsaufnahme in Zweierteams durch: Einer sagt an, einer schreibt auf. Jede beschriebene Seite ist von beiden mit Datumsangabe zu unterzeichnen.
- Vorräte müssen in der Reihenfolge der Lagerung aufgenommen werden. Eine Sprunginventur nach dem Motto „mal hier, mal dort“ ist nicht zulässig.
- Kennzeichnen Sie die aufgenommenen Bestände, z. B. durch Klebezettel.
- Verwenden Sie Kugelschreiber, keine Bleistifte.
- Die Aufnahmeteams dürfen keinen Zugang zu Lagerkarteien haben. An den Beständen angebrachte Lagerfachkarten müssen vor der Aufnahme entfernt werden.
- Bei unfertigen Erzeugnissen ist der erreichte Fertigungsgrad anzugeben.
- Fehler lesbar streichen, Korrektur begründen und vom Aufnahmeleiter abzeichnen lassen.
- Keine freien Zeilen.

Tips für die praktische Handhabung

- Bestandsaufnahme in Zeiten mit wenig Arbeitsanfall ansetzen; das spart zusätzliches Personal.
- Führen Sie die Bestandsaufnahme einzelner Warengruppen zeitlich versetzt durch.
- Wählen Sie einen Zeitpunkt, zu dem der Warenbestand in der jeweiligen Gruppe eher gering ist.
- Warten Sie bei Bestandsaufnahmen im Freien gutes Wetter ab.
- Nutzen Sie die Inventur zu Kontrollzwecken: Der Zeitpunkt sollte dem Personal vorher nicht bekannt sein.

Buchinventur
Die buchmäßig ermittelten Bestände werden dem Inventar zugrunde gelegt.

Inventur anhand von Dokumenten
Dieses Verfahren kommt bei allen immateriellen Vermögensgegenständen zum Einsatz. Der Nachweis erfolgt durch Lizenzverträge, Patenturkunden, Lagerscheine und Rechnungen mit Versanddokumenten. Beispiel: Befinden sich Waren noch auf dem Transport, werden Frachtbriefe als Grundlage herangezogen.

Ausnahmen von der Inventurpflicht

Die Erfassungspflicht entfällt für geringwertige Wirtschaftsgüter, deren Anschaffungs- oder Herstellungskosten ohne Vorsteuer nicht mehr als 800 DM betragen. Diese Güter können im Anschaffungsjahr in voller Höhe abgeschrieben werden. Teurere geringwertige Wirtschaftsgüter dürfen nach der Abschreibung allerdings sofort als Abgang gebucht werden. Gegenstände mit einem Wert von unter 100 DM oder mit einer Nutzungsdauer kleiner als ein Jahr kommen nicht ins Inventar. Eine Inventur entfällt ebenfalls bei beweglichen Gegenständen, für die ein Festwert angesetzt worden ist.

Investition

Zu den schwierigsten Entscheidungen in einem Unternehmen zählen die Investitionsentscheidungen. Ganz gleich, ob es um die Anschaffung eines Computers, den Kauf einer Maschine oder den Bau eines Geschäftsgebäudes geht, immer ist betriebswirtschaftlich zu beurteilen, ob das dafür investierte Geld eine entsprechende Rendite erwirtschaftet. Die Investitionsrechnung kennt verschiedene Verfahren, um künftige Risiken unter verschiedenen Annahmen zu berechnen.

Begriff

Grundsätzlich bestehen zwei Definitionen: Aus Sicht der betrieblichen Praxis bedeutet Investition den Kauf von Gegenständen des Anlagevermögens wie Grundstücke, Gebäude und Maschinen. Betriebswirtschaftlich weiter gefaßt steht Investition für die zielgerichtete Bindung von Kapital.

Durch den Einsatz der finanziellen Mittel müssen insbesondere die langfristigen Ziele des Unternehmens erreicht werden. Außerdem darf die Liquidität des Unternehmens nicht gefährdet werden.

Investitionsentscheidungen

Da die Entscheidung für eine Investition stets mit Unsicherheiten behaftet ist, sollten Sie die Risiken auf ein Minimum beschränken. Folgende Prinzipien helfen Ihnen dabei:

Konzentrieren Sie sich auf Bereiche, die für die Wettbewerbsfähigkeit Ihres Unternehmens besonders wichtig sind. Halten Sie einige Finanzreserven für später benötigte Anpassungen zurück und legen Sie Wert auf Investitionen mit breitem Aufgabenspektrum. Großprojekte sollten Sie in Teilschritten realisieren. Mischen Sie Risiken in Ihrem Investitionsprogramm. Nutzen Sie alle Informationen für Ihre Investitionsplanung und prüfen Sie, ob es zur Finanzierung der Investition Öffentliche

Fördermittel in Form von Zuschüssen, Investitionszulagen oder Darlehen gibt.

Investitionsarten

Investitionen lassen sich grundsätzlich in drei Klassen einteilen:

- Die **Sachinvestitionen** schaffen oder verändern materielle Leistungen im Anlagevermögen (z. B. Kauf einer Maschine),
- **immaterielle Investitionen** schaffen oder verändern immaterielle Leistungsreserven (z. B. Kapitalbindung für Patente oder Marketing),
- **Finanzinvestitionen** erwerben Beteiligungs- oder Forderungsrechte, und resultieren in einer Rendite oder in wirtschaftlicher Einflußnahme auf die Geschäftspolitik eines anderen Unternehmens.

Investitionsprüfung

Zu einer zielgerichteten Planung der Investitionen eines Unternehmens gehört Informationscontrolling. Hauptaufgabe ist die in mehreren Schritten durchzuführende Prüfung der Investitionen.

Sehen Sie dazu die beiden folgenden Checklisten:

Unternehmensplanung mit Investitionsprüfung

- Ermitteln der erwarteten Änderungen im Umfeld des Unternehmens;
- Ermitteln der daraus folgenden Chancen und Risiken;
- Konzipieren einer (neuen) Unternehmensstrategie;
- Ableiten von Teilzielen für die Unternehmensbereiche;
- Ermitteln strategisch notwendiger Investitionen;
- Prüfen der Investitionsvorschläge im Hinblick auf die strategischen Chancen und Risiken.

Investitionsplanung

Die Investitionsplanung umfaßt folgende Schritte:

- Bestimmen der Investitionsziele, abgeleitet aus den Unternehmenszielen;
- Aufnahme der Investitionsanregungen und Analyse der dahinterstehenden Probleme;
- Feststellen der Rahmenbedingungen, in denen Lösungen möglich sind;
- Suche nach Problemlösungen und Formulierung der Investitionsalternativen;
- Beurteilen der Investitionsalternativen (Investitionsprüfung);
- Koordination mit anderen Investitionsvorhaben und Planungsfeldern;
- Koordination mit der Finanzierung, am besten im Rahmen der Finanzplanung;
- Vorbereiten der Realisation: Planung und Vorgabe von Zielen, Terminen, Budgets;
- Steuern der Realisation: Überwachung, gegebenenfalls Korrektur der Vorgaben;
- Kontrolle der Ergebnisse, Abweichungsanalyse zwischen Soll und Ist.

Investitionsrechnung

Investitionen binden Kapital, sind schwer rückgängig zu machen und sollen zukünftige Erträge sichern. Wenn Sie eine Investition wie z. B. einen Maschinenkauf tätigen wollen, rechnen Sie zunächst mit Ausgaben, erwarten aber für die Zukunft durch das Investitionsobjekt Einnahmen. Sie wissen noch nicht, welches Investitionsobjekt für Ihren Betrieb am rentabelsten ist oder wie zukünftige Einnahmen zu bewerten sind.

Die Investitions- oder Wirtschaftlichkeitsrechnung hilft Ihnen, künftige Risiken unter verschiedenen Annahmen zu berechnen. Es werden statische und dynamische Verfahren unterschieden.

Statische Investitionsrechnung

Hier ist das Jahr der Investitionsnutzung entscheidend für die Berechnung. Alle durch die Investition betroffenen Aufwendungen und Erträge werden für dieses eine Jahr berechnet. Weitergehende Wirkungen werden nicht berücksichtigt. Die Anschaffungsausgaben werden in Abschreibungen umgerechnet, die Zinsen für den gesamten Zeitraum konstant berechnet.

Statische Verfahren sind im allgemeinen nur für eine kurzfristige Betrachtung geeignet. Denn nur in diesem Fall lassen sich konstante Größen wie z. B. Kosten und Gewinne zuverlässig einkalkulieren. Zeitliche Unterschiede werden ebenso wie Zinsen nicht berücksichtigt.

Um die Methoden der statischen Verfahren anwenden zu können, benötigen Sie zunächst die Grunddaten der Investitionsalternativen (siehe nachfolgendes Beispiel). Dies sind Anschaffungskosten, voraussichtliche Nutzungsdauer, Kapazität und Kalkulationszinssatz. Hinzu kommen die laufenden Kosten und ein eventuell erwarteter Verkaufserlös.

Beispiel: Ausgangsdaten für statische Methoden

	Maschine 1	Maschine 2
I. Anschaffungswerte/allgemeine Daten		
Anschaffungskosten in DM	450.000	600.000
Nutzungs-/Abschreibungsdauer/Jahre	8	8
Kapazität/Jahr	300.000	300.000
Kalkulationssatz in %	9,5	9,5
II. Laufende Kosten		
Materialkosten	1.325.000	1.205.000
Lohn- und Lohnnebenkosten	285.000	225.500
Reperatur/Wartung/Instandhaltung	13.500	10.800
Energiekosten	7.950	7.320
Werkzeugkosten	14.760	13.680
Gehalts- und Nebenkosten	53.000	53.000
Raumkosten	28.800	24.000
Versicherungen/Abgaben	3.500	4.000
III. Verkaufserlöse		
Stückerlös/Netto	6,80	6,80

Nachfolgend werden die unterschiedlichen statischen Methoden genauer erläutert.
Um die statischen Verfahren besser vergleichen zu können, liegen allen Methoden die gleichen Ausgangsdaten des Beispiels zugrunde.

Kostenvergleichsrechnung
Die Kostenvergleichsrechnung vergleicht alternative Investitionsvorschläge auf der Basis durchschnittlicher Jahreskosten. Sie nimmt an, daß die Erträge durch die Wahl des Investitionsvorhabens generell nicht beeinflußt werden.

Die Kostenvergleichsrechnung erlaubt eine grobe Einschätzung der Wirtschaftlichkeit, besonders bei Ersatz- und Rationalisierungsinvestitionen. Zudem liefert sie die Information, ob Eigenfertigung oder Fremdbezug billiger kommt, was in folgendem Beispiel beantwortet werden soll.

Beispiel: Kostenvergleichsrechnung der Maschinen 1 und 2

	Maschine 1	Maschine 2
Abschreibungen	56.250	75.000
Zinskosten	42.750	57.000
Gehaltskosten	53.000	53.000
Raumkosten	28.800	24.000
Versicherungen/Abgaben	3.500	4.000
Reparatur/Wartung/Instandhaltung (50 % fix)	6.750	5.400
Summe Fixkosten	**191.050**	**218.400**
Materialkosten	1.325.000	1.205.000
Lohn- und Lohnnebenkosten	285.000	225.500
Energiekosten	7.950	7.320
Werkzeugkosten	14.760	13.680
Reparatur/Wartung/Instandhaltung (50 % variabel)	6.750	5.400
Summe variable Kosten	**1.659.460**	**1.456.900**
Gesamtkosten	**1.830.510**	**1.675.300**

In diesem Fall stellt sich Maschine 2 als die günstigere Alternative heraus.

Gewinnvergleichsrechnung

Bei der Gewinnvergleichsrechnung geht es um den durchschnittlichen Gewinn pro Jahr für eine Investition. Damit lassen sich auch verschiedene Investitionsmöglichkeiten vergleichen, was das Beispiel verdeutlicht. Erträge und Aufwendungen werden immer als konstant angenommen.

Die Gewinnvergleichsrechnung eignet sich, wenn es um kleine Erweiterungsinvestitionen geht. Sie erlaubt Ihnen eine gute Einschätzung der Wirtschaftlichkeit.

Beispiel: Gewinnvergleichsrechnung von Maschine 1 und 2

		Maschine 1	Maschine 2
	Nettoerlöse	2 040 000	2 040 000
-	Kosten	1 830 510	1 675 300
	Ergebnis	**209 490**	**364 700**

Die Gewinnvergleichsrechnung kann auch zur Beurteilung von Einzelinvestitionen herangezogen werden. Die Gegenüberstellung von Alternativen entfällt dann.

Amortisationsmethode

Mit Hilfe der Amortisationsmethode stellen Sie fest, ab welchem Zeitpunkt sich eine Investition bezahlt macht, also amortisiert. Die Amortisationsdauer kann mit folgender Formel bestimmt werden:

$$\text{Amortisationsdauer} = \frac{\text{Kapitaleinsatz}}{\text{Gewinn} + \text{Abschreibung}}$$

Handelt es sich um Ersatzinvestitionen, so müssen Sie in der Formel den Gewinn durch die Kostenersparnis ersetzen.

Innerhalb der Amortisationsrechnung gibt es die Kumulationsberechnung und die Durchschnittsberechnung. Bei der **Kumulationsberechnung** zeigt sich, welche Anschaffung sich vor einer anderen amortisiert und deshalb günstiger ist. Falls die Amortisationszeitpunkte nahe beieinander liegen, können Sie den exakten Zeitpunkt mit dieser Formel berechnen:

$$\text{Zeitpunkt} = \frac{\text{letzter positiver Anschaffungs-/Herstellungskostenwert}}{\text{Überschuß/Gewinn des folgenden Jahres}}$$

Bei der **Durchschnittsmethode** addieren Sie die durchschnittlichen Einkünfte des Betrachtungszeitraumes und dividieren diese durch die

Laufzeit. Anschließend dividieren Sie den Kapitaleinsatz durch das vorher gefundene Ergebnis. Das Resultat ist der Amortisationszeitpunkt. Die Formeln lauten:

$$\text{durchschnittlicher Überschuß} = \frac{\text{Summe der Überschüsse}}{\text{Laufzeit}}$$

$$\text{Amortisationszeitpunkt} = \frac{\text{Kapitaleinsatz}}{\text{durchschnittlicher Überschuß}}$$

Wieder erhalten Sie die gleichen Ergebnisse wie bei der Kumulationsberechnung, wenn Sie die Beispielswerte einsetzen.

Rentabilitätsrechnung
Hier wird der durchschnittliche Jahresgewinn einer Investitionsalternative zum durchschnittlich gebundenen Kapital ins Verhältnis gesetzt (siehe Beispiel).

Beispiel: Rentabilitätsberechnung Maschine 1 und 2

	Maschine 1	**Maschine 2**
Nettoerlöse	2 040 000	2 040 000
- Kosten	1 830 510	1 675 300
Ergebnis	**209 490**	**364 700**
Rentabilität	**93,11 %**	**121,57 %**

Bei einer Ersatzinvestition setzen Sie wieder die entsprechende Kostenersparnis ein. Die Formeln lauten:

$$\text{durchschnittlicher Kapitaleinsatz} = \frac{\text{Anschaffungskosten}}{2}$$

$$\text{Rentabilität} = \frac{\text{Nettoerlöse} - \text{Kosten}}{\text{durchschnittlicher Kapitaleinsatz}}$$

Dynamische Verfahren

Dynamische Verfahren berücksichtigen zeitliche Unterschiede zwischen Ausgaben und Einnahmen, rechnen also Zinsen mit ein. So können Sie berechnen, ob Sie mit einer Investition in Ihrem Betrieb mehr Geld verdienen als mit einer entsprechenden Geldanlage am Kapitalmarkt. Je später Ihnen eine Einnahme zusteht, desto niedriger wird sie in der dynamischen Investitionsrechnung bewertet, und umgekehrt.

Kapitalwertmethode
Durch einen Kalkulationszinssatz (siehe Beispiel) werden alle mit der Investition verbundenen Ein- und Auszahlungen auf den Kalkulationszeitpunkt abgezinst. Ist der Kapitalwert gleich oder größer Null, handelt es sich um eine vorteilhafte Investition.

Beispiel: Ausgangsdaten für dynamische Methoden

	Maschine 1	**Maschine 2**
Anschaffungskosten in DM	**85.000**	**105.000**
Nutzungsdauer in Jahren	**8**	**8**
Kalkulationszinssatz in %	**9,0**	**9,0**
Einnahmen in DM		
1. Jahr	315.000	315.000
2. Jahr	325.000	325.000
3. Jahr	330.000	330.000
4. Jahr	328.000	328.000
5. Jahr	332.000	332.000
6. Jahr	325.000	325.000
7. Jahr	327.000	327.000
8. Jahr	321.000	321.000
Ausgaben in DM		
1. Jahr	298.000	295.000
2. Jahr	303.000	299.000
3. Jahr	317.000	311.000
4. Jahr	314.000	312.000
5. Jahr	320.000	316.000
6. Jahr	301.000	297.000
7. Jahr	313.000	309.000
8. Jahr	307.000	302.000

Bei mehreren Alternativen mit positivem Kapitalwert ist das Projekt mit dem höchsten Kapitalwert vorzuziehen. Für jedes Jahr und jeden

Kalkulationszinssatz wird ein Abzinsungsfaktor errechnet, der mit dem Jahreserlös multipliziert wird (siehe Beispiel).

Die Formel für den Abzinsungsfaktor lautet (i = Zins):

$$(1+i)^{-n} = \frac{1}{(1+i)^n}$$

Beispiel: Kapitalwert von Maschine 1 und 2

		Maschine 1		Maschine 2	
	AZF	**Überschuß**	**Barwert**	**Überschuß**	**Barwert**
1. Jahr	0,917	17.000	15.589	20.000	18.340
2. Jahr	0,842	22.000	18.524	26.000	21.892
3. Jahr	0,772	13.000	10.036	19.000	14.668
4. Jahr	0,708	14.000	9.912	16.000	11.328
5. Jahr	0,650	12.000	7.800	16.000	10.400
6. Jahr	0,596	24.000	14.304	28.000	16.688
7. Jahr	0,547	14.000	7.658	18.000	9.846
8. Jahr	0,502	14.000	7.028	19.000	9.538
Barwert aller Überschüsse			90.851		112.709
- Anschaffungskosten			85.000		105.000
= Kapitalwert			**5.851**		**7.709**

AZF = Abzinsungsfaktor

In beiden Fällen sind die Kapitalwerte positiv und größer Null. Das bedeutet: Beide Investitionen erwirtschaften zur kalkulierten Verzinsung von 9 % zusätzlich einen Überschuß.

Annuitätenmethode

Mit Hilfe des Kapitalwiedergewinnungsfaktors wird der Kapitalwert in eine Reihe gleich hoher Kapitalrückflüsse – Annuitäten – übertragen (siehe Beispiel).

Beispiel: Annuität von Maschine 1 und 2

	Maschine 1	Maschine 2
Summe der Barwerte	90.851	112.709
-Anschaffungskosten	85.000	105.000
= Kapitalwert	**5.851**	**7.709**
KwF bei 9,0% = 0,181 Kapitalwert	**1.059**	**1.395**

KwF = Kapitalwiedergewinnungsfaktor

In beiden Fällen ist der Kapitalwiedergewinnungsfaktor positiv. Wählen Sie die Alternative, die den höheren Wiedergewinnungsfaktor aufweist. Das ist im vorliegenden Beispiel die Maschine 2.

Die Formel für den Kapitalwiedergewinnungsfaktor lautet (i = Zins):

$$\text{Kapitalwiedergewinnungsfaktor} = \frac{i \cdot (1+i)^n}{(1+i)^n - 1}$$

Ist die Annuität gleich oder größer Null, handelt es sich um eine vorteilhafte Investition. Bei mehreren positiven Alternativen sollte diejenige mit der größten Annuität gewählt werden.

Dynamische Investition

Das leistet dieser Rechner:

- Er berechnet die Renditen von zwei Alternativinvestitionen.
- Er berücksichtigt sämtliche Aus- und Einzahlungen, die in Verbindung mit der Investition entstehen.
- Er zinst alle Aus- und Einzahlungen auf den heutigen Tag ab.

Jahresabschluß

Der Jahresabschluß schließt die Buchführung eines jeden Geschäftsjahres ab. Er weist das Geschäftsergebnis aus und zeigt die Zusammensetzung des Betriebsvermögens auf.
Der Jahresabschluß ist damit die Basis für die Rechnungslegung über die abgelaufene Periode. Die richtige Aufstellung des Jahresabschlusses ist entscheidendes Kriterium für die Ordnungsmäßigkeit einer Buchführung. Der Jahresabschluß ist gleichzeitig Grundlage für die Ermittlung der Steuerbelastung eines Unternehmens.

Bestandteile

Der Jahresabschluß besteht bei Einzelunternehmen und Personengesellschaften aus → Bilanz und → Gewinn-und-Verlust-Rechnung. Die Bilanz weist das Betriebsvermögen, die Gewinn-und-Verlust-Rechnung den Betriebserfolg des Unternehmens aus. Rechtsgrundlage ist das HGB (§§ 242 ff.).

Bei Kapitalgesellschaften kommen zusätzlich ein Anhang und ein Lagebericht hinzu.

- Der **Anhang** enthält weitere gesetzlich vorgeschriebene Erläuterungen und Angaben zu Posten des Jahresabschlusses.
- Im **Lagebericht** werden Geschäftsverlauf und wirtschaftliche Lage der Kapitalgesellschaft realitätsgetreu dargestellt.

Buchführungsabschluß

Die Sachkonten der Buchführung im Jahresabschluß teilen sich auf in:

- **Bestandskonten** (sie betreffen die Bestände in der Eröffnungsbilanz),
- **Erfolgskonten** (Aufwands- und Ertragskonten),
- **Privatkonten.**

Bestandsverändernde Geschäftsvorfälle werden auf Bestandskonten verbucht. Verändern diese gleichzeitig das Kapital, so erfolgt auch eine Buchung auf einem Erfolgskonto.

Bestandskonten werden als Salden in die Schlußbilanz übernommen. Dagegen schließen Sie die Erfolgskonten über das Gewinn-und-Verlust-Konto ab. Ist der Saldo positiv, so ist das Ergebnis ein Jahresüberschuß. Andernfalls wurde ein Jahresfehlbetrag erwirtschaftet. Privatkonten werden wie das Gewinn-und-Verlust-Konto über das Kapitalkonto abgeschlossen.

Feststellung

Die Feststellung eines Jahresabschlusses bedeutet Billigung und rechtsverbindliches Inkraftsetzen eines ordentlichen Jahresabschlusses. Durch wen und wie die Feststellung erfolgt, ist von der Rechtsform des Unternehmens abhängig.
Sehen Sie dazu die folgende Übersicht:

Feststellung des Jahresabschlusses im Überblick
Einzelfirma: Der Kaufmann unterschreibt den Jahresabschluß persönlich. **OHG und KG:** grundsätzliche Feststellung durch Geschäftsführung bzw. geschäftsführende Gesellschafter. Bei der OHG unterzeichnen alle Gesellschafter. Bei der KG unterzeichnen nur die persönlich haftenden Gesellschafter (Komplementäre). **GmbH:** Die Gesellschafterversammlung beschließt den Jahresabschluß (§ 46 I GmbHG). Die Feststellungspflicht kann aber auch dem Beirat oder einem Gesellschafterausschuß übertragen werden. Die Geschäftsführer haben den Jahresabschluß den Gesellschaftern vorzulegen. Bei mittelgroßen und großen Kapitalgesellschaften ist die Prüfung durch einen Wirtschaftsprüfer vorgeschrieben. **AG:** Die Feststellung erfolgt entweder durch den Aufsichtsrat, durch den Vorstand oder durch die Hauptversammlung (§ 172 AktG). Vor der Feststellung erfolgt eine Prüfung von Jahresabschluß und Lagebericht durch einen Wirtschaftsprüfer. Der Prüfungsbericht des Wirtschaftsprüfers ist dem Aufsichtsrat vorzulegen.

Steuerrecht

Der Jahresabschluß ist die Basis für die Steuerbilanz und tangiert das Steuerrecht. Er ist notwendiger Bestandteil der Buchführung. Daher müssen Sie ihn auch für den Zweck der Besteuerung aufstellen.

Für die Aufstellung des Jahresabschlusses sind sowohl Handelsrecht als auch Steuerrecht maßgeblich. Achten Sie bei der Erstellung der Steuerbilanz besonders auf steuerliche Besonderheiten bei der Ausweisung des Betriebsvermögens im Jahresabschluß. Wenn Sie steuerliche Bilanzierungsnormen verletzen, sind Sie als Steuerpflichtiger in erster Linie selbst verantwortlich.

Bei juristischen Personen, also bei GmbH und AG, trifft diese Verantwortung die vertretungsberechtigten Organe wie Geschäftsführung und Vorstand. Die Rechtsfolgen sind unangenehm; sie reichen von Schätzen der Besteuerungsgrundlage und Zahlung von Zwangsgeldern bis zu Freiheitsstrafen.

Joint-venture

Ein Joint-venture ist eine Form der Kooperation zwischen voneinander unabhängigen Unternehmen. Das Ziel ist die Durchführung eines Projektes, das für einen Partner allein schwer zu realisieren wäre. Das Risiko kann dadurch verringert und Know-how vom Partner erworben werden.

Begriff

Ein Joint-venture ist eine gebräuchliche Form der → Kooperation zwischen zwei oder mehreren, selbständig bleibenden Unternehmen zur gemeinsamen Durchführung eines oder mehrerer Projekte. Meistens wird zu diesem Zweck ein neues, gemeinsames Unternehmen gegründet. Die häufigste Rechtsform ist die Kapitalgesellschaft. Die Partner bringen unterschiedliche Faktoren ein, wie Know-how, Kapital und Arbeitskräfte.

Die Bezeichnung Joint-venture wird vor allem für Geschäftsgründungen in Entwicklungsländern zwischen einer einheimischen Unternehmung oder staatlichen Behörde und einem ausländischen Unternehmen aus einem Industrieland verwendet.

Voraussetzungen

Bevor man eine Joint-venture Verbindung eingeht, sollten die Voraussetzungen, die in der folgenden Übersicht dargestellt sind, erfüllt sein.

Voraussetzungen für ein Joint-venture
• Aufbau von gegenseitigem Vertrauen (z. B. durch Lieferverträge vor der Gründung des Joint-ventures), • Fähigkeit zur Krisenbewältigung, • interkulturelle Erfahrungen (bei Joint-ventures mit ausländischen Partnern), • Durchhaltevermögen, • Klärung der Eigentumsanteile, • klare Abgrenzung der Kompetenzen der Partner.

Vorteile

Die wesentlichen Vorteile eines Joint-ventures sind die Minderung von Kapitalbedarf und Risiko. Hinzu kommen Wettbewerbsvorteile im Gastland, da Gastunternehmen meist über mehr Know-how in Produktion und Marketing verfügen.

Weitere Vorteile sind, daß Markteintrittsschranken verringert werden und ein Austausch von Know-how stattfinden kann.

Probleme

Trotz guter Voraussetzungen – der ausländische Partner bekommt billige und trotzdem qualifizierte Arbeitskräfte sowie preiswerte Rohstoffe aller Art, das Gastland erhält das Know-how – scheitern Joint-ventures jedoch immer wieder.

In den meisten Fällen sind Gründe wie mangelnde Kenntnis über den Partner, zwischenmenschliche Probleme, strategische Gegensätze, kulturelle Gegensätze und eine andere politische Situation im Ausland dafür verantwortlich.

Just-in-time

Just-in-time ist die flexible Anpassung der kurzfristigen Kapazitäts- und Materialbedarfsplanung an die aktuelle Fertigungs- und Auftragssituation. Die Materialver- und -entsorgung wird durch das Just-in-time so gesteuert, daß eine Produktion auf Abruf möglich ist.

Ziel

Durch Just-in-time wird die Produktion auf allen Fertigungsstufen in die Lage versetzt, die richtigen Teile am richtigen Ort, in der richtigen Menge, zum richtigen Zeitpunkt und in der richtigen Qualität zu erhalten bzw. zu liefern.

Merkmale

Das Just-in-Time verfügt über die folgenden Merkmale.

Ablauforientierte Fertigung
Voraussetzung für die Just-in-time-Produktion ist die Einführung des Fließprinzips mit kontinuierlichem Fertigungsablauf und Anordnung der Arbeitsstationen entsprechend der Arbeitsgangfolge (Continuous Flow Manufacturing). Kurze Transportwege und -zeiten, Förderung der Tendenz zur Komplettbearbeitung in Bearbeitungszentren oder flexiblen Fertigungszellen, Vermeidung von Warteschlangen vor den einzelnen Bearbeitungsstationen, Verringerung von Wartezeiten sind Vorteile, die nicht außer acht gelassen werden sollten.

Teilautonome Arbeitsgruppen
Da im Rahmen der Fließfertigung oft mehrere Mitarbeiter an einer Bearbeitungsstation tätig sind, werden diese auch zu einer Arbeitsgruppe zusammengefaßt. Hierfür eignet sich besonders das Konzept der selbststeuernden (teilautonomen) Gruppe (→ Arbeitsstrukturierung).

Absolute Qualitätssicherung

Ausschließlich einwandfreie Teile (Gutteile) dürfen an die nachfolgende Fertigungsstufe übergeben werden. Um dies zu erreichen, wird ein System zur selbststeuernden Fehlererkennung (selbststeuernde Automatisierung) eingesetzt. Die einzelnen Maschinen erhalten dabei Sensoren als Prüfeinrichtungen, die Fehlfunktionen automatisch erkennen und die weitere Fertigung fehlerhafter Teile verhindern.

Verkürzung von Rüst- und Einrichtezeiten

Um die Flexibilität, vor allem bei variantenreicher Fertigung, zu erhöhen, ist die aufzuwendende Zeit für das Einrichten und Umrüsten der Maschinen zu senken. Die sich daraus ergebenden Vorteile liegen in einem schnellen Wechsel der jeweils zu fertigenden Variante, in kürzeren Durchlaufzeiten sowie in der Verringerung von Lagerbeständen. Folgende Maßnahmen tragen zur Verkürzung der Zeiten bei:

- Produktbezogene Maßnahmen setzen in den Bereichen Konstruktion und Entwicklung an. Beispiele sind: Standardisierung und Typisierung der Produkte.
- Produktionsbezogene Maßnahmen bestehen u. a. in der flexiblen Automatisierung der Fertigung.
- Organisatorische Maßnahmen umfassen vor allem die Trennung der Rüst- und Einrichtearbeiten in vorbereitende Tätigkeiten und den eigentlichen Werkzeugwechsel, den Einsatz von spezialisierten Rüstteams sowie die Festlegung einer rüstoptimalen Reihenfolge für die Bearbeitung der einzelnen Fertigungsaufträge.

Reduzierung der Durchlaufzeiten

Unter der Durchlaufzeit eines Fertigungsauftrages wird die Zeitspanne von der Auftragserteilung bis zur Ablieferung des hergestellten Produktes verstanden. Sie setzt sich zusammen aus Bearbeitungszeiten, Transportzeiten, Rüstzeiten und Liegezeiten. Durch welche Maßnahmen die Durchlaufzeiten gesenkt werden können, sehen Sie in der folgenden Übersicht.

Maßnahmen zur Reduzierung der Durchlaufzeiten

- Einführung des Fließprinzips,
- flexible Automatisierung der Fertigung,
- Weitergabe von bereits bearbeiteten Teillosen an die folgende Arbeitsstation (überlappte Fertigung),
- die Zerlegung eines Fertigungsauftrages in mehrere Teilaufträge und deren parallele Bearbeitung (Splittung),
- Verkürzung der Übergangszeiten aufgrund einer Optimierung der Auftragsreihenfolge.

Kleine Lose in Fertigung und Montage

Die optimale Losgröße ist dann gegeben, wenn die Werkstatt durch eine gleichmäßige Auslastung die günstigsten Produktionskosten erzielt. Die Fertigung kann aber nicht flexibel genug auf Kundenwünsche, Lagerkosten etc. reagieren. Deshalb darf die Losgröße nicht nur durch die Fertigung bestimmt werden. Es muß auch möglich sein, geringere oder höhere Stückzahlen zu fertigen, wenn es z. B. der Markt benötigt.

Arten des Just-in-time

Die Ausgestaltung der Material- und Informationsflußsteuerung auf Werkstattebene erfolgt innerhalb der Just-in-time-Produktion in der Regel durch das Kanban-System. In der Literatur wird aber auch die Synchronfertigung als eine zweite Spielart der Just-in-time-Produktion genannt, die prinzipiell die gleichen Aufgaben wie das Kanban-System wahrnimmt, aufgrund ihrer Bedarfsorientierung jedoch auch Züge einer zentralen Fertigungssteuerung trägt.

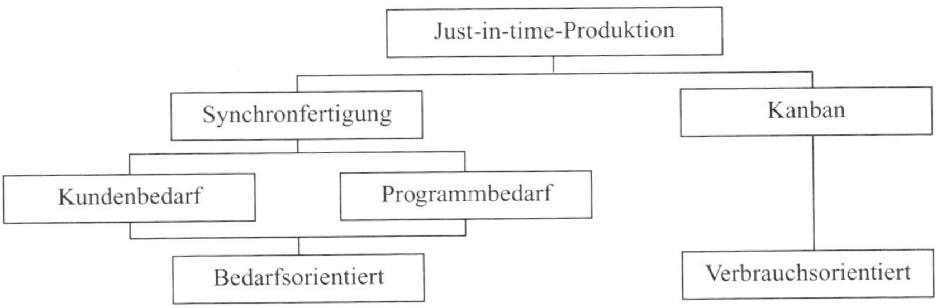

Kaizen

Der aus dem Japanischen kommende Begriff Kaizen kann mit „Veränderung zum Besseren" umschrieben werden. Der „Kontinuierliche Verbesserungsprozeß" (KVP) ist eine bei VW entwickelte Variante dieser Firmenstrategie.

Begriff

Kaizen bedeutet Veränderung zum Besseren und drückt das Streben nach kontinuierlicher, unendlicher Verbesserung aus. Dies ist nicht als Methode zu betrachten, die bei Bedarf auf ein Problem angewendet werden kann. Kaizen ist vielmehr als prozeßorientierte Denkweise im Sinn einer Geisteshaltung zu begreifen, die gleichzeitig Ziel und grundlegende Verhaltensweise im täglichen (Arbeits-)Leben darstellt.

Qualität und Kundenorientierung

Kaizen kann als übergeordnete, allumfassende Strategie beschrieben werden, die auf der Erkenntnis beruht, daß die Kunden zufriedengestellt und ihre Anforderungen erfüllt werden müssen, wenn ein Unternehmen erfolgreich wirtschaften und in Zukunft weiterbestehen will. Als zentraler Ansatzpunkt wird die Qualität angesehen, deren Steigerung dann wiederum zu höherer Produktivität führt. Qualität ist dabei nicht nur die Produktqualität, sondern die Qualität des gesamten Unternehmens, worin alle Aktivitäten miteinbezogen sind.

Demgemäß wird Kaizen als eine kundenorientierte Verbesserungsstrategie aufgefaßt, die voraussetzt, daß alle Aktivitäten im Unternehmen schließlich zu einer Steigerung der Kundenzufriedenheit führen sollen.

Methoden für die Umsetzung

Um Kaizen umsetzen zu können, werden die folgenden Methoden angewandt. Sie werden auch als **Kaizen-Systeme** bezeichnet.

- Standardisierung
- Policy Deployment
- Cross-Functional Management
- → Total Quality Management (TQM)
- → Just-in-time (JIT)
- Total Productive Maintenance (TPM)
- → Quality Function Deployment (QFD)

Besonders hervorzuheben sind Cross-Functional Management und Policy Deployment, die man auch als Bestandteile einer umfassenden Managementstrategie zur Erreichung von Qualität und Produktivität betrachten kann.

Cross-Functional Management
Unter Cross-Functional Management (funktionsüberschneidendes Management) versteht man das Koordinieren der Aktivitäten verschiedener organisatorischer Einheiten. Von besonderer Bedeutung sind hier die interdisziplinäre Zusammenarbeit der einzelnen Fachabteilungen sowie die offene Kommunikation untereinander.

Auf diese Weise wird unter Einbeziehung sämtlicher Beteiligter der gesamte Produktentstehungsprozeß konsequent und durchgängig an den Zielen Qualität, Kosten und Liefertreue ausgerichtet. Diese funktionsüberschneidenden Ziele können als gleichbedeutend mit den eingangs genannten Zielen Qualität, Produktivität und Kundenzufriedenheit bzw. Erfüllung der Kundenwünsche angesehen werden.

Policy Deployment
In engem Zusammenhang mit Cross-Functional Management steht die Durchgängigkeit der Unternehmenspolitik, das Policy Deployment.

Policy Deployment ist ein (Planungs-)System zur langfristigen und allumfassenden Einführung des Grundsatzes der ständigen Verbesserung in einem Unternehmen. Es wird als Teil von Total Quality Management angesehen und stellt die gezielte Umsetzung von Kaizen in konkrete Handlungsanweisungen bzw. Aktionen dar. Im Gegensatz zum Cross-Functional Management wird beim Policy Deployment insbesondere die vertikale Integration der Aktivitäten innerhalb eines Unternehmens betont, indem der Planungsprozeß sowohl im Top-down-Ansatz als auch im Bottom-up-Ansatz (Gegenstromverfahren) realisiert wird.

Kalkulation

Die Kalkulation ermittelt die Kosten für einzelne Produkte und Dienstleistungen, die sogenannten Kostenträger. Mit Hilfe der Kalkulation werden die Selbstkosten errechnet, mögliche Angebotspreise für Produkte ermittelt und Kostenkontrollen durchgeführt. Ziel jeder Kalkulation ist es, den Leistungsprozeß im Unternehmen möglichst exakt abzubilden und mit den richtigen Kosten zu bewerten.

Begriff und Aufgaben

Die Kalkulation ermittelt, wieviel Kosten ein Kostenträger bei seiner Herstellung verursacht. Jedem Produkt können dadurch konkret seine Selbstkosten bzw. Herstellkosten zugerechnet werden.

Weitere Aufgaben der Kalkulation sind die Datenlieferung für die kurzfristige Erfolgsrechnung, die Bestandsbewertung für externe und interne Berechnungen und sie ist Entscheidungshilfe für die Annahme von Aufträgen bei gegebenen Marktpreisen. Außerdem spielen die Kostenkontrolle nach Erledigung eines Auftrags und die Ermittlung von Preisober- und Preisuntergrenzen eine wichtige Rolle.

Vollkostenkalkulation

Die Vollkostenkalkulation rechnet mit allen entstehenden Kosten und unterscheidet nicht zwischen variablen und fixen Kosten (→ Kostenrechnung). Sie ist weit verbreitet und einfach durchzuführen, weist aber erhebliche Mängel auf. Die bedeutendsten Nachteile der Vollkostenkalkulation sind:

- Fixkosten werden anteilmäßig zugerechnet.
- Schon vom ersten verkauften Stück wird ein Stückgewinn kalkuliert.
- Es erfolgt keine Trennung in fixe und variable Kosten.
- Gemeinkosten werden mit Schlüsseln verteilt.
- Es gibt keine Kostenspaltung, daher auch keine Angaben über Preisgrenzen.

Teilkostenkalkulation

Bei der Teilkostenkalkulation rechnen Sie dem Produkt zunächst nur die variablen Kosten zu, also die Kosten, die bei der Herstellung direkt entstehen. Fixkosten, die bei der Produktion von mehreren Produkten ohnehin entstehen, gehen gesondert in die Kalkulation ein. Sie werden nicht direkt einem Erzeugnis zugerechnet. Entscheidend für die Auftragsannahme ist die Betrachtung des erzielten Deckungsbeitrages (→ Deckungsbeitragsrechnung).

Zuschlagskalkulation

Die Zuschlagskalkulation setzt die Trennung von Einzelkosten und Gemeinkosten voraus. Die Gemeinkosten werden indirekt über Zuschlagssätze (aus der Kostenstellenrechnung) zugerechnet. Die Einzelkosten werden dem Kostenträger direkt zugerechnet, z. B. über Stücklisten, Rezepturen. Die Zuschlagskalkulation wird vor allem bei der Einzel- und Serienfertigung angewandt. Sie ist einfach aufgebaut und daher leicht verständlich. Nachteilig ist allerdings, daß die Zuschlagssätze nur pauschale und keine differenzierten Aussagen zur tatsächlichen Kostenstruktur zulassen.

Divisionskalkulation

Die Divisionskalkulation trennt Einzel- und Gemeinkosten. Sie wird vor allem bei Unternehmen mit Massenfertigung ähnlicher Produkte verwendet, bei denen die Kostenstellen gleichmäßig beansprucht werden.

Erzeugt Ihr Unternehmen nur ein Produkt, können Sie die einstufige Divisionskalkulation anwenden:

$$\text{Selbstkosten pro Einheit} = \frac{\text{Gesamtkosten pro Periode}}{\text{Produktionsmenge pro Periode}}$$

Die mehrstufige Divisionskalkulation ist wichtig für den Fall, daß nicht alle Produkte abgesetzt werden können. Die Lagerbestände dürfen nicht mit Vertriebskosten belastet werden. Daher werden die Kosten in Herstell- und Vertriebskosten je Kostenträger aufgeteilt.

Äquivalenzziffernkalkulation

Diese Kalkulationsart kommt bei der Sortenfertigung artgleicher Artikel (z. B. Reifen, Flaschen) zum Einsatz. Voraussetzungen dafür sind:

- festes Kostenverhältnis der Produkte zueinander,
- Verwendung gleicher Rohstoffe in gleichem Produktionsverfahren,
- Unterschiede nur in Größe, Menge der Rohstoffe und zeitlicher Beanspruchung der Produktionsstufen.

Äquivalenzziffern stehen für das Kostenverhältnis eines Produktes in Beziehung zu dem Hauptprodukt. Diese Zu- oder Abschlagszahlen geben an, um welches Vielfache zum Produkt mit der größten Herstellmenge Kosten entstehen. Das Hauptprodukt erhält die Ziffer 1. Die Ziffern werden durch Messung oder Beobachtung festgelegt.

Maschinenstundensatzrechnung

In Zeiten fortschreitender Automatisierung werden in der Industrie immer mehr Gemeinkosten durch Maschinen verursacht. Der Anteil der Löhne geht dagegen zurück. Daher ist in der Platzkostenrechnung jede Maschine als Kostenstelle definiert. Die Gemeinkosten werden in maschinenabhängige Gemeinkosten (MGK) und Restgemeinkosten (RGK) unterteilt.

Kalkulationsrechner

Die folgenden Rechner stehen Ihnen zur Verfügung:

- Dienstleistungskalkulation
- Artikelkalkulation

Kalkulatorische Kosten

Kalkulatorische Kosten sind eine fiktive Größe. Sie haben die Aufgabe, dem tatsächlichen Werteverzehr einer Unternehmung im wahrsten Sinne des Wortes Rechnung zu tragen. Fließen diese kalkulatorischen Kosten nicht in die → Kalkulation und die Selbstkosten der Produkte ein, hat dies ernste Folgen für das Unternehmen: betriebswirtschaftlich gesehen lebt das Unternehmen dann von der Substanz.

Begriff

Kalkulatorische Kosten werden in der → Kostenrechnung benötigt, um die über den betrieblichen Aufwand (Grundkosten) hinaus tatsächlich entstehenden Kosten mengenmäßig zu erfassen. Doch nicht alle Aufwendungen lassen sich durch die handels- und steuerrechtlichen Bilanzansätze abdecken. Bestimmte Wertansätze müssen extra – als kalkulatorische Kosten – aufgeführt werden, damit dem Unternehmen keine Substanz verlorengeht.

Kalkulatorische Kosten sorgen dafür, daß das Unternehmen eine solide Kalkulationsgrundlage erhält. Unregelmäßige oder kurzfristig schwankende Größen werden auf eine Konstante gebracht, mit der sich verläßlich rechnen läßt.

Kalkulatorische Abschreibungen

Der wirkliche Werteverzehr kann nicht allein durch die bilanzmäßigen Abschreibungen erfaßt werden, die sich strikt nach handels- und steuerpolitischen Vorschriften richten. Die betriebswirtschaftlich richtige Basis sind nämlich die sogenannten Wiederbeschaffungskosten eines Anlagegegenstandes. Genau dieser Ansatz ist jedoch handels- und steuerrechtlich verboten. Daher ermitteln Sie mit Hilfe der Kostenrechnung und des operativen Controlling den tatsächlichen Werteverzehr auf Basis von Wiederbeschaffungspreisen über die kalkulatorischen Abschreibungen.

Kalkulatorische Zinsen

Berechnungsgrundlage für die kalkulatorischen Zinsen ist das betriebsnotwendige Kapital. Darauf wird der marktübliche Zinssatz für längerfristige Darlehen oder Anleihen angewandt. Dieser Ansatz ermöglicht eine gleichmäßige Belastung der Kostenträger mit Zinskosten über einen längeren Zeitraum.

Kalkulatorische Wagnisse

Bei Unternehmertätigkeit müssen Sie stets mit Wagnissen oder Unternehmerrisiken, z. B. dem Ausfall von Forderungen rechnen. Die tatsächlich anfallenden Wagnisse sind im allgemeinen unregelmäßig und schwer vorhersehbar. Damit Sie dennoch eine gleichmäßige und anteilige Belastung der Abrechnungsperioden vornehmen können, brauchen Sie konstante kalkulatorische Wagniszuschläge.

Kalkulatorischer Unternehmerlohn

Bei Einzel- und Personengesellschaften wird der kalkulatorische Unternehmerlohn als Entgelt für die Arbeitsleistung des Unternehmers in die Kosten der Kosten- und Leistungsrechnung aufgenommen. Die Arbeitsleistung von Inhaber und Gesellschafter wird nicht durch eine feste Bezahlung, sondern über den möglichen Gewinn abgegolten.

Kalkulatorische Miete

Anstelle der tatsächlich anfallenden Gebäudekosten kann eine kalkulatorische Miete für eigengenutzte und betriebsnotwendige Räume in die Kosten- und Leistungsrechnung eingebracht werden. Diese muß dann den tatsächlich entstandenen Mietkosten gegenübergestellt werden, was oft mit beträchtlichem Verrechnungsaufwand verbunden ist.

Ergebniswirksamkeit

Kalkulatorische Kosten beeinflussen die Kostenrechnung, nicht aber das Gesamtergebnis. Sie dienen der Substanzerhaltung des Unternehmens. In die → Gewinn-und-Verlust-Rechnung fließen z. B. nur die bilanziellen → Abschreibungen und die tatsächlich gezahlten Zinsen ein. Der Unternehmerlohn und die kalkulatorische Miete dagegen werden dort nicht berücksichtigt. Diese Kosten müssen jedoch unbedingt in die Angebotskalkulation einfließen.

Kartell

Als Kartell bezeichnet man vertragsmäßige Zusammenschlüsse grundsätzlich selbständiger Unternehmungen der gleichen Wirtschaftsstufe. Zweck ist die Beherrschung des Marktes und die Beschränkung des Wettbewerbs.

Kartellformen

Man unterscheidet die folgenden unterschiedlichen Kartellformen:

- Preiskartelle (Preisabsprachen),
- Rationalisierungskartelle (Einigung auf bestimmte Normen, die zu Rationalisierung bei den beteiligten Unternehmen führen sollen),
- Rabattkartelle (einheitliche Rabattvereinbarungen),
- Konditionenkartelle (einheitliche Geschäfts-, Lieferungs- und Zahlungsbedingungen),
- Normen- und Typenkartelle (Festlegung einheitlicher Normen zur Sicherung der Marktführerschaft und zur Vereinfachung für den Konsumenten),
- Quotenkartelle (Aufteilung der Absatzmengen zwischen den Konkurrenten – oft in Verbindung mit Preiskartellen),
- Strukturkrisenkartelle (gemeinsame Kapazitätsanpassung bei Absatzeinbrüchen),

- Exportkartelle (Verbindung aus Preis-, Rabatt-, Konditionen- und Quotenkartellen im Exportgeschäft für ein bestimmtes Land oder eine Ländergruppe),
- Gebietskartelle (Aufteilung von Absatzmärkten),
- Syndikate (gemeinsame Nutzung von Beschaffungs- und Absatzwegen).

Rechtliche Situation

Die beteiligten Unternehmen suchen bei einer Kartellbildung in der Regel ihren Vorteil. Die Nachfrager werden meistens hintergangen. Eine funktionierende Marktwirtschaft setzt jedoch konkurrierende Anbieter voraus. Aus diesem Grund wurde in der Bundesrepublik Deutschland bereits 1958 das „Gesetz gegen Wettbewerbsbeschränkungen", auch Kartellgesetz genannt, erlassen. Der Zweck des Gesetzes ist der Schutz des Wettbewerbs vor Vereinbarungen der Wettbewerber.

Nach dem Gesetz gegen Wettbewerbsbeschränkungen (GWB) sind Kartelle, die geeignet sind, die Produktions- oder Marktverhältnisse spürbar zu beeinflussen, grundsätzlich verboten.

Vor einem Unternehmenszusammenschluß ist die Kartellbehörde verpflichtet zu überprüfen, ob sich daraus eine marktbeherrschende Stellung für das neue Unternehmen ergeben würde.

Kennzahlen

Kennzahlen sind Zahlen, die im Hinblick auf das Unternehmen hohen Aussage- und Erkenntniswert besitzen. Sie dienen in erster Linie der Analyse betrieblicher Zustände und Entwicklungen. Kennzahlen lassen sich sowohl unternehmensintern als auch -extern ermitteln. Kennzahlen existieren für den Betriebsvergleich, für die Unternehmensführung, für Bilanzwerte und für den Umsatz. Die

wichtigsten Kennzahlen für ein Unternehmen sind Cash-flow und Return on Investment.

Wozu brauchen Sie Kennzahlen?

Jede Unternehmensleitung ist auf Zahlen angewiesen, um ein Unternehmen erfolgreich führen zu können. Diese liefert in den Unternehmen in der Regel das Rechnungswesen oder der Steuerberater. Damit Führungskräfte und Entscheider nicht mit einer Flut von Original-Unternehmensdaten konfrontiert werden, werden Kennzahlen gebildet, welche die sich abzeichnenden Entwicklungen klar und verständlich aufzeigen.

Kennzahlen schaffen Orientierung, ermöglichen präzises Zielvorgehen, ermöglichen eine schnelle und effiziente Kontrolle komplexer Sachverhalte, legen Maßstäbe für den Unternehmenserfolg fest und erleichtern somit Steuerung und Planung.

Wie werden Kennzahlen gebildet?

Kennzahlen teilen sich auf in Grundzahlen und Verhältniszahlen. Grundzahlen sind z. B. der Gewinn, die Bilanzsumme oder die Summe aller Personalkosten. Ihre Aussagekraft erhöht sich oft dadurch, daß man sie auf eine weitere Grundzahl bezieht, z. B. Angabe des Gewinns pro Mitarbeiter. Damit entstehen dann die Verhältniszahlen.

Verhältniszahlen lassen sich in Beziehungszahlen, Indexzahlen und Gliederungszahlen unterteilen.
Beziehungszahlen setzen zwei Werte zueinander in Beziehung (z. B. Kosten zu Umsatz, Umsatz je Mitarbeiter).
Indexzahlen sind eine fortlaufende Reihe von Werten, die auf die erste Zahl (Basiszahl) bezogen, also gleichsam indiziert werden. Die Basiszahl wird in der Regel gleich 100 gesetzt.
Gliederungszahlen nennt man eine Reihe von Zahlen, die in Prozenten der Gesamtsumme genau dieser Reihe ausgedrückt werden. So können z. B. die einzelnen Bilanzposten in Prozenten der Bilanzsumme ausgedrückt werden.

Verwendung von Kennzahlen

Die gängigsten Anwendungsgebiete für Kennzahlen sind der Betriebsvergleich und die Unternehmensführung,

Kennzahlen werden weiterhin zu Bilanzwerten (→ Bilanzanalyse) und zur Umschlagshäufigkeit und zum Umsatz verwendet.

Betriebsvergleich
Betriebsvergleiche können Sie mittels der Kennzahlen auf drei mögliche Arten anstellen: Den zwischenbetrieblichen Vergleich, den Vergleich von Daten eines konkreten Betriebes mit den Daten der gesamten Branche und den Datenvergleich zwischen zwei kompletten Branchen. Beispiele für Betriebsvergleiche mittels Kennzahlen sind die Aktienanalyse und die Investitionsanalyse. Unter dem Begriff → Benchmarking wird der Vergleich mit den wichtigsten Mitkonkurrenten oder den „Besten der Branche" verstanden. Auch dabei spielen Kennzahlen eine wichtige Rolle.

Unternehmensführung
Intern gewonnene Kennzahlen sind oft von Nutzen für die Unternehmensführung in bezug auf innerbetriebliche Entscheidungen. Aber auch die Unternehmensstrategie nach außen kann durch Kennzahlen beeinflußt werden.

Der einzelne Betrieb kann mittels der Kennzahlen mit anderen Unternehmen der gleichen Branche verglichen werden, um seine Wettbewerbslage besser einzuschätzen. Größen wie Betriebsleistung, Umsatz, Kosten und Belegschaft können so vor dem Hintergrund der Branchenkennziffern leichter bewertet werden.

Kennzahlen zu Bilanzwerten
Die wichtigsten Kennzahlen zu den Bilanzwerten sind Rentabilität, → Cash-flow und Liquidität.

Rentabilität
Die Rentabilität dient dazu, mit einem Blick zu erkennen, ob das Unternehmen rentabel arbeitet bzw. ob eine angemessene Verzinsung des eingesetzten Kapitals erreicht wird.

$$\text{Kapitalrentabilität in Prozent} = \frac{\text{Gewinn} + \text{Fremdkapitalzinsen} \cdot 100}{\text{Gesamtkapital}}$$

Cash-flow

Der Cash-flow umfaßt alle liquiditätswirksamen Erfolgsbestandteile aus der Gewinn-und-Verlust-Rechnung und ist daher aussagekräftiger als der Gewinn. Direkt können Sie den Cash-flow wie folgt berechnen:

+	liquiditätswirksame Erträge (Cash-inflow)
-	liquiditätswirksame Aufwendungen (Cash-outflow)
=	Cash-flow

Dies ist nur bei Vorlage der unternehmensinternen Daten möglich. Für den Fall, daß Ihnen die nötigen Daten anderer Betriebe nicht zur Verfügung stehen, gibt es eine weitere, indirekte Methode, den Cash-flow aufgrund einer gegebenen Gewinn-und-Verlust-Rechnung zu errechnen. Ausgangspunkt ist der Jahresüberschuß bzw. -verlust:

	Jahresüberschuß bzw. -verlust
±	Rücklagenerhöhung bzw. -auflösung
+	Abschreibungen auf Sach- und Finanzanlagen
±	Erhöhung bzw. Auflösung von langfristigen Rückstellungen
±	Außerordentliche bzw. periodenfremde Aufwendungen bzw. Erträge
+	Organverluste
+	Zinsen für das Fremdkapital
=	Cash-flow

Liquidität

Die Liquidität ist die Zahlungsbereitschaft eines Unternehmens. Sie ist das Verhältnis der baren Mittel zu den fälligen Verbindlichkeiten. Es existieren verschiedene Liquiditätsgrößen. Im folgenden sind die wichtigsten aufgeführt:

$$\text{Barliquidität} = \frac{\text{Barmittel}}{\text{Sofortverbindlichkeiten}}$$

$$\text{Liquidität 1. Grades} = \frac{\text{Forderung + Barmittel}}{\text{kurzfristige Verbindlichkeiten}}$$

Working Capital = Umlaufvermögen - kurzfristige Verbindlichkeit

Kennzahlen zu Umschlagshäufigkeit und Umsatz

$$\text{Kapitalumschlag} = \frac{\text{Umsatz}}{\text{Kapital}}$$

Für Kapital können Sie Eigen- oder Gesamtkapital einsetzen. Aus diesen Kennzahlen können Sie ablesen, wie oft das Kapital pro Periode durch den Umsatz verflüssigt wird. Je höher der Kapitalumschlag, desto intensiver ist die Nutzung des Kapitals und desto besser sind auch Rentabilität und Liquidität.

$$\text{Vorratsumschlag} = \frac{\text{Umsatz}}{\text{Vorräte}}$$

Der Vorratsumschlag ist eine Kennzahl für das Risiko der Lagerhaltung. Je niedriger die Kennzahl, desto größer die Gefahr, daß Vorräte notfalls nicht losgeschlagen werden können.

$$\text{Umsatzrentabilität} = \frac{\text{Reingewinn} \cdot 100}{\text{Umsatz}}$$

Der prozentuale Anteil des Reingewinns am Umsatz steht für den Maßstab der Gewinnentwicklung des Unternehmens. Fällt die Umsatzrentabilität im Vergleich zu anderen Betrieben der Branche, so kann dies ein Symptom für eine schlechte Geschäftspolitik sein.

ROI und Du-Pont-System

Ein erprobtes Kennzahlensystem ist das Du-Pont-System, das den → Return on Investment (ROI) in den Mittelpunkt stellt. Damit wird nicht maximaler Gewinn verfolgt, sondern die optimale Verzinsung des investierten Kapitals.

$$\text{Return on Investment (ROI)} = \frac{\text{Gewinn}}{\text{Umsatz}} \cdot 100 \cdot \frac{\text{Umsatz}}{\text{investiertes Kapital}}$$

Der ROI ist eigentlich ein Kennzahlensystem, das eine sehr viel genauere Erfassung der Rentabilität beinhaltet. Die drei Komponenten Gewinn, Umsatz und Kapitaleinsatz werden zu zwei Kennzahlen, dem Umsatzerfolg und der Umschlagshäufigkeit des investierten Kapitals, verbunden, wobei sich der Umsatz aus der Gleichung herauskürzt.

Für das investierte Kapital können Sie je nach Fragestellung Gesamtvermögen, Gesamtkapital oder Eigenkapital einsetzen. Der ROI wird vor allem bei produkt- und projektbezogenen Rentabilitätsrechnungen eingesetzt.

Kennzahlenrechner

Das leistet dieser Rechner:

Der Kennzahlenrechner ist ein ganzes Rechnerpaket. Sie können die folgenden Kennzahlen berechnen und zusätzlich noch spezifische Möglichkeiten nutzen, die auf die Anwendung der einzelnen Kennzahlen zugeschnitten sind.

- Cash
- Forderungen
- Kapital
- Lager
- Liquidität
- Produktivität
- Rentabilität
- Vermögen
- Wirtschaftlichkeit

Key-Account-Management

Ziel des Key-Account-Management ist die aktive Betreuung und Unterstützung von Schlüsselkunden in allen Belangen der Produktanwendung. Diese Aufgabe wird von qualifizierten Key-Account-Managern, je nach Situation, im Unternehmen oder direkt vor Ort beim Kunden übernommen. Als direkter Partner des Kunden löst er mit diesem kritische Anwendungsfälle, hilft mit bei der Einführung und Präsentation neuer Produkte und steht jederzeit mit Rat und Tat zur Verfügung.

Organisation

Das Key-Account-Management ist ein integrierter Bestandteil der Marketing- und Vertriebsorganisation. Die Position ist direkt dem Bereichsleiter unterstellt und kann mit mehreren Key-Account-Managern besetzt werden, die sich eventuell auf ganz unterschiedliche Schlüsselkundengruppen konzentrieren. Folgende organisatorischen Voraussetzungen sollten beachtet werden:

Klare Zuordnung der Schlüsselkunden
Eine optimale Wirkung des Key-Account-Management ist nur möglich, wenn jedem Key-Account-Manager die ausgewählten Schlüsselkunden namentlich zugeordnet werden. Dadurch schaffen Sie die Voraussetzungen für eine eindeutige Verantwortlichkeit, eine gezielte Führung und ein aussagefähiges → Controlling.

Eindeutige organisatorische Abgrenzung
In der Regel werden Schlüsselkunden aus verschiedenen Verkaufsgebieten ausgewählt und in spezielle Gruppen zusammengefaßt. Die Auswahl kann sich dabei an unterschiedlichen Kriterien, wie z. B. Zielgruppe, Marktgebiet oder Absatzpotential, orientieren. Wichtig ist, daß

die unter einem Key-Account-Manager zusammengefaßten Schlüsselkunden wie ein imaginäres Verkaufsgebiet oder Profitcenter betrachtet werden, welches eindeutigen Plan- und Controllingregeln unterliegt.

Da der Außendienst und das Key-Account-Management in vielen Fällen gemeinsam im Markt operieren, ist darauf zu achten, daß es keine Überschneidungen oder Rivalitäten zwischen diesen beiden Vertriebskanälen gibt.

Auswahlkriterien für Schlüsselkunden

Die Auswahl von Schlüsselkunden sollte sich immer an mehreren Wertmaßstäben orientieren, die von Firma zu Firma sehr unterschiedlich sein können. Dazu gehören z. B.:

- innovative Wachstumsunternehmen, die Synergien für das eigene Unternehmen bringen,
- Unternehmen mit gutem Markennamen, um Referenzwirkung zu erzielen,
- Unternehmen, die direkt oder indirekt das Marktgeschehen beeinflussen.

Auch das Umsatzpotential des Kunden gibt Aufschluß, ob eine Eignung zum Schlüsselkunden vorliegt.

Die Auswahl von Schlüsselkunden sollte kooperativ zwischen dem Vertriebsleiter, dem Key-Account-Manager und dem betroffenen Außendienstmitarbeiter erfolgen.

Aufgaben des Key-Account-Managers

Die Tätigkeit des Key-Account-Managers läßt sich in vier Hauptbereiche unterteilen. Diese vier Aufgabenschwerpunkte sind:

Aufbereiten und Pflegen der Schlüsselkunden-Stammdaten

Professionelles Key-Account-Management ist nur möglich, wenn alle Plan- und Steuerungsdaten systematisch erfaßt, aufbereitet und gepflegt werden. Dazu zählen die Firmenstammdaten genauso wie die Daten der Ansprechpartner.

Festlegen der kurz- und mittelfristigen Vorgaben
Gemeinsam mit dem Schlüsselkunden erarbeitet der Key-Account-Manager den qualitativen und quantitativen Rahmenplan für die Zusammenarbeit. Dadurch wird für den Kunden eine hohe Verfügbarkeit und für das Unternehmen eine große Dispositionssicherheit erreicht.

Permanente Unterstützung des Schlüsselkunden
Produkt- und Umfeldschulungen gehören genauso zu den Aufgaben der Key-Account-Manager, wie die Beratung bei Problemlösungen oder die Hilfe bei Planungs- und Dispositionsvorgängen.

Systematisches Controlling
Die Bedeutung von Schlüsselkunden erfordert, daß Veränderungen im Umfeld schnell erkannt werden und sensibel darauf reagiert wird. Es gehört deshalb zu den Aufgaben des Key-Account-Managers, permanent und periodisch ein Controlling durchzuführen, um Entwicklungstendenzen schnell zu erkennen.

Kompetenz

Der Begriff Kompetenz hat zwei verschiedene Bedeutungen. Zum einen handelt es sich um die Befugnis eines Mitarbeiters in einer bestimmten Position und zum anderen um seine Fähigkeiten innerhalb seines Tätigkeitsbereichs.

Befugnis

Jeder Mitarbeiter hat, je nach seiner Position in der Unternehmenshierarchie, bestimmte Befugnisse. Er kann bestimmte Entscheidungen alleine treffen oder hat Zugang zu bestimmten Informationen.

Fähigkeiten

Von Mitarbeitern in Unternehmen wird heute eine umfassende **Handlungskompetenz** erwartet. Handlungskompetenz setzt verschiedene Arten von Fähigkeiten voraus.

Fachkompetenz haben Mitarbeiter, die über ein gutes Fachwissen verfügen und die Möglichkeit haben, dieses in die Praxis umzusetzen. Während früher die reine Fachkompetenz bei der Beurteilung von Mitarbeitern im Vordergrund stand, sind heute auch methodische Kompetenz und soziale Kompetenz gefragt (→ Schlüsselqualifikationen).

Soziale Kompetenz wird dabei durch folgende Merkmale zum Ausdruck gebracht:

- Kommunikationsfähigkeit,
- Kooperationsbereitschaft und -fähigkeit,
- Teamfähigkeit (→ Teamarbeit),
- gruppenintegratives Verhalten,
- Menschenkenntnis,
- Fähigkeit zum → Coaching,
- Verhalten in kritischen Situationen,
- → Führungsstil,
- Sprache bzw. Ausdruck.

Die **methodische Kompetenz** repräsentiert alle Erkenntnisse über moderne Arbeitstechnologien, z. B.:

- analytisches Denken,
- kreatives Handeln,
- strukturiertes Arbeiten,
- logisches Denken,
- kritisches Hinterfragen,
- die eigenständige Nutzung von Informationsangeboten (Bibliotheken, Datenbanken ...).

Erst das Zusammentreffen von Fachkompetenz, methodischer Kompetenz und sozialer Kompetenz macht fundierte Handlungskompetenz aus.

Die folgende Abbildung verdeutlicht, daß das Zusammenspiel von fachlichem und methodischem Wissen mit sozialer Kompetenz die Basis dafür ist, zur richtigen Zeit, am richtigen Ort die richtigen Handlungen durchzuführen.

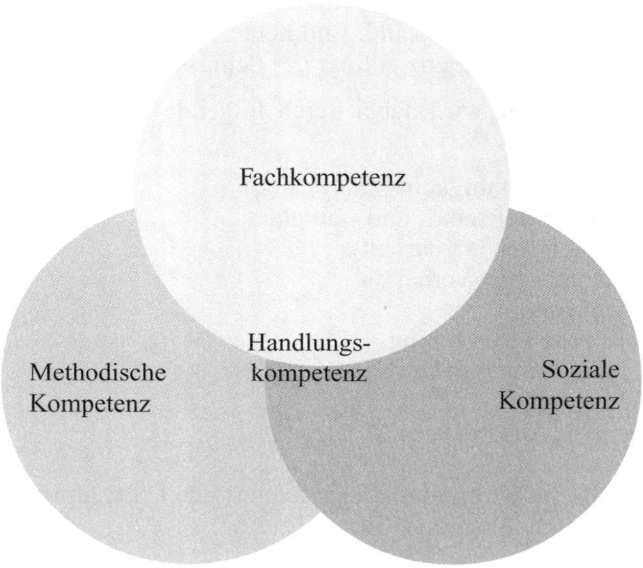

Abb.: Handlungskompetenz

Konferenz

Als Konferenz bezeichnet man eine geleitete Aussprache, die zu gemeinsamen Schlüssen führen soll. Vorbereitung und Durchführung beeinflussen gleichermaßen den Erfolg einer Konferenz.

Insbesondere sollten eindeutige Konferenzziele formuliert werden. Eine gut strukturierte Konferenz umfaßt eine Einleitungs-, Diskussions- und Abschlußphase.

Begriff

Eine Konferenz (Besprechung) ist durch typische Merkmale gekennzeichnet:

- Es handelt sich um eine **geleitete Veranstaltung,** wobei der Konferenzleiter grundsätzlich von allen Teilnehmern anerkannt wird.
- Es handelt sich um ein mehrseitiges Gespräch (mindestens drei Teilnehmer), wobei zwischen den Teilnehmern Meinungen und Erfahrungen ausgetauscht werden.
- Die Konferenz ist **zweckbezogen.** Durch Erfahrungs- und Meinungsaustausch sollen gemeinsam Probleme gelöst werden.
- Als Ergebnis sollen **gemeinsame Beschlüsse** herbeigeführt werden.

Nutzen und Probleme

Eine erfolgreiche Konferenz nützt allen Beteiligen gleichermaßen, da die Erfahrung und das Fachwissen einer ganzen Gruppe gleichzeitig genutzt werden können. Bei der Entscheidungsfindung werden unterschiedliche Meinungen berücksichtigt, und es kann rechtzeitig nach einem Kompromiß gesucht werden, wenn Meinungsverschiedenheiten auftreten. Der Hauptvorteil: Wer an der Entscheidungsfindung beteiligt ist, ist auch bereit, an der Verwirklichung mitzuwirken. Das bedeutet jedoch nicht, daß jede Konferenz auch erfolgreich ist. Werner Finck hat eine Konferenz einmal als eine Veranstaltung bezeichnet, „bei der viele hineingehen und nur wenig herauskommt". Die Arbeitskapazität mehrerer Teilnehmer wird gebunden, aber die aufgewendete Zeit und Energie stehen oft in keinem befriedigenden Verhältnis zu den erreichten Ergebnissen. Die Gründe dafür sind u. a. eine mangelhafte Vorbereitung, zu viele oder falsch ausgewählte Teilnehmer, persönliche Profilierungsbestrebungen einzelner Teilnehmer, ein falsch gewählter Zeitpunkt oder ein unqualifizierter Konferenzleiter.

Konferenzarten

Konferenzen können aus verschiedenen Gründen und mit unterschiedlichen Zielsetzungen abgehalten werden. Entsprechend unterscheidet man die in der folgenden Übersicht beschriebenen Konferenzarten:

Konferenzarten
• **Informationskonferenzen** haben zum Ziel, Informationen und/oder Meinungen zu sammeln und auszutauschen. • Durch **Problemlösungskonferenzen** sollen entweder bestehende Probleme gelöst oder zumindest Problemlösungen vorgeschlagen werden. • Das Ziel von **Entscheidungskonferenzen** ist es, eine verbindliche Entscheidung über ein behandeltes Problem zu treffen. • Konferenzen zum Zweck des **Interessenausgleichs** haben die Aufgabe, bei Meinungsverschiedenheiten eine einheitliche Meinung herbeizuführen (Schlichtung).

Konferenzziele

Bevor Sie sich Ihre Argumente überlegen, sollten Sie wissen, was Sie überhaupt erreichen wollen. Das Konferenzziel muß eindeutig formuliert sein, dann ist es auch kontrollierbar. Außerdem muß das Ziel realistisch sein, um das erforderliche Engagement zu bewirken.
Man unterscheidet zwischen Maximalziel/Idealziel (Was will ich erreichen?), Minimalziel (Was sollte ich mindestens erreichen?) und Alternativzielen (Was kann noch erreicht werden, wenn das ursprüngliche Ziel nicht mehr verfolgt werden kann?).

Die Erfahrung zeigt, daß manche überflüssige Konferenzen durchgeführt werden. Prüfen Sie zunächst die Notwendigkeit.

Notwendigkeit einer Konferenz

- Können die anstehenden Fragen nicht auch allein oder im Zweiergespräch gelöst werden?
- Eignet sich das Problem für die Behandlung in der Gruppe?
- Ist die Gruppe für diese Fragestellung überhaupt zuständig?
- Ist die Fragestellung nicht schon gelöst (z. B. durch eine Grundsatzentscheidung)?
- Was kostet die Konferenz?
- Besteht die Gefahr, daß das Problem durch die Konferenz eher verschleppt wird?
- Was geschieht, wenn keine Konferenz stattfindet?

Konferenzvorbereitung

Wenn Sie zum Ergebnis kommen, daß eine Besprechung erforderlich ist, dann hängt es weitgehend von Ihnen ab, die Weichen durch eine gute Vorbereitung auf Erfolg zu stellen. Zur organisatorischen Vorbereitung gehört auch eine rechtzeitige und aussagekräftige **Einladung der Teilnehmer** unter Bekanntgabe der Tagesordnung.

Konferenzvorbereitung

Personelle Vorbereitung

- Wer aus dem Team muß eingeladen werden?
- Sind abteilungs- oder betriebsexterne Teilnehmer zu berücksichtigen?
- Ist der Teilnehmerkreis einigermaßen homogen?
- Welche Kenntnisse bringen die Teilnehmer mit?
- Was können die Teilnehmer zur Lösung des Problems beitragen?
- Müssen alle Teilnehmer zu allen Besprechungspunkten anwesend sein?

Thematische Vorbereitung

- Sind die Themen eindeutig formuliert?
- Gibt es klare Besprechungsziele?
- Lassen sich die Themen in begrenzter Zeit behandeln?
- Welche alternativen Meinungen werden voraussichtlich vertreten?
- Welche zusätzlichen Probleme können zur Sprache kommen?

Organisatorische Vorbereitung
Sind folgende Dinge geklärt?

- Störungsfreier Besprechungsort;
- Zeitpunkt, Dauer;
- Unterlagen für die Teilnehmer;
- Bewirtung;
- benötigte Hilfsmittel (Blöcke, Schreibzeug, Flipcharts, Pinwände, Projektor usw.);

Tagesordnung

- Wo findet die Besprechung statt?
- Termin und voraussichtliche Dauer?
- Ist jedes Einzelthema als eigener Tagesordnungspunkt berücksichtigt?

- Die „heißen Eisen“ nicht im Punkt „Verschiedenes“ verstecken!
- Sind die Tagesordnungspunkte aussagekräftig formuliert (z. B. nicht „Fertigung“ oder „Ausschußquote“, sondern „Maßnahmen gegen die überdurchschnittliche Ausschußquote in der Endfertigung“)?
- Welche Unterlagen sind mitzubringen?
- Wer nimmt noch an der Besprechung teil?

Konferenzphasen

Der idealtypische Ablauf einer Konferenz läßt sich in drei Phasen zusammenfassen.

Einleitungsphase
In der Eröffnungsphase muß es dem Konferenzleiter gelingen, den notwendigen Kontakt zu den Teilnehmern herzustellen und ihre Aufmerksamkeit für das Thema und damit die Bereitschaft zur Mitarbeit zu gewinnen.

Diskussions- oder Informationsphase
Die Diskussionsphase bildet den Kern jeder Konferenz. Hier werden Informationen und Ideen zusammengetragen sowie Erfahrungen und Meinungen ausgetauscht. Durch den Einsatz der → Moderationsmethode kann die Effizienz gesteigert und der Ablauf beschleunigt werden.

Abschlußphase
Das erreichte Ergebnis muß gesichert und verstärkt werden. Das gilt auch dann, wenn nur Teilerfolge erzielt wurden. Die Teilnehmer sollen die Konferenz mit dem Eindruck verlassen, daß brauchbare Arbeit geleistet wurde. Deshalb darf sich der Abschluß nicht nur auf die nüchterne Feststellung der Ergebnisse beschränken (z. B. Wiederholung der gefaßten Beschlüsse), sondern er sollte möglichst nochmals die Vorteile für alle Beteiligten und die vorhandenen Gemeinsamkeiten betonen.

Das folgende Schema veranschaulicht diese Ablaufstruktur.

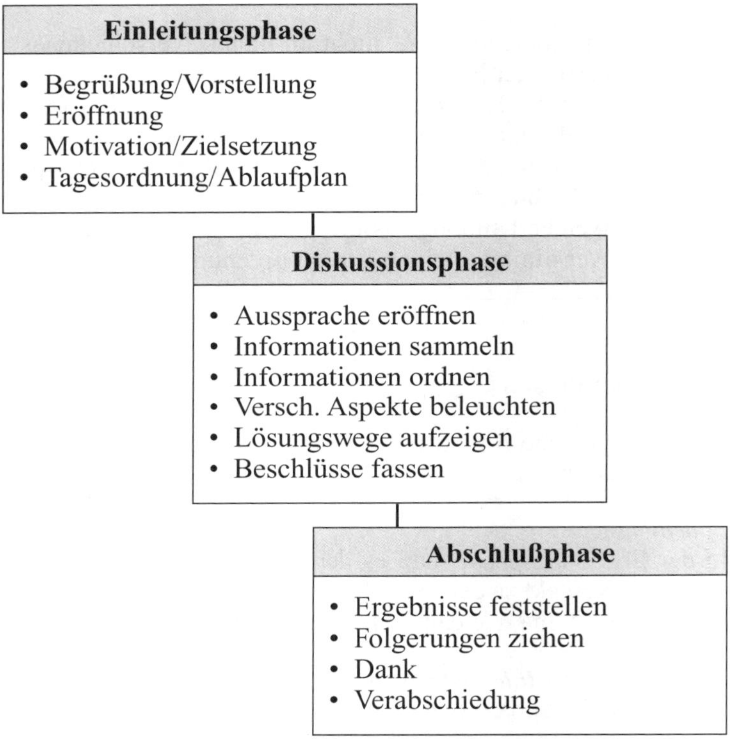

Abb.: Typischer Ablauf einer Konferenz

Durchführung der Konferenz

Die Verantwortung für den Konferenzablauf liegt beim Konferenzleiter. Ihm muß es gelingen, den Kontakt zu und unter den Teilnehmern herzustellen, ihre Aufmerksamkeit für die verschiedenen Themen zu gewinnen und damit die Bereitschaft zur Mitarbeit sicherzustellen.
Die folgende Checkliste informiert Sie über die Regeln zur Konferenzdurchführung:

Regeln zur Konferenzdurchführung

Pünklicher Beginn (und pünktliches Ende)

- Auf verspätete Teilnehmer wird nicht gewartet.
- Nachzügler brauchen über den bisherigen Verlauf nicht informiert zu werden.

Begrüßung

- Die Anrede muß dem Teilnehmerkreis entsprechen.
- Auch bei Routinebesprechungen nicht auf die Begrüßung verzichten.
- Gäste besonders begrüßen.
- Noch nicht bekannte Teilnehmer (Gäste, neue Mitarbeiter) vorstellen.

Allgemeine Einführungsinformationen
(Regularien, Entschuldigungen usw.)

Darlegung des Themas (der Themen)

- Besprechungsziel formulieren.
- Teilnehmer zur Mitarbeiter motivieren.
- Weiteren Ablauf vorschlagen/vereinbaren.
- Zeitrahmen (für den jeweiligen Besprechungspunkt) bekanntgeben.
- Ggf. klären, wer ein Protokoll führt.

Alle Teilnehmer zur Mitarbeit anregen

- Eröffnungsfragen vorbereiten.
- Grundsätzlich alle Teilnehmer ansprechen.
- Auf Teilnehmer eingehen - Beiträge ernst nehmen.
- Aktiv Zuhören.
- Mit Einwendungen korrekt umgehen.
- Alle zu Wort kommen lassen (z. B. durch Statements).

Von Zeit zu Zeit Zwischenergebnisse zusammenfassen

Beschlüsse herbeiführen

Gesamtergebnis feststellen

Gemeinsamkeiten betonen

Ergebnisse sichern (Protokoll, Aktennotiz)

Folgerungen ziehen
(Aufgabenverteilung; Ausführungsregelungen)

Dank; Verabschiedung

Protokoll/Maßnahmenplan

Um sicherzustellen, daß die auf der Konferenz erzielten Ergebnisse auch umgesetzt werden, empfiehlt sich, diese in einem Kurzprotokoll in Form eines Maßnahmenplans festzuhalten. Eine Kopie wird entweder jedem Teilnehmer sofort mitgegeben oder unmittelbar nach der Besprechung zugestellt.
Ein Kurzprotokoll könnte folgendermaßen aussehen:

<table>
<tr><th colspan="6">Kurzprotokoll/Maßnahmenplan</th></tr>
<tr><td colspan="3">Besprechung vom ....</td><td colspan="3">Teilnehmer:
....
....
....</td></tr>
<tr><td>TOP</td><td>Beschluß/Ergebnis/Aktion</td><td>Wer</td><td>Mit wem</td><td>Termin</td><td>Kon-trolle</td></tr>
<tr><td></td><td></td><td></td><td></td><td></td><td></td></tr>
</table>

Konkurrenzanalyse

Die Konkurrenzanalyse hat zur Aufgabe, die im Markt befindlichen Wettbewerbsfirmen und deren Produkte auf Stärken und Schwächen zu untersuchen. Sie liefert damit Orientierungspunkte für die eigene Marktpositionierung und Wettbewerbsstrategie (→ Marktforschung).

Ziele der Konkurrenzanalyse

Ziel der Konkurrenzanalyse ist es, vom Wettbewerb zu lernen. Dabei sind folgende Einzelziele denkbar:

- aus den Schwächen des Wettbewerbs eigene Stärken entwickeln,
- bewußte Marktpositionierung, orientiert an der Wettbewerbssituation,
- nicht harte Wettbewerbskonfrontation, sondern kluge Kooperation,
- festlegen der richtigen Wettbewerbsstrategie.

Um diese Ziele zu verwirklichen, gilt es, die wichtigsten Grundlagen der Konkurrenzanalyse zu berücksichtigen.

Analyse der Konkurrenten

Für die richtige Marktpositionierung und die Festlegung der Wettbewerbsstrategie ist es wichtig, die im Markt befindlichen Wettbewerbsfirmen (Konkurrenten) zu kennen. Die Anzahl selbst ist dabei nicht das ausschlaggebende Element, sondern die Kompetenz und Stärke der einzelnen Firmen. Bei der Analyse sollten deshalb drei Gruppen gebildet werden.

Marktführer und Marktherausforderer
Solche Wettbewerbsfirmen haben eine besonders ausgeprägte Marktstellung und übernehmen eine Führungsfunktion in bezug auf Produktangebot, Marktbedienung und Marktbeeinflussung. Marktherausforderer sind solche Firmen, die auf dem Wege sind, sich als Marktführer zu positionieren.

Nischenbearbeiter
Nischenbearbeiter beteiligen sich nur mit einem begrenzten Liefersortiment und Produktangebot am Markt oder konzentrieren sich auf beschränkte Marktgebiete, welche sie mit ihrem Angebot abdecken.

Mitläufer
Mitläufer beteiligen sich nur marginal am Marktgeschehen und haben meist eine untergeordnete Marktstellung.

Analyse des Wettbewerbsprofils

Wettbewerber sind in erster Linie Firmen, die insgesamt oder in einem Geschäftsfeld auf denselben Marktzweck wie das eigene Unternehmen ausgerichtet sind. Bei der Konkurrenzanalyse ist deshalb festzustellen, welches Stärken-Schwächen-Profil die einzelnen Firmen im Vergleich zum eigenen Unternehmen haben.

Für eine aussagefähige Analyse sind fünf Gruppen von Bewertungsfaktoren besonders zu berücksichtigen: wirtschaftliche Voraussetzungen, derzeitige Marktstellung, Organisation und Qualitätsmanagement, Struktur und Kompetenz im Liefersortiment, Professionalität der Kommunikation.

Unter jeder dieser Gruppen sollten je nach Bedarf Einzelbewertungsfaktoren festgelegt und in die Analyse eingebunden werden.

Analyse der Wettbewerbsprodukte

Die Analyse von Wettbewerbsprodukten kann nach derselben Methode wie beim Wettbewerbsprofil erfolgen. Das Schwergewicht der Beurteilung konzentriert sich dabei auf die wichtigsten Faktoren eines Produktes oder einer Produktgruppe. Ein reines Abschätzen von Produktstärken und Produktschwächen anhand von Katalogunterlagen und technischen Beschreibungen ist für einen groben Überblick oft ausreichend. Für eine differenzierte Analyse ist es jedoch erforderlich, die Wettbewerbsprodukte körperlich in Augenschein zu nehmen und die einzelnen Bestandteile kritisch zu bewerten. Dabei sollten sowohl Produktkonzept und Ausgewogenheit des Sortiments, das Form- und Farbdesign, die technische Funktion und Handling, der Qualitätsstandard, und Schutzrechte und Dokumentation berücksichtigt werden.

Kooperation

Unter Kooperation versteht man die zwischenbetriebliche Zusammenarbeit von Unternehmen. Zweck ist die Durchführung von gemeinsamen Aufgaben, um die Unternehmensziele besser zu erreichen. Die Unternehmen bleiben rechtlich selbständig, geben aber einen mehr oder weniger großen Teil ihrer wirtschaftlichen Selbständigkeit auf. Ziel von Kooperationen ist es zumeist, durch eine Verbesserung der Marktposition Vorteile für alle beteiligten Unternehmen zu erreichen.

Arten von Kooperationen

Die Beziehungen, in denen die kooperierenden Unternehmen zueinander stehen, bevor Sie eine Verbindung eingehen, können sehr verschieden sein. Die Arten der Kooperation unterscheidet man nach den verschiedenen Ausgangssituationen.

Horizontale Kooperation
Als horizontale Kooperation bezeichnet man eine Verbindung von Unternehmen, die auf der gleichen Produktions- oder Handelsstufe stehen. Hierzu zählt z. B. die Kooperation von Stahlwerken.

Vertikale Kooperation
Von vertikaler Kooperation spricht man, wenn sich Unternehmen verbinden, deren Produktions- oder Handelsstufen zueinander vor- bzw. nachgelagert sind. Ein Beispiel hierzu wäre die Kooperation eines

Automobilzulieferers mit einem Automobilhersteller zur Durchführung eines gemeinsamen Forschungsprojekts.

Anorganische Kooperation
Anorganische Kooperationen liegen dann vor, wenn weder eine horizontale noch eine vertikale Verbindung gegeben ist. Unternehmen unterschiedlicher Branchen kooperieren mit einer bestimmten Zielsetzung. Hierzu würde man beispielsweise eine Kooperation rechnen, die von einem Automobilhersteller und einem Kreditinstitut eingegangen wird.

Kooperationsformen

Einer Kooperation von Unternehmen können unterschiedliche Motive und Zielsetzungen zugrunde liegen. Die verschiedenen Kooperationsformen ergeben sich aus den jeweiligen Gründen für eine Verbindung.

Arbeitsgemeinschaft
Eine Arbeitsgemeinschaft (Konsortium) ist ein Zusammenschluß von Unternehmen, mit dessen Hilfe eine inhaltlich abgegrenzte Aufgabe gemeinsam bearbeitet werden soll. Das Bestehen der Arbeitsgemeinschaft, auch Konsortium genannt, ist zeitlich befristet. Die Arbeitsgemeinschaft wird in der Regel in der Rechtsform der BGB-Gesellschaft geführt. Als Beispiele für Arbeitsgemeinschaften seien Baukonsortien zur Durchführung von Großprojekten genannt.

Kartell
Ein Kartell ist ein Zusammenschluß von Unternehmen, dessen Zweck die Beeinflussung des Marktes durch Wettbewerbsbeschränkungen ist. Hierbei lassen sich verschiedene Kartelle unterscheiden:
- Preiskartelle: Vereinbarung von Fest-, Höchst- oder Mindestpreisen,
- Rabattkartelle: Festsetzung einer gemeinsamen Rabattpolitik,
- Konditionenkartelle: Vereinbarung über Geschäfts-, Lieferungs- und Zahlungsbedingungen,
- Normen- und Typenkartelle: Vereinbarung einheitlicher Normen und Typen,

- Spezialisierungskartelle: Aufteilung bestimmter Produkttypen auf die einzelnen Unternehmen,
- Quotenkartelle: Verteilung von Produktionsquoten auf die einzelnen Unternehmen,
- Gebietskartelle: Absprachen über die Aufteilung der Absatzmärkte,
- Export- bzw. Importkartelle: Absprache zur Regelung von Außenhandelsaktivitäten,
- Syndikate: Verpflichtung der zusammengeschlossenen Unternehmen, die Beschaffung bzw. den Absatz über eine gemeinsame Einkaufs- bzw. Verkaufseinrichtung abzuwickeln.

Gemeinschaftsunternehmen (→ Joint-venture)
Ein Joint-venture ist eine Form der Kooperation zwischen voneinander unabhängigen Unternehmen. Das Ziel ist die Durchführung eines Projektes, das für einen Partner allein schwer zu realisieren wäre. Das Risiko kann dadurch verringert und Know-how vom Partner erworben werden.

Das Joint-venture wird besonders häufig für Forschungskooperationen eingesetzt. Weiterhin findet diese Kooperationsform im internationalen Bereich in solchen Ländern rege Verwendung, die Eigentum im alleinigen Auslandsbesitz nicht zulassen.

Unternehmensverband
Ein Unternehmensverband ist ein Zusammenschluß von Unternehmen mit dem Zweck, bestimmte Interessen gemeinsam zu vertreten bzw. bestimmte Aufgaben gemeinsam zu erfüllen. Üblicherweise unterscheidet man
- Arbeitgeberverbände,
- Wirtschaftsfachverbände und
- Kammern.

Ziele

Die folgende Aufstellung faßt die möglichen Ziele einer Kooperation zusammen.

Ziele einer Kooperation

- Kooperationen, die vom **Beschaffungssektor** ausgehen, haben das Ziel, die eigene Marktposition gegenüber den Lieferanten zu stärken. Hierdurch sollen günstigere Konditionen (Lieferbedingungen, Zahlungsbedingungen, Termine) und Preise (Mengenrabatt) erreicht werden.
  Ein typisches Beispiel hierzu ist die Bildung von Einkaufsgenossenschaften.
- Das wichtigste Ziel einer Kooperation im **Produktionsbereich** ist das Ausnützen von Größenvorteilen. Durch Einrichtung optimaler Betriebsgrößen, das Ausnützen der Kostendegression sowie einer gleichmäßigen Kapazitätsauslastung wird ein Wettbewerbsvorteil gegenüber den Konkurrenten aufgebaut.
- Die **Finanzierungssituation** kann sich durch Kooperationen stark verbessern. Intern wird der Investitionsspielraum erheblich größer. Extern wird die Möglichkeit der Kreditfinanzierung verbessert.
- Kooperationen im **Absatzbereich** können das Motiv haben, die Marktstellung zu verbessern, um somit höhere Preise bzw. einen höheren Marktanteil durchsetzen zu können. Weiterhin können die Leistungen des bzw. der Produktionspartner die Produktpalette erfolgreich ergänzen.
- Als **weitere Ziele** für Kooperationen sollen beispielhaft genannt werden: Gemeinsame Kommunikationspolitik, gemeinsame Lobbyarbeit in Form von Verbänden, gemeinsame Nutzung von Sozialeinrichtungen (z. B. Sportanlagen).

Wettbewerbsrechtliche Konsequenzen

Unternehmensverbindungen haben in der Regel das Ziel, die Wettbewerbssituation für das einzelne Unternehmen zu verbessern. Dem steht das Gesetz gegen Wettbewerbsbeschränkungen (GWB) gegenüber, das Kooperationen dahingehend prüft, ob dadurch eine marktbeherrschende Stellung zustande kommt.

Auch das europäische Recht sieht vergleichbare Regelungen vor.

Kostenrechnung (Kosten- und Leistungsrechnung)

Die Kostenrechnung informiert über die zentrale Kenngröße im Unternehmen: Die Kosten. Damit ist sie die grundlegendste Form des → Controllings. Als Teil des betrieblichen Rechnungswesens stellt sie ihre Informationen der Unternehmensführung zur Verfügung, sie liefert die Datenbasis für künftige Entscheidungen. Für ihre Gestaltung gibt es keine gesetzlichen Vorschriften. Nach Art und Umfang wird sie von Betrieb zu Betrieb ganz unterschiedlich gehandhabt.

Begriff

Bei der betrieblichen Leistungserstellung und -verwertung entstehen Kosten, die genau erfaßt, verteilt und zugerechnet werden müssen. Dies ist Aufgabe der Kostenrechnung. Sie deckt über Soll-/Ist-Vergleiche Planabweichungen auf und hilft deren Ursachen zu finden.

Die Kostenrechnung ist Teil des betrieblichen Rechnungswesens und hat eine entscheidende Funktion für die betriebliche Steuerung und Planung. Im Gegensatz zur Finanzbuchhaltung ist die Kostenrechnung nicht vergangenheitsorientiert. Es gibt keine gesetzlichen Vorschriften zu deren Ausgestaltung. Die Kostenrechnung liefert die Basisdaten für die Kalkulation und die Betriebsergebnisrechnung des Unternehmens.

Aufgaben der Kostenrechnung

Die Kostenrechnung gibt Ihnen Auskunft über die Verteilung der Kosten, die zur Leistungserstellung in Ihrem Unternehmen anfallen. Sie ist ein unverzichtbares Instrument für die betriebliche Steuerung und Planung. Auch für kleinere Betriebe lohnt sich die Kostenrechnung. Sie muß gar nicht aufwendig sein, sondern richtet sich ganz nach den Erfordernissen des Betriebs.

Im einzelnen erfüllt die Kostenrechnung folgende Aufgaben:

Aufgaben der Kostenrechnung
• Sie liefert Ihnen wichtige Daten für die kurzfristige, laufende Betriebssteuerung. • Sie ermöglicht eine differenzierte Preiskalkulation. • Sie zeigt, wie wirtschaftlich das Unternehmen bzw. Teilbereiche im Unternehmen arbeiten. • Durch kontinuierliche inner- und zwischenbetriebliche Vergleiche gibt sie Aufschluß über Schwachstellen und Fehlentwicklungen im Unternehmen. • Sie gibt Hinweise, in welchen Bereichen Kosten gesenkt werden müssen, ob es günstiger ist, bestimmte Leistungen dazuzukaufen, bestimmte Güter zu kaufen, zu mieten oder zu leasen. • Sie liefert wichtige Daten für den Jahresabschluß bzw. die Bilanz.

Kostenrechnung und Finanzbuchhaltung

Zwischen der Kostenrechnung und der Finanzbuchhaltung gibt es enge Verbindungen. Für beide sind zum großen Teil die gleichen Geschäftsvorfälle und die gleichen Rohdaten relevant. Es läßt sich viel Zeit sparen, wenn Daten nur einmal erfaßt werden und die Auswertung gleicher Geschäftsvorfälle nur einmal stattfindet.

Sehen Sie dazu die Gegenüberstellung von Kostenrechnung und Finanzbuchhaltung:

Kostenrechnung	Finanzbuchhaltung
interne Informationsquelle für die Unternehmensführung	Information nach außen, Rechenschaftslegung (Gläubiger, Finanzamt) unter Beachtung gesetzlicher Vorschriften
individuell, pragmatisch, bedarfsorientiert	formalisiert
vergangenheits- und zukunftsorientiert	vergangenheitsorientiert
„normalisiertes" Datenmaterial, Ausschaltung zufälliger Schwankungen	genaue Dokumentation auch einmaliger Vorfälle und zufälliger Schwankungen
Ergebnisse mehrmals im Jahr, mindestens quartalsweise, besser monatlich	jährliches Ergebnis (Jahresabschluß)

Die Teilgebiete der Kostenrechnung

Die Kostenrechnung beantwortet im wesentlichen drei grundlegende Fragen.
Welche Kosten entstehen? Wo entstehen diese Kosten? Wie hoch sind die (Stück-)Kosten für ein bestimmtes Produkt bzw. eine bestimmte Leistung?

Jede dieser Fragen wird in einem bestimmten Teilbereich der Kostenrechnung untersucht.
Die **Kostenartenrechnung** ist die erste Stufe der Kostenrechnung. Sie zeigt, welche Arten von Kosten in einem bestimmten Zeitraum angefallen sind.
Die **Kostenstellenrechnung** zeigt, wo die Kosten angefallen sind. Sie unterscheidet dabei in Einzel-, Gemein- und Sondereinzelkosten.

Die **Kostenträgerrechnung** (→ Kalkulation) zeigt, wie hoch die Kosten für einen bestimmten Kostenträger, also Produkt/Leistung oder Auftrag, sind.

Fixkosten und variable Kosten

Grundlegend für jede Kostenrechnung ist die Unterscheidung von variablen und fixen Kosten. Nur so können Sie beurteilen, ob sich ein Auftrag für Ihr Unternehmen lohnt und welchen Preis Sie erzielen müssen, um kostendeckend zu arbeiten.
Fixkosten sind beschäftigungsunabhängige Kosten (also Mieten, Versicherungen, Gehälter, Finanzierungskosten, Abschreibungen, Wartung usw.). Sie fallen auf jeden Fall an, gleichgültig, ob Ihr Unternehmen voll ausgelastet ist oder gar keinen Auftrag bearbeitet.
Variable Kosten ändern sich mit der Beschäftigung. Sie sind direkt abhängig von der Auslastung Ihres Unternehmens, also von der Produktion bzw. den Aufträgen. Darunter fallen Materialkosten, Honorare für freie Mitarbeiter, Energiekosten, aber auch Reparaturen.

Bei den Fixkosten sind drei Sonderfälle zu beachten:

Sprungfixe Kosten, die sich ergeben, wenn das Unternehmen expandiert und neue Investitionen tätigt. Bis zu einem bestimmten Beschäftigungsgrad bleiben die Fixkosten konstant, dann steigen sie sprunghaft an, zum Beispiel weil ein neuer Meister eingestellt oder eine neue Maschine gekauft werden muß.
Leerkosten sind Fixkosten, die anfallen, wenn bestimmte Kapazitäten gar nicht genutzt werden. Sie sind auf jeden Fall zu vermeiden und oft ein Resultat unzureichender Planung.
Remanente Kosten fallen an, wenn bei rückläufiger Beschäftigung kostensenkende Anpassungen nicht realisiert werden können, z. B. Büromieten, die wegen vertraglicher Bindung weiterbezahlt werden müssen, obwohl die Räume nicht mehr genutzt werden.

Je höher der Anteil der Fixkosten liegt, desto stärker ist Ihr Unternehmen von einer hohen Auslastung abhängig. Bei Unterbeschäftigung könnten Sie gezwungen sein, auch Aufträge anzunehmen, für die Sie weniger als Ihre Selbstkosten bekommen.

Durch zeitnahe Kostenrechnung Fehlentwicklungen vermeiden

Für viele unternehmerische Entscheidungen liefert die Kostenrechnung die Datenbasis. Deshalb sollten Sie sicherstellen, daß Sie die Daten rasch, regelmäßig und ohne allzu große Abstände zur Verfügung haben. In der Praxis hat sich eine monatliche Aufstellung bewährt, in Form einer vorläufigen Erfolgsermittlung, meist aufgeschlüsselt nach einzelnen Produktarten oder Produktgruppen. Auch das Ergebnis einzelner Profit-Center oder Niederlassungen sollte ausgewiesen werden.

Spätestens 20 Tage nach Monatsende sollte diese Aufstellung vorliegen. In manchen Unternehmen, die mit EDV arbeiten und ihre Kostenrechnung standardisiert haben, gibt es ein vorläufiges Ergebnis bereits nach drei Tagen.

Es kommt nicht darauf an, daß die dritte Stelle hinter dem Komma stimmt, sondern daß alle wesentlichen Trends im Unternehmen erfaßt werden. Je schneller das der Fall ist, um so zügiger und letztlich effektiver kann die Unternehmensführung reagieren, Fehlentwicklungen gegensteuern, aber auch erfolgreiche Bereiche stärker fördern.

Eine effektive Kostenrechnung sollte drei Anforderungen erfüllen:

Zeitliche Nähe: Die Zahlen sollten schnell verfügbar sein, damit die Unternehmensführung auf wichtige Entwicklungen sofort aufmerksam wird und rasch erkennen kann, wie sich bestimmte Maßnahmen auf das Betriebsergebnis ausgewirkt haben.
Regelmäßigkeit: Sowohl zeitlich als auch methodisch sollte die Berechnung auf möglichst gleiche Weise durchgeführt werden. Sonst können keine Vergleiche angestellt werden.
Pragmatik: Es müssen nicht alle Zahlen bis ins Kleinste berechnet werden. Es kommt darauf an, die wichtigsten Bereiche des Unternehmens zu erfassen. Übergenauigkeit ist hier fehl am Platz.

Organisation der Kostenrechnung: Der Kontenplan

Eine sinnvolle Gliederung der Kosten wird durch den Kontenplan erleichtert. Jede Kategorie von Kosten, die im Rahmen der Kostenarten-,

Kostenstellen- und Kostenträgerrechnung verwendet wird, bekommt eine eigene Kontenklasse zugewiesen. Zwar wird jedes Unternehmen seinen eigenen Kontenplan aufstellen, doch gibt es zwei Muster, an denen es sich orientieren kann:
Der **Gemeinschaftskontenrahmen der Industrie (GKR),** bei dem Finanzbuchhaltung und Leistungsrechnung eine organisatorische Einheit bilden („Einkreissystem").
Der **Industriekontenrahmen (IKR),** bei dem das Rechnungswesen in zwei eigenständige Buchungskreise eingeteilt ist: die Finanzbuchhaltung und die Kostenrechnung („Zweikreissystem").

Sehen Sie zunächst die Übersicht über den Gemeinschaftskontenrahmen der Industrie:

Gemeinschaftskontenrahmen der Industrie (GKR)	
Kontenklasse	
0	Anlagevermögen und langfristiges Kapital
1	Umlaufvermögen und kurzfristige Verbindlichkeiten
2	Neutrale Aufwendungen und Erträge
3	Stoffe-Bestände
4	Kostenarten
5/6	Kostenstellen
7	Kostenträger: Bestände an halbfertigen und fertigen Erzeugnissen
8	Kostenträger: Erträge
9	Abschluß

Die Trennung von der Finanzbuchhaltung beim Industriekontenrahmen erlaubt eine eigenständige Gestaltung der Kostenrechnung.
Sehen Sie dazu die folgende Übersicht:

Industriekontenrahmen (IKR)	
Kontenklasse	
0	Immaterielle Vermögensgegenstände und Sachanlagen
1	Finanzanlagen
2	Umlaufvermögen und aktive Rechnungsabgrenzung
3	Eigenkapital, Sonderposten mit Rücklagenanteil und Rückstellungen
4	Verbindlichkeiten und passive Rechnungsabgrenzung
5	Erträge
6	Betriebliche Aufwendungen (Material-/Personenaufwendungen, Abschreibungen)
7	Sonstige Aufwendungen (Zinsen, Steuern, Sonstiges)
8	Ergebnisrechnungen
9	Kosten- und Leistungsrechnung
90	Abgrenzungen zur Finanzbuchhaltung
91	Kostenrechnerische Korrekturen
92	Kostenarten und Leistungsarten
93	Kostenstellen
94	Kostenträger
95	Fertige Erzeugnisse
96	Interne Lieferungen und Leistungen
97	Umsatzkonten
98	Umsatzleistungen (Erlöse)
99	Ergebnisausweise

Ist-, Normal- oder Plankostenrechnung

Grundsätzlich werden drei Methoden der Kostenrechnung unterschieden, die unterschiedliche Aspekte erfassen:

Istkostenrechnung
Die Istkostenrechnung erfaßt die effektiv angefallenen Kosten. Im Prinzip ist sie die genaueste Methode und wird in der Finanzbuchhaltung eingesetzt. Für die Kostenrechnung ist sie weniger geeignet, denn die Istkostenrechnung bildet die Vergangenheit ab. Viele Kosten lassen sich auf diese Art nicht präzise erfassen, besonders zeitlich abzugrenzende oder → kalkulatorische Kosten. Einmalige Aufwendungen oder zufällige Schwankungen verzerren das Ergebnis, künftige Kosten müssen geschätzt werden. Und so dient die Istkostenrechnung hauptsächlich der Nachkalkulation.

Istkosten = Verbrauchsmenge x Beschaffungspreis

Normalkostenrechnung
Die Normalkostenrechnung versucht die Nachteile der Istkostenrechnung auszugleichen: Zufällige Schwankungen werden geglättet, auf einen Durchschnittswert hin „normalisiert“. Ebenso werden möglicherweise wechselnde Beschaffungspreise zu konstanten Verrechnungspreisen verstetigt. Geschätzte oder geplante Preise lassen sich ebenso als Verrechnungspreis erfassen. Außerdem ist die Normalkostenrechnung einfacher und schneller zu handhaben. Allerdings besteht die Gefahr, daß die angenommenen Werte nicht zutreffen. Deshalb sollte im nachhinein mit der Istkostenrechnung überprüft werden, wie realistisch die Annahmen waren.

Normalkosten = Durchschnittlich, normalisierte Verbrauchsmenge x Verrechnungspreis

Plankostenrechnung
Die Plankostenrechnung ergänzt die beiden anderen Methoden. Mit ihr werden Kostenabweichungen ermittelt, die für die Steuerung des Betriebes von großer Bedeutung sind. Denn Ist- und Normalkosten orien-

tieren sich an der Vergangenheit und nicht an Ihren Zielen.

Bei der Plankostenrechnung wird überprüft, inwieweit das Unternehmen bestimmte Vorgaben, eben die Plankosten, einhält. Voraussetzung für eine sinnvolle Plankostenrechnung ist, daß die Vorgaben realistisch sind und nicht dem Wunschdenken entspringen. Für die Berechnung der Kostenabweichungen existieren zahlreiche Formeln.

Zusammenfassung
Zusammenfassend werden die drei Methoden der Kostenrechnung in der folgenden Übersicht gegenübergestellt:

Methoden der Kostenrechnung	Einsatzbereich
Istkostenrechnung	Finanzbuchhaltung, Nachkalkulation
Normalkostenrechnung	kurzfristige Erfolgsrechnung
Plankostenrechnung	Soll/Ist-Vergleich (in Kombination mit der Istkostenrechnung)

Vollkosten- oder Teilkostenrechnung

Die Vollkostenrechnung erfaßt sämtliche Kosten: Fixkosten und variable, Einzel- und Gemeinkosten. Die Summe wird auf Kostenstellen oder Kostenträger verrechnet. Gemeinkosten, die keinem Verursacher direkt zugeschrieben werden können, werden über einen Schlüssel verrechnet.

Die Teilkosten- oder → Deckungsbeitragsrechnung berücksichtigt zunächst nur die variablen Kosten, die den Kostenträgern zugerechnet werden. Die Fixkosten werden als feste Summe ins Betriebsergebnis übernommen. Von den Erlösen eines bestimmten Kostenträgers werden nur seine variablen Kosten, die Teilkosten, abgezogen. Die Differenz ist der Deckungsbeitrag, der angibt, mit welchem Betrag ein bestimmtes Produkt zur Deckung der (nicht verrechneten) fixen Kosten beiträgt.

Beispiel:
Die Firma Schulze & Sohn stellt Käsehobel her. Die fixen Kosten belaufen sich auf 400.000 DM pro Monat. Die variablen Kosten betragen 3,80 DM pro Käsehobel. Der Erlös liegt bei 6,50 DM. In diesem Monat fertigen Schulze & Sohn 200.000 Käsehobel.
Die Firma hat allerdings noch Kapazitäten frei. Ein Interessent möchte 10.000 Käsehobel fertigen lassen, für die er allerdings nur einen Stückpreis von 5,50 DM zu zahlen bereit ist.

Vollkostenrechnung:
Die Fixkosten werden auf die Anzahl der Kostenträger verteilt:
400.000 DM/200.000 Käsehobel = 2,00 DM pro Käsehobel
Hinzu addiert werden die variablen Kosten von 3,80 DM pro Käsehobel.
Die Gesamtselbstkosten betragen 5,80 DM pro Käsehobel.
Das Angebot von 5,50 DM liegt 0,30 DM unter dem Selbstkostenpreis.
Folgerung: 10.000 Käsehobel, die 0,30 DM unter dem Selbstkostenpreis verkauft werden, bringen der Firma einen Verlust von 3.000 DM.

Teilkostenrechnung:
Nur die variablen Kosten von 3,80 DM werden vom Erlös abgezogen:
5,50 DM – 3,80 DM = 1,70 DM Deckungsbeitrag pro Käsehobel.
Folgerung: Die 10.000 Käsehobel des Zusatzauftrages leisten einen gesamten Deckungsbeitrag von 17.000 DM. Diese 17.000 DM decken zwar nur einen geringen Teil der Fixkosten in Höhe von 400.000 DM, doch immerhin wirken sie sich positiv auf das Betriebsergebnis aus. Da in dem Beispiel die Fixkosten bereits durch den laufenden Betrieb gedeckt sind, erhöhen Sie Ihren Gewinn um 17.000 DM.

Wann Vollkosten-, wann Teilkostenrechnung?

Die Vollkostenrechnung brauchen Sie für Ihre Preisgestaltung. Sie müssen sämtliche Kosten erfassen, um Ihre Selbstkosten zu ermitteln. Ihr Produkt muß am Markt langfristig einen Preis erzielen, der über den Selbstkosten liegt, sonst erwirtschaften Sie Verluste.

Die Teilkostenrechnung hingegen hilft Ihnen, kurzfristige Entscheidungen zu treffen, vor allem, wenn es um die Beurteilung zusätzlicher Aufträge geht. Aber auch wenn Ihre Fixkosten kurzfristig recht hoch sind (wie zum Beispiel nach einer Existenzgründung oder einer größeren Investition), können Sie herausfinden, in welchem Maße bestimmte Aufträge Ihre Kosten decken. Liegt das Preisangebot unter den variablen Kosten, lohnt sich der Auftrag auf keinen Fall.

Kreativitätstechniken

Kreativitätstechniken sind Methoden, die individuelle Gedankengänge oder das kreative Potential einer Gruppe stimulieren. Die Steigerung der Kreativität soll durch die Aktivierung unterschiedlicher und auch oft ungewohnter Denkprozesse sowie durch die Kombination von Analyse und Intuition bewirkt werden. Kreativitätstechniken sind in fast allen Problemlösungsprozessen einsetzbar, angewandt werden sie jedoch meist in der Ideenfindungsphase eines Innovationsprozesses.

Begriff

Kreativität ist die Fähigkeit, ein Problem auf eine neue, ungewohnte Art zu lösen. Kreativitätstechniken sind systematische und strukturierte Methoden, die das kreative Potential einer Gruppe oder einzelner Personen fördern. Werden Kreativitätstechniken in einer Gruppe angewandt, erleichtern die gemeinsam getroffenen Entscheidungen die Durchsetzung der gefundenen Ideen im Unternehmen.

Kreativitätstechniken sind durch folgende typische Elemente gekennzeichnet:

- systematische und/oder intuitive Suche nach neuen Lösungsideen;
- Finden von möglichst vielen Lösungsideen;
- weitgehende Trennung von kreativen und logischen Denkphasen.

Ziel

Ziele der Anwendung von Kreativitätstechniken sind:
- die Steigerung der Kreativität einer Gruppe oder einzelner Personen,
- die Auflösung sogenannter Denkblockaden, die eine innere Zensur im Denken hervorrufen,
- das Auffinden origineller Lösungen für innovative Probleme und
- die Förderung ihrer Durchsetzung innerhalb des Unternehmens.

Brainstorming

Das Brainstorming ist eine Methode, um die Kreativität einer Arbeitsgruppe und deren Ideenfindung anzuregen. Es läuft in zwei Schritten ab. Im ersten Schritt (kreative Phase) wird innerhalb einer Gruppe zu einer vorgegebenen Fragestellung oder einem bestimmten Problem die Äußerung von Gedanken, Ideen oder Assoziationen von seiten der Gruppenmitglieder erwartet. Dabei kommt es in erster Linie auf eine möglichst große Anzahl von Lösungsvorschlägen an. Die Qualität dieser Vorschläge wird zunächst nicht beachtet. Jede Kritik an einem geäußerten Vorschlag ist während der kreativen Phase verboten.

In einem zweiten Schritt (Bewertungsphase) werden die gesammelten Ideen strukturiert und bewertet. Die Bewertungsphase sollte deutlich von der ersten Phase abgesetzt sein, denn die Teilnehmer müssen „geistig umschalten".

Um ein Brainstorming erfolgreich durchzuführen, müssen bestimmte Grundregeln eingehalten werden (s. Übersicht).

Grundregeln des Brainstorming
• Exakte Formulierung der Frage (des Problems), • absolutes Kritikverbot während der kreativen Phase, • Vorschläge als Anregungen, die weiterzuentwickeln sind, • schriftliche Fixierung der geäußerten Ideen, • Stimulation der Ideensammlung durch den Moderator, • Hervorbringung möglichst vieler Ideen, • Vermeidung von Zeitdruck während der kreativen Phase.

Brainwriting

Unter der Bezeichnung Brainwriting werden verschiedene Kreativitätstechniken zusammengefaßt, die jeweils schriftlich ablaufen. Man unterscheidet die Kärtchenmethode, die Methode 635 und die Collective-Notebook-Methode.

Kärtchenmethode
Jeder Teilnehmer schreibt in begrenzter Zeit alle Ideen zu einem Problem, die ihm spontan einfallen, auf (Pinnwand)-Kärtchen. Auch ganz ausgefallene Ideen werden aufgeschrieben (selbst wenn ein Gedanke sich später als sinnlos herausstellt, kann er in der schöpferischen Phase wichtig sein, um eine neue, brauchbare Idee zu assoziieren). Wichtig ist, während der kreativen Phase nicht über die Realisierbarkeit der gefundenen Ideen nachzudenken. Das geschieht erst in der folgenden Auswertungsphase, wobei alle Kärtchen an der Pinnwand angeheftet werden.

Methode 635
Der Name besagt, daß 6 Teilnehmer 3 Ausgangsideen jeweils 5 Mal weiterentwickeln. Jeder Teilnehmer bekommt ein Blatt ausgehändigt, auf dem die Fragestellung vorformuliert ist. In den kommenden fünf Minuten listet er drei Lösungsvorschläge auf, reicht das Blatt an seinen Nachbarn weiter und bekommt seinerseits ein Blatt, auf dem bereits Vorschläge notiert sind. Idealerweise läßt er sich von den Vorschlägen

anregen, schreibt drei neue hinzu und reicht nach fünf Minuten das Blatt erneut weiter.

Die Sitzung ist beendet, wenn jeder Teilnehmer jedes Blatt gehabt hat. Sechs Teilnehmer produzieren auf diese Weise in einer runden halben Stunde 108 Vorschläge. Die Auswertung verläuft wie beim Brainstorming.

Collective Notebook
Jeder Teilnehmer bekommt ein Notizbuch mit der Problemstellung. Innerhalb einer vorher festgelegten Frist (zum Beispiel eines Tages) formuliert er seinen Lösungsvorschlag. Die Notizbücher werden ausgetauscht, neue Lösungsvorschläge hinzugeschrieben. Der Austauschmodus muß vorher genau festgelegt werden.

Nach einer bestimmten Frist werden alle Notizbücher eingesammelt und ausgewertet. Die Auswertung erfordert relativ viel Zeit.

Morphologischer Kasten

Der morphologische Kasten ist die bekannteste Kreativitätstechnik, die mit einer Matrix arbeitet. Matrizentechniken versuchen, den Prozeß Ideenfindung zu systematisieren. Sie kommen nur für spezielle Fälle in Frage, zum Beispiel für die Neuentwicklung eines Produkts.

Zunächst legen Sie eine begrenzte Zahl von Kategorien (Eigenschaften) fest, auf die es Ihnen ankommt. Durch Kombination verschiedener Eigenschaften finden Sie dann die beste Lösung. Die Brauchbarkeit der Ergebnisse hängt entscheidend davon ab, ob es gelingt, die passenden Kategorien zu finden. Jede Kategorie steht für eine Klasse von Eigenschaften, die drei Bedingungen erfüllen müssen:

1. Sie müssen wesentlich sein, **2.** sie müssen sich von Ihnen verändern lassen und **3**. sie müssen das gesamte Spektrum Ihrer Möglichkeiten abdecken.

Wenn Sie z. B. eine neuen Computerbildschirm entwickeln möchten, könnten mögliche Kategorien sein: Größe, Taktfrequenz, Bildschirmtechnologie und Preis.

Haben Sie die Kategorien festgelegt, müssen Sie sich um die zugehörigen Eigenschaften, bzw. die „Parameterausprägung“ kümmern. Dabei sollten die Eigenschaften zwar das gesamte Spektrum Ihrer Möglichkeiten wiedergeben, jedoch auf eine überschaubare Anzahl reduziert werden. Drei bis vier Alternativen sind gut.

Ein einfaches Beispiel:

Parameter	**Ein neues Schreibgerät**		
Material	Kunststoff	Glas	Stahl
Form	flach	rund	eckig
Schreibmechanismus	Federhalter	Kugelschreibermine	Faserschreiber

Jetzt müssen Sie entscheiden, welche Merkmalskombinationen für Sie in Frage kommen. Sie können jedes Merkmal mit jedem anderen kombinieren. Aus den verschiedenen Kombinationen wählen Sie die Beste heraus – und setzen Sie um.

Funktions- oder Wertanalyse

Eine verwandte Matrix ist unter dem Namen „Funktions-“ oder → Wertanalyse bekannt. Strenggenommen handelt es sich gar nicht um eine Kreativitätstechnik, sondern um eine Technik, alle Möglichkeiten zur Kostensenkung auszuschöpfen.

Die Kategorien, die Sie bilden müssen, sind jene unabdingbaren Funktionen, die Ihr Produkt erfüllen muß. Anstelle der Parameterausprägungen listen Sie auf:

- Wie diese Funktion gewöhnlich/bisher erfüllt wird,
- wieviel das kostet,
- wodurch diese Funktion kostengünstiger zu erfüllen wäre,
- wieviel diese Alternative kostet.

Reizwort-Analyse

Die Reizwort-Analyse existiert in vielen Abwandlungen. Die Teilnehmer werden mit einem zufällig ausgewählten Begriff konfrontiert. Dadurch sollen sie zu ungewohnten Assoziationen Zugang finden, die kreative Ideen ermöglichen.

Ablauf
Die Reizwortanalyse sollte den folgenden Ablauf einhalten:

Zu Beginn vergegenwärtigen Sie sich noch einmal die **Ausgangsfrage.** Dann legen Sie im Zufallsverfahren einen bis maximal fünf Begriffe fest. Das Reizwort (auch Zufallswort) kann z. B. durch blindes Tippen im Lexikon erfolgen. Wichtig ist, daß die Begriffe wirklich zufällig zustandekommen. Das Reizwort wird **analysiert:** Zunächst konzentrieren Sie sich ganz auf das Reizwort. Was zeichnet es aus? Was sind seine äußeren Merkmale? Wozu wird es benutzt? Gibt es eine symbolische Bedeutung? Ihre Antworten schreiben Sie auf. Es sollten mindestens fünf, aber nicht mehr als zehn sein. Stellen Sie die **Verbindung** zu Ihrer Ausgangsfrage her. Dabei sind alle möglichen Umwege und Abwege zugelassen. Lassen Sie Ihre Assoziationen treiben. Die Lösung liegt in der Regel nicht in der kürzesten Verbindung zwischen Reizwort und Problem. Man muß Ihrer Lösung später nicht anmerken, von welchem Reizwort Sie ausgegangen sind.

Varianten
Die Reizwort-Analyse ist nur eine von vielen sog. Random-Input-Methoden. Dabei geht es immer darum, ein fremdes, zufälliges Element einzubeziehen, das neue Ideen auslösen soll. Das müssen nicht immer nur Begriffe sein. Ganz nach Geschmack lassen sich auch Bilder, Fotos, abstrakte Gemälde, Musikstücke oder Gegenstände aus Knetmasse verwenden.

Synektik

Die Synektik erreicht mit Hilfe von Analogien eine systematische (mehrstufige) Verfremdung des anstehenden Problems. Dadurch gewinnt die Gruppe sachlichen Abstand vom Problem und öffnet sich für Lösungen aus anderen Informationsmustern.
Die folgende Checkliste zeigt Ihnen den Ablauf einer klassischen Synektik-Sitzung:

Ablauf einer klassischen Synektik-Sitzung
1. Das Problem wird formuliert: Der Moderator informiert die Teilnehmer über den Ablauf der Sitzung und legt das Problem dar. 2. Brainstorming: In einem kurzen Brainstorming werden die spontanen Lösungsvorschläge gesammelt, aber noch nicht ausgewertet. 3. Das Problem wird neu formuliert: Ergeben sich durch das Brainstorming neue Gesichtspunkte, kann es nötig sein, das Problem umzuformulieren. 4. Eine „direkte Analogie“ bilden: Die Teilnehmer suchen in einem anderen Bereich eine Entsprechung für die Lösung Ihres Problems. In den meisten Fällen ist dies die Natur (andere Bereiche wären Technik, Geschichte, Wirtschaft, Gesellschaft, Kunst, Sport oder Musik). Die Antworten werden gesammelt und die Gruppe wählt eine Antwort aus. 5. Eine „persönliche Analogie“ bilden: Die Antwort, für die sich die Gruppe entschieden hat, ist Ausgangspunkt für die „persönliche Analogie“. Dabei versetzen sich die Teilnehmer in den Gegenstand hinein und stellen sich die Frage: „Wie fühle ich mich/verhalte ich mich als ...?“ Wieder wählt die Gruppe einen Vorschlag aus. 6. Eine „symbolische Analogie“ bilden: Ausgehend vom Vorschlag aus Schritt 5 suchen die Teilnehmer nach ungewöhnlichen Vergleichen mit Formen, Bildern oder Klängen. Am Ende entscheidet sich die Gruppe wieder für einen Vorschlag.

7. Eine zweite direkte Analogie bilden: Der Vorschlag ist bereits denkbar weit von der Ursprungsfrage entfernt. Jetzt wird er nochmals auf einen bestimmten Bereich projiziert. Wurde im 4. Schritt die Natur ausgewählt, wird nun meist die Technik genommen. Die Teilnehmer fragen sich: Auf welche technischen Geräte oder Verfahren könnte der Vorschlag zutreffen? Es werden eine bis drei Lösungen ausgewählt.
8. Analyse der Analogie(n): Alle Merkmale und Funktionsprinzipien der Lösungen werden aufgelistet: Was zeichnet die Geräte oder Verfahren aus?
9. Force-Fit: Die ist die entscheidende Phase. Die Merkmalsliste wird auf die Ausgangsfrage zurückbezogen. Was bedeuten diese Merkmale in Hinblick auf unser Problem? Die Teilnehmer müssen mindestens einen Vorschlag entwickeln.
10. Formulieren der Lösungsansätze: Ausgehend von den Ergebnissen des 9. Schritts formuliert die Gruppe ihre Lösungsansätze. Auf die Anzahl kommt es nicht an, entscheidend ist, ob es den Teilnehmern gelungen ist, Ideen zu finden, die weiter ausgearbeitet werden können.

Anwendung der Kreativitätstechniken im Unternehmen

Achten Sie darauf, die Regeln der einzelnen Kreativitätstechniken einzuhalten, da nur dann ihre kreativitätsfördernde Wirkung wirklich einsetzen kann. Nicht jede formlose Diskussion über ein Problem ist schon ein Brainstorming.

Sorgen Sie dafür, daß alle notwendigen Materialien für eine Kreativitätssitzung, wie z. B. Flipcharts oder Pinnwände, vorhanden sind.

Jeder Teilnehmer einer Kreativitätssitzung sollte das zu lösende Problem genau verstanden haben.

Folgende Regeln haben grundsätzlich für alle Techniken Gültigkeit:

Grundregeln für alle Kreativitätstechniken
• Exakte Zeitspanne für die kreative Phase festlegen; • absolutes Kritikverbot während der schöpferischen Phase; • Gedanken (Ideen) so spontan wie möglich äußern; • je ausgefallener eine Idee, desto besser; • genannte Ideen aufgreifen und weiterentwickeln; • Quantität geht ausnahmsweise vor Qualität.

Kundenorientierung

Kundenorientierung, im erweiterten Sinn Marktorientierung, bedeutet, daß sich der Unternehmenszweck und das damit zusammenhängende Denken und Handeln an den Wünschen und Erfordernissen der Kunden orientieren.

Ziel der Kundenorientierung

Jahrzehntelang war die Technikorientierung in vielen Firmen Grundlage des unternehmerischen Handelns. Funktionale Produkte, die in den Köpfen der Entwickler entstanden sind, bildeten das Warenangebot für den Markt. In den letzten Jahren hat dieses einseitig nach innen gerichtete Verhalten viele Firmen vor ernsthafte Probleme gestellt, da die Produkte am Markt vorbei entwickelt wurden. Deshalb liegen der Kundenorientierung in erster Linie folgende Ziele zugrunde:

- Ausrichtung der Produkte und Leistungen auf die Bedürfnisse der Kunden,
- intensive Beratung und Betreuung der Kunden bei der Lösung von Anwendungsfällen,
- Kundenbindung durch partnerschaftliche Zusammenarbeit,
- permanenter Informationsaustausch.

Voraussetzungen für die Kundenorientierung

Damit sich Firmen an den tatsächlichen Bedürfnissen der Kunden orientieren können, müssen bestimmte Voraussetzungen erfüllt werden: Kundenorientierung ist Chefsache. Erst durch die gezielte **Ausrichtung der Geschäftspolitik** auf den Markt und den Kunden wächst in einem Unternehmen das Bewußtsein für die Bedeutung des Absatzmarktes und für die Kunden. Ausgehend von der Geschäftspolitik müssen zudem die hierarchischen und funktionalen Voraussetzungen innerhalb des Unternehmens so geändert und angepaßt werden, daß eine durchgängige Kundenorientierung erreicht wird. Die **Organisations- und Managementstrukturen** sollten den Kontakt mit den Kunden unterstützen. Ebenso wichtig ist es, ein **lückenloses Kommunikationsnetzwerk** aufzubauen. Kundenorientierung und die damit verbundenen Zielsetzungen können nur verwirklicht werden, wenn mit den Kunden und Marktpartnern eine reibungslose Kommunikation gepflegt wird. Dazu zählt die Kommunikationsfähigkeit des einzelnen Mitarbeiters genauso wie ein permanenter Informationsfluß und eine verständliche Darstellung der Produkte und Leistungen. Deshalb müssen besonders die **Mitarbeiter,** die aktiv die Kundenorientierung umsetzen sollen, über die sozialen, methodischen und fachlichen → Kompetenzen verfügen, um für den Kunden vertrauensvolle und hilfreiche Partner zu sein.

Instrumente der Kundenorientierung

Kundenorientierung, die nur betriebsintern gepflegt wird, nutzt dem Kunden wenig. Er muß die Zuwendung des Unternehmens bewußt spüren und aus diesem Handeln Vorteile ziehen können. Deshalb ist es sehr wichtig, daß Instrumente zum Einsatz kommen, mit denen Kundenbindung wirkungsvoll und erfolgreich umgesetzt werden kann.

Key-Account-Management
Mit dieser auf Schlüsselkunden ausgerichteten Funktionsstelle in Marketing und Vertrieb wird ein wichtiges Glied zur Kundenorientierung geschaffen. Das → Key-Account-Management kümmert sich aktiv um die Bedürfnisse und Wünsche des Kunden und bezieht diese gezielt in

das Unternehmen mit ein. Damit übernimmt der Key-Account-Manager eine Patenfunktion für die Kunden.

Hotline
Eine möglichst umfassende Verfügbarkeit von Informationen und Leistungen spielt für die Kundenorientierung eine ganz wesentliche Rolle. Durch die Einrichtung einer Hotline kann der Kunde permanent seine Wünsche äußern und bei auftretenden Problemen Lösungsvorschläge von kompetenten Partnern erhalten.

Einbindung in das interne Geschehen
Durch das Bereitstellen von kommunikativen Schnittstellen können Sie Ihren Kunden Einblicke in interne Datenbanken gewähren. Diese erhalten damit die Möglichkeit, Lagerbestände abzufragen oder Bestellungen sofort zu plazieren.

Kundenzufriedenheit

Kundenzufriedenheit ist eines der vorrangigen Unternehmensziele. Ein hohes Maß an Kundenzufriedenheit ist ein guter Indikator für zukünftigen Erfolg. Die Kundenzufriedenheit sollte regelmäßig ermittelt werden, um ein laufendes Markt-Feedback über die eigenen Leistungen zu erhalten und notwendige Verbesserungsmaßnahmen rechtzeitig einleiten zu können.

Begriff

Kundenzufriedenheit entsteht durch einen Vergleichsprozeß. Kunden haben vor dem Kauf der Produkte oder Dienstleistungen bestimmte Erwartungen. Die wahrgenommenen Leistungen werden dann mit den erwarteten verglichen.

Werden Erwartungen nicht erfüllt, entsteht Unzufriedenheit. Eine Erfüllung der Erwartungen führt zu einem neutralen Gefühl, gewissermaßen zu einer Indifferenz. Die Leistungen des Unternehmens werden als austauschbar wahrgenommen. Erst wenn die wahrgenommene Leistung die Erwartungen übertrifft, entsteht wirkliche Zufriedenheit. Somit ist Kundenzufriedenheit die vom Kunden wahrgenommene Diskrepanz zwischen den erwarteten und erlebten Leistungen des Unternehmens.

Kundenzufriedenheit und Mund-zu-Mund-Propaganda

Mund-zu-Mund-Propaganda hat für das Unternehmen einen hohen Stellenwert, da sie aufgrund der „Face-to-Face"-Kommunikation einen höheren Einfluß als → Werbung und meist konkrete Informationen aufgrund tatsächlicher Erlebnisse hat. Sie ist für die Kunden glaubhafter als Werbung, da nicht die Unternehmung, sondern Bekannte/Freunde Quellen der Information sind. Im Negativfall wird Mund-zu-Mund-Propaganda von den Kunden insbesondere als Möglichkeit der Äußerung erlebter Unzufriedenheit genutzt. Deshalb gilt umgekehrt: Je zufriedener der Kunde, desto häufiger empfiehlt er das Unternehmen weiter.

Unzufriedenheit und Beschwerdeverhalten

Kundenbeschwerden sind nur die Spitze eines Eisberges, etwa 50 % der unzufriedenen Kunden beschweren sich niemals. Wenn sich unzufriedene Kunden beschweren, tun sie dies in der Regel beim Händler. Dieser bearbeitet die Beschwerde nicht immer im Sinne des Herstellers. Nur ca. 5 % der Beschwerden richten sich direkt an den Hersteller.

Es gibt drei Gründe, warum sich unzufriedene Kunden nicht beschweren:
- es ist zu mühselig,
- es ist aussichtslos,
- es gibt keinen Ansprechpartner.

Alle drei Ursachen für unzureichendes Beschwerdeverhalten können durch ein gut funktionierendes **Beschwerdemanagement** beseitigt werden.

Kundenzufriedenheit und Produkteigenschaften

Es können folgende Arten von Produkteigenschaften aufgezählt werden, die unterschiedlichen Einfluß auf die Kundenzufriedenheit haben:

- **Basisanforderungen** umfassen all jene Leistungskomponenten, die der Kunde voraussetzt. Sogenannte Basiseigenschaften können zwar Unzufriedenheit verhindern, werden vom Kunden aber nicht als ein die Kaufentscheidung beeinflussender Vorzug des Produkts wahrgenommen (z. B. Qualität der Bremsen in einem Neuwagen).
- Dagegen spielen die **Begeisterungseigenschaften** eine wesentliche Rolle, weil sie dem Kunden als wichtiger Qualitätsvorteil erscheinen (z. B. Seitenairbag als Serienausstattung). Es sind dies jene Produkteigenschaften, die in der Lage sind, den Kunden zu begeistern. Dies sind jene Leistungskomponenten, die er nicht erwartet, deren Bereitstellung aber den Wert eines Produktes erhöht und einen überproportional starken Einfluß auf die Zufriedenheit mit einem Produkt oder einer Dienstleistung haben.
- Werden diese Leistungskomponenten nicht angeboten oder erfüllt, hat das aber keinen negativen Einfluß auf die Zufriedenheit. Begeisterungsanforderungen werden vom Kunden in der Regel nicht explizit verlangt und auch nicht erwartet.
- Dazwischen liegen die **Leistungseigenschaften,** bei denen der Kunde einen unmittelbaren Vergleich mit Konkurrenzangeboten herstellt (z. B. Motorleistung oder Benzinverbrauch eines Autos). Es sind dies die erwarteten und in der Regel auch vom Kunden meßbaren Leistungskomponenten. Werden diese nicht den Erwartungen entsprechend erfüllt, entsteht Unzufriedenheit, werden sie übertroffen, steigt die Zufriedenheit. Leistungsanforderungen werden vom Kunden explizit verlangt.

Kurzarbeit

Kurzarbeit bedeutet eine vorübergehende Verkürzung der normalen betrieblichen Arbeitszeit aus betrieblichen Gründen (z. B. Auftragsmangel) bei gleichzeitiger Verringerung des Entgelts. Die Einführung von Kurzarbeit ist gegenüber dem Arbeitsamt anzeigepflichtig. Für die Ausfallzeiten wird Kurzarbeitergeld gezahlt, das als Lohnersatzleistung steuerfrei ist.

Auswirkungen

Kurzarbeit stellt eine rasch durchführbare Möglichkeit der Personalreduzierung dar. Der Personalbestand bleibt grundsätzlich erhalten, so daß bei Rückkehr zum normalen Arbeitsvolumen keine Kosten für → Personalbeschaffung und Einarbeitung entstehen. Die → Personalkosten lassen sich in nahezu dem gleichen Ausmaß senken, um das die Arbeitszeit verringert wird. Der Verdienstausfall für die Mitarbeiter hält sich durch die Zahlung von Kurzarbeitergeld in erträglichen Grenzen.

Anzeigepflichten und Verfahren

Die Einführung von Kurzarbeit ist generell anzeigepflichtig. Kurzarbeitergeld wird den Betrieben frühestens von dem Tag an gewährt, an dem die Anzeige über den Arbeitsausfall beim Arbeitsamt eingegangen ist. Beruht der Arbeitsausfall jedoch auf einem unabwendbaren Ereignis, so wird Kurzarbeitergeld frühestens vom ersten Tag dieses Ereignisses an gewährt, wenn die Anzeige unverzüglich erstattet worden ist.

Kurzarbeitergeld wird auf Antrag gewährt. Der Antrag ist vom Arbeitgeber schriftlich unter Beifügung einer Stellungnahme der Betriebsvertretung zu stellen. Der Antrag ist notwendig, weil das Kurzarbeitergeld nachträglich für den Zeitraum ausgezahlt wird, für den es beantragt worden ist.

Rechtsfolgen

Ist Kurzarbeit wirksam festgelegt worden, so wird dadurch das einzelne Arbeitsverhältnis für die Zeit der Festlegung der Kurzarbeit modifiziert. Nach Beendigung des vereinbarten Zeitraums wird das Arbeitsverhältnis in der früheren Form weitergeführt. Es bedarf also keiner erneuten Anpassung des Arbeitsvertrags. Dies ergibt sich bereits daraus, daß für jede Form der Veranlassung von Kurzarbeit (Tarifvertrag, Betriebsvereinbarung, → Arbeitsvertrag) die Dauer bereits von vornherein festgelegt werden muß.

Im übrigen bleibt das Arbeitsverhältnis in der bisherigen Weise bestehen. Die Festlegung von Kurzarbeit hat auf den dem Arbeitnehmer zustehenden Urlaubsanspruch auch dann keinen Einfluß, wenn während der Kurzarbeitsperiode die Arbeit völlig eingestellt wird, da der Urlaubsanspruch eine arbeitsvertraglich festgelegte Leistung ist und nicht von der Erholungsbedürftigkeit des Arbeitnehmers abhängt.

Wird während der Zeit, in der sich der Arbeitnehmer im Urlaub befindet, im Betrieb Kurzarbeit angeordnet, so wird diese auf den Urlaubsanspruch angerechnet. Auf die Höhe des Urlaubsentgelts hat die Kurzarbeit keinen Einfluß (siehe § 11 I Satz 3 BUrlG).

Kurzfristige Erfolgsrechnung

Die kurzfristige Erfolgsrechnung liefert in übersichtlicher und aussagefähiger Form steuerungsrelevante Informationen und ist unabhängig von steuer- oder handelsrechtlichen Bestimmungen. Voraussetzung für eine realitätsnahe kurzfristige Erfolgsrechnung ist eine Kostenrechnung, möglichst in Form einer Teilkostenrechnung. Die kurzfristige Erfolgsrechnung kann in Anlehnung an die → Gewinn-und-Verlust-Rechnung nach dem Gesamtkostenverfahren oder dem Umsatzkostenverfahren durchgeführt werden.

Das Gesamtkostenverfahren

Das Gesamtkostenverfahren ist eine Methode zur Ermittlung des Betriebsergebnisses bzw. Jahresüberschusses, bei der den gesamten Kosten einer Abrechnungsperiode die Erträge dieses Zeitraums gegenübergestellt werden. Es erfaßt die Umsatzerlöse, die Kosten und die Veränderungen im Bestand fertiger und unfertiger Produkte, die zwar erstellt, aber noch nicht verkauft sind. In erster Linie wird also die Gesamtleistung des Unternehmens gemessen und weniger der Markterfolg.

Beim Gesamtkostenverfahren ist zu beachten, daß die Umsatzerlöse, die sich nach den verkauften Mengen berechnen, den Kosten gegenübergestellt werden, die nicht vom Verkauf, sondern von der Produktion abhängig sind. Um zu einem aussagefähigen Betriebsergebnis zu gelangen, müssen daher die Bestandsveränderungen berücksichtigt werden, also die Differenz von Anfangs- und Endbestand der Abrechnungsperiode. Diese Bestandsveränderungen werden zu den Herstellkosten angesetzt. Der Umsatz richtet sich nach dem Verkauf, die Kosten nach der Produktion. Produzierte, aber noch nicht verkaufte Güter, werden durch die Änderungen im Bestand erfaßt.
Das Gesamtkostenverfahren kann als Vollkostenrechnung oder → Deckungsbeitragsrechnung durchgeführt werden.

Vollkostenrechnung
Eine Gesamtkostenrechnung auf Vollkostenbasis könnte zum Beispiel folgendermaßen aussehen:

Umsatzerlös vom 1.5. – 31.5.1999	400.000 DM
+ Bestand an unfertigen/fertigen Produkten und nicht abgerechneten Leistungen am 31.5.1999	+ 5.000 DM
- Bestand an unfertigen/fertigen Produkten und nicht abgerechneten Leistungen am 1.5.1999	- 48.000 DM
+ Aktivierte Eigenleistungen	+ 4.000 DM
= Gesamtleistung Mai 1999	361.000 DM
- Kosten vom 1.5. – 31.5.1999	- 340.000 DM
Betriebsergebnis Mai 1999	21.000 DM

Deckungsbeitragsrechnung

Bei der Deckungsbeitragsrechnung gehen Sie zunächst genauso vor und ermitteln die Gesamtleistung des betreffenden Monats. Anstatt jedoch die gesamten Kosten abzuziehen, subtrahieren Sie zunächst die variablen Kosten und erhalten den monatlichen Deckungsbeitrag. Selbstverständlich ist auch eine mehrstufige Deckungsbeitragsrechnung möglich. Näheres finden Sie im Beitrag über die Deckungsbeitragsrechnung.

Stärken und Schwächen des Gesamtkostenverfahrens

Für das Gesamtkostenverfahren spricht hauptsächlich der geringere Aufwand, denn die Erfolgsrechnung nach dem Gesamtkostenverfahren ist genauso aufgebaut wie die betriebliche Gewinn-und-Verlust-Rechnung. Die Kosten müssen nicht auf unterschiedliche Weise berechnet und verbucht werden, sondern können direkt aus der GuV übernommen werden. Das Gesamtkostenverfahren eignet sich deshalb für alle Unternehmen, deren → Kostenrechnung nach dem Einkreissystem funktioniert, die also von der Finanzbuchhaltung nicht getrennt ist. Die Erstellung der monatlichen Erfolgsrechnung kann daher ohne weiteres von der Finanzbuchhaltung übernommen werden.

Dem stehen eine Reihe von Nachteilen gegenüber. Der schwerwiegendste: Es können keine einzelnen Produkte oder Produktgruppen analysiert werden. Zwar lassen sich die Umsatzerlöse den Produkten noch zuordnen, die Kosten hingegen werden nach den Kostenarten aufgeschlüsselt und können nicht auf die Produkte bezogen werden. Für ein Unternehmen, das nur ein Produkt bzw. eine Dienstleistung anbietet, fällt dieser Nachteil allerdings nicht ins Gewicht.

Bei Mehrproduktunternehmen fehlt jedoch die Möglichkeit, eine Produkterfolgsrechnung zu erstellen.

Weiterhin erweist es sich für einige Unternehmen als sehr aufwendig, jeden Monat die Bestände aufs Neue zu erfassen, also während der Produktion eine Inventur durchzuführen. Mit Hilfe der EDV haben viele Firmen dieses Problem allerdings gelöst und nehmen eine automatische Bestandsfortschreibung vor.

Das Umsatzkostenverfahren

Es unterscheidet sich in zweierlei Hinsicht vom Gesamtkostenverfahren: Die Umsatzerlöse sowie die Kosten der verkauften Produkte oder Dienstleistungen werden nach Produkten oder Produktgruppen aufgeschlüsselt. Es handelt sich also um eine Kostenträgerrechnung.

Daraus folgt der zweite Unterschied: Die Bestände an Halb- und Fertigwaren werden aus der Betrachtung ausgeklammert. Das heißt: Was noch nicht verkauft ist, bleibt sowohl bei den Kosten als auch bei den Erlösen unberücksichtigt.

Das Umsatzkostenverfahren mißt daher nicht die Unternehmensleistung, sondern den Markterfolg. Die Kosten, um die es hier geht, sind deshalb auch definiert als Herstellkosten des Umsatzes. Hinzu kommen Verwaltungs- und Betriebsgemeinkosten, in der Summe ergeben sie die sogenannten Selbstkosten des Umsatzes.

Vollkosten- und Deckungsbeitragsrechnung

Auch das Umsatzkostenverfahren läßt sich als Vollkosten- oder Deckungsbeitragsrechnung durchführen. Dabei besitzt hier die Deckungsbeitragsrechnung eine wesentlich größere Relevanz als beim Gesamtkostenverfahren, denn erst beim Umsatzkostenverfahren lassen sich die Deckungsbeiträge der einzelnen Produkte überhaupt berechnen und bewerten.

Eine zwei- oder gar mehrstufige Deckungsbeitragsrechnung ist geeignet, zusätzliche Aspekte der Kostenstruktur zu erfassen. Dabei ist vorher abzuwägen, wie detailliert die Informationen sein müssen, damit sie von allen Führungskräften auch aufgenommen (und verstanden) werden und damit Aufwand und Erkenntnisgewinn in einem vertretbaren Verhältnis bleiben.

Eine detaillierte Aufstellung nach dem Umsatzkostenverfahren (in Form einer zweistufigen Deckungsbeitragsrechnung) könnte zum Beispiel folgendermaßen aussehen:

Produktgruppe A	**TDM**	**in %**	**Kumuliert in TDM**
Bruttoumsatzerlös			
- Erlösschmälerungen (Skonto, Boni, Reklamationen)			
= Nettoumsatzerlös			
- Fertigungsmaterial			
- Fertigungslöhne			
- Energiekosten			
- Frachtkosten			
- Verpackung			
- Provisionen			
- Fremdleistungen			
- Hilfsstoffe			
-/+ Bestands-veränderungen			
= Deckungsbeitrag 1			
- Marketing und Vertriebskosten			
- Produktionskosten			
- Materialwirtschaft			
= Deckungsbeitrag 2			
- anteilige Kosten Unternehmensleit.			
- Rechnungswesen (anteilig)			
- Personalabteilung (anteilig)			
- Controlling/EDV (anteilig)			

- Verwaltung (anteilig)			
= Betriebsergebnis			
-/+ neutrale Erträge/ Aufwendungen			
= Unternehmensergebnis			

Hinweis: Der Posten „Bestandsveränderung" bedeutet nicht, daß die Veränderungen im Bestand hier Eingang finden wie bei der Gesamtkostenrechnung, sie werden vielmehr herausgerechnet.

Beispiel:
Die Firma Lukas stellt Bürogeräte her. Im Monat Juli hat sie 500 Aktenvernichter hergestellt, aber nur 300 verkauft. Für die 200 Geräte, die sie nicht verkauft hat, werden sämtliche variablen Kosten anteilsmäßig in der Postition „Bestandsveränderungen" herausgerechnet, weil diese Kosten zwar angefallen sind, aber (noch) nichts zum Umsatz beigetragen haben.
Erst wenn die Firma die Geräte tatsächlich verkauft hat, werden diese Kosten berücksichtigt. Das Problem dabei: Korrekterweise müßten die ursprünglichen Kosten angesetzt werden. Dies ist in der Praxis allerdings nur schwer durchführbar. Insofern empfiehlt es sich, bei Preisschwankungen die Kosten zu glätten, zu „normalisieren".
Der Posten „Bestandsveränderung" kann wegfallen, wenn nur die variablen Kosten der verkauften Produkte in die Berechnung eingehen und „normalisierte" Kosten zugrunde gelegt werden.

Stärken und Schwächen des Umsatzkostenverfahrens
Der größte Vorzug des Umsatzkostenverfahrens besteht darin, daß es eine differenzierte Aufteilung der Kosten auf die Kostenträger erlaubt. Dadurch läßt sich ihre Ertragskraft besser beurteilen. Unrentable Produkte lassen sich schnell identifizieren und ggf. aus dem Produktionsprogramm nehmen, ehe größere Verluste entstehen. Produkte, die hohe Gewinne erwirtschaften, lassen sich stärker forcieren. Auf jeden Fall wird eine differenzierte Betrachtung des Produktionsprogramms möglich.

Der gewichtigste Nachteil ist der höhere Aufwand. Das Umsatzkostenverfahren ist kaum in die Buchführung zu integrieren und wird deshalb als Kostenträgerrechnung mit eigenem Buchungssystem von der Buchführung getrennt (Zweikreissystem).

Wie sollte eine Erfolgsrechnung aufgebaut sein?

Welche Daten in der Erfolgsrechnung erscheinen sollten, hängt vom Unternehmen ab, wie es aufgebaut ist, welche Produkte oder Dienstleistungen es anbietet und worin wichtige Erfolgsfaktoren bestehen. Grundsätzlich sollten aber alle wesentlichen Zahlen zu Umsatz und Kosten berücksichtigt werden. Eine auf wenige, aber aussagefähige Zahlen konzentrierte Erfolgsrechnung bringt oftmals einen größeren Nutzen, als wenn möglichst viel Datenmaterial zusammengestellt wird. Es ist wesentlich effizienter, fallweise tiefergehende Informationen zu erheben, wenn es erforderlich sein sollte, als ständig einen großen Datenpool vorzuhalten, der nicht genutzt wird.

Eine praktikable Lösung könnte zum Beispiel folgende Daten erfassen:

Erfolgsrechnung: Daten

- Brutto-, Netto-Umsatzerlöse (aufgeschlüsselt nach Produktgruppen)
- Variable Kosten (aufgeschlüsselt nach Produktgruppen)
- Fixkosten, die den Produktgruppen zugeordnet werden können
- Fixkosten, die das gesamte Unternehmen betreffen
- Daraus ergeben sich die Deckungsbeiträge 1 und 2 (→ Deckungsbeitragsrechnung)
- Betriebsergebnis (gesamt und nach Produktgruppen)
- Umsatzrentabilität (gesamt und nach Produktgruppen)
- Abweichungen von den geplanten Ergebnissen
- Eine Aufstellung, ob das geplante Ergebnis im laufenden Geschäftsjahr noch erreicht werden kann

Um schnell die erforderlichen Schlüsse aus dem Datenmaterial ableiten zu können, müssen die Informationen logisch aufeinander aufbauen und übersichtlich angeordnet sein. So läßt sich das Wesentliche schnell erkennen.

Erfolgsrechnung in der Praxis

Die kurzfristige Erfolgsrechnung dient einem klaren Ziel: Die Unternehmensführung soll über die wesentlichen „Erfolgszahlen" auf dem laufenden gehalten werden. Das bedeutet, daß sich die Erfolgsrechnung am Informationsbedarf der Führungskräfte orientieren muß. Sie muß in der Lage sein, Umsatz und Kosten so aufzuschlüsseln, wie es die Führungskräfte für ihre Entscheidungen benötigen, also beispielsweise nach Produktgruppen, Kundengruppen, Verkaufsgebieten, Profit Centern und/oder Kostenstellen.

Kosten und Nutzen der Berichterstellung müssen in einem vernünftigen Verhältnis zueinander stehen und dazu führen, daß die Berichte aktiv als Steuerungsinstrumente eingesetzt werden.

Die Führungskräfte müssen die Berichte lesen und sollten auch darüber sprechen. Es ist nämlich nicht viel damit gewonnen, wenn jeder die Berichte zur Kenntnis nimmt, aber keine Konsequenzen gezogen werden.

Erfolgsrechnung darf nicht ohne Konsequenzen bleiben. Mit Hilfe der kurzfristigen Erfolgsrechnung können Sie allen Entscheidungsträgern im Unternehmen monatlich aufschlußreiche Informationen über den Erfolg Ihres Bereiches zur Verfügung stellen. Auf dieser Grundlage sollten mögliche Abweichungen vom Plan offen diskutiert und Lösungen gesucht werden. Am besten legen Sie einen regelmäßigen Termin fest, an dem die Unternehmensleitung die monatlichen Ergebnisse bespricht.

Laufbahnplanung

Durch die Laufbahnplanung wird festgelegt, welche Positionen ein Mitarbeiter im Laufe seiner weiteren beruflichen Entwicklung noch einnehmen kann und welche qualifizierenden Maßnahmen dazu erforderlich sind. Laufbahnplanung schafft Transparenz über vorhandene Karrieremöglichkeiten und fördert die Motivation. Durch die Laufbahnplanung wird eine arbeitsplatzbezogene Mitarbeiterentwicklung möglich.

Nutzen der Laufbahnplanung

Eine erfolgreiche Laufbahnplanung (individuelle Entwicklungsplanung, Karriereplanung) nützt sowohl der Unternehmung als auch den Mitarbeitern. Für das Unternehmen geht es in erster Linie um die Deckung des künftigen Personalbedarfs.
Die Laufbahnplanung verschafft Transparenz über vorhandene Potentiale im Unternehmen und stellt sicher, daß bei der Besetzung künftiger Vakanzen geeignete Kandidaten zur Verfügung stehen.
Sie informiert über die Wünsche der Mitarbeiter, denn nicht jeder will Karriere machen.
Weiterhin führt die Laufbahnplanung zu einer höheren Leistungsfähigkeit der Mitarbeiter, da diese eine bessere Qualifikation aufweisen, und erhöht die Mitarbeiterbindung an die Unternehmung.

Die Mitarbeiter sehen in der Laufbahnplanung vor allem ein Instrument, durch das die Vorstellungen und Wünsche über die persönliche Entfaltung und das berufliche Fortkommen befriedigt werden können.
Die Mitarbeiter erlangen Transparenz über mögliche Aufstiegsmöglichkeiten im Unternehmen und können Initiativen für ihre künftige Entwicklung ergreifen.
Sie gehen mit größerer Motivation an ihre Aufgaben heran und erlangen Sicherheit durch die Bindung an das Unternehmen.
Für die Mitarbeiter bedeutet die Anpassung an neue Anforderungen auch eine Erhöhung des eigenen „Marktwertes“.

Gestaltungsmöglichkeiten

Den unterschiedlichen Bedürfnissen der Mitarbeiter und den Möglichkeiten des Unternehmens wird durch verschiedene Modelle Rechnung getragen.

Führungslaufbahn
In vielen Unternehmen wird Laufbahnplanung nur für den Führungskreis angeboten. Hintergrund dafür ist häufig die Überlegung, daß die oberen Führungskräfte am wichtigsten für den Unternehmenserfolg sind. In solchen Laufbahnplänen ist zumeist eine Abfolge von Führungspositionen abgebildet, die mit einem kleineren Verantwortungsbereich beginnt.

Für den Außendienst könnte ein solches Konzept wie folgt aussehen:

Gruppenleiter
↓
Regionalleiter
↓
Außendienstleiter
↓
Bereichsleiter Marketing und Vertrieb

Fachlaufbahn
Die Zahl der vorhandenen Führungspositionen ist begrenzt. Außerdem möchte nicht jeder Mitarbeiter Führungsverantwortung übernehmen oder verfügt über das Potential dazu. Auch diesen Mitarbeitern können Karrierechancen geboten werden, wenn neben der mit Personalverantwortung verbundenen Führungslaufbahn auch sog. Fachlaufbahnen geschaffen werden.

In einer Außendienstorganisation kann die Fachlaufbahn aus verschiedenen Ebenen bestehen, die der Mitarbeiter mit zunehmender Qualifikation und steigendem (Umsatz-)Erfolg einnimmt:

Außendienstmitarbeiter
↓
Senior-Außendienstmitarbeiter
↓
Bezirksleiter

Diese Stufen beinhalten dann nicht die Übernahme von Führungsverantwortung, sondern jeweils umfassendere Fachverantwortung sowie materielle Vorteile (z. B. ein größerer Dienstwagen).

Projektlaufbahn
Im Zuge des Abbaus von Hierarchieebenen finden sich in Unternehmen immer häufiger Projektorganisationen. Dadurch bieten sich mögliche Laufbahnen, die sich überwiegend auf zeitlich begrenzte Arrangements beziehen und eine Verknüpfung von „Expertentum" und „Führungsaufgaben" darstellen.

Ein bereichsneutrales Beispiel könnte wie folgt aussehen:

Projektbeauftragter
↓
Sub-Projektleiter
↓
Projektleiter

Klarheit durch eindeutige Regelungen

Laufbahnplanung sorgt für Transparenz über vorhandene Karrieremöglichkeiten und fördert die Mitarbeitermotivation. Willkür bewirkt das Gegenteil. Aus diesem Grund sind eindeutige Regelungen besonders wichtig. Sie schaffen Klarheit und fördern dadurch die Mitarbeitermotivation.

Stellenbesetzung aus den eigenen Reihen
Der Grundsatz „Aufstieg aus den eigenen Reihen" ist eine wesentliche Voraussetzung für die erwähnte Motivationswirkung. Auch wenn der heutige Arbeitsmarkt eine Vielzahl von hochqualifizierten Fach- und Führungskräften hergibt, sollte für die zu besetzenden Positionen

zunächst intern nach geeigneten Kandidaten gesucht werden. Werden interessante Positionen immer nur durch Externe besetzt, verlieren die Mitarbeiter die Motivation und den Glauben an eine reelle Aufstiegschance.

Die Stellenbesetzung aus den eigenen Reihen hat auch den Vorteil, daß die Stärken und Schwächen des Mitarbeiters bekannt sind, weshalb die Gefahr einer Fehlentscheidung sehr viel niedriger ist als bei einer externen Stellenbesetzung.

Eindeutige Auswahlkriterien

Die Kriterien für den Vollzug eines Karriereschritts sollten für alle Mitarbeiter einsehbar sein. Damit erhalten die Mitarbeiter eine gewisse Sicherheit und können selbst einschätzen, ob sie bereits für einen Entwicklungsschritt in Frage kommen. Außerdem wird der häufig auftretenden Meinung vorgebeugt, daß bei einer Entscheidung zur Beförderung oder Weiterentwicklung subjektive Faktoren (z. B. gute Beziehungen) eine Rolle gespielt haben.

Anhand objektiver Kriterien (z. B. Ergebnisse der letzten Leistungsbeurteilung, Betriebszugehörigkeit, Ergebnisse von Auswahlverfahren wie → Assessment Center) ist eine fundierte Entscheidung gewährleistet.

Kein „Beförderungsmechanismus“

Die festgelegten Auswahlkriterien müssen dennoch einen Spielraum lassen. Ein Automatismus bei Beförderungen wie im Öffentlichen Dienst sollte vermieden werden; deshalb sind die Betriebs- oder Positionszugehörigkeit als einzige Auswahlkriterien nicht praktikabel.

Außerdem muß eine einmal getroffene Entscheidung rückgängig gemacht werden können. Wenn der Mitarbeiter sich nicht bewährt oder wenn neue betriebliche Gegebenheiten vorliegen, müssen frühere Entscheidungen ggf. überprüft und revidiert werden.

Transparente Organisationsstruktur

Damit ein funktionierendes Laufbahnplanungssystem aufgebaut werden kann, muß Klarheit über die im Unternehmen vorhandenen Positionen herrschen:

- Nur so können mögliche Karrierewege/Laufbahnen aufgezeigt werden.

- Die Mitarbeiter können selbst einen Einblick in für sie interessante Bereiche erhalten.
- In der Regel können Vorgesetzte und Mitarbeiter dann bereits auf Stellenbeschreibungen und/oder Anforderungsprofile zurückgreifen, um Informationen über die zu besetzenden Stellen zu erhalten.

Instrumentelle Voraussetzungen

Als Grundlage für die Laufbahnplanung werden sowohl Informationen über die Stellen im Unternehmen als auch über die Mitarbeiter benötigt. Um Doppelerfassungen zu vermeiden, sollte auf das bereits vorhandene Instrumentarium zurückgegriffen werden.

Zur Ermittlung und Erfassung von Stelleninformationen bieten sich → Stellenbeschreibungen und → Anforderungsprofile an. Informationen über die Mitarbeiter, deren Leistungen und Potential können am besten durch eine formalisierte → Mitarbeiterbeurteilung ermittelt werden.

Individuelle Laufbahnpläne

Die Informationen, die über Positionen und Mitarbeiter vorliegen, können auf unterschiedliche Art und Weise verarbeitet werden.

Ein individueller Laufbahnplan (Mitarbeiterentwicklungsplan) ergibt sich entweder aus den in der Leistungsbeurteilung vereinbarten Maßnahmen oder in einem eigenen Laufbahngespräch (→ Fördergespräch). Der Schwerpunkt liegt dabei nicht, wie bei der Beurteilung, auf den Leistungen der Vergangenheit, sondern auf dem Potential für zukünftige Aufgaben.

Die wesentlichen Elemente eines individuellen Laufbahnplans sind nachfolgend mit entsprechenden Erläuterungen dargestellt:

Mitarbeiterentwicklungsplan	
Ziel des Plans:	☐ **Leistungsverbesserung** ☐ **Entwicklung**
Sollen beim Mitarbeiter zunächst Schwächen abgebaut werden (Leistungsverbesserung) oder soll der Mitarbeiter auf eine andere Position hinentwickelt werden (Entwicklung)?	
Stärken des Mitarbeiters:	**Schwächen des Mitarbeiters:**
Welche Eigenschaften/Fähigkeiten des Mitarbeiters machen ihn erfolgreich (Leistungsbeurteilung) und befähigen ihn, seine langfristigen Ziele zu erreichen?	*Wo hat der Mitarbeiter Entwicklungsbedarf, sowohl mit Blick auf die derzeitigen Aufgaben als auch auf zukünftige Ziele?*
Entwicklungsziele für den Planungszeitraum:	
Welche konkreten Ziele soll der Mitarbeiter bis zu einem bestimmten Zeitpunkt erreichen? „Der Mitarbeiter sollte bis zum ... in der Lage sein, ...“	
Entwicklungsmaßnahmen für den Planungszeitraum:	
Welche konkreten Entwicklungsmaßnahmen zur Erreichung der o. g. Entwicklungsziele und zur Vorbereitung auf evtl. weitere Aufgaben sind notwendig? Neben Trainings und Seminaren z. B. auch Projekte, Training-on-the-job o. ä.	
Langfristige Ziele:	
Welche langfristigen Zielsetzungen hat der Mitarbeiter?	
Langfristige Maßnahmen/Potentiale:	
Welche „Karriereschritte“ sind möglich und dienen der Erreichung der langfristigen Ziele?	

Allgemeine Laufbahnmodelle

Allgemeine Laufbahnmodelle beziehen sich nicht auf den einzelnen Mitarbeiter, sondern zeigen vielmehr idealtypische Laufbahnen im Unternehmen. Diese werden im Laufbahngespräch unter Berücksichtigung der aktuellen Gegebenheiten auf einen bestimmten Mitarbeiter zugeschnitten.

Beispiel:
Das Beispiel aus der Außendienstorganisation läßt sich als Kombination von Fach- und Führungslaufbahn ausdehnen:
- Außendienstmitarbeiter
- Senior-Außendienstmitarbeiter
- Bezirksleiter (bis hierhin keine Personalverantwortung)
- Gruppenleiter (mit eingeschränkter Personalverantwortung)
- Regionalleiter (mit voller Personalverantwortung und Budgetverantwortung für das Gebiet)
- Außendienstleiter (Verantwortung für Umsatz und Mitarbeiter einer gesamten Produktlinie)
- Bereichsleiter Marketing und Vertrieb (zusätzlich Marketing)

Als Kriterien zur Übernahme in die zweite (Senior-Außendienstmitarbeiter) oder dritte Stufe (Bezirksleiter) kann man bespielsweise festlegen:
Jeweils zwei Jahre hintereinander
- muß eine Leistungsbeurteilung mit mindestens „gut" erzielt werden oder
- es müssen bestimmte vorgegebene Umsatzziele erreicht werden.

Sobald der Mitarbeiter eine Ebene erreicht, bei welcher der nächste Karriereschritt die Übernahme von Personalverantwortung mit sich bringt, sollten andere qualitative Kriterien hinzugezogen werden (z. B. die erfolgreiche Gestaltung eines bestimmten Projekts als Projektleiter).

Für die Beförderung vom Gruppen- zum Regionalleiter muß sichergestellt werden, daß der Mitarbeiter sich bereits in seinen „abgespeckten" Führungsaufgaben bewährt hat. Für den „Sprung" zum Außendienstleiter sind neben der bewiesenen guten Führungsfähigkeit auch eine Vielzahl kaufmännischer Fertigkeiten wie Planung, Kostenrechnung, Marketing etc. nötig.

Es ist sinnvoll, in den allgemeinen Laufbahnmodellen auch gleich notwendige Trainingsmaßnahmen festzuschreiben. Wenn der Trainingsbereich beispielsweise ein internes Führungskräftetraining anbietet, das den Teilnehmern Philosophie und Instrumente für erfolgreiche Mitarbeiterführung im Unternehmen vermittelt, sollte die Teilnahme für angehende und/oder neue Führungskräfte verpflichtend sein.

Leadership

Leadership läßt sich am besten im Vergleich zum Management erläutern: Zielt letzteres auf das Machen von Dingen und die Fachverantwortung, so verweist Leadership auf die Vorbildfunktion. Die Respektierung des Menschen und die Fähigkeit, diesen zu Spitzenleistungen anzuregen, stehen dabei im Vordergrund.

Begriff

Leadership heißt, neue Möglichkeiten zu entdecken und umzusetzen oder umsetzen zu lassen sowie die unternehmerischen Veränderungsprozesse so gestalten, daß Werte für die Kunden geschaffen und dadurch auch die übrigen Partner der Unternehmung zufriedengestellt werden. Leadership heißt auch, die Mitarbeiter anregen, inspirieren und in die Lage versetzen, daß neue Märkte „erfunden" oder die Spielregeln in bestehenden Märkten verändert werden.
Leadership ist mit der Aufgabe eines Dirigenten, Bauherrn oder Trainers vergleichbar, Management mit der eines Kapellmeisters, Baumeisters oder Kapitäns einer Fußballmannschaft. Führende brauchen beides – Leadership- und Managementfähigkeiten.

Wie im Zusammenspiel von Yin und Yang ist es für den Führenden wichtig, daß er die Aufgaben des Managers wie die des Leaders zu verbinden weiß. Beide lassen sich voneinander abgrenzen, sollten aber immer zusammen gedacht werden, da sie sich wechselseitig beeinflussen.

Die folgende Graphik veranschaulicht die unterschiedlichen Aufgaben von Leadern und Managern:

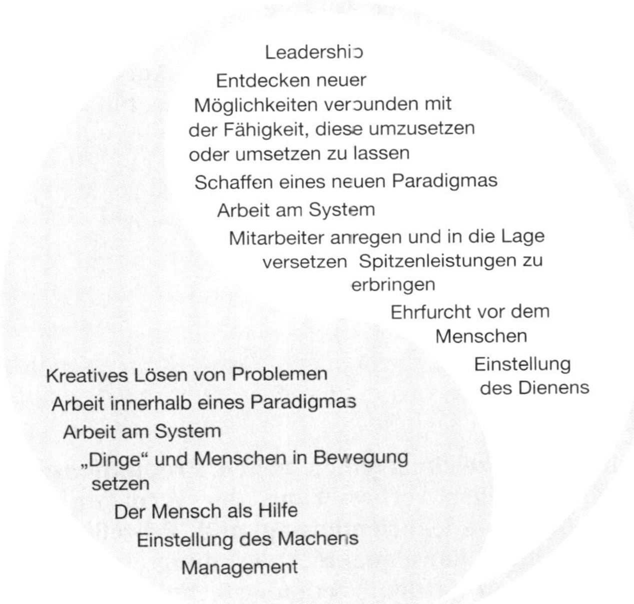

Abb.: Aufgaben von Leadern und Managern

Nicht delegierbare Aufgaben

Die Fähigkeit zu delegieren ist für Führungskräfte wichtig. Es gibt aber auch Aufgaben, die nicht delegierbar sind, wie z. B. Vision, Kernkompetenzen, Kernprodukte und Kerndienstleistungen, Wettbewerbsvorteile und -kultur, Jahresleitbilder, Strategien, Organisation und die Geschäftsprozesse, Well-being und das Corporate Image oder Erscheinungsbild der Unternehmung.

Konsequenzen für das Führungsverhalten

Die Management- bzw. Fachverantwortung besteht vor allem darin, Dinge in Bewegung zu setzen. Die Leadership-Verantwortung setzt dagegen Menschen in positivem Sinne in Bewegung.

Führende sollten sich bei jeder Aufgabe die folgenden beiden Fragen stellen:
Ist dies eine Management- oder eine Leadership-Aufgabe?
Sporne ich den Siegeswillen meiner Mitarbeiter an, bin ich Vorbild und schaffe ich Werte?

Lean Production

Lean Production bezeichnet einen neuen Produktionsansatz mit dem Ziel der ständigen Verbesserung, der Vermeidung von Verschwendung, der Kundenorientierung und Prozeßbeherrschung. Dieses Ziel soll durch konsequente Anwendung eines → Qualitätsmanagements erreicht werden. Fertigungstechnische und arbeitsablaufbezogene Strukturen werden optimiert. Wichtige Kennzeichen sind Teamarbeit, Kenntnis der operativen Tätigkeiten und Abbau von Hierarchien.

Ziel

Lean Production ist ein Organisations- und Produktionsmodell japanischer Herkunft. Es unterstützt das Management eines Unternehmens im Hinblick auf Ziele wie Qualität, Produktivität, Flexibilität und Mitarbeitermotivation.

Ziel und Nutzen der Lean Production sind die Vermeidung von Verschwendungen aller Art (z. B. Zwischenlager, Überkapazitäten), die Orientierung am Kunden, der in den Mittelpunkt aller Bemühungen gerückt wird, die Beherrschung von Prozessen, eine Null-Fehler-Produktion und die ständige Verbesserung durch konsequente Anwendung von Qualitätsmanagement.

Unterscheidungsmerkmale zu traditionellen Produktionssystemen

Sowohl in der Fertigung als auch im Management unterscheidet sich die Lean Production von klassischen Produktionssystemen. Der folgenden Aufstellung können Sie die Unterschiede entnehmen:

Unterschiede in der Fertigung
• Mehrfachbedienung von Maschinen durch einen einzelnen Mitarbeiter; • Reduzierung der Lagerbestände, Verkürzung der Durchlaufzeiten und Umkehr des Informationsflusses in der Fertigung (→ Just-in-time); • Einbeziehung der Lieferanten in die Produktion und Anlieferung nach dem Just-in-time-Konzept; • Instandhaltung der Produktionsanlagen durch das Bedienungspersonal, um Maschinenausfälle zu vermeiden (Total Productive Maintenance); • Single Minute Exchange of Die (SMED) – Entwicklung eines Systems zur Verkürzung der Werkzeugwechselzeiten, um geringere Losgrößen wirtschaftlich produzieren zu können; • der Produktionsprozeß als Ort der Wertschöpfung und Quelle des Gewinns (japanisch: Gemba). Gewinn wird dabei definiert als Verkaufspreis minus Kosten, wobei sich der Verkaufspreis durch den Markt ergibt und der Gewinn also in erster Linie von den Kosten des Unternehmens abhängig ist, die es zu senken gilt; • Identifizierung und Eliminierung der sieben Arten der Verschwendung (Sieben Muda), die im Unternehmen auftreten: Überproduktion, Wartezeit, überflüssiger Transport, ungünstiger Herstellungsprozeß, überhöhte Lagerhaltung, unnötige Bewegung, Herstellung fehlerhafter Teile (japanisch: Muda, Mura, Muri–die drei Mu);

• Einrichtung selbststeuernder Fehlererkennungssysteme, die den Prozeß bei Unregelmäßigkeiten sofort unterbrechen (japanisch: Jidoka); • Einrichtungen und Vorkehrungen zur Vermeidung unbeabsichtigter Fehler (japanisch: Poka Yoke).
Unterschiede im Management
• Verständnis der auf Qualität abzielenden Unternehmenspolitik bei sämtlichen Mitarbeitern; • → Qualitätszirkel auf allen Ebenen und Hierarchiestufen des Unternehmens; • Ausrichtung des Unternehmens an den Kundenanforderungen, die den Qualitätsmaßstab festlegen.

Lean Management

Die Elemente der Lean Production können auch auf andere Bereiche als die Produktion übertragen werden.

Auch das Lean Management ist aus der Lean Production entstanden. Wichtige Kennzeichen sind Teamarbeit, Kenntnis der operativen Tätigkeiten und Abbau von Hierarchien.

Es unterstützt das Management eines Unternehmens im Hinblick auf Ziele wie Qualität, Produktivität, Flexibilität und Mitarbeitermotivation.

Lean Management ist durch die folgenden zwölf Arbeits- und Organisationsprinzipien gekennzeichnet:

Arbeits- und Organisationsprinzipien des Lean Managements
• Arbeiten im Team und im Netzwerk, • Eigenverantwortung und Autonomie, • Feedback, Information, • Kunden- und Marktorientierung, • Priorität der Wertschöpfung, • Standardisierung aller Routineprozesse, • ständige Kritik und Verbesserung, • sofortige Fehlerabstellung durch Behebung der Ursachen, • Vorausdenken, Vorausplanen, • Vorgehen in kleinen, beherrschten Schritten, • Zielfindung und Entscheidungsbildung in fortlaufenden Zyklen, • Shopfloor-Orientierung der Führung.

Leasing

Leasing bezeichnet die mietweise Überlassung eines Objektes von einem Leasinggeber an einen Leasingnehmer. Bei diesen Objekten kann es sich um bewegliche oder unbewegliche Wirtschaftsgüter (Immobilien) handeln. Leasing erlangt eine immer größere Bedeutung und wird häufig als eine Form der Kreditfinanzierung in Anspruch genommen (→ Finanzierung).

Leasingformen

Die Praxis kennt verschiedene Leasingformen.

Operating-Leasing
Hier erwirbt der Mieter ein kurzfristiges und von beiden Seiten jederzeit kündbares Nutzungsrecht an einem Objekt. Vertragsgegenstände

sind meist Standardgüter, die sich nach Vertragsablauf zur Wiedervermietung oder zum Verkauf eignen. Laut BGB handelt es sich hierbei um normale Miet- oder Pachtverträge. Beim Operating-Leasing übernimmt die Leasinggesellschaft das Investitionsrisiko und trägt auch das Risiko des zufälligen Unterganges oder der Entwertung.

Financial-Leasing
Beim Financial-Leasing vereinbaren die Vertragspartner eine feste Grundmietzeit, die von keiner Seite gekündigt werden kann. In der Regel ist dabei die vereinbarte Grundmietzeit kürzer als die betriebliche Nutzungsdauer. Das Investitionsrisiko trägt in diesem Fall der Leasingnehmer, ebenso wie die Reparatur- und Instandhaltungskosten sowie das Risiko des zufälligen Unterganges und der Entwertung.

Spezial-Leasing
In diesem Fall ist der Leasinggegenstand auf die speziellen Bedürfnisse des Leasingnehmers zugeschnitten und kann nach Ablauf der Grundmietzeit nicht erneut verleast werden. Als Nachteil dieser Leasingform bleibt allerdings festzuhalten, daß steuerliche Zurechnung und Bilanzierung stets beim Leasingnehmer erfolgen.

Vertragsformen des Financial-Leasing

Die meisten in Deutschland getätigten Leasinggeschäfte fallen unter die Rubrik „Financial-Leasing". Hier gibt es eine Vielfalt von Vertragsmöglichkeiten mit unterschiedlichen Vereinbarungen über das Objekt nach Ablauf der Grundmietzeit.

Vollamortisations-Leasing (Full-pay-out-Verträge)
Der Leasingnehmer deckt innerhalb der Grundmietzeit mit seinen Raten mindestens die Anschaffungs- oder Herstellungskosten. Dadurch hat sich die Investition für den Leasinggeber in dieser Zeit bereits amortisiert. Das Leasing bietet den Vorteil, daß der Gegenstand steuerlich dem Leasinggeber zugeschrieben wird. Nach einem Urteil des Bundesfinanzhofes muß hierzu im Vertrag eine Grundmietzeit festgehalten sein, die zwischen 40 und 90 % der betriebsüblichen Nutzungsdauer liegt. Beträgt die Grundmietzeit weniger als 40 oder mehr als 90 % der betriebs-

üblichen Nutzungsdauer, wird der Gegenstand dem Leasingnehmer zugerechnet.
Die häufigsten Vertragsarten des Financial-Leasing sind:
Financial-Leasing ohne Kauf- bzw. Mietverlängerungsoption: Der Gegenstand wird dem Leasinggeber zugeschrieben.
Financial-Leasing mit Kaufoption: Wenn der ermittelte Wert des Leasinggegenstandes höher ist als der Kaufpreis, wird das Objekt dem Leasingnehmer zugerechnet. Hiermit ist ein erheblicher steuerlicher Nachteil verbunden. Ist der ermittelte Wert gleich oder niedriger als der Kaufpreis, wird das Objekt dem Leasinggeber zugeschrieben.
Financial-Leasing mit Kauf- bzw. Mietverlängerungsoption: Deckt die Anschlußmiete nicht den Wertverzehr des Leasinggegenstandes, wird das Objekt dem Leasingnehmer zugerechnet. Wenn die Anschlußmiete den Wertverzehr des Leasinggegenstandes hingegen deckt oder übersteigt, wird das Objekt dem Leasinggeber zugeschrieben.

Teilamortisations-Leasing (Non-pay-out-Verträge)
Hier reichen die Raten des Leasingnehmers nicht zur vollen Amortisation während der Grundmietzeit. Für den Leasinggeber ergibt sich also die Notwendigkeit, das Objekt weiter zu verwerten. Folgende Verträge sind üblich:

- Teilamortisations-Leasing ohne Kauf- bzw. Mietverlängerungsoption: Der Gegenstand wird dem Leasinggeber zugeschrieben.
- Teilamortisations-Leasing mit Andienungsrecht des Leasinggebers: Bei Abschluß des Leasingvertrags – beispielsweise über einen Pkw – wird ein Preis vereinbart, zu dem der Leasingnehmer bei Vertragsablauf den Pkw kaufen muß. Erhält der Leasinggeber von einem anderen Interessenten ein höheres Angebot, entfällt diese Pflicht. Es kann vertraglich geregelt werden, daß der Leasingnehmer an einem Mehrerlös beteiligt wird. Der Gegenstand ist in beiden Fällen dem Leasinggeber zuzuschreiben.

Kündigungsrecht des Leasingnehmers

Der Leasingnehmer kann nach Ablauf der Grundmietzeit kündigen, muß jedoch eine bestimmte Anschlußzahlung leisten. Wird das Objekt verkauft, kann z. B. bestimmt werden, daß 90 % des Erlöses auf die Anschlußzahlung angerechnet werden. In diesem Fall ist der Leasinggegenstand dem Leasinggeber zuzurechnen.

Vorteile des Leasing

Leasinggeschäfte sind erheblich unkomplizierter als ein Kreditkauf. Üblicherweise werden keine banküblichen Sicherheiten verlangt.

Leasing wird steuerlich gegenüber dem Kreditkauf begünstigt. Gewerbekapital- und Ertragssteuer entfallen; Leasingraten sind steuerlich voll abzugsfähig. Die Vorteile gelten allerdings nur, wenn der Leasingnehmer die Gegenstände nicht bilanzieren muß.

Die meisten Leasinggesellschaften übernehmen gegen eine Gebühr Wartung und Reparaturarbeiten.

Leasingrechner

Das leistet dieser Rechner:

- Er berechnet den Effektivzins des Leasinggeschäfts, der für den Leasingnehmer anfällt und erleichtert so die Entscheidung für oder gegen Leasing.
- Er berücksichtigt die Möglichkeit der Kaufoption am Ende des Leasingvertrags.
- Er berücksichtigt die Möglichkeit der einmaligen Sonderzahlung am Anfang der Laufzeit des Leasingvertrags.

Liquiditätssteuerung

Liquidität ist die Fähigkeit eines Unternehmens, seine Verbindlichkeiten uneingeschränkt erfüllen zu können. Grundlagen zur Liquiditätsermittlung sind die zu bestimmten Terminen erwarteten Ein- und Auszahlungen.
Die Liquiditätssteuerung hat die Aufgabe, Liquidität, Rentabilität und Sicherheit in ihrer Wechselwirkung optimal aufeinander abzustimmen. Ihr kommt eine wesentliche Funktion im Unternehmen zu, da Illiquidität Konkurs bedeuten kann.

Liquiditätsgrade

Für Außenstehende kann die Liquidität eines Unternehmens anhand von Kennzahlen errechnet werden. Die notwendigen Informationen werden dem Jahresabschluß entnommen.

Die anhand der folgenden Formeln errechneten Kennzahlen drücken das Verhältnis von Zahlungsverpflichtungen zu vorhandenen flüssigen Mitteln aus. Sie sind allerdings stichtagbezogen und sagen nichts über die künftige Liquidität des Unternehmens aus. Daher sind sie als Planungsgrundlage für die Zukunft nicht geeignet.

Für die Berechnung aller drei Liquiditätsgrade gilt: Je höher der Wert der jeweiligen Kennzahl, desto günstiger die Einschätzung der Liquidität des Unternehmens.

Bar- oder Kassenliquidität

$$\text{Barliquidität} = \frac{\text{flüssige Mittel (Kasse/Bankguthaben)}}{\text{kurzfristige Verbindlichkeiten (Lieferanten/Bank)}}$$

Das Ergebnis sollte aus betriebswirtschaftlicher Sicht nicht unter 0,2, also 20 %, liegen.

Liquidität 1. Grades: Geldliquidität

$$\text{Liquidität 1. Grades} = \frac{\text{flüssige Mittel und kurzfristige Forderungen}}{\text{kurzfristige Verbindlichkeiten}}$$

Für externe Bilanzanalytiker und für die innerbetriebliche Liquiditätssteuerung ist dies die wichtigste Kennzahl. Das Ergebnis sollte nicht unter 1,0, also 100 %, liegen.

Liquidität 2. Grades: Liquidität des Umlaufvermögens

$$\text{Liquidität 2. Grades} = \frac{\text{gesamtes Umlaufvermögen}}{\text{kurzfristige Verbindlichkeiten}}$$

Diese Kennzahl entspricht weitgehend derjenigen des Working capital. Sie sollte nicht unter 2,0, also 200 %, sinken.

Experten beurteilen die anhand der Kennzahlenberechnung vorgenommene Liquiditätseinschätzung sehr skeptisch. Haupteinwände sind:

- In der Berechnung wird von einer Fristenkongruenz zwischen Mittelherkunft und Mittelverwendung ausgegangen. Diese findet sich in der Praxis sehr selten. Die einzelnen Liquidations- und Fälligkeitszeitpunkte werden nicht berücksichtigt.
- Bestimmte Zahlungsverpflichtungen, die von Bestellungen, fälligen Löhnen, Mieten oder Steuernachzahlungen herrühren, fließen nicht in die Kennzahlenberechnung ein, da sie nicht aus der Bilanz ersichtlich sind.

Finanz- und Liquiditätsplan

Aufgrund der angesprochenen Mängel ist die Kennzahlenberechnung für den internen Gebrauch eine unbefriedigende Methode. Das Unternehmen selbst muß seine langfristige Liquiditätsstruktur mit Hilfe eines Finanz- bzw. Liquiditätsplanes (→ Finanzplanung) ermitteln.

Dieser Plan ist ein wesentliches Instrument der Liquiditätssteuerung. Er hat die Funktion, periodengerecht (täglich, wöchentlich, monatlich) drohende Illiquidität oder Überschüsse rechtzeitig aufzudecken und die Zahlungsströme nach den Kriterien von Rentabilität und Liquidität zu lenken. Zahlungseingänge und Zahlungsverpflichtungen müssen termingerecht in Einklang gebracht werden. Grundlage des Finanzplanes sind die Einnahmen und Ausgaben sowie die Banksalden und Kredite.

Liquiditätsüberschüsse sollten in jedem Fall gewinnbringend angelegt werden, z. B. in Form von Festgeld oder täglich liquidierbaren Börsenwerten.

Logistik

Die Logistik ist eine Querschnittsfunktion, die in die Bereiche Beschaffung, Produktion und Vertrieb hineinwirkt. Sie ist für die Organisation des gesamten Warenstroms im Unternehmen von der Warenannahme bis zur Auslieferung an die Kunden zuständig. In vielen Unternehmen wird die Rolle der Logistik unterschätzt. Die strategische Bedeutung des Warenstroms im Unternehmen wird vielfach übersehen, die Kosten werden häufig zu niedrig angesetzt und Einsparpotentiale nicht genutzt.

Was ist Logistik?

Logistik sorgt für die optimale Verteilung von Einsatzstoffen (d. h. Roh-, Hilfs- und Betriebsstoffen) und Produkten (Halb- und Fertigfabrikaten). Sie ist für die Organisation des gesamten Warenstroms im Unternehmen zuständig und kümmert sich um den Transport und die Lagerung der Materialien, um die sachgerechte Verpackung und die Versandvorbereitung der Güter. Logistik soll sicherstellen, daß im Unternehmen das benötigte Material am richtigen Ort, rechtzeitig im angemessenen Umfang und in der erforderlichen Qualität zu Verfügung steht.

Während früher die Betriebsbereiche ihre logistischen Aufgaben in eigener Zuständigkeit abwickelten, wird heute Logistik als übergeordnete Aufgabe und ganzheitliches Konzept verstanden, das die zahlreichen Aktivitäten koordiniert und organisiert. Logistik ist zum Materialmanagement geworden.

Aufgabenfelder

Die Aufgaben, die von der Logistik übernommen werden, betreffen fast alle Bereiche im Unternehmen.

Grundsätzlich werden folgende Aufgabenfelder unterschieden:

Aufgaben der Logistik
• Außerbetrieblicher und innerbetrieblicher Transport • Lager und Kommissionierung • Beschaffungslogistik: Materialbereitstellung, Wareneingang • Produktionslogistik: Planung und Steuerung der Fertigung • Absatzlogistik: Auftragsabwicklung, Verpackung, Warenausgang • Service- und Ersatzteillogistik • Entsorgungslogistik

Was kann die Logistik leisten?

Die Leistungen der Logistik für das gesamte Unternehmen werden häufig unterschätzt.

Kosten senken
Durch Straffung der Lagerstandorte, Reduzierung der Lagerbestände, Automatisierung der Materialflußtechnik, Verschiebung von Lagerkapazitäten auf Zulieferer und Spediteure, Einsatz von EDV und bessere Nutzung der Personalkapazitäten können Kosten eingespart werden.

Wettbewerbsfähigkeit erhalten
Wenn Ihr Betrieb Zulieferer für ein Großunternehmen ist, sehen die Folgen dieser Entwicklung für Sie ganz anders aus: Ihr Kunde baut Lagerkapazitäten ab, fertigt unter Umständen → Just in time und zwingt Sie damit, neue Aufgaben zu übernehmen und logistische Kompetenz aufzubauen. Wenn Sie das ignorieren, sind Sie schnell aus dem Rennen.

Kundennutzen erhöhen
Wenn Ihr Unternehmen flexibler, sicherer oder genauer liefern kann als die Konkurrenz, haben Sie einen beträchtlichen Vorteil. Dies gilt nicht nur für Zuliefererbetriebe, sondern auch, wenn Sie hochwertige Güter anbieten, bei denen ein exzellenter Service wichtig ist.

Ziele der Logistik

Durch den konsequenten Einsatz der Logistik läßt sich eine optimale Verfügbarkeit der Waren, ein effizienterer Kundenservice und niedrigere Kapitalbindung (durch verkleinerte Lagerbestände) realisieren.

Zielkonflikte

Die verschiedenen Bereiche eines Unternehmens versuchen normalerweise, ihr Ergebnis zu optimieren. Häufig sind allerdings die dafür angewandten Maßnahmen für den Erfolg anderer Abteilungen kontraproduktiv. Daraus entstehen Zielkonflikte, von denen sehr oft die Logistik betroffen ist, da sie als Querschnittsfunktion im gesamten Unternehmen Berührungspunkte hat. In diesem Fall muß sich die Unternehmensführung mit der Lösung der Konflikte befassen, da sonst der schwächere Bereich nachgeben muß, was sich negativ auf das Gesamtergebnis auswirken kann.

Die Logistikkosten

Studien haben ermittelt, daß der Anteil der Logistikkosten am Umsatz je nach Branche zwischen 10 und 30 % beträgt (bei steigender Tendenz). Dabei geben auch die Wissenschaftler nur mehr oder weniger plausible Schätzwerte an. Die präzise Erfassung sämtlicher Logistikkosten ist oftmals schwierig und von kleineren Unternehmen kaum zu leisten. Denn logistische Tätigkeiten lassen sich häufig nur schwer von Produktionsvorgängen trennen. Ein anderer Grund liegt in den unzähligen Kurztransporten und –lagerungen, bei denen der rechnerische Aufwand schnell den erwarteten Nutzen übersteigen kann.

Dennoch sollten Sie auf die Erhebung der Logistikkosten nicht verzichten. Ohne eine regelmäßige Erfassung der Kosten und Leistungen der Logistik kann ein leistungsfähiges Logistiksystem nicht aufgebaut und dauerhaft unterhalten werden.

Einen Orientierungsrahmen, welche Kosten anfallen, bieten die folgenden vier Kategorien:
Steuerungs- und Systemkosten: Hierzu zählen alle Kosten für Disposition, Planung und Kontrolle des Materialflusses.
Lagerkosten: Ein hoher Anteil von Fixkosten für das Bereithalten von Lagerkapazitäten. Variable Kosten entstehen durch Ein- und Auslagern.
Transportkosten: Interner und externer Werksverkehr. Kosten für Spedition und/oder Fuhrpark mit allen Nebenkosten. Sofern Waren von den Lieferanten angeliefert werden, müssen noch die Transportkosten berücksichtigt werden, die der Zulieferer in den Preis einkalkuliert hat.
Handlingskosten: Darunter fallen Kosten für das Verpacken, Handling, Etikettieren und Kommissionieren.

Damit ein Unternehmen den besten Nutzen aus seiner Logistik ziehen kann, muß eine optimale Organisation gewährleistet sein.

Wie Sie Ihre Logistik optimieren können, zeigt die folgende Checkliste:

Wie Sie Ihre Logistik optimieren

1. Vermeiden Sie die Zersplitterung logistischer Aktivitäten, wie sie in vielen Unternehmen heute noch verbreitet ist. Fassen Sie daher alle logistischen Funktionen in einer Organisationseinheit zusammen.
2. Binden Sie alle logistischen Aktivitäten in Ihre strategische Unternehmensplanung ein. Stellen Sie sich die Frage: Wie können diese Aktivitäten Ihre Wettbewerbsfähigkeit stärken?
3. Bilden Sie strategische Allianzen mit Lieferanten, Spediteuren und Kunden. Tauschen Sie Informationen aus, stellen Sie Informationen zu Verfügung, und nutzen Sie systematisch die Informationen Ihrer Partner.
4. Nutzen Sie alle Informationen, die Sie durch Ihre logistischen Aktivitäten gewinnen können. Information ist eine strategische Ressource. Sie muß aber erfaßt und ausgewertet werden. Dabei können Ihnen neue Informations- und Kommunikationstechnologien helfen.
5. Verbessern Sie die Qualifikation Ihres Personals. Betreiben Sie systematische Personalentwicklung.
6. Sorgen Sie möglichst für finanzielle Transparenz. Achten Sie auf die Kosten. Prüfen Sie, ob sich Transport, Lagerhaltung und Kundendienst als Profit Center organisieren lassen oder ob der Fremdbezug einzelner Leistungen günstiger ist.
7. Bemühen Sie sich um ein „optimales Serviceniveau", das heißt: Versuchen Sie, den Kundenerwartungen möglichst gerecht zu werden. Ein optimaler Service ist nicht immer ein maximaler Service. Preisdifferenzierungen sind möglich und sinnvoll.
8. Vereinfachen Sie die Abläufe in Ihrem Unternehmen. Analysieren Sie, ob sich die Anzahl der Zulieferer, Spediteure reduzieren läßt.
9. Fassen Sie einzelne Logistikleistungen zusammen. Prüfen Sie, ob sich heterogene Lieferungen verbinden lassen.

Management Buy Out

Als Management Buy Out wird der Kauf eines Unternehmens durch das darin beschäftigte Management bezeichnet. Dies kann die Übernahme des gesamten Unternehmens umfassen, es können jedoch auch nur Teile ausgegliedert und dann gekauft werden. Ziel ist eine selbständige Weiterführung des Unternehmens. Besonders häufig anzutreffen sind Management Buy Outs bei der Reorganisation großer Konzerne und bei der Reprivatisierung im Osten Deutschlands.

Begriff

Für die an einem Management Buy Out beteiligten Führungskräfte endet mit dem Kauf des Unternehmens das Beschäftigungsverhältnis, und sie werden Eigentümer des Unternehmens mit neuen Arbeitsverträgen. Somit ist ein Management Buy Out ein Teilbereich der → Mitarbeiterbeteiligung. Häufig ist bei einem Management Buy Out auch die Belegschaft involviert. Dies wird dann Belegschafts-Buy Out genannt.

Zu unterscheiden ist der Management Buy Out von einem Management Buy In. Hier wird das Unternehmen von betriebsfremden Managern gekauft, die damit auch die Geschäftsführung des Unternehmens übernehmen.

Ziele

Mögliche Ziele eines Management Buy Outs sind

- die Abwehr von unerwünschten Unternehmensübernahmen,
- die Übergabe eines Familienunternehmens an geeignete Nachfolger,
- die Sicherung des Fortbestandes des Unternehmens,
- der Erhalt von Arbeitsplätzen.

Häufige Anlässe für ein Management Buy Out

Drei Gegebenheiten führen relativ häufig zu einem Management Buy Out.

Umstrukturierung eines Konzerns
Im Rahmen der Konzentration auf ihre Kernkompetenzen versuchen viele Großunternehmen, Geschäftsbereiche abzustoßen. Der Verkauf an einen Konkurrenten ist jedoch oft aus kartellrechtlichen Gründen nicht möglich. Um ihre Arbeitsplätze und den Fortbestand des Geschäftsfeldes zu sichern, können sich die Bereichsmanager entschließen, ein Management Buy Out durchzuführen.

Reprivatisierung
Nach der Umwandlung der volkseigenen Betriebe in Aktiengesellschaften oder GmbHs wurden für ihre einzelnen Teile von der Treuhandanstalt Käufer gesucht. Neben unternehmensexternen Investoren kamen dafür auch die bisherigen leitenden Angestellten in Frage.

Nachfolgeregelung in einem mittelständischen Familienunternehmen
Bei vielen größeren mittelständischen Unternehmen findet sich kein Familienmitglied, das bereit ist, die Geschäftsführung zu übernehmen. Um trotzdem die Unabhängigkeit des Unternehmens zu sichern und seine qualifizierten Führungskräfte halten zu können, wird die Form eines Management Buy Out gewählt.

Kennzeichen eines Management Buy Out

Ein Management Buy Out wird durch bestimmte typische Kennzeichen charakterisiert.

Hoher Anteil an Fremdkapital
Typisch für einen Management Buy Out ist der hohe Anteil an Fremdkapital, mit dem der Kaufpreis aufgebracht wird. Dem Unternehmen wird kein neues Kapital zugeführt. Deswegen ist ein sorgfältig ausgearbeitetes Finanzierungskonzept besonders wichtig.

Beteiligungsgesellschaft
Die übliche Rechtsform des gekauften oder ausgegliederten Unternehmens ist die einer GmbH. Sie wird von einer Beteiligungsgesellschaft erworben, die den involvierten Managern gehört.

Leichte Festlegung des Kaufpreises
Der kritische Punkt eines Management Buy Out ist wie bei allen Unternehmenskäufen die Bewertung des Betriebs und die Festlegung des Kaufpreises. Gegenüber den herkömmlichen Käufern befinden sich die Manager im Vorteil, da sie das zu erwerbende Unternehmen und seine Gewinnaussichten gut einschätzen können.

Management-Informationssysteme (MIS)

Management-Informationssysteme (MIS) stellen leitenden Mitarbeitern relevante Führungsinformationen aktuell und zielgerichtet aufbereitet zur Verfügung. Es handelt sich dabei in der Regel um computergestützte Anwendungen, deren Einsatz systematisch zu planen ist. Realisierte Lösungen können nicht nur abteilungs- und bereichsorientiert organisiert sein; verbreitet sind auch unternehmensweite und unternehmensübergreifende MIS-Anwendungen.

Begriff

Mit dem Begriff Management-Informationssystem (MIS) werden allgemein Lösungen bezeichnet, die das Ziel haben, leitenden Mitarbeitern relevante Führungsinformationen aktuell und zielgerichtet aufbereitet zur Verfügung zu stellen und damit die Führungsqualität zu verbessern. Es handelt sich heute in der Regel um computergestützte Anwendungen, denn die Vielzahl der relevanten Führungsdaten kann nur mit Hilfe von Computern effizient bereitgestellt werden.

Ziele

Folgende Ziele kennzeichnen ein Management-Informationssystem:
- Bereitstellung von Führungsinformationen;
- bessere Informationsversorgung der Führungskräfte, wobei Management-Informationssysteme vielfach die Funktion eines → Frühwarnsystems erfüllen;
- direktes Erzeugen übersichtlicher und aussagefähiger Entscheidungsunterlagen;
- Möglichkeit, Prognosen, Simulationen oder Szenarien auf einfache Weise zu entwerfen und in allen erdenklichen Varianten durchzurechnen.

Nutzen

Durch die MIS-Einführung kann für alle Führungsebenen ein umfassender Informationsvorsprung erzielt werden. Das Unternehmen kann damit die erfolgskritischen Faktoren identifizieren, steuern und kontrollieren. Damit wird die Leistungsfähigkeit des Führungssystems zu einem entscheidenden Erfolgsfaktor für das Unternehmen.

Anforderungen

Führungskräfte stellen folgende Anforderungen an ein MIS:
- einfaches und gezieltes Navigieren durch alle elektronisch gespeicherten Informationen,
- flexible Erstellung von Planungsrechnungen,
- Möglichkeit einfacher Auswertungen,
- gezielte Verdichtung von Daten,
- graphische Umsetzung von Ergebnissen,
- automatischer Hinweis auf Fehlentwicklungen.

Einführung des Management-Informationssystems

Wenn ein Management-Informationssystem eingeführt wird, sollte nach einer bestimmten Strategie vorgegangen werden.

Projektscreening
Zunächst ist eine Zielprojektion zu formulieren. Daran anknüpfend können Lösungsalternativen formuliert sowie Entscheidungsvorschläge zur Projektrealisierung unterbreitet werden.

Entwicklung einer Anwendungsstrategie
Nach der Entscheidung für die Einführung von Management-Informationssystemen werden im Detail die geplanten Anwendungen für das Management definiert (Informationsbedarfsanalyse) sowie eine Anwendungskonzeption formuliert. Der Einführungsgrundsatz sollte lauten: „Think big, but start small."

Die Basisanwendung sollte möglichst überschaubar sein, aber bereits zukünftige Ausbaustufen berücksichtigen.

Auswahl von Hard- und Software
Ausgehend von den vorgenommenen Analysen und erarbeiteten Konzepten können erste Auswahlentscheidungen bezüglich Hard- und Software getroffen werden. Dabei gilt es vor allem, das geeignete Software-Tool festzulegen und zu beschaffen.

Anwendungsentwicklung
Danach kann die Anwendungsentwicklung am System begonnen werden. Jeder der formulierten Analysebereiche (z. B. Informationsgrößen wie der Umsatz) wird dann mit den gewünschten Daten und Rechnerverknüpfungen individuell strukturiert. Liegen Informationsbedarf und Datenmodell fest, kann bestimmt werden, wie der Informationszugriff organisiert wird. Problematisch ist, daß es in vielen Unternehmen gleich mehrere Datenpools gibt, die nicht aufeinander abgestimmt worden sind.

Methoden und Techniken

Für das Arbeiten mit einem MIS haben sich verschiedene Methoden und Techniken bewährt.

Informationsnavigation in unterschiedlichen Systemen
Der Kern eines realisierten MIS besteht zunächst einmal darin, Führungskräften die Möglichkeit zu geben, Daten und Texte aus verschiedenen Quellen zu selektieren.

Technisch betrachtet, kann ein Zugriff auf Datenbestände unterschiedlicher Programme und unterschiedlicher Rechnersysteme realisiert sein. Selbst ein integrierter Zugriff auf externe Informationsdaten, etwa des Internets, kann organisiert sein.

Ergebnispräsentation in verdichteter Form
Typisch für die Arbeit mit einem MIS ist, daß sich das Management die gewünschten Informationen quasi auf Knopfdruck am Bildschirm anzeigen lassen kann. Nach Aufruf der Anwendung muß einfach angegeben werden, welche Informationen gerade benötigt werden.

Drill-Down-Analysen
Gut organisierte Management-Informationssysteme gestatten bei Bedarf auch eine Detailanalyse. Dabei können die Nutzer mit Hilfe einer sogenannten Drill-Down-Technik stufenweise von der Spitze der Informationspyramide bis in die unteren Informationsstufen vordringen.

Regelmäßige Berichte und Frühwarnsysteme
MIS-Anwendungen können schließlich so konstruiert werden, daß in regelmäßigen Abständen Berichte geliefert werden. Die automatische inhaltliche Aktualisierung kann dabei nach vorgegebenen Intervallen erfolgen (z. B. wöchentlich, täglich, stündlich). Dadurch sind negative oder positive Trends sofort erkennbar. Aber auch Ad-hoc-Berichte können jederzeit erstellt werden.

Ein weiterer Teil des Reporting kann auf Ausnahmen und Abweichungen konzentriert sein (sogenanntes Exception Reporting). Dies setzt voraus, daß für kritische Erfolgsfaktoren wie → Cash-flow oder Umsatz klare Bandbreiten und Schwellenwerte festgelegt werden.

Berechnungen zur Datenanalyse und Entscheidungsunterstützung
Lassen gewichtete Ergebnisdaten noch keine unmittelbare Bewertung zu, müssen sie flexibel zu anderen Werten in bezug gesetzt werden können, um das gewünschte Resultat zu erhalten.

Zur Realisierung stellen Management-Informationssysteme dem Nutzer weitergehende Berechnungsmöglichkeiten und die flexible Einbindung von Funktionen bereit. Dies sind typischerweise Was-wäre-wenn-Analysen sowie Simulationen.

Einsatzformen

Orientiert am organisatorischen Integrationsgrad lassen sich verschiedene grundlegende Einsatzkonzepte für ein MIS unterscheiden:

Einsatzkonzepte für ein Management-Informationssystem
• Bei **dedizierten Management-Informationssystemen** handelt es sich meist um Lösungen, die auf eine elektronische Einbettung in ein übergreifendes Informationssystem verzichten. Letztlich werden für einen bestimmten Arbeitsplatz einer Führungskraft verdichtete Entscheidungsinformationen bereitgestellt. • Das **bereichsorientierte Management-Informationssystem** ist so organisiert, daß der Einsatz auf bestimmte betriebliche Teilbereiche hin orientiert ist. So ist der Marketingchef beispielsweise direkt mit der gesamten Marketing-Datenbasis verbunden, die ihm alle gewünschten Zahlen aus wichtigen Zielmärkten übermittelt. • Bei **bereichsübergreifenden MIS-Lösungen** werden verschiedene bereichsorientierte Management-Informationssysteme integriert. Das Haupteinsatzfeld dieser Stufe ist die Vorstandsetage bzw. die Geschäftsführung.

- **Unternehmensweite Management-Informationssysteme** sind sinnvoll, sofern ein Unternehmen über verschiedene Niederlassungen und Tochtergesellschaften verfügt. Eine unternehmensinterne Sicht reicht heute vielfach nicht mehr aus. Dabei ist nicht nur an die Bereitstellung externer Informationen (Markt- und Brancheninformationen) zur Komplettierung der Entscheidungsfindung zu denken. Auch neue Kooperationsformen – etwa mit Lieferanten – gilt es hierbei zu berücksichtigen.

Managementtechniken

Management-by-Techniken ermöglichen die selbständige und eigenverantwortliche Bearbeitung einzelner Arbeitsgebiete und bieten einen Rahmen zur Ermittlung der Leistung der Mitarbeiter und der Vorgesetzten. Sie behandeln zumeist jeweils einen speziellen Aspekt der Führungstätigkeit (z. B. Delegation oder Zielvorgabe) und stellen seine Auswirkungen auf die gesamte Managementtätigkeit sowie die Organisation dar.

Was sind Managementtechniken?

Management-by-Techniken sind konkrete Führungstechniken, die den Manager bei der Ausübung seiner Führungstätigkeit unterstützen sollen.

In den 70er und 80er Jahren sind unter der Bezeichnung „Management-by“ zahlreiche Führungstechniken aufgekommen oder altbewährte Methoden unter einem neuen klangvollen Namen erschienen. Die meisten dieser Management-by-Konzepte betrachten lediglich einen Teilbereich der Mitarbeiterführung; ein umfassendes Führungskonzept ist nur beim Management by Objectives verwirklicht.

Management by Objectives (MbO)

Wohl noch immer der Favorit unter den Management-by-Techniken ist das Management by Objectives. Grundlage dieses Modells ist die Zielvereinbarung zwischen Vorgesetztem und Mitarbeiter, in der Aufgaben, Entscheidungskompetenz, aber auch Erwartungen an die Leistung des Mitarbeiters klar definiert sind.

Sehen Sie dazu die folgende Graphik:

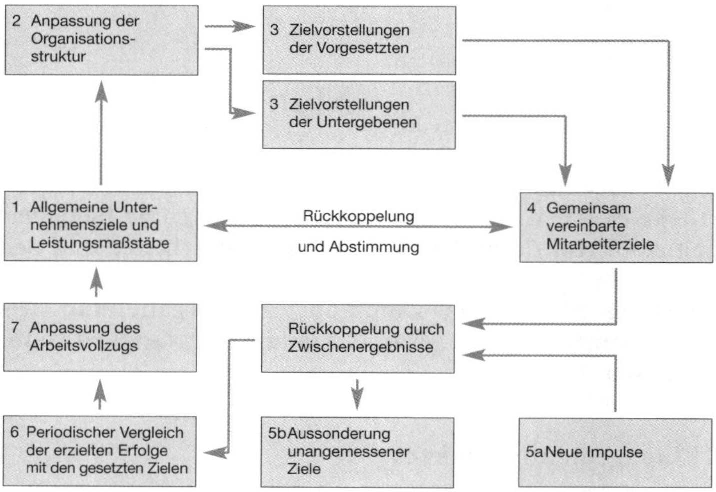

Abb.: Management by Objectives ist nicht als einmalige Tätigkeit, sondern als laufender Prozeß zu sehen.

Die Zielvereinbarung bildet die Basis für regelmäßiges Feedback durch den Vorgesetzten bzw. für die offizielle → Mitarbeiterbeurteilung. Wegen seiner Bedeutung wird das Management by Objectives im Beitrag → Zielvereinbarungen eigens behandelt.

Management by Delegation (MbD)

Management by Delegation ist ein gerade in Deutschland noch immer weitverbreitetes Führungskonzept, das sich hauptsächlich mit der Organisation von Aufgaben beschäftigt. Unter dem Namen „Harzburger Modell (Führen im Mitarbeiterverhältnis)“ wurde die bekannteste Variante von Reinhard Höhn bereits in den 50er Jahren an der Akademie für Führungskräfte in Bad Harzburg entwickelt.

Management by Delegation entlastet die Führungskraft von Detailaufgaben. Wenngleich diese Technik schon lange als überholt gilt, spielt sie in vielen Firmen und Organisationen noch eine entscheidende Rolle. Vielfach wird sie auch von neueren Techniken überlagert, was zu Widersprüchen führen kann. Es lohnt sich daher auf jeden Fall, sich mit ihren Grundlagen vertraut zu machen, und sei es auch nur, um daraus andere Folgerungen abzuleiten.

Führen im Mitarbeiterverhältnis
An die Stelle von Befehl und Gehorsam soll ein klar strukturiertes und formalisiertes „Führen im Mitarbeiterverhältnis“ treten. Dadurch soll das selbständige Handeln der Mitarbeiter gefördert werden. Jeder Mitarbeiter bekommt einen klar definierten, selbständigen Aufgabenbereich zugewiesen, für den er verantwortlich ist. Nichts anderes meint „Management by Delegation“: Das Delegieren von Verantwortung.

Führungs- und Sachaufgaben
Grundlegend für die Führung im Mitarbeiterverhältnis ist die Trennung von Führungs- und Sachaufgaben. Aus dieser Trennung ergeben sich die **Führungsverantwortung,** welche die Führungskraft trägt, und die **Handlungsverantwortung,** die auf den Mitarbeiter übergeht.

Wie die **Führungsverantwortung** konkret ausgestaltet wird, hängt vom Unternehmen ab. Entscheidend ist jedoch, daß sie eindeutig fixiert ist, und zwar in Form einer allgemeinen Führungsanweisung. Darin sind die Kompetenzen klar geregelt. Führungsverantwortung besteht im wesentlichen in der Vergabe von Aufgaben (Delegation), der Information der Mitarbeiter und der Leistungskontrolle. Darüber hinaus hat die Führungskraft meist noch weitere Pflichten: Delegation, Information der Mitarbeiter, Mitarbeitergespräche führen, Dienstbesprechungen leiten, Leistungsbeurteilung (Anerkennung und Kritik) und Fortbildungsbedarf der Mitarbeiter festlegen.

Die **Handlungsverantwortung** bezieht sich auf vorher klar definierte Aufgaben. Der Mitarbeiter soll diese Aufgaben eigenverantwortlich lösen. Mithin trägt er die Verantwortung für Gelingen oder Mißlingen. Darüber hinaus ist er verpflichtet, seinen Vorgesetzten zu informieren. Dies gilt in besonderem Maße, wenn sich Schwierigkeiten ergeben, die er alleine nicht bewältigen kann.

Die Trennung von Führungs- und Sachaufgaben entspricht nicht der Trennung von leitenden und untergeordneten Positionen, denn jede Führungskraft hat neben Führungs- auch Sachaufgaben zu erledigen.

Stellenbeschreibung
Wesentlicher Bestandteil dieses Konzepts ist eine aufgabenbezogene → Stellenbeschreibung. Sach- und Führungsaufgaben werden also nicht willkürlich oder ad hoc zugeteilt, sondern gehören zu einer bestimmten Position zwingend dazu.

Die Pflichten und Kompetenzen eines Mitarbeiters sollen nicht von seiner Person, sondern von seiner Position im Unternehmen abhängig sein. Dadurch ergibt sich eine funktionale und hierarchische Ordnung, wie sie in den meisten Unternehmen heute noch üblich ist.

Management by Exception (MbE)

Beim Management by Exception steht die Entlastung der Führungskräfte stärker im Vordergrund. Alle Aufgaben, welche die Führungskraft nicht selbst wahrnehmen muß, delegiert sie an ihre Mitarbeiter. Nur wenn ein außergewöhnlicher Fall, mithin eine Ausnahmesituation (exception), eintritt, darf bzw. muß die Führungskraft eingreifen. Dazu ist es erforderlich, daß der Mitarbeiter seinen Vorgesetzten informiert, sobald sein Entscheidungs- bzw. Ermessensspielraum überschritten zu werden droht. Die Führungskraft kann nun

- die Aufgabe an einen anderen Mitarbeiter vergeben,
- weitere Mitarbeiter hinzuziehen,

- die Aufgabe neu definieren oder
- die Aufgabe selbst bearbeiten.

Wie beim Management by Delegation ist eine klare Regelung der Kompetenzen Voraussetzung. Auch hier kann ein starres hierarchisches System das Ergebnis sein, falls die Kompetenzen sehr eng ausgelegt werden.

Dennoch läßt sich erkennen, daß bei diesem Konzept auf eine stärkere Eigenverantwortung der Mitarbeiter abgezielt wird. Nach Möglichkeit sollen sie ihre Aufgaben völlig ohne Beteiligung ihrer Vorgesetzten erledigen. Ein Laisser-faire-Führungsstil wäre prinzipiell mit dieser Managementtechnik vereinbar. Im wesentlichen wird es darauf ankommen, wie weitreichend die Kompetenzen der Mitarbeiter sind. Entscheidungsgrenzen und „Ausnahmefälle" müssen klar definiert sein.

Das Management by Exception bringt für die Führungskräfte zwar erhebliche Entlastung – allerdings zu einem hohen Preis. Es besteht die Gefahr, daß sich schwerwiegende Wahrnehmungs- und Kommunikationsprobleme ergeben:
- Wenn die Führungskräfte nur wenig oder gar keine Informationen mehr erhalten, weil ihre Mitarbeiter alles von allein regeln, verlieren sie den Bezug zu dieser Arbeit.
- Der Überblick geht verloren. Möglichkeiten zu Neuerungen werden nicht erkannt oder initiiert.
- Mitarbeiter und Vorgesetzter kommunizieren nur, wenn etwas schiefläuft. Dies belastet das Verhältnis und kann demotivierend wirken.
- Die Führungskraft schätzt die Leistungsfähigkeit seiner Mitarbeiter falsch ein, weil sie zu wenig positive Signale bekommt.

Management by Motivation

Nach diesem Ansatz besteht eine der wesentlichsten Aufgaben der Führungskräfte darin, ihre Mitarbeiter im Sinne der Unternehmensziele zu motivieren. Diese Ausrichtung der → Motivation hat nichts mit Manipulation zu tun, sondern mit Führung.
Motivation richtet sich immer auf ein bestimmtes Ziel. Es gibt keine „zweckfreie", interessenlose Motivation.

Motivieren – aber wie?

Im Vordergrund müssen die Motive der Mitarbeiter und ihre Arbeitsbedingungen stehen. Das heißt, Führungskräfte sollten dafür sorgen, daß die Leistungen, die ihre Mitarbeiter erbringen, als sinnvoll erlebt werden. Es geht darum, die Arbeitszufriedenheit zu erhöhen und negative Einflüsse zu minimieren. Wirksame Motivation kann auf vielfachem Wege erreicht werden:

So können Mitarbeiter motiviert werden
• Indem Sie das Leistungserlebnis Ihrer Mitarbeiter fördern. Wenn sie sich als kompetent erleben, hat dies im allgemeinen eine stark motivierende Wirkung. • Durch Anerkennung der Leistung und sachliche Kritik. • Indem Sie das Selbstvertrauen Ihrer Mitarbeiter stärken, sie nicht überfordern, aber ihnen verantwortungsvolle Aufgaben übertragen. • Indem Sie Ihren Mitarbeitern Gelegenheit geben, sich fortzubilden und neue Kompetenzen zu erwerben. • Durch die Vorgabe klarer Leistungsziele. Diese Ziele sollten ehrgeizig gesteckt sein, aber realistischerweise erreichbar. Nicht erreichte Vorgaben können entmutigen, Vorgaben, die zu leicht erreicht werden, demotivieren. • Indem Sie dafür sorgen, daß die Leistung als sinnvoll erlebt wird und wirken kann. Wenn Mitarbeiter erleben, daß ihre Leistung im Unternehmen versandet, erhöht dies nicht gerade den Tatendrang.

Motivierende Arbeitsgestaltung

Es kommt also darauf an, die Tätigkeit selbst so interessant zu gestalten, daß die Mitarbeiter motiviert sind, sie auszuführen. Vier Maßnahmen erscheinen geeignet, wenig attraktive Arbeitsplätze interessanter und damit motivierender zu gestalten (→ Arbeitsstrukturierung):

Job Rotation: Die Mitarbeiter wechseln nach einem festen oder frei gewählten Turnus ihre (gleichartigen) Arbeitsplätze.

Job Enlargement (Ausweitung der Aufgabenvielfalt): Gleichartige, ursprünglich zersplitterte Tätigkeiten werden wieder zusammengeführt; Zugewinn von Ganzheitlichkeit.
Job Enrichment (Arbeitsanreicherung): Im Gegensatz zum vorhergehenden Punkt ist hier auch ein Zugewinn von Entscheidungs- und Kontrollmöglichkeiten vorgesehen.
Einrichtung teilautonomer Arbeitsgruppen: Selbststeuernde Arbeitsgruppen erhalten einen bestimmten Bereich zugewiesen, den sie eigenverantwortlich bearbeiten.

Die hier vorgeschlagenen Maßnahmen sind vielfach geeignet zu motivieren. Allerdings muß die Motivation langfristig angelegt werden, wenn sie dauerhaft wirksam sein soll – und sie findet in den Köpfen Ihrer Mitarbeiter statt.

Management by Participation

Grundgedanke dieser Managementtechnik ist die Identifikation des Mitarbeiters mit dem Unternehmen. Daher liegt eine starke Betonung auf der Beteiligung der Mitarbeiter an allen sie betreffenden Unternehmensentscheidungen (→ Mitarbeiterbeteiligung).

Management by Walking around

Als Reaktion auf eher „technokratische“ Ansätze kamen Ende der 80er Jahre mehrere Management-Methoden auf, die die soziale Kompetenz der Führungskräfte in den Mittelpunkt stellten.
Damit bekamen die seither vielbeschworenen „soft skills“ neues Gewicht: Nicht das Fachwissen, sondern die Persönlichkeit zeichnet eine gute Führungskraft aus. Wobei sich die Eigenschaften, die eine Führungskraft mitbringen sollte, merklich geändert hatten: Nicht so sehr Härte und Durchsetzungsvermögen waren gefragt, sondern Qualitäten wie Aufgeschlossenheit, Teamfähigkeit und Verständigungsbereitschaft.

In diesen Kontext gehört auch das sogenannte Management by Walking around. Es will ein entscheidendes Defizit vieler Führungskräfte abbauen, die den direkten Bezug zum Alltagsgeschäft verloren haben und ihre Entscheidungen von Kennzahlen und standardisierten Berichten abhängig machen.

Management by Walking around bedeutet, sich unsystematisch und unangemeldet im eigenen Unternehmen umzuschauen, mit den Mitarbeitern zu sprechen, Anregungen und Kritik aufzunehmen, über Sinn und Zweck bestimmter Maßnahmen zu reden, Meinungen und Informationen einzuholen.

Das „Walking around" erfüllt allerdings nur dann seinen Zweck, wenn bestimmte Voraussetzungen erfüllt sind.

Dazu gehören eine aufgeschlossene persönliche Grundhaltung, eine möglichst offene, kooperative Unternehmenskultur und die Bereitschaft, die Anregungen auch ernstzunehmen und weiterzuleiten.

Grenzen der Management-by-Techniken

Management-by-Techniken stellen Leitlinien für eine erfolgreiche Führung dar. Allerdings besteht die Gefahr, daß die Situationsabhängigkeit der Führung vernachlässigt wird.

Dem Praktiker kann auch mit ihrer Hilfe kein Patentrezept für „richtiges Management" an die Hand gegeben werden. Sie stellen lediglich erste Schritte zu einer integrativen Managementtheorie dar.

Zudem handelt es sich bei Management-by-Techniken mitunter um eine relativ kritiklose Übernahme von amerikanischen Beraterleistungen, ohne zu berücksichtigen, daß die Unterschiede in den Wertvorstellungen, Wirtschafts- und Sozialsystemen eine Anwendung erfolgreicher amerikanischer Führungstechniken in Europa erschweren.

Marketing

Marketing bedeutet „markt-orientierte Unternehmensführung" und damit marktorientiertes Denken und Handeln des gesamten Unternehmens. Marketing richtet sich nicht nur auf Kunden und Absatzmärkte, sondern auch auf andere wichtige Zielgruppen, wie z. B. Mitarbeiter, Aktionäre oder Lieferanten. Marketing erstreckt sich als Querschnittsfunktion über alle Abteilungen und Hierarchieebenen. Im Mittelpunkt dieses Beitrags steht das Absatzmarketing.

Begriff

Absatzmarketing umfaßt alle Maßnahmen zu einer erfolgreichen Vermarktung eines Produkts oder einer Dienstleistung. Dazu gehören die Aktivitäten des Beschaffungsmarketing, der → Produktpolitik, der Distributionspolitk, der → Preispolitik, → Werbung, → Public Relations sowie das Marketing-Audit. Im Mittelpunkt der auf aktuelle und potentielle Absatzmärkte ausgerichteten Unternehmensaktivitäten steht die dauerhafte Befriedigung von Kundenbedürfnissen. Der Trend des modernen Marketing verlagert sich von der Produktfokussierung hin zu einer völligen → Kundenorientierung.

Grundlage des Absatzmarketing ist eine präzise Analyse aller Umweltfaktoren, die einerseits das Konsumentenverhalten und andererseits den Wettbewerb darstellen. Anhand dieser Rahmenbedingungen können konkrete Marketingziele festgelegt werden. Darauf aufbauend werden Strategien formuliert, mit Hilfe derer die vereinbarten Ziele verfolgt werden. Die dazu notwendigen Unternehmensaktivitäten werden mit den absatzpolitischen Instrumenten des Marketing-Mix umgesetzt.

Marketingmanagement

Der Begriff Marketingmanagement findet in zweifacher Weise Anwendung: Zum einen versteht man hierunter die Planung, Organisation, Steuerung, Umsetzung und Kontrolle von Marketingstrategien und

-aktivitäten. Dieser funktionale Begriff bezieht sich also auf die Aufgaben und Inhalte des Marketingmanagement. Zum anderen bezeichnet man auch den Personenkreis im Unternehmen, der diese dispositiven Aufgaben im Marketing übernimmt, als Marketingmanagement. Bei dieser institutionellen Begriffsfassung geht es also um personelle Zuständigkeiten und Kompetenzen im Marketing.

Ziel der Marketingmanagement-Funktionen ist die Sicherstellung einer kunden- und marktorientierten Unternehmensführung, bei der alle Unternehmens- und Wertschöpfungsaktivitäten auf die Kundenanforderungen und Markterfordernisse ausgerichtet werden. Dabei ist eine Marketingkonzeption zu erstellen, die als Grundlage für eine systematische Marketingpolitik erforderlich ist. Die Aufgaben des Marketingmanagement spiegeln sich in den Bausteinen der Marketingkonzeption wider.

Marketingorganisation

Die Marketingorganisation definiert und beschreibt den Aufbau und die Abläufe aller auf den Markt ausgerichteten Aufgaben und Funktionen innerhalb eines Unternehmens. Sie ist Bestandteil der Unternehmensorganisation und beinhaltet alle wichtigen Teilgebiete, die zur Öffnung, Bedienung und Sicherung von Märkten und der darin befindlichen Kunden und Marktpartner erforderlich sind. Je nach Firmengröße, Art des Liefersortiments und ausgewählten Zielmärkten kann die Marketingorganisation sehr unterschiedlich strukturiert und aufgegliedert sein.

Marketingplanung

Global gesehen schließt die Marketingplanung alle Zielvorgaben, Strategien und Maßnahmen zur erfolgreichen Ausrichtung des Unternehmens auf den Markt ein. Die Kerninhalte konzentrieren sich dabei auf den Markt, die Produkte, die Kommunikation und das Management. Bei der Planung ist darauf zu achten, daß alle Faktoren genügend Berücksichtigung finden, da bei fehlenden oder mangelhaften Planvorgaben die Wirkung der gesamten Planung in Frage gestellt ist. Am besten wird die Planung in einer ganzheitlichen Marketingkonzeption zusammengefaßt.

Marketingstrategien

Marketingstrategien sind Grundsatzentscheidungen zur Erreichung aufgestellter Marketingziele. Die Aufgabe von Marketingstrategien besteht in der Festlegung eines Orientierungsrahmens für die zielgerechte Ausrichtung und Kanalisierung von operativen Marketingmaßnahmen. Marketingstrategien bestimmen damit die langfristige marktorientierte Ausrichtung des Unternehmens. Die Planung und Koordination von Marketingstrategien ist eine wesentliche Aufgabe des Marketingmanagements. Grundlage für die Strategieformulierung sind eine umfassende Analyse und Prognose der internen und externen Ist-Situation sowie klare Marketingziele. Generell kann man im Marketing zwischen Basis- und Instrumentalstrategien unterscheiden.

Basisstrategien legen den grundsätzlichen Handlungsrahmen für Marketingentscheidungen und -aktivitäten auf der Unternehmens- und Geschäftsfeldebene fest. Sie haben konstitutiven Charakter und sind damit kurzfristig nicht oder sehr schwierig zu verändern.

Neben den Basisstrategien gibt es **Instrumentalstrategien**, die sicherstellen, daß die grundsätzlichen strategischen Entscheidungen auf der Unternehmens- und Geschäftsfeldebene auch in den operativen Marketingaktivitäten ihren Niederschlag finden. Die einzelnen Instrumentalstrategien sind dabei Gegenstand der jeweiligen Marketing-Mix-Bereiche, wie z. B. der Produkt-, Distributions-, Kontrahierungs- und Kommunikationspolitik.

Die folgende Aufstellung stellt Ihnen die verschiedenen Marketingstrategien vor:

Marketingstrategien

- **Produktmarktstrategien** mit den Teilstrategien Markt durchdringung, Produktentwicklung, Marktentwicklung und Diversifizierung.
- **Marktabdeckungsstrategien,** die sich auf die Abgrenzung und Festlegung des zu bearbeitenden Marktes beziehen.
- **Marktbearbeitungsstrategie.** Hierbei wird festgelegt, ob die identifizierten Marktsegmente und Kundengruppen weitgehend einheitlich oder differenziert angesprochen und bedient werden sollen.
- **Positionierungs- und Wettbewerbsstrategien** beziehen sich auf die Darstellung des Unternehmens auf dem Markt und die Abgrenzung gegenüber Konkurrenten. Grundsätzlich werden in diesem Zusammenhang zwei Kernstrategien unterschieden.
  - Mit einer Qualitätsorientierung versuchen Unternehmen, sich über Leistungsvorteile von den Wettbewerbern abzuheben und am Markt zu behaupten.
  - Durch eine ausgeprägte Kostenorientierung versuchen Unternehmen, sich über Preisvorteile gegenüber den Konkurrenten zu positionieren.
- **Timingstrategien** beziehen sich auf die zeitliche Festlegung von Marketingaktivitäten. Besondere Bedeutung haben Timingstrategien bei Markteintrittsentscheidungen. Hierbei geht es vor allem um die Frage, ob das Unternehmen Pionier oder Folger auf einem Markt sein will.

Marketingkonzeption

Die Marketingkonzeption ist eine umfassende schriftliche Ausarbeitung, die alle das Unternehmen und seine Produkte betreffenden marketingpolitischen Instrumente beinhaltet. Sie verfolgt das Ziel, die jeweiligen Zielgruppen zu beschreiben, ihre Bedürfnisse zu wecken und ihnen glaubhaft die Befriedigung ihrer Bedürfnisse aufzuzeigen, und das besser als etwaige Mitbewerber. Eine Marketingkonzeption umfaßt stets gewisse Standardkomponenten, zu denen Marketingziele, Zielgruppen, eine Konkurrenzanalyse und das absatzpolitische Instrumentarium gehören.

Marketingziele
Auf dieser Stufe wird festgelegt, was mit Hilfe des Marketings erreicht werden soll. Dabei wird meist zwischen kurz-, mittel- und langfristigen Zielen unterschieden.

Marketingziele können sein:
- Steigerung der (gestützten oder ungestützten) Bekanntheit des Unternehmens oder Produktes,
- Steigerung des Marktanteils um einen bestimmten Promille- oder Prozentsatz,
- Verbesserung der Produktqualität,
- Erhöhung der Kundenzufriedenheit,
- Festigung und Erweiterung von Aufgaben,
- Abbau von Aufträgen,
- Änderung der Kundenstruktur.

Bei Zielen wie Umsatz- oder Gewinnsteigerung ist Vorsicht angebracht. Sie hängen nicht allein von erfolgreichem Marketing ab, sondern auch von anderen Faktoren, wie Personal (fähige Mitarbeiter), Produktion (gleichbleibende Qualität, Flexibilität) oder Einkauf (Beschaffung günstiger Produktionsmaterialien). Auch müssen Sie darauf achten, daß die gesteckten Marketingziele realistisch sind, um die Motivation aller Beteiligten nicht von vornherein zu hemmen.

Zielgruppen
In der Marketingkonzeption werden für jedes Produkt des Unternehmens Zielgruppen postuliert. Überlegen Sie dazu, wem die Produkte je-

weils Nutzen oder Problemlösungen bieten können. Sinnvoll ist es, die Zielgruppen nach psychographischen (z. B. Einstellungen, Meinungen) und/oder soziodemographischen (z. B. Alter, Einkommen) Merkmalen zu unterteilen. Meist kommen für ein Produkt mehrere Zielgruppen (Kern- und Randzielgruppen) in Frage. Jede Zielgruppe muß dabei in sich eine homogene Einheit bilden, sollte gegenüber den anderen Zielgruppen allerdings möglichst heterogen sein.

→ Konkurrenzanalyse
Konkurrenten sind alle Anbieter gleicher oder substitutiver Produkte, d. h. Produkte, die den gleichen Nutzen haben. Ziel dieses Bestandteiles der Marketingkonzeption ist es, die Konkurrenten in bezug auf Marketingaktivitäten, Marktanteile, Produktversprechen, Preise, Vor- und Nachteile der Vorgehensweise am Markt und Vor- und Nachteile der Produkte (vor allem im Hinblick auf die Produkte Ihres Unternehmens) zu analysieren.

Marktumwelt
Bei vielen Produkten muß die Marktumwelt berücksichtigt werden. Dazu zählen beispielsweise
- gesetzliche Bestimmungen,
- Verbraucherorganisationen,
- unabhängige Testinstitute,
- Vereine,
- Nichtverwender der Produktsparte, die aber mit Verwendern in Kontakt kommen.

Absatzpolitisches Instrumentarium
Bei diesem Schritt wird der Marketingmix festgelegt (vgl. unten). Es erfolgt eine Auswahl der für diesen Zeitpunkt optimalen Bestandteile des absatzpolitischen Instrumentariums. Sie müssen dabei folgende Bereiche berücksichtigen:

Produktpolitik: Zur Produktpolitik gehören alle Maßnahmen, die das Produkt betreffen. Dazu gehören z. B. Innovation, Variation, Diversifikation und Eliminierung.
Preispolitik: Die → Preispolitik umfaßt alle Maßnahmen, die mit dem Preis des Produktes in Zusammenhang stehen. Beispiele hierfür sind

die Bestimmung von Mindest- und Höchstpreisen und der gezielte Einsatz von Preisdifferenzierungen, Preisnachlässen und unverbindlichen Preisempfehlungen.

Distributionspolitik: Unter Distributionspolitik sind alle Maßnahmen zu verstehen, die getroffen werden, um ein Produkt vom Unternehmen zum Endverbraucher zu bringen.

Kommunikationspolitik: Die Kommunikationspolitik beinhaltet sämtliche kommunikativen Maßnahmen wie Werbung, Verkaufsförderung, Public Relations, → Direktmarketing, → Sponsoring sowie auch die → Corporate Identity des Unternehmens.

Erfolgskontrolle

Bereits in der Marketingkonzeption sollte eine Erfolgskontrolle festgeschrieben werden. Mit ihrer Hilfe kann nach der Umsetzung der Konzeption festgestellt werden, ob und inwieweit die einzelnen kurz- bis langfristigen Marketingziele erreicht worden sind. Der einfachste Weg hierbei ist die Erhebung eines Soll-Ist-Vergleichs.

Teilkonzeptionen

Neben der ganzheitlichen Marketingkonzeption finden Teilkonzeptionen Anwendung. Diese beschränken sich meist auf ein bestimmtes absatzpolitisches Instrument oder Teile davon. Sie können auch projektbezogen sein. Ihr Aufbau entspricht größtenteils dem der ganzheitlichen Marketingkonzeption.

Marketing-Mix

Der Marketing-Mix ist Hauptbestandteil und letzte Stufe einer Marketingkonzeption. Mit dem Marketing-Mix legen Sie fest, welche Teile des marketingpolitischen Instrumentariums zu einem bestimmten Zeitpunkt für eine bestimmte Zielgruppe genutzt werden sollen. Zweck dieser Auswahl ist es, das gesteckte Marketingziel durch eine entsprechende Gewichtung der einzelnen Sub-Mixe bestmöglich zu erreichen.

Sub-Mixe
Damit Sie den Marketing-Mix so gestalten, daß eine optimale Zielerreichung gewährleistet ist, empfiehlt sich zunächst ein Blick auf die Sub-Mixe. Bei deren Zusammensetzung können Sie auf alle Bestandteile der marketingpolitischen Instrumente Produkt-, Preis-, Distributions- und Kommunikationspolitik zurückgreifen.

Faktoren zur Gewichtung
Je nach Situation sollten die einzelnen Sub-Mixe innerhalb des Marketing-Mix unterschiedlich gewichtet sein. Bei der Festlegung des Marketing-Mix sollten Sie deshalb die folgenden zusammengefaßten Faktoren berücksichtigen.

Beachten Sie beim Marketing-Mix folgendes
• Unternehmens- und Marketing-Ziele • Unternehmensstruktur • Produkteigenschaften und -nutzen • Zielgruppenauswahl und -struktur • Konkurrenzsituation • Aktivitäten der Mitbewerber • Marktumwelt (z. B. öffentliche Meinung) • zeitliche Perspektive • Etathöhe

Gegenseitige Beeinflussung
Achten Sie darauf, daß sich die Sub-Mixe gegenseitig beeinflussen. Ein Distributionskanal wie Drogerie oder Apotheke zieht fast zwangsläufig einen gehobenen Preis, ein Discounter einen niedrigen Preis nach sich. Ein Produkt mit gehobener Ausstattung sollte in der Regel teurer positioniert werden als eines mit geringer Ausstattung. Ein erklärungsbedürftiges Produkt sollte eher über den Fachhandel als über einen Selbstbedienungsmarkt abgesetzt werden. Neuartige Produkte müssen stärker beworben werden als Produkte, deren Nutzen allgemein bekannt ist.

Marktforschung

Marktforschung umfaßt die systematische Sammlung, Aufbereitung und Interpretation von Informationen über Märkte, Marktteilnehmer und Rahmenbedingungen. Marktforschung hat generell das Ziel, den gegenwärtigen und zukünftigen Informationsbedarf eines Unternehmens hinsichtlich marktbezogener Entscheidungen zu decken. Hierdurch soll letztlich eine professionelle marktorientierte Unternehmensführung unterstützt werden.

Ökoskopische und demoskopische Marktforschung

Die ökoskopische Marktforschung bezieht sich auf die Untersuchung ökonomisch relevanter Marktgrößen, wie z. B. das **Marktpotential,** das die maximal mögliche Gesamtabsatzmenge eines Produktes auf einem Markt (→ Conjoint-Analyse) wiedergibt, das Marktvolumen und den Marktanteil. Marktvolumen ist der realisierte gegenwärtige Gesamtabsatz (aller Anbieter) auf einem Markt und Marktanteil der Anteil eines Anbieters am Marktvolumen.

Die demoskopische Marktforschung bezieht sich auf die Analyse der Marktteilnehmer hinsichtlich sozio-demographischer (z. B. Alter, Geschlecht, Familienstand, Religion) und psychographischer Merkmale (z. B. Bedürfnisse, Einstellungen, Werte).

Primär- und Sekundärforschung

Besondere Bedeutung hat die Unterscheidung nach der Art der Informationserhebung in Sekundär- und Primärforschung.

Die Sekundärforschung greift auf bereits vorhandene Daten zurück, die für andere oder ähnliche Zwecke im Unternehmen oder von Dritten erhoben wurden. Typische externe Datenquellen sind beispielsweise Veröffentlichungen und Datenaufzeichnungen von Verlagen, Verbänden, Kammern, statistischen Ämtern und wissenschaftlichen Institutionen.

Die folgende Aufstellung zeigt Ihnen die Vor- und Nachteile der Sekundärforschung:

Vorteile der Sekundärforschung
• schnelle Informationsbeschaffung, • niedrige Kosten, • bei gesamtwirtschaftlichen Daten in der Regel die einzig sinnvolle Informationsbeschaffung.
Nachteile der Sekundärforschung
• mangelnder Umfang der Daten, • mangelnde Abdeckung des Informationsbedarfes, • fehlende Aktualität der Daten, • unmethodisches Vorgehen bei der Datenerhebung, • fehlende Vergleichbarkeit bei Daten aus mehreren Sekundärquellen.

Bei der Primärforschung werden die benötigten Daten originär mittels Beobachtung oder Befragung erhoben.

Vorteile der Primärforschung
• Informationsbeschaffung kann genau auf den Informationsbedarf zugeschnitten werden, • Informationen werden aktuell erhoben, • die methodische Vorgehensweise wird selbst festgelegt und ist im Detail bekannt.
Nachteile der Primärforschung
• in der Regel zeitaufwendig, • sehr kostenintensiv, • fehlende Vergleichbarkeit bei Daten aus mehreren Sekundärquellen.

Auswahlverfahren

Die Auswahlverfahren, mit deren Hilfe die Testpersonen gewonnen werden, unterscheidet man in zwei Bereiche.
Bei der **Vollerhebung** ist die ganze Grundgesamtheit, d. h. alle Personen, über die Aufschlüsse gewonnen werden sollen, Gegenstand der Untersuchung. Dieses Verfahren findet in der Regel dort Anwendung, wo die Zahl der zu untersuchenden Einheiten relativ gering ist.
Bei der **Teilerhebung** wird aus einer größeren Grundgesamtheit (z. B. alle Bundesbürger, alle PKW-Besitzer etc.) eine Stichprobe so ausgewählt, daß sie für die jeweilige Grundgesamtheit repräsentativ ist.

Mindmapping

Mindmapping ist eine assoziative Vielzweck-Technik, die schnell zu erlernen ist. Mindmapping aktiviert das bildlich-räumliche Denken. Ausgehend von einem zentralen Begriff werden komplexe Themen vorstrukturiert.

Ablauf

Sie beginnen in der Mitte des Blattes. Dorthin schreiben Sie in Großbuchstaben den zentralen Begriff, um den es geht. Besser noch: Sie malen Ihr Thema. Auch und gerade wenn es um ein abstraktes Thema geht, sollten Sie versuchen, ein Symbol dafür zu finden.

Ausgehend von diesem zentralen Begriff lassen Sie mehrere Linien abzweigen, auf jede Linie schreiben Sie einen Begriff, den Sie aus Ihrem Thema ableiten. Überlegen Sie nicht lange, Logik ist nicht gefragt, schreiben Sie auf, was Ihnen in den Sinn kommt.

Auf jeder Linie sollte nur ein Begriff bzw. Stichwort stehen. Und von diesem Begriff zweigen weitere Linien ab. Jedes Stichwort führt also zu neuen Begriffen oder Bildern. Vielleicht entdecken Sie abseitige Aspekte, fallen Ihnen Zusammenhänge auf, die Sie durch Pfeile oder Einkreisungen kennzeichnen können. So füllt sich nach und nach Ihr Blatt.

Nutzen

Mindmaps arbeiten mit extremer Verkürzung. Das macht sie so attraktiv und leistungsfähig, denn nur so ist es möglich, daß nahezu jedes Thema auf einem DIN-A4-Blatt Platz hat. Wer eine gewisse Routine entwickelt hat, kann diese Technik schnell und effektiv einsetzen, um gleich zum Wesentlichen einer Sache vorzustoßen.

Grenzen

Allerdings sollten Sie diese Technik auch nicht überschätzen. Sie fördert zwar die bildhafte, „ganzheitliche" Sicht der Dinge, allerdings kommen Sie bei der Problemlösung selten darum herum, den analytischen Verstand wieder einzuschalten und sich ganz in die Sache „hineinzubohren".

Mindmaps sind ein Abbild Ihres Denkens, sie können Sie zu neuen Ideen anregen, aber Ihre Gedanken nicht ersetzen. Ihre kreativen Ideen (→ Kreativitätstechniken) müssen Sie selber zünden!

Mitarbeiterbeteiligung

Im weiteren Sinne zählen zur Mitarbeiterbeteiligung sowohl alle Formen der materiellen Vermögensbeteiligung der Mitarbeiter als auch die Beteiligung an den unternehmerischen Entscheidungsprozessen. Diese Begriffsauffassung deckt sich weitgehend mit dem Begriff der betrieblichen Partnerschaft.

Als Mitarbeiterbeteiligung im engeren Sinne werden dagegen nur die verschiedenen Formen der materiellen Beteiligung der Mitarbeiter am Erfolg und/oder Kapital der Unternehmung verstanden.

Betriebliche Partnerschaft

Als Partnerschaft (Partizipation) wird eine vertraglich festgelegte Form der Kooperation zwischen Unternehmensleitung und Belegschaft bezeichnet, bei der mit den Beteiligten unterschiedliche Formen der Mitwirkung und Mitbestimmung bei gleichzeitiger Mitverantwortung vereinbart werden. Zusätzlich sind die Mitarbeiter materiell beteiligt.

Durch die betriebliche Partnerschaft soll der ausschließlichen Fremdbestimmung der Mitarbeiter entgegengewirkt und ein Höchstmaß an Selbstentfaltung aller Beteiligten ermöglicht werden. Die neu geschaffenen Mitwirkungs- und Mitbestimmungsmöglichkeiten der Mitarbeiter treten neben die im Betriebsverfassungsgesetz und den Mitbestimmungsgesetzen (→ Mitbestimmung) festgeschriebenen Rechte. Die Kapitaleigner verzichten damit sowohl im Bereich der Entscheidungsfindung als auch bei der Verwendung der Erfolgsanteile freiwillig auf einen Teil der ihnen aufgrund unserer geltenden Gesellschafts- und Wirtschaftsordnung originär zustehenden Rechte.

Erfolgsbeteiligung

Bei der Erfolgsbeteiligung werden die Mitarbeiter planmäßig am Erfolg einer Unternehmung beteiligt. Die Erfolgsanteile werden zusätzlich zum laufenden Arbeitsentgelt gewährt.

Formen der Erfolgsbeteiligung
• **Gewinnbeteiligung** – Ausschüttungsgewinnbeteiligung – Substanzgewinnbeteiligung – Unternehmensgewinnbeteiligung

- **Ertragsbeteiligung**
  - Bruttoertragsbeteiligung (Umsatzbeteiligung)
  - Wertschöpfungsbeteiligung
  - Nettoertragsbeteiligung
- **Leistungsbeteiligung**
  - Produktionsbeteiligung
  - Produktivitätsbeteiligung
  - Kostenersparnisbeteiligung

In der Praxis dominiert die **Gewinnbeteiligung.** Gegen alle Formen der Gewinnbeteiligung wird jedoch eingewendet, daß sie nicht genügend Leistungsanreiz für die Mitarbeiter bieten, da der Gewinn in starkem Maße von externen Faktoren beeinflußt wird. Um diesem Vorwurf zu begegnen, wird deshalb der Ertrag oder die Leistung als Bemessungsgrundlage zur Ermittlung der Erfolgsanteile vorgeschlagen.

Bei der Verwendung der Erfolgsanteile ist zwischen der Barausschüttung und der internen oder externen Anlage zu unterscheiden.

Kapitalbeteiligung

Bei der Kapitalbeteiligung werden die Mitarbeiter direkt oder indirekt am Kapital der Unternehmung beteiligt.

Nach der Herkunft der Kapitaleinlage kann zwischen der reinen und der laboristischen Kapitalbeteiligung unterschieden werden. Bei der **reinen Kapitalbeteiligung** erfolgt der Kapitaleinsatz entweder durch das Unternehmen (z. B. durch eine Jubiläumsprämie) oder durch Eigenleistungen der Mitarbeiter (z. B. durch Erwerb von Vorzugsaktien). Auf diese Weise kommt es zu einer Vergrößerung der Anzahl der Kapitaleigner.
Durch die **laboristische Kapitalbeteiligung** wird das Konzept der Erfolgsbeteiligung mit dem der Kapitalbeteiligung verbunden; die Erfolgsanteile der Mitarbeiter werden im Unternehmen angelegt, so daß sich bei positiven Erfolgen ein ständig steigender Kapitalanteil ergibt.

Die Anlage der Kapitalanteile kann entweder in gesellschaftsrechtlicher Form oder als Fremdkapital erfolgen.

Gesellschaftliche Beteiligung	Fremdkapitalbeteiligung
• Belegschaftsaktien • GmbH-Anteile • Genossenschaftsanteile • Stille Beteiligung • Beteiligungsgesellschaft (indirekte Beteiligung)	• Obligationen • Schuldverschreibungen • Mitarbeiterdarlehen

Ziele

Als Ziele werden u. a. der Abbau des sozialen Konflikts zwischen Arbeitgebern und Arbeitnehmern (sozial-ethische Zielsetzung), die Erhaltung unseres Wirtschaftssystems sowie Veränderungen der Einkommensverteilung (gesamtwirtschaftliche Zielsetzung) oder eine gerechtere Entlohnung sowie eine positive Motivation der Mitarbeiter (einzelwirtschaftliche Zielsetzung) genannt.

Mitarbeiterbeurteilung

Die Mitarbeiterbeurteilung ist ein formalisiertes Verfahren, durch das die jeweiligen Vorgesetzten veranlaßt werden, die Leistung und/oder das Entwicklungspotential ihrer Mitarbeiter in bestimmten Zeitabständen anhand vorgegebener Kriterien zu beurteilen.

Ziele

Die Mitarbeiterbeurteilung dient:
- einer gerechten und leistungsabhängigen Lohn- und Gehaltsfestsetzung,
- der Unterstützung aktueller Personalentscheidungen (z. B. Probezeitbeurteilungen, Versetzungsentscheidungen, Abfassen von Zeugnissen),
- der Entscheidung über Förderung und Bildung der Mitarbeiter und
- der Gestaltung der → Mitarbeiterführung.

Die Vorgesetzten werden durch eine regelmäßige Beurteilung veranlaßt, sich intensiv mit den fachlichen und persönlichen → Qualifikationen ihrer Mitarbeiter auseinanderzusetzen. Den Mitarbeitern bietet die Beurteilung die Möglichkeit, ihr Leistungsvermögen und damit ihre weiteren beruflichen Chancen realistisch einzuschätzen.

Inhalt

Mitarbeiterbeurteilungen sind Sache der direkten Vorgesetzten, denn nur diese vermögen ein zuverlässiges Urteil darüber abzugeben, wie die Mitarbeiter die ihnen übertragenen Aufgaben erfüllen. Die Beurteilung kann sich sowohl auf Leistungen in der Vergangenheit als auch auf die voraussichtliche Entwicklung in der Zukunft beziehen.

Die vergangenheitsbezogene **Leistungsbeurteilung** stellt auf die tatsächlich erbrachten Leistungsergebnisse ab und liefert sowohl dem Vorgesetzten als auch den Mitarbeitern notwendige Informationen über die Erfüllung der jeweiligen Arbeitsziele.

Die zukunftsorientierte **Potentialbeurteilung** eröffnet den Vorgesetzten dagegen die Möglichkeit, Eignungen und Neigungen ihrer Mitarbeiter zu erkennen und Vorschläge für einen künftigen Einsatz und die weitere berufliche Entwicklung zu machen.

Formen der Beurteilung

Man unterscheidet freie und gebundene Beurteilungen sowie Mischformen. Wegen der hohen Anforderungen der freien Beurteilung dominiert in der betrieblichen Praxis die gebundene Beurteilung. Dabei werden dem Beurteiler die zu beurteilenden Merkmale sowie die anzulegenden Maßstäbe vorgegeben. Ein Beurteilungsbogen enthält in der Regel folgende Bestandteile: Kurzbeschreibung der Aufgabe, eigentliche Leistungsbeurteilung, Eignungs- und Entwicklungsbeurteilung, Empfehlungen zur weiteren Förderung, Stellungnahme des Mitarbeiters und sachlich-organisatorische Angaben.

So könnte ein Beurteilungsbogen aussehen:

Personalleitung	**Mitarbeiterbeurteilung**					**Datum:**
Mitarbeiter(in) – Pers. Nr.	Abteilung – KSt.					Vorgesetzter
Leistungsverhalten						
Merkmale/Kriterien	**Ausprägung** ***1 sehr stark*** ***2 stark*** ***3 befriedigend***			***4 schwach*** ***5 sehr schwach***		**Bemerkungen**
Professionalität	**1**	**2**	**3**	**4**	**5**	
Fachwissen	☐	☐	☐	☐	☐	....
Übersicht	☐	☐	☐	☐	☐	....
Umsetzungsstärke	☐	☐	☐	☐	☐	....
Selbständigkeit	☐	☐	☐	☐	☐	....
(für Führungskräfte)						
Entscheidungsfreude	☐	☐	☐	☐	☐	....
Delegationsbereitschaft	☐	☐	☐	☐	☐	....
Überzeugungsfähigkeit	☐	☐	☐	☐	☐	....
Mitarbeiterförderung	☐	☐	☐	☐	☐	....
Verantwortlichkeit						
Zielstrebigkeit	☐	☐	☐	☐	☐	....
Zuverlässigkeit	☐	☐	☐	☐	☐	....
Qualitätsbewußtsein	☐	☐	☐	☐	☐	....
Kostenverhalten	☐	☐	☐	☐	☐	....
Begeisterung						
Arbeitseinstellung	☐	☐	☐	☐	☐	....
Aktivität	☐	☐	☐	☐	☐	....
Initiative	☐	☐	☐	☐	☐	....
Weiterbildungsverhalten	☐	☐	☐	☐	☐	....
Solidarität						
Kollegialität	☐	☐	☐	☐	☐	....
Information	☐	☐	☐	☐	☐	....
Umgangsformen	☐	☐	☐	☐	☐	....
Teamfähigkeit	☐	☐	☐	☐	☐	....
Potentialeinschätzung						
Entwicklungsziele: ❶ Wollen Sie sich weiterentwickeln? ☐ ja ☐ nein						**Eigenschaften und Fähigkeiten:** ....

❷ Wenn ja, in welchem Zeitraum?	....
☐ kurz ☐ mittel ☐ langfristig	....
❸ Welche Funktionen streben Sie an?	....
....	....
....	....
....	....
Zielvereinbarung	
....	....
....	....
....	....
....	....
....	....
....	....
....	....
....	....
Datum, Unterschrift Vorgesetzter	Datum, Unterschrift Mitarbeiter/in

Beurteilungskriterien

Die Beurteilungskriterien sind unter Beachtung des Beurteilungszwecks auszuwählen. Durch eine Begrenzung der Zahl der Merkmale bleibt die Transparenz des gesamten Systems gewahrt. Durch eine variable Gewichtung kann die Bedeutung einzelner Merkmale an der Gesamtaufgabe eines Mitarbeiters berücksichtigt werden. Zur Kennzeichnung des Erfüllungsgrades für jedes Merkmal werden Bewertungsstufen festgelegt. Falls mit den Mitarbeitern regelmäßig eindeutige Ziele vereinbart werden (→ Zielvereinbarung), können auch diese zur Beurteilung herangezogen werden.

Beurteilungsgespräch

Den Abschluß des Beurteilungsverfahrens bildet das Beurteilungsgespräch (→ Mitarbeitergespräch). Es kann sowohl der Besprechung der in der Vergangenheit erbrachten Leistungen als auch der Abstimmung über künftige Aufgabenstellungen sowie der weiteren beruflichen Entwicklungsmöglichkeiten (→ Personalentwicklung) dienen.

Rechtliche Aspekte

Nach § 82 BetrVG können die Mitarbeiter verlangen, daß mit ihnen die Beurteilung ihrer Leistungen sowie die Möglichkeiten ihrer weiteren beruflichen Entwicklung erörtert werden. Sie können dazu ein Mitglied des Betriebsrats beiziehen. Bei der Einführung von Beurteilungsgrundsätzen hat der Betriebsrat nach § 92 IV BetrVG ein Mitbestimmungsrecht.

Mitarbeiterführung

Die Mitarbeiterführung (Personalführung) ist eine wesentliche Teilaufgabe jeder Führungskraft mit Personalverantwortung. Zu den wichtigsten Instrumenten der Mitarbeiterführung zählen das Mitarbeitergespräch, die regelmäßige Information, Anerkennung und Kritik, die Einführung neuer Mitarbeiter sowie die Mitarbeiterbeurteilung und -förderung. Die Basis für eine erfolgreiche Mitarbeiterführung wird durch die Wahl eines geeigneten Führungsstils gelegt.

Begriff

Als Mitarbeiterführung wird die Art und Weise bezeichnet, wie Führungskräfte den Umgang mit ihren Mitarbeitern gestalten, um Ziele durchzusetzen und die Betriebsaufgabe zu erfüllen. Die Mitarbeiterführung ist eine unerläßliche Teilaufgabe eines jeden Vorgesetzten, gleichgültig welcher hierarchischen Ebene er angehört (→ Leadership, → Führungsgrundsätze).

Führungsaufgaben

Die Gesamtaufgabe eines Vorgesetzten umfaßt zahlreiche Teilaufgaben, die sich in zwei Gruppen zusammenfassen lassen: die eher sachbezogenen Aufgaben (= sachliche Führungsaufgaben) und die mitarbeiterbezogenen Aufgaben (= personelle Führungsaufgaben). Die sachlichen Führungsaufgaben ergeben sich direkt aus der Betriebsaufgabe; die personellen Führungsaufgaben ergeben sich aus der Tatsache, daß die Erfüllung der Sachaufgaben nur unter Beteiligung von Menschen vollzogen werden kann. Wem aber Menschen unterstellt sind, der hat auch die Pflicht, die daraus erwachsenden Aufgaben wahrzunehmen. Die personellen Führungsaufgaben werden auch als Personalführung oder Mitarbeiterführung bezeichnet.

In der Praxis hat es sich gezeigt, daß die arbeitsplatzabhängigen Sachaufgaben in der Regel ausreichend wahrgenommen werden; darauf werden die Mitarbeiter in der Ausbildung und im Studium auch vorbereitet. Dagegen wird der für die Zufriedenheit und Motivation der Mitarbeiter so wichtige Bereich der Mitarbeiterführung vor allem auf mittleren und unteren Führungsebenen häufig vernachlässigt.

Mitarbeiterbefragung

Die Mitarbeiterbefragung ist ein Instrument der Mitarbeiterführung, um in regelmäßigen Abständen die Meinungen, Einstellungen und Bedürfnisse der Mitarbeiter zu erfahren. Mitarbeiterbefragungen können zu sämtlichen Themen des betrieblichen Geschehens durchgeführt werden, wie z. B. Arbeitsbedingungen, Betriebsklima, → Führungsstil der Vorgesetzten, Informationsfluß oder Möglichkeiten der persönlichen Entwicklung.

Zu den methodischen Möglichkeiten zählen dabei schriftliche oder mündliche Befragungen, der Einsatz standardisierter Fragebogen, Einzelinterviews oder die Gruppenmoderation (→ Moderationsmethode).

Bei der Durchführung von Mitarbeiterbefragungen sollten folgende Grundsätze beachtet werden: Damit die Ergebnisse der Befragung auch zu Veränderungen führen, sollte die Beteiligung der Geschäftsleitung gesichert sein. Die Befragung sollte regelmäßig durchgeführt werden, mit vergleichbarem Inhalt, um Veränderungen im Unternehmen messen zu können. Wichtig ist auch eine freiwillige und anonyme Teilnahme der Mitarbeiter, um offene und ehrliche Antworten zu erhalten.

Mitarbeiterführung durch Gespräch und Information

Eines der wichtigsten Instrumente der Mitarbeiterführung ist das regelmäßige → Mitarbeitergespräch. Es dient der Verbesserung des Vorgesetzten-Mitarbeiter-Verhältnisses, fördert die Offenheit und das gegenseitige Verständnis und erleichtert die Zusammenarbeit.

Eine Daueraufgabe der Mitarbeiterführung ist die regelmäßige Information der Mitarbeiter. Sie umfaßt neben den unerläßlichen Erläuterungen über die Arbeit und die Arbeitsergebnisse auch alle darüber hinausgehenden Informationen über die betrieblichen Geschehnisse und Zusammenhänge. Ohne ausreichende Information besteht die Gefahr der sachlichen und menschlichen Isolierung.

Anerkennung

Zu den weiteren Aufgaben der Mitarbeiterführung zählen auch die regelmäßige Anerkennung und richtig ausgesprochene Kritik. Das Bedürfnis nach Anerkennung zählt zu den Grundbedürfnissen des Menschen. Fehlende Anerkennung und das ausbleibende Sozialprestige werden als wichtigste soziale Streßfaktoren am Arbeitsplatz angesehen. Anlaß, um Anerkennung auszusprechen, soll nicht nur die herausragende Leistung sein; auch Mitarbeiter, die regelmäßig ihre Aufgaben erfüllen, ohne besonders aufzufallen, haben Anerkennung verdient. Anerkennung wirkt glaubhaft, wenn sie bei gegebenem Anlaß sofort ausgesprochen und nach Inhalt, Dauer und Form maßvoll gehalten wird.

Konstruktive Kritik

Bei unzureichenden Leistungen oder fehlerhaften Verhaltensweisen darf sich der Vorgesetzte nicht scheuen, Kritik zu üben. Wenn Kritik unterbleibt, können die Mitarbeiter nicht erkennen, ob sie den Erwartungen entsprechen oder ihre Arbeitsweise und ihr Verhalten künftig ändern müssen. Sinn jeder Kritik ist die Förderung der Mitarbeiter; sie soll Fehlerquellen aufdecken und Wege zur Besserung aufzeigen.

Motivation durch Delegation

Ein wesentliches Element des kooperativen Führungsstils ist die Delegation (→ Managementtechniken). Dabei werden Aufgaben, Befugnisse und Verantwortung an nachgeordnete Mitarbeiter im Rahmen deren Fähigkeiten übertragen. Ziel der Delegation ist es, die Vorgesetzten zu entlasten und bei den Mitarbeitern eine größere Arbeitszufriedenheit zu erreichen. Eine hohe Arbeitszufriedenheit fördert das Interesse an der Tätigkeit und dem Unternehmen und beugt somit der Fluktuation vor. Delegation darf keinem Mitarbeiter aufgezwungen werden; nur wer bereit und fähig ist, Verantwortung zu tragen, kommt in Frage.

Weitere wichtige Führungsinstrumente sind die Einführung neuer Mitarbeiter, die → Mitarbeiterbeurteilung sowie das Bemühen um Weiterbildung und Förderung (→ Personalentwicklung) der Mitarbeiter. Eine wesentliche Voraussetzung einer erfolgreichen Personalführung bildet der praktizierte Führungsstil.

Führungsstil

Der → Führungsstil bestimmt maßgeblich den Führungserfolg, beeinflußt die Einstellung der Mitarbeiter zur Arbeit und wirkt sich auf deren Zufriedenheit, Motivation und Leistungsbereitschaft aus. Der Führungsstil beinhaltet die Ausstattung der Mitarbeiter mit Mitwirkungsrechten, die Gestaltung der Unter- und Überstellungsverhältnisse und den Einbezug der Mitarbeiter in das bestehende Informationssystem.

Bildungsbedarf im Führungsbereich

Achten Sie darauf, daß im Rahmen der Weiterbildung neben fachlichen Kenntnissen und Fertigkeiten auch das Führungsvermögen der Führungskräfte weiterentwickelt wird. Die häufigsten von den Mitarbeitern gegen ihre Vorgesetzten erhobenen Vorwürfe lauten: Zu wenig Zeit, zu wenig Information und fehlerhafte Kritik.

Mitarbeitergespräche

Das Mitarbeitergespräch ist das wichtigste Instrument einer zeitgemäßen Mitarbeiterführung. Es kann auf allen hierarchischen Ebenen durchgeführt werden. Die Verantwortung für die Vorbereitung und korrekte Durchführung liegt beim Vorgesetzten. Regelmäßige Mitarbeitergespräche dienen der Verbesserung des Vorgesetzten-Mitarbeiter-Verhältnisses.

Begriff

Überwiegend wird der Begriff Mitarbeitergespräch als Sammelbegriff für alle Gespräche verwendet, die der unmittelbare oder ein höherer Vorgesetzter mit seinen Mitarbeitern führt. In einem engeren Sinn bezeichnen manche Unternehmen das in regelmäßigem Turnus stattfindende Förder- und Zielvereinbarungsgespräch als Mitarbeitergespräch. Eine Mitarbeiterbesprechung liegt vor, wenn gleichzeitig mit einer Gruppe von Mitarbeitern gesprochen wird.

Führung durch Mitarbeitergespräche

Mitarbeitergespräche sind ein wesentliches Element der → Mitarbeiterführung sowie der innerbetrieblichen Kommunikation. Sie können grundsätzlich auf allen hierarchischen Ebenen geführt werden. Als Anlaß kommen alle aus der Zusammenarbeit zwischen Vorgesetzten und Mitarbeitern entstehenden Gesprächssituationen in Frage.

Die wichtigsten Anlässe, zu denen immer Mitarbeitergespräche geführt werden sollten, sind im folgenden zusammengefaßt:

Hauptanlässe für Mitarbeitergespräche
• Einführung neuer Mitarbeiter, • Anerkennung und Kritik, • Information über betriebliche Veränderungen, • Austrittsgespräche, • Beurteilungsgespräche, • Gespräche zur → Zielvereinbarung, • Beratung und Förderung der Mitarbeiter, • Lohn- und Gehaltsgespräche, • → Rückkehrgespräche (Fehlzeitengespräche), • Gespräche über die Arbeitssicherheit, • persönliche Probleme eines Mitarbeiters.

Nutzen

Ein richtig geführtes Mitarbeitergespräch bringt sowohl für den Vorgesetzten als auch für den Mitarbeiter eine Reihe von Vorteilen mit sich.

Je nach Gesprächsanlaß sind die in der Aufstellung zusammengefaßten Auswirkungen möglich:

Vorteile durch Mitarbeitergespräche

- Mißverständnisse oder Vorurteile werden abgebaut und der Umgang miteinander wird offener und ehrlicher.
- Durch die gegenseitige Information kennt man sich besser und hat mehr Verständnis füreinander.
- Bestehende Probleme werden aufgearbeitet und gemeinsam gelöst.
- Der Mitarbeiter hat die Möglichkeit, eigene Gedanken zum Problem ins Gespräch einzubringen und wird sich mit den gefundenen Lösungen besser identifizieren.
- Das Verständnis für organisatorische und personelle Änderungen steigt, wenn rechtzeitig durch den Vorgesetzten informiert wird.
- Durch offene Gespräche werden Gerüchte verhindert, wodurch das gegenseitige Vertrauen steigt.
- Das Gemeinschaftsgefühl („Wir-Gefühl") und die Zusammenarbeit werden gefördert.
- Die Beziehungen zwischen Vorgesetztem und Mitarbeiter und der gegenseitige Kontakt werden verbessert.
- Hierarchieunterschiede werden überwunden und Vorgesetzter und Mitarbeiter verstehen sich als Partner.
- Ein Mitarbeiter, der als Partner akzeptiert wird, wird ein verstärktes Selbstbewußtsein und eine größere Verantwortungsbereitschaft entwickeln.

Typische Fehler beim Mitarbeitergespräch

Viele Mitarbeiter beklagen sich, daß Mitarbeitergespräche insgesamt zu selten stattfinden und im allgemeinen viel zu kurz ausfallen. Über diesen allgemeinen Vorwurf hinaus werden folgende Fehler genannt:

Fehler beim Mitarbeitergespräch
• Der Gesprächstermin wird zu kurzfristig festgesetzt oder überhaupt nicht vorher bekanntgegeben, so daß sich die Mitarbeiter nicht ausreichend vorbereiten können. • Der Gesprächsanlaß ist nicht bekannt, wodurch ebenfalls keine Vorbereitung möglich ist. • Das Gespräch findet am falschen Ort statt, so daß die notwendige Ruhe und Ungestörtheit fehlen. • Aus Zeitmangel, Überheblichkeit oder Desinteresse werden die Mitarbeiter ständig unterbrochen. • Es werden zwar manche Details besprochen, aber es kommt zu keinem konkreten Ergebnis. • Der Vorgesetzte spielt seine größere Gesprächserfahrung und hierarchische Stellung aus. • Der Vorgesetzte trifft Entscheidungen, obwohl noch nicht alle Einzelheiten besprochen sind. • Die wesentlichen Entscheidungen sind bereits gefallen und das Gespräch hat nur noch Alibifunktion.

Gesprächsvorbereitung

Manche Mitarbeitergespräche müssen aus der Situation heraus spontan geführt werden, wie z. B. bei plötzlichen Sicherheitsverstößen, laufenden Arbeitsanweisungen oder beim Austausch von Informationen während der täglichen Zusammenarbeit. Viele Gespräche (Einführung, Beurteilung, Anerkennung und Kritik, Fördergespräch, Rückkehrgespräch usw.) sind jedoch von großer Tragweite für die weitere Zusammenarbeit und können geplant und vorbereitet werden.

Die Verantwortung für die Vorbereitung und den Gesprächsablauf liegt beim Vorgesetzten. Durch eine rechtzeitige Terminvereinbarung und (schriftliche) Einladung des Mitarbeiters wird sichergestellt, daß sich beide Seiten ausreichend vorbereiten können. Eine vollständige Gesprächsvorbereitung umfaßt sowohl die sachlich-organisatorische Seite (Termin, Ort usw.) als auch inhaltliche Aspekte (Ziel, Teilnehmer).

Vorbereitung von Mitarbeitergesprächen

Organisatorische Vorbereitung

- Wo findet das Gespräch statt?
- Wann findet das Gespräch statt?
- Wie lange wird es voraussichtlich dauern?
- Steht genug Zeit zur Verfügung, daß auch der Mitarbeiter alle seine Anliegen besprechen kann?
- Kann das Gespräch ohne Störungen durchgeführt werden?
- Welche Unterlagen oder Hilfsmittel werden benötigt?
- Wurde der Mitarbeiter rechtzeitig über den Termin und Anlaß informiert?
- Soll eine Bewirtung angeboten werden?
- Bestehen „faire“ Sitzverhältnisse?

Inhaltliche Vorbereitung

- Um was geht es (Gesprächsthema, -anlaß)?
- Verfüge ich über ausreichend Informationen zum Gesprächsgegenstand?
- Welches Gesprächsziel wird verfolgt?
- Gibt es neben dem Hauptziel noch Teilziele oder Alternativziele, falls das Hauptziel nicht erreicht werden kann?
- Wie argumentiere ich, um mein Ziel zu erreichen?
- Mit welchen Einwendungen ist zu rechnen?
- Wie gliedere ich das Gespräch?
- Was weiß ich über den Mitarbeiter (z. B. Gemeinsamkeiten, Hobbies, Lieblingsthemen, Eigenarten)?
- Welche Taktik wird der Mitarbeiter voraussichtlich anwenden?
- Wie gehe ich selbst vor?

Gesprächsatmosphäre

Der Vorgesetzte hat auch dafür zu sorgen, daß das Gespräch in einer entspannten, ungestörten Atmosphäre verläuft. Weder der Arbeitsplatz des Mitarbeiters noch ein hinter einem Schreibtisch thronender Vorgesetzter und ein zusätzlich störendes Telefon bilden den geeigneten Rahmen. Mitarbeiter und Vorgesetzter sollten sich an einem ruhigen Ort als gleichwertige Partner gegenübersitzen. Das Gespräch wird auch nur dann zufriedenstellend verlaufen, wenn genügend Zeit eingeplant wird, so daß alle Fragen in Ruhe besprochen werden können. Ein mit angemessener Offenheit und im gegenseitigen Vertrauen geführtes Mitarbeitergespräch kann wesentlichen Einfluß auf die weiteren Leistungen und die Entwicklung des Mitarbeiters haben.

Gesprächsablauf

Die Qualität und somit der Nutzen eines Mitarbeitergespräches können deutlich verbessert werden, wenn bestimmte Spielregeln zum Ablauf des Gespräches eingehalten werden.

Regeln zum Gesprächsablauf

- Am Gesprächsbeginn sollte immer etwas Positives stehen. Durch eine ungeschickte Einleitung des Vorgesetzten kann die Atmosphäre für den gesamten weiteren Gesprächsverlauf nachhaltig gestört werden.
- Durch eine (vorher überlegte) Gliederung wird sichergestellt, daß nichts Wesentliches vergessen wird.
- Das Gespräch darf nicht zum Monolog werden; ein für beide Teile sichtbarer Gesprächserfolg wird nur erreicht, wenn der Mitarbeiter ausreichend zu Wort kommt. Stille, schüchterne Mitarbeiter sind durch Fragen zu aktivieren.

- Der Vorgesetzte sollte darauf achten, daß er das Gesprächsziel im Auge behält. Auf Beiträge des Mitarbeiters, die über das eigentliche Gesprächsthema hinausführen, sollte er zwar eingehen, trotzdem muß er versuchen, zum vorgesehenen Gesprächsinhalt zurückzukehren.
- Negatives (z. B. im Kritik- oder Beurteilungsgespräch) ist zwar deutlich, aber ohne persönlichen Vorwurf auszusprechen. Kritik muß konstruktiv geübt werden, um das kritisierte Fehlverhalten künftig zu vermeiden.
- Bei Fehleinschätzungen bestimmter Situationen (z. B. im Beurteilungsgespräch) sollte sich der Vorgesetzte nicht scheuen, auch einmal einen eigenen Irrtum zuzugeben bzw. sein Urteil zu revidieren.
- Es sollte nichts versprochen werden, was nicht zu halten ist bzw. nicht versprochen werden darf. Ein Vorgesetzter kann z. B. kaum eine verbindliche Zusage über die Erhöhung des Arbeitsentgelts machen; er kann allenfalls versprechen, sich dafür einzusetzen.
- Durch Zwischenzusammenfassungen einzelner Gesprächsteile können erreichte Teilergebnisse verdeutlicht werden. Am Gesprächsende sollten die wesentlichen Absprachen nochmals herausgestellt werden, um dem Mitarbeiter zu zeigen, daß bei dem Gespräch etwas herausgekommen ist.
- Der Gesprächsabschluß sollte in gutem Einvernehmen erfolgen. Vorher bestehende Mißverständnisse sollten durch das Gespräch ausgeräumt worden sein.

Leitfaden für alle Fälle

Der folgende Gesprächsleitfaden kann bei nahezu allen Mitarbeitergesprächen eingesetzt werden. Er trägt dazu bei, das Gespräch zu strukturieren, wesentliche Gesprächsteile nicht zu vergessen und das Gesprächsziel nicht aus den Augen zu verlieren. Darüber hinaus läßt er genügend Spielraum für unerwartete Richtungsänderungen im Gespräch.

Leitfaden zum Mitarbeitergespräch

- **Einleitung**
  - Höflichkeit und Freundlichkeit sind - unabhängig vom Gesprächsanlaß - Grundvoraussetzungen eines jeden Gespräches.
  - Gehen Sie auf den Mitarbeiter zu, begrüßen Sie ihn und danken Sie ihm für sein Kommen.
  - Setzen Sie sich mit ihm an einen geeigneten Tisch und unterstreichen Sie so die Bedeutung des Gesprächs.
  - Überprüfen Sie, ob der Mitarbeiter „gedanklich anwesend" ist.
  - Stellen Sie einen persönlichen Kontakt her und tragen Sie so zu einem positiven und offenen Gesprächsklima bei.
- **Darstellung des Gesprächsanlasses**
  - Umreißen Sie den Gesprächsanlaß und die Gesprächsziele.
  - Stellen Sie dar, wie Sie im Gespräch vorgehen werden.
  - Nennen Sie den Zeitrahmen.
- **Die Sichtweise des Mitarbeiters**
  - Idealerweise haben Sie den Mitarbeiter bei der Vereinbarung des Gesprächstermins veranlaßt, sich selbst vorzubereiten.
  - An dieser Stelle geben Sie ihm zunächst Gelegenheit, seine Sichtweise darzustellen.
  - Unterbrechen Sie ihn in diesem Gesprächsabschnitt nicht, sondern machen Sie sich Notizen zu Punkten, auf die Sie später eingehen wollen.

- **Ihre eigene Sichtweise**
  - Fragen Sie jedoch nach, wenn Sie etwas nicht verstanden haben.
  - Stellen Sie nun Ihre eigene Meinung dar, indem Sie seine Ausführungen bestätigen, korrigieren oder weiterführen.
- **Frustrationen abbauen**
  - Geben Sie dem Mitarbeiter Gelegenheit, seinen Gefühlen unumwunden Luft zu machen.
  - Achten Sie an dieser Stelle nicht auf Sachlichkeit, sondern akzeptiere Sie die Emotionalität seiner Ausführungen.
  - Kommentieren Sie diese Äußerungen nicht.
  - Leiten Sie zum Kerngespräch über.
- **Das sachliche Kerngespräch**
  - Arbeiten Sie gemeinsam mit dem Mitarbeiter die Unterschiede in den einzelnen Sichtweisen heraus.
  - Suchen Sie gemeinsam nach Ursachen für diese unterschiedliche Betrachtungsweise.
  - Suchen Sie nach Lösungen, die für beide Gesprächspartner akzeptabel sind.
  - Seien Sie offen für die Sichtweise des Mitarbeiters und versuchen Sie, diese nachzuvollziehen.
  - Reden Sie nicht um den „heißen Brei“ herum, sondern bringen Sie Ihre eigene Meinung deutlich zum Ausdruck und beziehen Sie Stellung.
  - Seien Sie so flexibel, Ihre eigene Meinung zu ändern, wenn sich im Gespräch entsprechende Aspekte ergeben.
  - Fassen Sie zusammen und sichern Sie Zwischenergebnisse.
  - Behalten Sie das Gesprächsziel vor Augen.
- **Abschluß des Gesprächs**
  - Fassen Sie alle wichtigen Punkte noch einmal kurz zusammen.
  - Vereinbaren Sie Ergebnisse und halten Sie diese schriftlich fest. (Wer macht was bis wann?)

– Zeigen Sie noch einmal die Differenzen und die vereinbarten Kompromisse auf.

- **Gesprächsauswertung**
  - Welche Maßnahmen müssen Sie veranlassen?
  - Welche Gesprächsziele haben Sie erreicht?
  - Welche neuen Erkenntnisse haben Sie über Ihren Gesprächspartner gewonnen, und was sollten Sie bei zukünftigen Gesprächen beachten?
  - Welches Bild hat der Gesprächspartner von Ihnen gewinnen können?
  - Haben Sie sich im Gespräch richtig verhalten? Was würden Sie beim nächsten Mal anders machen?

Mitarbeiterbesprechungen

Bei der Mitarbeiterbesprechung geht es um das Gespräch mit einer Gruppe von Mitarbeitern. Besprechungsgegenstand kann die gegenseitige Information, der Erfahrungsaustausch oder das gemeinsame Lösen von Problemen, aber auch das Ausräumen von Meinungsverschiedenheiten oder die Schlichtung von Konflikten sein. Wie das Mitarbeitergespräch kann auch die Mitarbeiterbesprechung aus aktuellem Anlaß erforderlich werden oder in festem Turnus stattfinden. Turnusmäßige Besprechungen sind z. B.

- die monatlichen Besprechungen über die anstehenden Aufgaben und Projekte,
- regelmäßige Projektbesprechungen mit allen Projektbeteiligten,
- jährliche Strategiebesprechungen über die Zielsetzungen der Abteilung im Folgejahr.

Regeln zur Vorbereitung und Durchführung von Mitarbeiterbesprechungen sind im Beitrag → Konferenzen dargestellt.

Mitbestimmung

Der Betriebsrat hat in zahlreichen Angelegenheiten, die den Betrieb und die Arbeitnehmer betreffen, gesetzlich festgelegte Mitbestimmungsrechte. Diese sind je nach betroffenem Regelungsgegenstand unterschiedlich stark ausgebildet.

So hat in einigen Fällen der Arbeitgeber gegenüber dem Betriebsrat lediglich Unterrichtungs- und Informationspflichten. Größer sind die Mitbestimmungsmöglichkeiten, wenn dem Betriebsrat ein Anhörungs-, Beratungs- oder Zustimmungsrecht gewährt wird. Am stärksten ausgeprägt ist die Mitbestimmung beim Mitbestimmungsrecht im engeren Sinne, das im wesentlichen bei sozialen Angelegenheiten Anwendung findet (z. B. Beginn und Ende der täglichen Arbeitszeit).

Unterschiedliche Ausprägung

Unter dem Begriff Mitbestimmung oder besser Beteiligungsrecht des Betriebsrats lassen sich zwei Hauptgruppen unterscheiden: das eigentliche Mitbestimmungsrecht und sonstige Mitwirkungsrechte.

Die schwächste Art der Beteiligung des Betriebsrats entspringt den sogenannten Unterrichtungs- und Informationspflichten, die der Arbeitgeber gegenüber dem Betriebsrat zu erfüllen hat. Damit hat der Betriebsrat zwar kein unmittelbares Mitwirkungsrecht in der Hand, es handelt sich hier jedoch um eine notwendige Voraussetzung, um eine sinnvolle Mitwirkung zu entfalten.

Die nächste Stufe der Mitwirkung des Betriebsrats ist die Anhörung. Dieses Recht setzt eine vorherige Information voraus. Im Rahmen dieses Rechts kann der Betriebsrat auch von sich aus Vorschläge machen. Der Arbeitgeber bleibt trotzdem alleine entscheidungsberechtigt.

Die darauffolgende Stufe ist das sogenannte Beratungsrecht. Hierbei ist der Arbeitgeber gehalten, mit dem Betriebsrat den Verhandlungsgegenstand gemeinsam zu erörtern und die wechselseitigen Begründungen abzuwägen. Auch hier bleibt das Entscheidungsrecht beim Arbeitgeber.

Wiederum eine Stufe höher ist das Zustimmungsrecht des Betriebsrats anzusiedeln. Dies betrifft in der Praxis hauptsächlich die Durchführung personeller Einzelmaßnahmen. Hier ist allerdings in Wirklichkeit nur die Verweigerung der Zustimmung des Betriebsrats geregelt. Dies bedeutet, daß unter Umständen der Betriebsrat seine Zustimmung verweigern kann. In diesen Fällen kann die Zustimmung durch das Arbeitsgericht ersetzt werden.

Die stärkste Form des Beteiligungsrechts ist das Mitbestimmungsrecht im engeren Sinn. Hauptfall ist hier die Mitbestimmung in sozialen Angelegenheiten. Hierbei hat der Betriebsrat ein völlig eigenständiges Mitbestimmungsrecht, und der Arbeitgeber kann die Zustimmung des Betriebsrats auch nicht durch das Arbeitsgericht ersetzen lassen.

Mitbestimmung bei der Arbeitsplatzgestaltung

Nach § 90 BetrVG muß der Arbeitgeber den Betriebsrat anhand der erforderlichen Unterlagen über die Planung und Ausgestaltung der Arbeitsplätze unterrichten. Anschließend muß der Arbeitgeber die vorgesehenen Maßnahmen und ihre Auswirkungen mit dem Betriebsrat beraten, wobei Vorschläge und Bedenken des Betriebsrats berücksichtigt werden müssen.

Ein erzwingbares Mitbestimmungsrecht hat der Betriebsrat nur dann, wenn der Arbeitgeber die geplanten Maßnahmen durchgeführt hat, diese aber den gesicherten arbeitswissenschaftlichen Kenntnissen über menschengerechte Gestaltung der Arbeitsplätze offensichtlich widersprechen, und außerdem Arbeitnehmer gerade dadurch in besonderer Weise belastet werden (§ 91 BetrVG).

Mitbestimmung in personellen Angelegenheiten

Mitbestimmungspflichtige personelle Einzelmaßnahmen sind Einstellungen, Ein- und Umgruppierungen, Versetzungen und Kündigungen. In Betrieben mit mehr als 20 wahlberechtigten Arbeitnehmern muß der Arbeitgeber den Betriebsrat eine Woche vor jeder geplanten personellen Maßnahme unterrichten. Handelt es sich um Bewerbungen, muß der Arbeitgeber dem Betriebsrat alle Bewerbungsunterlagen vorlegen, auch die von Bewerbern, an denen der Arbeitgeber nicht interessiert ist.

Alsdann muß der Arbeitgeber vor der geplanten personellen Einzelmaßnahme die Zustimmung des Betriebsrats nach § 99 I BetrVG einholen. Der Betriebsrat hat dann drei Möglichkeiten zu reagieren:

- Er erteilt die Zustimmung.
- Er läßt die Widerspruchsfrist von einer Woche verstreichen. In diesem Fall gilt die Zustimmung als erteilt.
- Er widerspricht der Maßnahme unter Angabe von Gründen.

Der Betriebsrat kann jedoch nur aus den in § 99 II BetrVG genannten Gründen widersprechen.

Mitbestimmung in sozialen Angelegenheiten

Hier steht dem Betriebsrat ein erzwingbares Mitbestimmungsrecht nur dann zu, wenn es sich um generelle Regelungen handelt. Was zum Bereich der erzwingbaren Mitbestimmung zählt, ergibt sich aus § 87 I BetrVG. Über diesen Katalog hinaus können alle sozialen Fragen, die auch in einem Tarifvertrag geregelt werden könnten, mit dem Arbeitgeber in freiwilligen Betriebsvereinbarungen geregelt werden. Auch hier kann die Einigungsstelle angerufen werden, wenn es zwischen Arbeitgeber und Betriebsrat zu keiner Einigung kommt.

Mitbestimmung in wirtschaftlichen Angelegenheiten

Die Mitbestimmungsrechte des Betriebsrats halten sich hier in engen Grenzen, da weitgehend die wirtschaftliche und unternehmerische Unabhängigkeit des Arbeitgebers gewahrt werden soll. So sind geplante → Betriebsänderungen, die wesentliche Nachteile für die Belegschaft oder für Teile von ihr mit sich bringen können, nach § 111 BetrVG vorher mit dem Betriebsrat zu beraten.

Dabei steht dem Betriebsrat ein erzwingbares Mitbestimmungsrecht aber nur insoweit zu, als er einen Sozialplan über den Ausgleich oder die Milderung der wirtschaftlichen Nachteile, die dem Arbeitnehmer entstehen, durchsetzen kann.

Moderationsmethode

Die Moderationsmethode ist eine teilnehmeraktive Konferenzmethode. Durch Fragen werden die Teilnehmer aktiviert; durch die Visualisierung auf Kärtchen werden sämtliche Beiträge und Ergebnisse gesichert. Die Moderationsmethode trägt zu einer Versachlichung und Effizienzsteigerung der Gruppenarbeit bei.

Begriff

Die Moderationsmethode ist eine Form der Diskussion in Gruppen, wobei durch den Einsatz der Visualisierungs- und Fragetechnik sichergestellt wird, daß alle Teilnehmer aktiv und zielorientiert in den Kommunikationsprozeß einbezogen werden. Dabei werden die Erfahrungen und die Kreativität der Teilnehmer systematisch genutzt. Alle werden an der Problemlösung beteiligt, wodurch eine hohe Identifikation mit den erarbeiteten Ergebnissen erreicht und die Umsetzung in die Praxis erleichtert wird. Als Hilfsmittel werden Pinnwände und Kärtchen nach der Meta-Plan-Methode verwendet.

Steuerung durch einen Moderator

Der methodische Ablauf wird durch einen Moderator gesteuert, der jedoch auf die inhaltlichen Entscheidungen der Gruppe keinen Einfluß nehmen darf. Der Moderator hat sich als eine Art „Primus inter pares" zu verstehen, der keinesfalls mit dem Konferenzleiter im herkömmlichen Sinne zu vergleichen ist. Deshalb kann grundsätzlich jeder Teilnehmer, nicht nur der Ranghöhere oder der Spezialist, die Moderatorenrolle übernehmen.

Als Teilnehmer kommt jeder Mitarbeiter in Frage, der über die notwendige Sachkompetenz verfügt und willens ist, in der Gruppe aktiv zur Problemlösung beizutragen. Ein kooperatives Arbeitsklima und die vielfältigen Aktionsmöglichkeiten durch die Visualisierungstechnik stellen sicher, daß das Wissen, die Meinung und die Erfahrung aller in Verbindung mit der Spontanität und Kreativität des Augenblicks genutzt werden.

Die gefundenen Lösungen weisen einen hohen Qualitätsstandard auf, da alle am Zustandekommen der Lösung beteiligt sind, sich damit identifizieren und deshalb die daraufhin getroffenen Entscheidungen akzeptieren und mittragen.

Aufgaben des Moderators

Von einem Moderator wird erwartet, daß er bestimmte Aufgaben erfüllt.

Aufgaben des Moderators
• Instruktion der Teilnehmer über die Methode, • Erfassung der Ziele und Absichten der Gruppe, • Formulierung eines Grobablaufs (Dramaturgie), • Steuerung des Gruppenprozesses durch Fragen, • Abrufen der Informationen, • „Provokation“ von Ideen der Teilnehmer, • Einsatz des methodischen Instrumentariums (insbesondere der Visualisierungstechnik), • Überwachung der Einhaltung der Spielregeln, • Herbeiführung der notwendigen Ablauftransparenz, • Sicherung der Ergebnisse.

Ergebnissicherung durch Visualisierung

Das wichtigste Hilfsmittel der Moderationsmethode ist die Visualisierung. Alle wesentlichen Diskussionsbeiträge (Informationen, Meinungen, Stimmungen, Bewertungen, Ergebnisse) werden dabei für alle sichtbar optisch festgehalten.

Pinnwände (Stecktafeln) und die zugehörigen Utensilien (Packpapier, Karten in unterschiedlicher Farbe, Form und Größe, Filzstifte, Nadeln, Klebespray und Klebepunkte) sind das typische Material der Moderationsmethode.

Die Visualisierung hat zahlreiche Vorteile, die grundsätzlich bei allen Methoden der Gesprächsführung zur Verstärkung der sprachlichen Ausführungen genutzt werden können:

- Das Verstehen und Behalten wird erleichtert,
- kein Beitrag geht verloren,
- die Beiträge von Ranghöheren und Meinungsführern haben keinen höheren Stellenwert,
- der Diskussionsverlauf ist sachbezogener,
- Person und Aussage werden besser getrennt,

- Schwerpunkte werden erkennbar,
- der Gesprächsverlauf wird nachvollziehbar,
- der Hang zur Selbstdarstellung und zu Wiederholungen wird gebremst,
- die Bereitschaft zur Beteiligung nimmt zu und die Spontanität der Äußerungen steigt,
- Nachzügler finden schneller Anschluß,
- die Teilnehmer können die bereits erzielten Ergebnisse ständig nachvollziehen und erkennen Lösungsfortschritte, Ermüdungserscheinungen halten sich in Grenzen, die Konzentration wird gefördert.

Methodenvielfalt

Dem Moderator stehen vielfältige Methoden zur Verfügung, um die Teilnehmer zu aktivieren. Das gibt ihm die Möglichkeit, auf die unterschiedlichsten Situationen reagieren zu können.
Der folgende Zusammenstellung beschreibt die einzelnen Methoden:

Methoden
• **Punktabfragen:** Jeder Teilnehmer verteilt einen oder mehrere Klebepunkte; – geeignet um Anfangsbarrieren zu überwinden (z. B. Stimmungsbarometer), Meinungstransparenz herzustellen und Ergebnisse zu bewerten (z. B. bei einer Problemliste). – Problem: Keine absolute Objektivität. • **Verdeckte Stichwortabfragen:** Jeder Teilnehmer notiert seine Meinung auf Stichwortkarten, (je Karte nur einen Beitrag, Stichwortkarten an Pinwand heften). – Vorteil: Alle können (müssen) gleichzeitig arbeiten. • **Offene Stichwortabfragen:** Teilnehmer rufen dem Moderator ihren Beitrag zu. – Geeignet bei kleinen Gruppen. – Problem: Fehlender Mut zur Artikulation.

- **Sortieren (Klumpen bilden/clustern):** Oberbegriffe bilden.
  Keine Idee auslassen, auch wenn nur eine Karte vorhanden.
- **Problemliste erstellen:** Entsprechend der Oberbegriffe Probleme untereinander schreiben.
  - Durch Reihenfolge noch keine Gewichtung vornehmen.
  - Probleme bewerten (z. B. Punktbewertung).

Einsatz der Fragetechnik

Das wichtigste Steuerungsinstrument des Moderators ist die Fragetechnik. Durch eine geschickte Fragestellung werden die Teilnehmer stimuliert, es werden Denkanstöße vermittelt, so daß sowohl das vorhandene Wissen und die bestehenden Erfahrungen sowie Meinungen und Stimmungen geäußert werden. Besonders geeignet sind offene und weiterführende Fragen, durch die möglichst viele (im besten Fall alle) Teilnehmer angesprochen werden. Ungeeignet sind dagegen geschlossene Fragen, Suggestivfragen, rhetorische Fragen sowie komplizierte und unklare Formulierungen.

30-Sekunden-Regel

Eine besondere Spielart zur Verhinderung langweiliger Monologe, zum Bremsen von Dauerrednern und zur Sicherung gleicher Redezeitanteile für alle ist die 30-Sekunden-Regel. Falls sich die Gruppe vorher auf diese Modalität geeinigt hat, kann jeder Teilnehmer beim Überschreiten der 30-Sekunden-Grenze einen sofortigen Abbruch des Beitrags erzwingen (rote Karte). Neben der Förderung der Disziplin sorgt der Einsatz dieser Regel auch für Abwechslung.

Dramaturgie

Eine Moderation umfaßt die vollständige Bearbeitung einer Aufgaben- oder Problemstellung mit einer Gruppe vom Input der Daten und Fakten bis zur Maßnahmenplanung. Die Abfolge der einzelnen Schritte unterliegt keiner starren Regel. In der Praxis hat sich jedoch ein bestimmter Aufbau bewährt, der einen dramaturgisch günstigen Spannungsbogen beinhaltet, wodurch das Interesse und die Aufmerksamkeit der Teilnehmer sichergestellt werden. Der idealtypische Ablauf kann folgendermaßen aussehen.

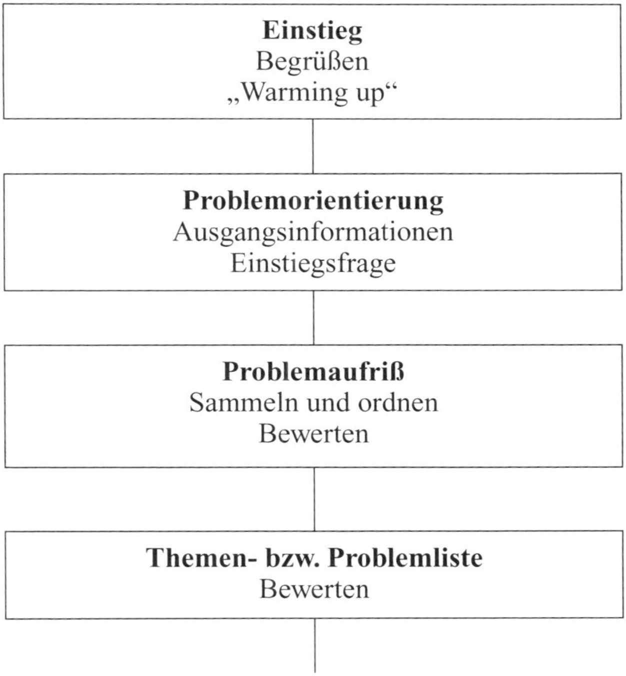

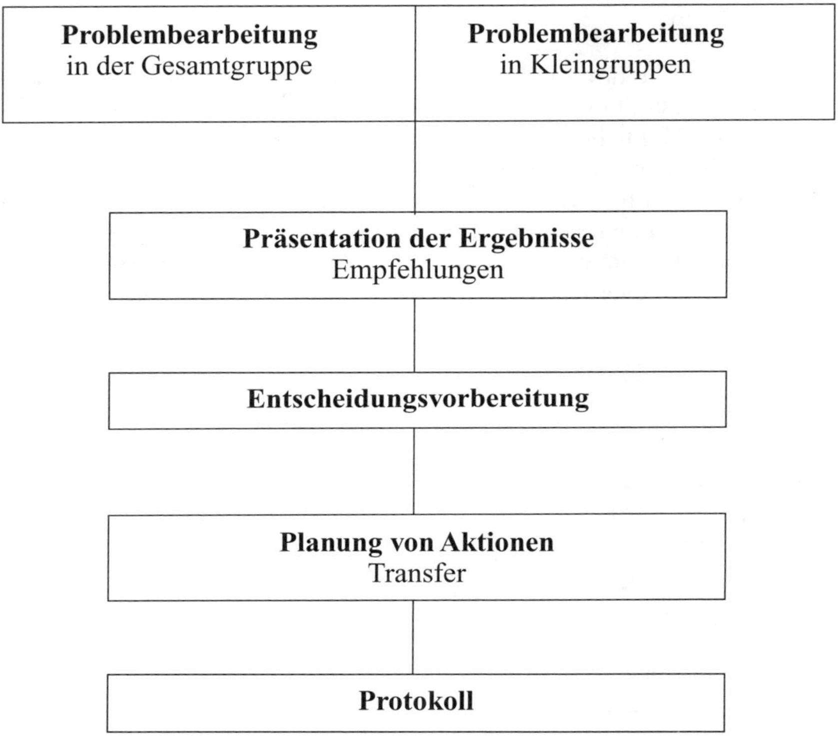

Die Moderationsmethode in der Praxis

Dem Einsatz der Moderation sind kaum Grenzen gesetzt. Sie eignet sich immer dann, wenn eine Gruppe aktiviert werden soll und von allen Teilnehmern Beiträge erwartet werden. Das kommt vor bei Problemlösungen, Entscheidungsvorbereitung und -findung, Sammlung von Ideen, Training und Schulung.

Die Moderationsmethode fördert, neben der Lösung des Sachproblems, das Sozialverhalten und die Kooperationsbereitschaft der Teilnehmer und spart Zeit und Kosten.

Motivation

Motivation beschreibt die Beweggründe menschlichen Verhaltens und Erlebens. Zur Erklärung des menschlichen Verhaltens wurden eine Reihe von Motivationstheorien entwickelt. Die Arbeitsmotivation als Teilgebiet der Motivationsforschung beschäftigt sich mit der Frage, wie Mitarbeiter zu motivieren sind bzw. welche betrieblichen Faktoren ihre Arbeitszufriedenheit beeinflussen.

Begriff

Motivation beschreibt die Summe aller Beweggründe (Motive) für das menschliche Handeln und Erleben. Motive legen fest, was Personen wollen oder wünschen. Sie führen dazu, daß Menschen in bestimmten Situationen in spezifischer Weise reagieren.

Arten von Motiven

Die Motive, die menschlichem Verhalten zugrunde liegen, können verschiedenen Ursprungs sein. Man unterscheidet folgende Arten von Motiven.

Primäre und sekundäre Motive
Bei primären Motiven handelt es sich um solche Beweggründe menschlichen Verhaltens, die von Geburt an oder aufgrund eines Reifungsprozesses das Verhalten bestimmen. Beispiele: Hunger, Schlaf.

Bei sekundären Motiven werden solche Beweggründe des menschlichen Verhaltens angesprochen, die aufgrund eines Lernprozesses erworben werden. Beispiele: Einkommen, Karriere.

Intrinsische und extrinsische Motive
Als intrinsisch motiviert wird Verhalten angesehen, wenn Handlungen oder Handlungsergebnisse um ihrer selbst Willen angestrebt werden. Vor allem folgende intrinsische Motive sind im betrieblichen Kontext

von Bedeutung: Leistung, Macht, Sinngebung, Selbstverwirklichung.

Als extrinsisch motiviert wird ein Verhalten angesehen, wenn äußere Belohnungen angestrebt werden. D. h. das Leistungsverhalten ist ein Instrument, um die angestrebte Belohnung zu erlangen. Extrinsische Motive werden in solche mit materiellen und solche mit immateriellen Befriedigungsmöglichkeiten unterschieden.

Extrinsische Motivarten materieller Art betreffen das Streben nach finanziell erfaßbaren Belohnungen, wie Einkommen, Zusatzleistungen und bestimmte Konsumleistungen.

Extrinsische Motive immaterieller Art sind Verhaltensbereitschaften, mit denen finanziell nicht direkt meßbare Ziele angestrebt werden, wie zum Beispiel Sicherheit, Karriere, Prestige und Kontakt.

Motivationstheorien

Zur Erklärung des menschlichen Verhaltens wurden eine Reihe von Motivationstheorien entwickelt.

Bedürfnispyramide von Maslow

Ein in der Managementliteratur populärer motivationstheoretischer Ansatz ist die Bedürfnishierarchie von Maslow. Die Bedürfnisse aller Menschen lassen sich nach Maslow in insgesamt fünf Ebenen hierarchisch gruppieren.

Bedürfnishierarchie nach Maslow
Physiologische Bedürfnisse: Nahrung, Schlaf etc. **Sicherheitsbedürfnisse:** Schutz vor Gefahren, wirtschaftliche Sicherheit etc. **Soziale Bedürfnisse:** Kontakt, Zugehörigkeit, Zuneigung etc. **Achtungsbedürfnisse:** Ansehen, Status, Anerkennung, Prestige etc. **Sebstverwirklichungsbedürfnisse:** Nutzung und Entfaltung der in einem Individuum vorhandenen Möglichkeiten.

Die ersten vier Bedürfnisse bezeichnet Maslow als Defizit-Bedürfnisse. Sie werden nur bei Mangelzuständen aktiviert. Die Defizit-Bedürfnisse verlieren nach ihrer Befriedigung ihre aktivierende Kraft.

Die fünfte Bedürfnisebene, das Selbstverwirklichungsbedürfnis, gilt als Wachstums-Bedürfnis. Es kann erst aktiviert werden, wenn die untergeordneten Defizit-Bedürfnisse weitgehend befriedigt sind. Das Wachstumsbedürfnis kann man nicht befriedigen. Wenn ein Bedürfnis scheinbar befriedigt ist, entsteht daraus ein weiteres, welches das erste übersteigt.

Erwartungs-Valenz-Modelle
Die Erwartungs-Valenz-Modelle gehen davon aus, daß die Motivation einer Person von der Attraktivität der Sache und der subjektiv wahrgenommenen Wahrscheinlichkeit, das Ziel zu erreichen, abhängig ist.

Arbeitsmotivation

Die Arbeitsmotivation ist ein Teilgebiet der Motivationsforschung und beschäftigt sich mit der Frage, wie Mitarbeiter zu motivieren sind bzw. welche betrieblichen Faktoren ihre Arbeitszufriedenheit beeinflussen. Zur Arbeitsmotivation können eine Reihe von Faktoren positiv beitragen:

- Betriebsklima
- → Führungsstil
- → Personalentwicklung
- interessante und verantwortungsvolle Aufgabengebiete (→ Arbeitsstrukturierung)
- → Mitarbeiterbeteiligung
- Lohngerechtigkeit
- sonstige Anreize

Grenzen

Der Zugang zu Motivation und zu Motiven ist schwierig, da sie kaum beobachtet werden können. Meist können nur Anreize und Reaktionen von Personen analysiert werden. Inwieweit man dadurch Rückschlüsse auf deren Motivation ziehen kann, ist unklar. Trotz objektiv gleicher Umweltsituation zeigen sich oft erhebliche Unterschiede im Verhalten von Personen.

Nachfolgeplanung

Die Nachfolgeplanung ist ein Instrument der → Personalentwicklung. Sie beschäftigt sich mit künftig im Unternehmen zu besetzenden Positionen und prüft, welche Mitarbeiter dafür geeignet sind und welche Maßnahmen für eine endgültige Qualifizierung notwendig werden.

Ziele

Durch die Nachfolgeplanung wird sichergestellt, daß frei werdende Stellen bei Bedarf sofort wieder besetzt werden können. Für die vorgesehenen Nachfolgekandidaten schafft die Nachfolgeplanung Sicherheit über die weitere berufliche Entwicklung. Fehlende Qualifikationen können rechtzeitig vermittelt werden.

Nachfolgeplanung verhindert Vakanzen

Die Nachfolgeplanung dient ebenso wie die → Laufbahnplanung der personellen Vorsorge. Die Mitarbeiter werden gezielt auf die Übernahme bestimmter Aufgaben vorbereitet, so daß bei einer Vakanz sofort auf geeignete Kandidaten zurückgegriffen werden kann. Damit schaffen Laufbahn- und Nachfolgeplanung Transparenz über das vorhandene Mitarbeiterpotential. Für die Mitarbeiter ist der planmäßige und nach allgemeingültigen Kriterien vollzogene Aufstieg im Unternehmen ein wichtiger Motivationsanreiz.
Die folgenden Punkte verdeutlichen den Ablauf der Nachfolgeplanung:

Ablauf der Nachfolgeplanung

1. Formulierung allgemein gültiger Nachfolgeprinzipien;
2. Auswahl der in die Nachfolgeplanung einzubeziehenden Positionen;
3. Festlegung der von den künftigen Positionsinhabern zu erfüllenden Anforderungskritierien (Anforderungsprofil);
4. Ermittlung der potentiellen Nachfolgekandidaten;
5. Auswertung der Personalkarteien und/oder Förderempfehlungen der Vorgesetzten;
6. Auswahl der Nachfolgekandidaten;
7. Information (Fördergespräch) der möglichen Nachfolgekandidaten;
8. Soll-Ist-Vergleich zwischen dem Anforderungsprofil der Nachfolgeposition und dem Fähigkeitsprofil der Nachfolgekandidaten;
9. Festlegung notwendiger Qualifizierungsmaßnahmen;
10. Ermittlung von Positionen, für die keine geeigneten Nachfolgekandidaten vorhanden sind.

Soweit für einzelne Stellen keine potentiellen Nachfolgekandidaten verfügbar sind, müssen rechtzeitig anderweitige Maßnahmen (z. B. externe → Personalbeschaffung) eingeleitet werden.

Netzplan

Ein Netzplan ist ein graphisches Hilfsmittel zur Unterstützung des → Projektmanagements. Er soll die einzelnen Projektteilschritte, ihre Dauer, ihre Ergebnisse und ihre ablauflogischen Zusammenhänge übersichtlich darstellen.

Begriff

Ein Netzplan ist eine spezielle Graphik zur Beschreibung des Projektgeschehens. Er enthält die einzelnen Projektteilschritte (Vorgänge), ihre Dauer, die beschreibbaren Zustände im Projektablauf (Ereignisse) und die Abhängigkeiten zwischen den Vorgängen bzw. Ereignissen (Anordnungsbeziehungen).

Ziel

Ziel der Nutzung von Netzplänen und Netzplantechniken ist es, die Projektstruktur übersichtlich darzustellen, die Aufgaben eines Projekts zu koordinieren, eine realistische Termin- und Kostenplanung zu erstellen, kritische Aktivitäten und Kapazitätsengpässe rechtzeitig zu erkennen und dadurch die einem Projekt zur Verfügung stehenden Ressourcen effizient zu nutzen.

Phasen der Netzplantechnik

Die Planung eines Projekts mit Hilfe einer Netzplantechnik durchläuft immer vier Phasen. Das Ergebnis des wiederholten Durchlaufens der vier Planungsphasen ist ein endgültiger Netzplan. Die nachfolgende fünfte Phase ist die Umsetzungs- und Kontrollphase. Die Phasen sind nicht unabhängig voneinander, d. h., das Ergebnis einer Planung kann Auswirkungen auf die vorhergehenden Planungen haben. Deswegen werden sie meist wiederholt durchlaufen.

Phase 1: Ablaufplanung/Strukturplanung
In dieser Phase werden die einzelnen Aktivitäten (Vorgänge), ihre Ergebnisse (Ereignisse) und ihre Abhängigkeiten voneinander identifiziert. Daraus ergibt sich eine zeitliche Reihenfolge der Vorgänge. Aufgaben, die nicht zeitlich voneinander abhängig sind, können parallel bearbeitet werden.

Phase 2: Terminplanung
Jetzt wird in den Strukturplan die geschätzte Dauer der einzelnen Vorgänge eingearbeitet. Es lassen sich dann die sogenannten kritischen

Vorgänge feststellen. Sie können nicht verschoben werden, ohne den Zeitpunkt der Fertigstellung des Projekts zu beeinflussen. Die kritischen Vorgänge ergeben den kritischen Pfad. Die Summe der Vorgangsdauern des kritischen Pfades ergibt die kürzestmögliche Projektdauer in Tagen. Deswegen muß den kritischen Vorgängen und ihrer Planung besondere Aufmerksamkeit gewidmet werden.

Phase 3: Kapazitätsplanung
Nun werden die personellen Ressourcen in die Planung integriert. Die Aufgaben werden Abteilungen oder sogar einzelnen Mitarbeitern zugeordnet. Dabei stellen sich eventuelle Überbelastungen personeller Ressourcen heraus. Sie können durch eine Erhöhung der Kapazität, z. B. durch Überstunden, eine Verlängerung von Vorgangsdauern oder die zeitliche Verschiebung eines Vorgangs beseitigt werden.

Phase 4: Kostenplanung
Sie berechnet die Kosten der einzelnen Vorgänge und des gesamten Projekts mit den vorher festgelegten Terminen und Kapazitäten. Besonders wichtig wird sie, falls die geplante Projektdauer über der geforderten liegt oder das Projekt von einem externen Auftraggeber stammt.

Phase 5: Durchführung und Kontrolle
Die mittels Netzplantechniken durchgeführten Planungen führen zu den Soll-Vorgaben für Projektüberwachung und Kontrolle.

Netzpläne müssen in regelmäßigen Zeitabständen revidiert und an den tatsächlichen Projektverlauf angepaßt werden, um nicht zu wertlosem Papier zu verkommen.

Öko-Audit

Das Öko-Audit (Umweltbetriebsprüfung) soll den Betrieb in die Lage versetzen, sein Umweltverhalten zu bewerten und zu überprüfen, ob die selbst gesteckten Umweltschutzstandards und die umweltrechtlichen Vorschriften erfüllt werden.

Begriff

Das Öko-Audit (Environmental Audit) ist ein stark formalisiertes Instrument der Risikovorsorge für das betriebliche → Umweltmanagement. Bei der Umweltbetriebsprüfung im Sinn des EG-Öko-Audits handelt es sich um ein Managementinstrument, das eine systematische, dokumentierte, regelmäßige und objektive Bewertung der Leistung der Organisation, des Managements und der Abläufe zum Schutz der Umwelt umfaßt. Öko-Audits sollen die Managementkontrolle betrieblicher Umweltschutzmaßnahmen erleichtern und die Bewertung der Übereinstimmung mit den Unternehmensleitlinien einschließlich der Einhaltung der ordnungspolitischen Vorschriften ermöglichen und auf diese Weise zur kontinuierlichen Verbesserung der Umweltschutzleistungen beitragen.

Ziele eines Öko-Audits

Von der systematischen Durchführung von Öko-Audits erhoffen sich die Betriebe eine Minimierung von Haftungs- und Störfallrisiken, eine effizientere Organisation des betrieblichen Umweltschutzes ebenso wie das Aufspüren von Kostensenkungspotentialen, die Verbesserung der Informationsbasis, eine Erhöhung der Mitarbeitermotivation, Imagegewinne, etwa bei Anwohnern und Kunden, und die Verbesserung der Beziehungen zu Behörden.

Arten von Öko-Audits

Es gibt mehrere Möglichkeiten der Ausgestaltung für Öko-Audits.
Beim **Compliance- bzw. Kontroll-Öko-Audit** wird die Einhaltung der Umweltgesetze überprüft.
Das **System-Öko-Audit** beurteilt das betriebliche Umweltmanagementsystem vor dem Hintergrund gesetzter Umweltziele. Die Aufbau- und Ablauforganisation werden hinsichtlich ihrer Eignung zur Behandlung umweltrelevanter Fragestellungen analysiert und beurteilt. Untersucht werden beispielsweise die Verankerung des Umweltschutzgedankens in der Organisation, die Regelung der Verantwortlichkeiten

sowie die Genauigkeit, Zuverlässigkeit und Objektivität der Dokumentationssysteme.
Das **Verfahrens- bzw. Produktions-Öko-Audit** überprüft die im Unternehmen eingesetzten Herstellungsverfahren auf die Wirksamkeit der vorhandenen Umweltschutzmaßnahmen sowie die Notwendigkeit zusätzlicher Maßnahmen, etwa aufgrund verschärfter Vorschriften.
Das **Produkt-Öko-Audit** beurteilt die Produktpalette hinsichtlich ihrer Bedeutung für die Umwelt.

Ziele der EG-Öko-Audit-Verordnung

Die zentralen Ziele des Systems bestehen in der kontinuierlichen Verbesserung des betrieblichen Umweltschutzes im Rahmen der gewerblichen Tätigkeiten durch die Festlegung und Umsetzung standortbezogener Umweltpolitik, Umweltprogramme und Umweltmanagementsysteme seitens der Unternehmen, die systematische, objektive und regelmäßige Bewertung der Leistung dieser Instrumente und die Bereitstellung von Informationen über den betrieblichen Umweltschutz für die Öffentlichkeit.

Vorgehensweise beim EG-Öko-Audit
- Festlegen einer standortübergreifenden Umweltpolitik,
- Durchführen einer ersten standortbezogenen Umweltprüfung,
- Festlegen standortbezogener Umweltziele und Umweltprogramme,
- Einrichten eines Umweltmanagementsystems,
- Durchführen interner Umweltbetriebsprüfungen,
- Vergeben der Teilnahmeerklärung.

Öko-Bilanz

Mit Hilfe von Öko-Bilanzen lassen sich ökologische Schwachstellen ableiten, deren Feststellung dann in umweltbezogenen Zielfestle-

gungen und schließlich in einer konkreten Umsetzung von alternativen betrieblichen Umweltschutzmaßnahmen münden.

Begriff

Öko-Bilanz ist der Oberbegriff für die bilanzierende und beurteilende Betrachtung eines ökologisch relevanten Systems. Eine regelrechte Bilanzierung im finanzwirtschaftlichen Sinn findet in der Praxis der Öko-Bilanz eigentlich nicht statt.
Vorteile, die bei der Durchführung von Öko-Bilanzen in Unternehmen gesehen werden können, sind: aktive Zukunftssicherung, Impulse für ökologieorientierte Innovationen, Identifizierung von Umweltrisiken, Aufspüren von Kostensenkungspotentialen, Hilfsmittel zur Früherkennung, Motivationsschub bei den Mitarbeitern, Vertrauensbildung in der Öffentlichkeit, Hilfsmittel für Öko-Audits.

Arten von Öko-Bilanzen

Es werden grundsätzlich folgende Arten von Öko-Bilanzen unterschieden:
Die **Betriebsbilanz** dokumentiert und bewertet alle Stoff- und Energiemengen, die im Lauf eines Jahres in den Betrieb eingehen und den Betrieb verlassen, sowie alle vorhandenen Bestände an Liegenschaften, Anlagen und Material einschließlich der Bestandsveränderungen.
Die **Prozeßbilanz** dokumentiert und bewertet alle Stoff- und Energiemengen, die unmittelbar in die betriebliche Produktion oder in Teilprozesse eingehen, sowie alle Stoff- und Energiemengen, die diesen Umwandlungsprozeß verlassen.
Die **Produktbilanz** dokumentiert alle Stoff- und Energiemengen, die in den Herstellungsprozeß eines Produktes eingehen, sowie alle ausgehenden Stoff- und Energiemengen, die bei der Herstellung dieses Produktes anfallen.
Die **Standortbilanz** dokumentiert alle übrigen umweltrelevanten standortbezogenen Bereiche und Aktivitäten eines Unternehmens.

Entwicklung eines detaillierten Öko-Bilanz-Konzeptes

Als erstes sind die folgenden Grundsatzfragen zu klären:
- Was soll erreicht werden (Zieldefinition)?
- Wer ist für die Umsetzung verantwortlich (Organisation)?
- Wie oft wird die Öko-Bilanz durchgeführt (Häufigkeit)?
- Wieviel Mittel stehen zur Verfügung (verfügbarer Ressourceneinsatz)?

In einem weiteren Schritt muß ein detailliertes Öko-Bilanz-Konzept (Wie wird vorgegangen?) erstellt werden.

Als methodischer Standard haben sich folgende Untersuchungsabschnitte durchgesetzt:
Sachbilanz: In ihr werden die stofflichen und energetischen In- und Outputdaten im Hinblick auf einen Betrieb, einen Prozeß und/oder ein Produkt anhand geeigneter Umweltindikatoren erfaßt.
Wirkungsbilanz: In ihr werden die Wirkungspotentiale globaler, regionaler und lokaler Art auf die Umwelt beschrieben und geschätzt.
Bilanzbewertung: Ihr Ziel ist es, die Vergleichbarkeit unterschiedlicher Umwelteinwirkungen zu ermöglichen. Dazu müssen die Ergebnisse der Sach- und Wirkungsbilanz auf der Basis nachvollziehbarer Bewertungskriterien untereinander gewichtet werden.

Perspektiven

Es dürfte weltweit inzwischen Hunderte von Betriebsbilanzen und Produktbilanzen geben. Schwerpunkte sind Getränkeverpackungen, Chemieerzeugnisse, Papier, nachwachsende Rohstoffe, Verkehr, Energie und die Abfallwirtschaft. Ein besonders großes Problem bei Öko-Bilanzen stellt jedoch nach wie vor die meist unbefriedigende Datenbasis dar. Es wäre daher wünschenswert, daß internationale Konventionen über Mindestanforderungen an Öko-Bilanzen erreicht werden. Dies betrifft insbesondere die Auswahl der einzubeziehenden Umweltindikatoren und die Auswahl und Genauigkeit der Umweltdaten. Gänzlich unklar bleibt nach wie vor die Frage der Bewertung. Nach Ansicht zahlreicher Praktiker liegen zum gegenwärtigen Zeitpunkt keine überzeugenden objektiven Bewertungsmethoden vor, auf deren Basis eine

Gewichtung unterschiedlicher Umweltbelastungen im Sinn einer Indexberechnung durchgeführt werden kann.

Open Book Management

Open Book Management bedeutet, die eigenen Mitarbeiter über die finanziellen Verhältnisse des Unternehmens zu informieren, um sie stärker in das Unternehmen einzubinden und die Voraussetzung dafür zu schaffen, daß sie „unternehmerisch" denken und handeln.

Zentrale Punkte des Open Book Managements

Open Book Management ist eine relativ junge Management-Methode. Alle Mitarbeiter sollen „Geschäftspartner" mit weitreichenden Rechten und Pflichten werden. Dazu müssen sie zunächst einmal umfassend qualifiziert werden und zu allen wesentlichen Informationen Zugang erhalten. Voraussetzung dafür ist eine offene → Unternehmenskultur.

- Alle Mitarbeiter betrachten sich als Partner.
- Jeder hat Zugang zu denselben Ressourcen und Fähigkeiten, die es ihm ermöglichen, unternehmerisch zu denken und zu handeln.
- Jeder begreift den Sinn und Zweck von Maßnahmen, die das Unternehmen ergreift, um erfolgreich zu sein.
- Jeder richtet sein Verhalten darauf aus, die Erwartungen der Kunden zu erfüllen.
- Alle beteiligen sich am Prozeß der Zielsetzung.

Ziel des Open Book Managements

Das eigentliche Ziel ist der wirtschaftliche Erfolg der Unternehmung. Befürworter der Methode sind überzeugt, daß durch einen partnerschaftlichen, offenen und transparenten → Führungsstil das Unternehmen dauerhafte wirtschaftliche Vorteile erlangt.

Bei der Lösung bereits bekannter Probleme bietet das Open Book Management keine Vorteile gegenüber den traditionellen hierarchischen Strukturen, da dort eine feste Kompetenzabgrenzung existiert und jeder Mitarbeiter weiß, wofür er zuständig ist.

Bei neuartigen Problemen (z. B. mit neuen Technologien wie → Internet) ist das traditionelle Management häufig überfordert, weil sich kein Mitarbeiter verantwortlich fühlt, und das Problem nur weitergereicht wird. Das Open Book Management befähigt und motiviert die Mitarbeiter, Verantwortung zu übernehmen und kreative Lösungen auch für unbekannte Probleme zu finden.

Voraussetzungen für die Einführung

Open Book Management ist keine Organisationsform, die sich über Nacht einführen läßt. Da es sich um eine strategische Neuausrichtung des Managements handelt, ist eine langfristig ausgelegte systematische Vorgehensweise in vier Schritten notwendig. Sie bauen aufeinander auf und versprechen erst in der Gesamtheit den gewünschten Erfolg.

- **Ausbildung:** Die Mitarbeiter erhalten das nötige Wissen, um Zusammenhänge und Hintergründe zu verstehen.
- **Befähigung:** Die Mitarbeiter werden mit Informationen versorgt, die sie in die Lage versetzen, unternehmerisch zu handeln.
- **Ermächtigung:** Die Mitarbeiter übernehmen Verantwortung für ihre Tätigkeiten. Sie lösen ihre Probleme eigenverantwortlich.
- **Beteiligung:** Die Mitarbeiter profitieren vom Erfolg des Unternehmens.

Aufbauend auf der Ausbildung müssen die Mitarbeiter laufend mit allen **Informationen** versorgt werden, die für ihre Arbeit relevant sind. Darüber hinaus ist es wichtig, daß sie Kenntnis vom aktuellen Zustand des Unternehmens (vor allem in finanzieller Hinsicht) erhalten. So können Sie erkennen, welche Folgen ihre Arbeit für das Unternehmen hat und beginnen, unternehmerisch zu denken und zu handeln.

Auf das **Management** kommen neue Aufgaben zu. Es muß viel Kompetenz an die Mitarbeiter abgeben, deren Position erheblich gestärkt wird.

Allerdings müssen auch hier die Mitarbeiter geführt werden und definierte Grenzen vermittelt bekommen. Die neuen Manager sind keine Autokraten, sondern verstehen sich als Berater, Teamleiter, Trainer und Mentoren, die den Mitarbeitern helfen, eigenverantwortlich ihre Arbeit zu tun.

Mitarbeiter eines Open Book Unternehmens zeichnen sich aus durch:
- höhere Loyalität gegenüber dem Unternehmen,
- höhere Zufriedenheit mit ihrer Tätigkeit,
- flexibleres Denken und Handeln,
- kreatives Denken,
- Bereitschaft zur Verantwortung,
- Leistungsorientierung und -fähigkeit.

Offene Fragen

Das Open Book Management überträgt viel Kompetenz und Verantwortung an die Mitarbeiter, deren Position dadurch erheblich gestärkt wird. Man erwartet im Gegenzug von den Mitarbeitern eine stärkere Identifikation mit dem Unternehmen und ein größeres Engagement.

Offen bleibt dabei die Frage, was geschehen soll, wenn die Mitarbeiter die neu erworbene Position mißbrauchen oder sich einfach nicht in das neue Unternehmenskonzept einfügen wollen.

Was geschieht z. B., wenn vertrauliche Informationen von Mitarbeitern nach außen weitergegeben werden?

Die folgende Aufstellung faßt für Sie die Fragen, die sich im Zusammenhang mit dem Open Book Management ergeben, zusammen:

Offene Fragen

- Was geschieht, wenn vertrauliche Informationen von Mitarbeitern nach außen weitergegeben werden?
- Was geschieht, wenn Mitarbeiter Fehlentscheidungen getroffen haben, die problematische Folgen haben können?
- Gibt es Sanktionsmöglichkeiten gegen Mitarbeiter, die falsche Entscheidungen treffen?
- Wie kann verhindert werden, daß Mitarbeiter mit Hilfe der neuen Kompetenzen Entscheidungen blockieren (z. B. aus persönlichen Gründen)?
- Was geschieht, wenn die Ausbildung nicht zu einem wirklichen Verständnis der Vorgänge im Unternehmen führt?
- Was geschieht, wenn Mitarbeiter nicht daran interessiert sind, mehr Verantwortung zu übernehmen?

Opportunitätskosten

Opportunitätskosten (Opportunity Costs) sind Kosten, die dadurch entstehen, daß mit der Entscheidung für eine bestimmte Handlungsalternative eine andere Handlungsalternative nicht gewählt werden kann.

Opportunitätskosten bezeichnen den Tatbestand, daß mit der Entscheidung für eine Alternative eine Beschränkung in der Wahl der anderen Alternative einhergeht.

Aus der volkswirtschaftlichen Sichtweise werden Opportunitätskosten in Gütermengen oder Freizeiteinheiten gemessen.

Aus einer betriebswirtschaftlichen Perspektive stellen Opportunitätskosten in Abgrenzung zu pagatorischen, d. h. immer mit einer Auszahlung verbundene Kosten, wertmäßige Kosten und damit solche Kosten dar, die nicht unbedingt mit einer Zahlung verbunden sein müssen. Opportunitätskosten werden hier als eine Maßgröße für die Erwünschtheit der besten, nicht mehr verwirklichbaren Handlungsalternative gesehen.

Outplacement

Outplacement (Replacement, Newplacement) bedeutet eine unter Mitwirkung eines externen Beraters in fairer Weise vollzogene Trennung zwischen einem Unternehmen und einer Führungskraft mit anschließender erfolgreicher Weiterführung der beruflichen Tätigkeit der Führungskraft in einem anderen Unternehmen.

Vermittlung statt Kündigung

Personalfreisetzungen zählen zu den schwierigsten personalwirtschaftlichen Entscheidungen. Durch Outplacement soll ein möglichst reibungsloser Übergang in eine neue adäquate Position sichergestellt werden. Outplacement bedeutet keinen „Hinauswurf" eines nicht mehr benötigten Mitarbeiters, sondern eine aus sozialer Verantwortung erwachsende Freisetzungsstrategie zur Minderung der mit der Freisetzung verbundenen Nachteile. Dabei werden sowohl die Interessen der Unternehmung als auch die des Mitarbeiters berücksichtigt.

Leistungsangebot einer Outplacement-Beratung

Eine Outplacement-Beratung soll sowohl die Interessen der Unternehmung als auch des ausscheidenden Mitarbeiters wahren. Das Leistungsangebot der Beratung umfaßt dabei folgende Punkte:

- Psychologische Unterstützung bei der Trennung,
- Vermittlung notwendiger Entwicklungsmaßnahmen,
- Hilfe bei der Stellensuche und Bewerbung,
- Beratung bei der Auswahl unter den Stellenangeboten,
- Beratung beim Abschluß eines Arbeitsvertrages,
- Unterstützung bei der Einarbeitung.

Zu den Schwerpunkten einer Outplacement-Beratung zählen das Zustandekommen einer einvernehmlichen Trennung in sozial vertretbarer Form sowie das Entwickeln einer gezielten Strategie, um für den freigestellten Mitarbeiter aus einem ungekündigten Arbeitsverhältnis heraus einen neuen, angemessenen Arbeitsplatz zu finden. Die Kosten der Beratung werden vom freisetzenden Unternehmen getragen.

Outsourcing

Outsourcing bezeichnet die dauerhafte Auslagerung bestimmter Leistungen, die das Unternehmen bislang selbst erbracht hat. Ziel des Outsourcing ist in erster Linie die Kostenreduzierung, u. a. durch Senkung der Personalkosten. Durch Outsourcing können Unternehmen von externem Know-how profitieren.

Was ist Outsourcing?

Outsourcing ist ein Kunstwort. Es kombiniert die beiden Begriffe „outside“ (außerhalb) und „resource“ (Quelle). Damit ist gemeint, daß bestimmte Aufgaben dauerhaft ausgelagert werden, die bislang das Unternehmen selbst erledigt hat. Statt weiterhin eigene Ressourcen dafür einzusetzen, kauft das Unternehmen diese Leistungen auf dem Markt ein.

Dieser Einkauf geschieht in einer besonderen Form: Der Outsourcing-Partner übernimmt die technische Infrastruktur und häufig auch einen

Teil der Mitarbeiter. Außerdem ist Outsourcing auf Dauer angelegt und unterscheidet sich damit im Grundsatz von traditionellen Kunden-Lieferanten-Beziehungen, die sehr viel stärker vom Markt beeinflußt werden.

Outsourcing-Ziele

Die Outsourcing-Ziele liegen vor allem in der Kostenersparnis und der Qualitätsverbesserung der ausgelagerten Leistungen.

Für viele Unternehmen ist **Kostenersparnis** eines der wichtigsten Argumente. Outsourcer können die absoluten Kosten des Unternehmens reduzieren, weil sie
- auf ein Tätigkeitsfeld spezialisiert sind und deshalb besonders effizient arbeiten,
- einen optimalen Steuerungs- und Planungsaufwand haben,
- durch ihre Spezialisierung gegenüber dem Unternehmen einen Mengenvorteil im Bezug von Ressourcen ausnutzen können.

Ein weiterer großer Vorteil des externen Dienstleisters liegt in seinem speziellen Know-how **(Qualität).** Ein externes Unternehmen, das sich beispielsweise ganz auf den Vertrieb konzentriert, wird in diesem Bereich effizienter und oft auch besser arbeiten können als eine unternehmensinterne Abteilung, die verschiedenen Zwängen ausgesetzt ist. Diese sogenannte Lernkurvenposition weist den Outsourcer idealerweise als Spezialisten auf.

Outsourcing-Bereiche

Es gibt kaum einen Unternehmensbereich, der nicht ausgelagert werden könnte. Dabei muß jedoch immer beachtet werden, daß die Zusammenarbeit und die Kommunikation mit dem Outsourcing-Dienstleister reibungslos funktionieren. Folgende Outsourcing-Bereiche bieten sich insbesondere für mittelständische Unternehmen an:
- Einkauf,
- Datenverarbeitung,

- Distribution,
- Produktionsbereiche,
- Produkte,
- Montage,
- Teile des Rechnungswesens.

Die Datenverarbeitung spielt die bei weitem größte Rolle. Nach einer Studie lagern drei Viertel aller outsourcenden Unternehmen zumindest Teile ihrer EDV aus. Dabei sprechen hauptsächlich folgende Gründe für ein solches Outsourcing:

- Die unternehmenseigene EDV ist vielfach sehr kostspielig bei oftmals mäßigen Leistungen.
- Innovationszyklen sind sehr kurz, EDV-Anlagen veralten sehr schnell.
- Der Dienstleister besitzt ein höheres Know-how („best practice"), an dem das Unternehmen teilhaben möchte.
- Bei einem entsprechenden Partner ist die kontinuierliche Teilnahme an Innovationen möglich.

Formen von Outsourcing

Es gibt verschiedene Formen des Outsourcing.

Inhouse-Outsourcing

Der Begriff klingt etwas widersprüchlich. Gemeint ist, daß Aufgaben auf eine Tochter- oder Schwestergesellschaft übertragen werden, die in aller Regel zu diesem Zweck überhaupt erst gegründet wird. Es handelt sich in anderen Worten um eine Ausgliederung in Form einer Betriebsaufspaltung.

Diese Form des Outsourcings aus dem Unternehmen heraus betreiben in erster Linie Konzerne und Verbundunternehmen. Die „Mütter" sind mit mindestens 51 % beteiligt und sichern sich dadurch dauerhaft den Einfluß auf den Outsourcing-Nehmer.

Dienstleistungs-Partnerschaft

Dies ist die Standardform des Outsourcings; sie ist auch am stärksten verbreitet. Dabei gehen technische Infrastruktur und sehr oft auch ein

Teil der Mitarbeiter an den Outsourcing-Nehmer über, der rechtlich selbständig ist.

Sofern der Outsourcing-Geber überhaupt am Dienstleister beteiligt ist, liegt diese Beteiligung unter 50 %. Häufig verfügt der Dienstleister bereits über langjährige Erfahrung in seinem Kerngeschäft und betreut noch weitere Kunden.

Im Gegensatz zum Inhouse-Outsourcing, bei dem in erster Linie das Know-how aus dem Unternehmen ausgelagert wird, soll hier dem Unternehmen ermöglicht werden, auf bestehendes, externes Know-how zuzugreifen.

Kooperations-Partnerschaft
Kooperations-Partnerschaften gehen über eine reine Dienstleistungs-Partnerschaft hinaus: Zwei Unternehmen tun sich zusammen und verfolgen gemeinsame Ziele (→ Kooperation). Sie gleichen ihre jeweiligen Defizite an Innovationsfähigkeit und/oder Ressourcen mit Hilfe ihres Partners aus. Dies kann auf zweierlei Weisen geschehen, entweder in Form einer strategischen Allianz oder als Joint-Venture.

Rechtlich unterscheidet sich eine strategische Allianz nicht von einer Dienstleistungs-Partnerschaft. Die Unterschiede sind strategischer Art: Das Unternehmen gliedert kernnahe Aufgaben aus, um sich Wettbewerbsvorteile zu sichern. In aller Regel wird der Dienstleister nicht mit weiteren Kunden kooperieren.

Beim → Joint-venture gründen beide Kooperationspartner gemeinsam ein neues Unternehmen, wodurch sie beispielsweise ein neues Geschäftsfeld erschließen können. Es handelt sich gewissermaßen um ein gemeinsames Inhouse-Outsourcing. Dadurch können nicht nur die Vorteile einer strategischen Allianz genutzt werden, sondern auch die steuerlichen und rechtlichen Vorteile einer Betriebsaufspaltung.

Für oder gegen Outsourcing

Die Frage, ob man sich für oder gegen ein Outsourcing entscheiden soll, ist für ein Unternehmen von großer Bedeutung und muß von der Unternehmensleitung sorgfältig bedacht werden. Insofern ist es in erster Linie eine **strategische Entscheidung.** Interne Erhebungen und Berechnungen helfen bei der Entscheidungsfindung. Auf jeden Fall sollte insbesondere in kleineren Unternehmen der Rat von Experten eingeholt werden. Außerdem ist es sinnvoll, bereits in dieser Phase mögliche Outsourcing-Partner zu kontaktieren und ihre Argumente zu hören.

Bei der Diskussion um ein mögliches Outsourcing sollten:
- die Produkt- und Sortimentspolitik,
- die Qualitätsansprüche und Qualitätspolitik,
- Marktauftritt und Image des Unternehmens,
- Abhängigkeit von anderen Unternehmen und
- Personal- und Mitarbeiterpolitik

bedacht werden.

Wenn die strategische Diskussion zu einer Entscheidung für das Outsourcing geführt hat, müssen anschließend die **Kosten** im Mittelpunkt der Analyse stehen. Zunächst können diverse Angebote von Outsourcing-Dienstleistern miteinander verglichen werden, um den günstigsten Anbieter zu ermitteln.

Schwieriger ist der Vergleich mit den unternehmensinternen Kosten vor dem Outsourcing. Dies liegt darin begründet, daß in vielen mittelständischen Unternehmen die Möglichkeiten zur Betrachtung der Prozeßkosten nicht vorhanden sind. Die → Prozeßkostenrechnung aber gibt genauen Aufschluß über den Gemeinkostenzuschlag. Darunter fallen beispielsweise Kosten für Buchhaltung, Auftragsabwicklung und Einkauf. Wenn insbesondere der Gemeinkostenzuschlag nicht exakt ermittelt werden kann, muß er im Notfall geschätzt werden.

Neben der Strategie und den Kosten spielt auch die **Fristigkeit** der Betrachtung eine große Rolle. Das Unternehmen muß bedenken, ob die Entscheidung über das Outsourcing von kurzfristigen oder langfristigen Aspekten geleitet wird.

Kurzfristige Aspekte	Langfristige Aspekte
• Überkapazitäten • Unterkapazitäten • Liquiditätsengpässe • Kostennachteile • Negative Unternehmensergebnisse • Qualitätsprobleme	• Analyse des Kapazitätsbedarfs • Zukünftiger Flexibilitätsgrad • Analyse der Managementkapazitäten • Entwicklung des Fixkostenbereichs • Finanzierungstruktur für Investitionen • Kostenposition im Vergleich zu anderen

Vor- und Nachteile

Bevor Sie die Vor- und Nachteile des Outsourcing abwägen, sollten Sie sich einige grundlegende Fragen stellen.

Alle reden von Outsourcing. Gibt es aber für diese Leistung überhaupt einen Outsourcer? Falls ja, hat dieser Interesse an Ihrer Firma? Welche Bedingungen räumt er Ihnen ein? Wie werden die Kunden reagieren, wenn sie erfahren, daß das Teil X, dessen Qualität immer besonders herausgestellt wurde, nun zugekauft wird? Wer im Unternehmen soll den Outsourcer managen? Wer will das Outsourcing durchführen?

Die abschließende Checkliste faßt noch einmal die Vor- und Nachteile des Outsourcing zusammen:

Vor- und Nachteile des Outsourcing

Folgende Überlegungen sprechen für eine effektive Kostenreduzierung beim Outsourcing:

- Externe Dienstleister bieten Leistungen aufgrund von Wiederholgraden bzw. Lernkurveneffekten und besserer Bezugsmöglichkeiten preiswerter an.
- Durch Abbau von Personal sowie Desinvestition von Anlagen können Fixkosten abgebaut und freier Cash erzeugt werden.
- Das Unternehmen kann sich auf seine Kernkompetenzen konzentrieren. Ansonsten wird zuviel Zeit für Dinge aufgewendet, die andere schneller und besser bewerkstelligen können.
- Es müssen nicht alle Risiken selbst getragen werden. Wenn bestimmte Dinge eingekauft werden, muß der Lieferant für die Risiken haften.
- Anstatt für einen Bereich X zu investieren, um die Kapazität zu erweitern oder die Qualiät zu verbessern etc., sollte dieses Geld besser für die Entwicklung eines neuen Produkts verwendet und die Leistung dieses Bereiches X hinzugekauft werden.
- Der Bereich X kann bei plötzlichen Mengensteigerungen nicht flexibel reagieren, und das ganze Unternehmen leidet unter der Nichtverfügbarkeit eines kleinen Teiles. Deshalb wird ein leistungsstarker Lieferant benötigt, der dafür sorgt, daß das Teil jederzeit ausreichend zur Verfügung steht.
- Es werden dringend mehr qualifizierte Mitarbeiter zur Unterstützung des Forschungs- und Entwicklungsbereiches gebraucht. Diese könnten aus dem Bereich Y abgezogen werden. Die Leistung dieses Bereiches sollte dann besser bei der Firma C eingekauft werden. Diese beliefert auch alle unsere Wettbewerber.

Folgende Überlegungen sollten hinsichtlich der Nachteile des Outsourcing angestellt werden:

- Das Teil, das fremdgefertigt werden soll, wird auch von Wettbewerbern produziert. Es muß bedacht werden, ob die Wettbewerber dieses Know-how auch erlangen werden, wenn die Produktion nach außen vergeben wird.
- Der Bereich, der nach außen verlagert werden soll, ist sehr klein. Ein Dienstleister wird in diesem Fall kaum Interesse haben. Er wird einen relativ hohen Preis verlangen und keine guten Konditionen einräumen.
- Es besteht die Gefahr, daß bei sehr speziellen Produkten bzw. Dienstleistungen der Outsourcing-Dienstleister zum Einstieg zwar günstige Konditionen bietet, später aber die Preise erhöht. In diesem Fall muß bedacht werden, ob dann darauf reagiert werden kann.
- Der Personalabbau, den sich der Unternehmer vom Outsourcing verspricht, könnte auch für diesen problematisch werden. Es gibt ein Urteil des Europäischen Gerichtshofes, nach dem im Fall von Outsourcing das Personal beim neuen Arbeitgeber zu den alten Bedingungen weiterbeschäftigt werden muß. Gegen das Urteil ist zwar Revision eingelegt, trotzdem ist Vorsicht geboten.
- Die Kunden beziehen die Produkte bzw. Dienstleistungen aufgrund ihrer hohen Qualität. Wird auch nur ein Arbeitsgang von einem Externen erledigt, so wird damit die Gesamtqualität des Produktes gefährdet.
- Der Bereich, der nach außen vergeben werden soll, mag im Moment nicht von großer Bedeutung sein. Wenn sich aber die Kundenanforderungen weiter in die derzeit abzusehende Richtung entwickeln, kann dieser Bereich noch dringend gebraucht werden.

Personalakte

Die Personalakte hat die Aufgabe, sämtliche über einen Mitarbeiter im Betrieb geführten schriftlichen Unterlagen zu sammeln und geordnet aufzubewahren.

Inhalt

Inhalt der Personalakte sind alle mit dem Arbeitnehmer zusammenhängenden Vorgänge. Neben dem → Arbeitsvertrag, den Bewerbungsunterlagen sowie Protokollinformationen im Zusammenhang mit dem Bewerbungsgespräch gehören in die Personalakte auch Unterlagen des Werkschutzes, mit dem Arbeitnehmer abgesprochene ärztliche Gutachten, Unterlagen in Disziplinarverfahren, Abmahnungen u. ä. Auch wenn einzelne Unterlagen aus organisatorischen Gründen in Karteien oder anderen Datenspeichern enthalten sind, gehören sie zur Personalakte, wenn sich ihr Inhalt auf einen bestimmten Mitarbeiter bezieht.

Einsichtnahmerecht

Der Arbeitnehmer hat das jederzeit auszuübende Recht zur Einsicht in alle über ihn geführten Personalunterlagen mit Ausnahme der Sicherheitsüberprüfungen. Insoweit ist der Arbeitgeber aber zumindest verpflichtet, dem Arbeitnehmer mitzuteilen, daß eine derartige Akte geführt wird. Bei der Einsichtnahme hat der Arbeitnehmer aber die berechtigten Belange des Arbeitgebers zu berücksichtigen.

Erläuterungspflicht

Der Arbeitgeber ist verpflichtet, dem Arbeitnehmer die in der Personalakte enthaltenen Personalinformationen gegebenenfalls zu erläutern. Dies gilt insbesondere dann, wenn die Personalakten in Form eines Datenbanksystems geführt werden, welches ohne entsprechende Einweisung aus sich heraus nicht verständlich ist.

Berichtigungsanspruch

Nach § 83 BetrVG hat der Arbeitnehmer Einsichtsrecht in seine Personalakte. Er kann hierzu ein Mitglied des Betriebsrats hinzuziehen. Außerdem kann er schriftliche Erklärungen zum Inhalt der Personalakte abgeben. Der Betriebsrat hat kein eigenständiges Einsichtsrecht.

Daneben kann der Arbeitnehmer verlangen, daß unrichtige oder unzulässige Personalunterlagen aus der Personalakte vollständig entfernt werden. Insbesondere hat er Anspruch darauf, daß eine zu Unrecht erfolgte Abmahnung aus der Personalakte entfernt wird.

Personalbeschaffung

Zur Personalbeschaffung zählen alle Aktivitäten, um Mitarbeiter für das Unternehmen zu gewinnen. Damit reicht das Aufgabengebiet der Personalbeschaffung von der Personalwerbung (Personalsuche) über die Personalauswahl bis zur Einstellung durch Abschluß eines Arbeitsvertrags. Bei den Beschaffungswegen unterscheidet man zwischen interner und externer Beschaffung.

Personalwerbung

Personalwerbung bedeutet kurz gesagt Werbung um Bewerbungen. Durch Einsatz der verschiedenen Kommunikationsinstrumente wird versucht, **interne und externe Bewerber** auf ausgeschriebene Stellen aufmerksam zu machen und zu Bewerbungen zu veranlassen. Die Personalwerbung kann sich an den internen oder externen Arbeitsmarkt richten.

Interne Beschaffungswege sind interne Stellenausschreibungen, Versetzungen oder Beförderungen und mittelfristig auch die Berufsausbildung und → Personalentwicklung.

Durch interne Stellenausschreibungen werden den vorhandenen Mitarbeitern Veränderungs- und Aufstiegschancen eröffnet. Auf diese Weise können qualifizierte Mitarbeiter längerfristig an das Unternehmen gebunden werden. Wichtig für den Erfolg interner Stellenausschreibungen ist die Zusicherung der Vertraulichkeit und das Wissen, daß bei einer Ablehnung der Bewerbung in der bisherigen Position keine Nachteile entstehen.

Die **externe Personalwerbung** dient neben der Information über vakante Stellen auch der Imagepflege für das Unternehmen. Das wichtigste Instrument der zahlreichen externen Beschaffungswege ist die Stellenanzeige.

Inhalt einer Stellenanzeige
• Schlagzeile mit Positionsbezeichnung • Hauptaufgaben der zu besetzenden Stelle • Anforderungskriterien • Informationen zum Unternehmen • Hinweise für die Bewerbung (Ansprechpartner, erforderliche Unterlagen, frühestmöglicher Eintrittstermin, Gehaltsvorstellungen)

Für die Schaltung von Stellenanzeigen etablieren sich neben regionalen und überregionalen Tageszeitungen auch zunehmend elektronische Medien (Internet).

Neben Stellenanzeigen gibt es noch weitere Möglichkeiten der externen Personalbeschaffung:

- Personalleasing
- Einschaltung von Beschaffungsmittlern (Arbeitsämter/Personalberater)
- Headhunting
- Auswertung von Stellengesuchen
- Kontakt zu Ausbildungseinrichtungen (Berufsschulen, Hochschulen)
- sonstige Beschaffungswege (Vermittlung über Mitarbeiter des Unternehmens, Aushang am Werkstor, Verteilung von Handzetteln, Tag der offenen Tür)

Die Entscheidung über den richtigen Beschaffungsweg hängt von der jeweils zu besetzenden Position ab. Ziel der Personalbeschaffung ist es, mit möglichst minimalem Aufwand an Zeit und Kosten den für das Unternehmen und die jeweilige Position geeigneten Mitarbeiter zu finden.

Personalauswahl

Zur Personalauswahl zählen alle Maßnahmen, um eine Einstellung vorzubereiten sowie die eigentliche Entscheidung, den jeweils geeignetsten Bewerber einzustellen. Dabei müssen die Anforderungen der jeweiligen Stelle mit den Qualifikationen der einzelnen Bewerber verglichen und ihre Übereinstimmung bewertet werden.

Die folgenden Methoden können bei der Personalauswahl zur Anwendung kommen.

Analyse der Bewerbungsunterlagen
Die Bewerbungsunterlagen sind der erste Kontakt zwischen einem Unternehmen und den Bewerbern und dienen einer ersten Vorauswahl, welche Bewerber in die engere Wahl kommen. Zu einer vollständigen Bewerbungsunterlage gehören grundsätzlich

- das Anschreiben (sollte Bezug nehmen zur ausgeschriebenen Stelle und zu den genannten Anforderungskriterien),
- der Lebenslauf (meist tabellarisch, Stationen des beruflichen Werdegangs),
- ein Paßfoto,
- die wichtigsten Zeugnisse (Schul- und Arbeitszeugnisse),
- Bescheinigungen über die Teilnahme an Fortbildungsveranstaltungen sowie
- ggf. Referenzen, Arbeits- oder Handschriftproben.

Die Beurteilung der eingegangenen Bewerbungen sollte nach den Kriterien der folgenden Checkliste erfolgen:

Beurteilung der eingegangenen Bewerbungsunterlagen

- Alle Bewerbungen aussortieren, die bereits aufgrund ihrer äußeren Erscheinung zeigen, daß sich der Bewerber wenig Mühe gegeben hat (z. B. durch lose und schlechte Kopien, Schreibfehler, Fettflecken),
- Formalanalyse (Vollständigkeit, sorgfältige und ansprechende Zusammenstellung, übersichtliche Strukturierung),
- Gesamteindruck der Zeugnisse berücksichtigen,
- Unterlagen auf notwendige und wünschenswerte Kriterien des Anforderungsprofils hin überprüfen.

Vorstellungsgespräch

Das Vorstellungsgespräch trägt dazu bei, die aus den Bewerbungsunterlagen gewonnenen Erkenntnisse zu hinterfragen sowie zusätzliche Informationen und einen persönlichen Eindruck vom Bewerber zu gewinnen. In vielen Unternehmen ist das Vorstellungsgespräch auch heute noch das einzige Instrument, um eine Auswahlentscheidung zu treffen.

Basis im Vorstellungsgespräch ist das → Anforderungsprofil der zu besetzenden Stelle. Im Gespräch gilt es festzustellen, ob und in welchem Umfang die Bewerber über die im Anforderungsprofil definierten Fähigkeiten verfügen. Dabei geht es insbesondere darum, persönliche Eigenschaften des Bewerbers (z. B. Teamfähigkeit, eigenverantwortliches Handeln) anzusprechen, die sich anhand der schriftlichen Bewerbungsunterlagen kaum beurteilen lassen.

Jede Position und jeder Bewerber sind anders, weshalb auch jedes Vorstellungsgespräch anders verlaufen wird. Überlegen Sie jedoch vorab, wie Sie im Vorstellungsgespräch wichtige Punkte des Anforderungsprofils klären werden (z. B. Teamfähigkeit, PC-Kenntnisse), welche Informationen Sie aus den Unterlagen des jeweiligen Bewerbers detaillierter erfragen wollen (z. B. Kündigungsgründe) und welche Fragen trotz Bewerbungsunterlagen noch offen sind (z. B. Eintrittstermin, Gehaltsvorstellungen).

Ein Vorstellungsgespräch sollte einen bestimmten Ablauf einhalten.

Die einzelnen Phasen des Gesprächs sind in der folgenden Übersicht zusammengefaßt.

Typische Phasen eines Vorstellungsgespräches

1. Einleitung (Begrüßung, Eisbrecherfragen, Erläuterung des Ablaufs, Vorstellung des Interviewers, Erwartungen klären),
2. Selbstvorstellung des Bewerbers anhand des Lebenslaufes (nachhaken, Pauschalaussagen hinterfragen, Fragetechnik einsetzen),
3. situative Fragen (Verhaltensweisen und soziale Kompetenz hinterfragen: „In welcher Situation sind Sie wie vorgegangen, um was zu erzielen?“),
4. Vorstellung des Unternehmens und der Position (Bewerber zum Nachfragen ermuntern, alltägliche Situationen schildern, Kritisches nicht unerwähnt lassen, keine falschen Erwartungen wecken),
5. Sozial- und Nebenleistungen des Unternehmens vorstellen,
6. Fragen des Bewerbers beantworten (Art der Fragen tragen zu einer weiteren Beurteilung bei),
7. Gesprächsabschluß (Vereinbarung der weiteren Vorgehensweise, Dank für das Gespräch).

Assessment Center

Das → Assessment Center ist ein Verfahren zur Auswahl von Bewerbern. Etwa 10 bis 16 Kandidaten werden eingeladen und müssen gemeinsam verschiedene Übungen absolvieren, wobei sie von unterschiedlichen Personen beurteilt werden. Indem typische Arbeitssituationen simuliert werden, will das Assessment Center vor allem das Gruppen- und Führungsverhalten testen.

Testverfahren

Testverfahren sind psychologische Verfahren, um Kenntnisse, Fähigkeiten und Eigenschaften von Bewerbern mit den definierten Anforderungen einer Stelle zu vergleichen. Grundlage von Testverfahren ist oft die Simulation einer Situation, wie sie für die jeweilige Stelle typisch ist. Das von dem Bewerber erzielte Testergebnis stellt eine Verhaltensstichprobe dar und läßt auf das allgemeine Verhalten rückschließen.

Grob unterschieden werden die nachfolgenden Verfahren: Leistungstests erfassen Arbeits- und Wahrnehmungstempo, Aufmerksamkeit, Konzentrationsfähigkeit und Geschicklichkeit. Intelligenztests bestimmen die intellektuelle Leistungsfähigkeit. Beurteilt wird insbesondere die Fähigkeit des Problemlösens sowie die Ausprägung bestimmter Begabungen. Persönlichkeitstests sollen Interessen, Neigungen, innere Einstellungen, soziale Verhaltensweisen und charakterliche Eigenschaften erfassen.

Biographischer Fragebogen
Der biographische Fragebogen ist ein standardisiertes Instrument, bei dem aus Informationen über den bisherigen Lebenslauf und die gegenwärtige Lebenssituation auf das künftige Verhalten im Beruf geschlossen werden kann.

Mit Hilfe eines Fragebogens werden Informationen über Herkunft, Schul- und Berufsausbildung, familiäre Situation, berufliche Erfahrungen, frühere und gegenwärtige außerberufliche Tätigkeiten (z. B. Mitwirkung in Parteien) und künftige berufliche Vorstellungen erhoben. Dabei wird unterstellt, daß eine Prognose über das künftige Arbeitsverhalten vorwiegend aus relativ dauerhaften, nicht situationsbezogenen Persönlichkeitsmerkmalen gewonnen werden kann.

Für interne Bewerber werden auch die Ergebnisse der → Mitarbeiterbeurteilung zur Personalauswahl herangezogen.

Einstellung

Die Einstellung ist die Begründung eines neuen Arbeitsverhältnisses durch Abschluß eines → Arbeitsvertrages einschließlich der damit verbundenen Formalitäten.

Zu den weiteren Formalitäten zählen die Vorlage von Lohnsteuerkarte,

Sozialversicherungsnachweis und Urlaubsbescheinigung, die Anmeldung zu den Sozialversicherungen sowie die Überprüfung von Aufenthalts- und Arbeitserlaubnis bei Ausländern. Sämtliche Unterlagen des neuen Mitarbeiters werden in einer → Personalakte zusammengefaßt und die relevanten Daten in Personalkarteien bzw. im Personalinformationssystem erfaßt. Der Mitarbeiter erhält die für ihn notwendigen Unterlagen wie Gleitzeitausweis, Arbeitsordnung und wird durch die Einführung ins Unternehmen integriert.

Im Rahmen der Einstellung kann auch eine Einstellungsuntersuchung erfolgen, die sich jedoch nur auf die Tauglichkeit hinsichtlich des jeweiligen Arbeitsplatzes beziehen darf.

Einführung neuer Mitarbeiter

Durch eine gezielte Einführung sollen neue Mitarbeiter sachlich in das Aufgabengebiet eingewiesen und menschlich in das neue Umfeld integriert werden.

Die ersten Tage im Unternehmen sind für neue Mitarbeiter von besonderer Bedeutung. Gleiches gilt für das Unternehmen, denn die Einstellungsentscheidung entspricht einer Investitionsentscheidung. Zu berücksichtigen sind insbesondere die besonderen Informationsbedürfnisse neuer Mitarbeiter, wobei man sich aufgrund der Informationsfülle in den ersten Tagen auf das Wesentliche beschränken sollte.

Beteiligung des Betriebsrats

Der Betriebsrat ist an der Personalbeschaffung in mehrfacher Weise beteiligt. Nach § 93 BetrVG kann er verlangen, daß Arbeitsplätze erst intern ausgeschrieben werden. Außerdem ist seine Zustimmung bei der Festlegung von Auswahlrichtlinien (§ 95 BetrVG) notwendig.

Auch die Einstellung unterliegt gemäß § 99 ff. BetrVG der Zustimmung des Betriebsrates. Der Arbeitgeber hat diesen über die Einstellung zu unterrichten, die Bewerbungsunterlagen vorzulegen, Auskunft über die einzustellende Person zu erteilen sowie über den voraussichtlichen Arbeitsplatz und die Eingruppierung zu informieren. Der Betriebsrat kann seine Zustimmung aufgrund der in § 99 II BetrVG genannten Gründe verweigern, muß diese allerdings innerhalb einer Woche unter Angabe von Gründen mitteilen. Andernfalls gilt die Zustimmung als erteilt.

Personalcontrolling

Personalcontrolling ist ein innerbetriebliches Planungs-, Steuerungs- und Kontrollsystem, das der Umsetzung personalwirtschaftlicher Ziele in Plandaten und konkrete Maßnahmen sowie der Kontrolle der erzielten Ergebnisse dient.

Einsatzgebiete

Planung, Information und Kontrolle orientieren sich an einem mit den Unternehmenszielen verknüpften personalwirtschaftlichen Zielsystem; konkretes Handeln wird auf der Grundlage der durch Kontrolle und Analyse gewonnenen Informationen ausgelöst.

Personalcontrolling kann sich auf alle personalwirtschaftlichen Teilfunktionen wie Personalkosten, Personalbestand und -struktur, → Personalentwicklung, → Personalbeschaffung, Arbeitsproduktivität oder → Arbeitszeit beziehen.

Quantifizierungs- und Zurechnungsprobleme

Voraussetzung eines erfolgreichen Personalcontrollings ist ein umfassendes Informationssystem. Die einbezogenen Daten müssen meßbar (quantitative Daten, wie Kennzahlen, Personalkosten, Arbeits- und Fehlzeiten) oder zumindest objektiv erfaßbar sein (qualitative Daten, wie Ergebnisse von → Mitarbeiterbeurteilungen, Mitarbeiterbefragungen, → Assessment Centern). Ein Problem ergibt sich aus der Tatsache, daß viele personalwirtschaftliche Entscheidungen oft erst zeitverzögert wirksam werden (z. B. Bildungsmaßnahmen).

Personalentwicklung

Die Personalentwicklung umfaßt alle Maßnahmen zur Bildung und Förderung der Mitarbeiter. Durch Personalentwicklung wird sichergestellt, daß die Qualifikationen der Mitarbeiter jederzeit den Anforderungen der Arbeitsplätze entsprechen. Zentraler Baustein einer systematischen Personalentwicklung ist das Fördergespräch, in dem die weitere berufliche Entwicklung und die dafür erforderlichen Qualifizierungsmaßnahmen festgelegt werden.

Begriff

Zur Personalentwicklung zählen sämtliche Maßnahmen, die der individuellen beruflichen Entwicklung der Mitarbeiter dienen und ihnen bei Beachtung ihrer persönlichen Interessen die zur bestmöglichen Wahrnehmung ihrer heutigen oder künftigen Aufgaben erforderlichen Qualifikationen vermitteln.

Damit umfaßt die Personalentwicklung mehr als reine Weiterbildung. Förderung und Bildung gemeinsam machen den Inhalt der Personalentwicklung aus. Die Förderung stellt vorwiegend auf das berufliche Weiterkommen ab (z. B. durch Versetzung, Beförderung, individuelle Laufbahnplanung, Nachfolgeplanung), während durch Weiterbildungsmaßnahmen die zur Wahrnehmung der jeweiligen Aufgaben erforderlichen Qualifikationen (Schlüsselqualifikationen) vermittelt werden.

Ziele der Personalentwicklung

Sowohl die Unternehmung als auch die Mitarbeiter verfolgen mit der Personalentwicklung bestimmte Ziele:
Aus Sicht der Unternehmung soll die Personalentwicklung den personellen Bedarf decken und den bestmöglichen Einsatz sowie die optimale Nutzung der personellen Ressourcen sicherstellen. Aus Mitarbeitersicht dient die Personalentwicklung dem beruflichen Weiterkommen durch das Erreichen individueller beruflicher Ziele sowie der persönlichen Entfaltung. Aus diesen Gesamtzielen lassen sich situationsabhängig konkrete Einzelziele ableiten.
Personalentwicklung kann grundsätzlich auf allen hierarchischen Ebenen praktiziert werden; in der Praxis dominiert die Entwicklung von Führungs- und Führungsnachwuchskräften (Management Development).

Konzept der Personalentwicklung

Das Aufgabengebiet der Personalentwicklung ist sehr komplex; es reicht von der Ermittlung des Personalentwicklungsbedarfs bis zur Kontrolle der erreichten Entwicklungserfolge. Den Ausgangspunkt bildet der aktuelle oder künftige Personalbedarf der Unternehmung. Die Personalentwicklung stellt sicher, daß jederzeit sämtliche Arbeitsplätze mit geeigneten Mitarbeitern besetzt werden können. Als Orientierungshilfe dienen → Stellenbeschreibungen und → Anforderungsprofile.

Neben der Ermittlung der Arbeitsanforderungen müssen das Eignungspotential und die Entwicklungsbedürfnisse der Mitarbeiter erfaßt werden. Als Instrumente stehen die → Mitarbeiterbeurteilung, Mitarbeiterbefragungen, → Mitarbeitergespräche oder Auswahlseminare (→ Assessment Center) zur Verfügung.

Über den endgültigen Entwicklungsbedarf entscheidet ein Profilvergleich zwischen den Anforderungen der Arbeitsplätze und der Qualifikation der Mitarbeiter. Das Kernstück jedes Personalentwicklungskonzepts ist das → Fördergespräch, in dem die weitere berufliche Entwicklung der

Mitarbeiter und die dafür erforderlichen Förder- und Bildungsmaßnahmen abgestimmt werden.
Als Fördermaßnahmen stehen → Laufbahn- und → Nachfolgeplanung und die verschiedenen Formen der Arbeitsgestaltung zur Verfügung. Parallel zu den Fördermaßnahmen sind die entsprechenden Bildungsmaßnahmen durchzuführen. Sie können entweder am Arbeitsplatz stattfinden (Training-on-the-job) oder als eigene Veranstaltung neben dem Arbeitsgeschehen durchgeführt werden (Training-off-the-job). Nach Vollzug der Förder- und Bildungsmaßnahmen muß überprüft werden, ob die angestrebten Qualifikationsverbesserungen erreicht wurden und ob weitere Entwicklungs- und Anpassungsprozesse erforderlich sind.

Die Informationen zur Durchführung dieser breiten Aufgabenpalette werden entweder durch ein EDV-gestütztes Personalinformationssystem oder durch die üblichen Personalkarteien, unterstützt durch eine eigene Personalentwicklungskartei, bereitgestellt.

Worauf richtet sich die Förderung?

Nach der Ausrichtung der vereinbarten Fördermaßnahmen können zwei Möglichkeiten unterschieden werden. Die positionsorientierte Förderung dient der Vorbereitung auf eine ganz bestimmte Position; als Adressaten kommen Führungs- und Führungsnachwuchskräfte, Spezialisten und qualifizierte Sachbearbeiter infrage. Die beiden wichtigsten Instrumente der positionsorientierten Förderung sind die Laufbahn- und Nachfolgeplanung.

Dagegen hat die potentialorientierte Förderung eine Weiterentwicklung des vorhandenen Qualifikationspotentials der Mitarbeiter zum Ziel, ohne daß bereits exakt feststeht, welche Position die Betreffenden künftig einnehmen werden. Durch eine frühzeitige Entwicklung bestimmter, in der Zukunft für notwendig erachteter Fähigkeiten wird ein Reservoir an qualifizierten Mitarbeitern geschaffen, auf das bei künftigen Stellenbesetzungen zurückgegriffen werden kann. Durch die potentialorientierte Förderung werden u. a. die sog. → Schlüsselqualifikationen entwickelt.

Förderung durch Arbeitsgestaltung

Förderung im Rahmen der Personalentwicklung bedeutet nicht zwangsläufig ein Vorrücken auf eine höhere Hierarchieebene. Auch die Übernahme einer neuen Aufgabe oder eine andere Abgrenzung des derzeitigen Aufgabengebiets durch Hinzunahme neuer Aufgabeninhalte stellen eine Form der Förderung dar und werden von den Mitarbeitern als Anreiz empfunden. In diesem Sinne sind vor allem für untere und mittlere Ebenen die verschiedenen Formen der Arbeitsgestaltung (→ Arbeitsstrukturierung) ein Instrument der Förderung.

Qualifikationsvermittlung durch Bildungsmaßnahmen

Bestehende Qualifikationslücken sind durch Bildungsmaßnahmen zu schließen. Die Vermittlung der an den gegenwärtigen oder künftigen Arbeitsplätzen benötigten Qualifikationen zählt zu den Hauptaufgaben der Personalentwicklung. Die Qualifikationsvermittlung kann am Arbeitsplatz (Training-on-the-job) oder außerhalb des Arbeitsplatzes (Training-off-the-job) stattfinden.

Training-on-the-job	**Training-off-the-job**
• Planmäßige Unterweisung • Job rotation (→ Arbeitsstrukturierung) • Anleitung und Beratung durch den Vorgesetzten (→ Coaching im engeren Sinne) • Übertragung begrenzter Verantwortung als Assistent oder Stellvertreter • Übertragung von Sonderaufgaben • Teilnahme an Projektgruppen • Mehrgleisige Unternehmungsführung	• Lehrvortrag • Lehrgespräch/Lehrkonferenz • Fallmethode/Planspiel • Rollenspiele • → Moderationsmethode • → Kreativitätstechniken • → Qualitätszirkel • Förderkreis/ Erfahrungaustauschgruppen • Programmierte Unterweisung • Fernstudium

Arbeitsplatzgebundene Bildung

Bildungsmaßnahmen am Arbeitsplatz (Training-on-the-job) finden praktisch in jedem Unternehmen statt, denn alle Mitarbeiter sind ständig gezwungen, sich mit ihren Aufgaben auseinanderzusetzen. Die Ausübung „produktiver" Tätigkeiten ist immer auch mit dem Erwerb neuer Fertigkeiten und Kenntnisse verbunden, ohne daß dabei jedes Mal bewußt von einer Bildungsmaßnahme gesprochen wird. Daneben gibt es gezielte Maßnahmen, um die Mitarbeiter direkt am Arbeitsplatz weiterzubilden.

Ein entscheidender Vorteil der Bildung am Arbeitsplatz ist der hohe Realitätsbezug. Es handelt sich um ein „learning by doing", d. h. die Mitarbeiter eignen sich neue Kenntnisse, Fertigkeiten und Verhaltensweisen unter Praxisbedingungen durch tatsächliche Ausführung an. Darüber hinaus handelt es sich um kostengünstige Methoden, die jeweils kurzfristig vollziehbar sind. Allerdings muß in Kauf genommen werden, daß die äußeren Bedingungen für die Bildungsarbeit oft störend wirken können. Außerdem hängt der Erfolg zu einem guten Teil von der Einstellung der Vorgesetzten ab. Die Vermittlung neuer Fertigkeiten und Kenntnisse erfolgt zumeist im direkten Zusammenwirken zwischen den Mitarbeitern und ihren Vorgesetzten. Diese werden ihre Aufgabe nur dann zufriedenstellend lösen können, wenn sie sich ausreichend damit identifizieren. Für die Mitarbeiter muß erkennbar sein, daß der Vorgesetzte nicht nur als guter Fachmann in seinem Aufgabengebiet überzeugt, sondern auch die Bildungsaufgabe als integralen Bestandteil seiner Tätigkeiten versteht.

Bildung außerhalb des Arbeitsplatzes

Die Bildung außerhalb des Arbeitsplatzes (Training-off-the-job) erfolgt losgelöst von der eigentlichen Arbeitsaufgabe. Ihr wichtigster Vorteil ist, daß die störenden äußeren Einflüsse auf ein Minimum reduziert werden können. Die Flut neuen Wissens und der rasche technologische Wandel haben in jüngster Vergangenheit zu einer Zunahme der Bildung außerhalb des Arbeitsplatzes geführt. Diese ist der arbeitsplatzgebundenen Bildung vor allem dann vorzuziehen, wenn neues Wissen vermittelt werden soll. Sie erlaubt im Gegensatz zu den häufig unsystematischen, arbeitsplatzgebundenen Bildungsmaßnahmen eine bessere Systematisierung der Bildungsinhalte.

Wer ist für die Personalentwicklung zuständig?

Die grundlegende Entscheidung, ob überhaupt Personalentwicklung betrieben wird und welche generellen Ziele damit verfolgt werden, ist Sache der Unternehmensleitung. Die eigentliche Umsetzung fällt in den Zuständigkeitsbereich der Personalabteilung. Ihr Aufgabengebiet erstreckt sich von der Beratung der Unternehmensleitung, über die Ermittlung des Personalentwicklungsbedarfs, die Bereitstellung der organisatorischen Hilfsmittel bis zur Festlegung, Überwachung und Durchführung einzelner Entwicklungsmaßnahmen.

Eine Schlüsselrolle fällt dem jeweiligen Vorgesetzten zu. Durch eine regelmäßige Beurteilung kennt er die Stärken und Schwächen seiner Mitarbeiter und weiß, inwieweit diese die Anforderungen ihrer Arbeitsplätze erfüllen. Er kann außerdem feststellen, ob die Mitarbeiter über das notwendige Entwicklungspotential und die Bereitschaft zur Übernahme weitergehender Aufgabenstellungen verfügen. Bei Entwicklungsmaßnahmen am Arbeitsplatz ist der Vorgesetzte zumeist für die Vermittlung neuer Fertigkeiten und Kenntnisse zuständig. Nach Abschluß einer Entwicklungsmaßnahme kann nur der Vorgesetzte überprüfen, inwieweit die erworbenen Qualifikationen am Arbeitsplatz verwertet werden.

Der Betriebsrat ist im Rahmen der gesetzlichen Mitwirkungsrechte beteiligt. Das sind vor allem die §§ 96–98 BetrVG (Mitwirkung an der Planung und Durchführung berufsbildender Maßnahmen) und §§ 92–95 BetrVG (Beteiligung an allgemeinen personellen Angelegenheiten, wie Personalplanung, Stellenausschreibung, Personalfragebogen, Beurteilungsgrundsätze und Auswahlrichtlinien). Bei Versetzungen und Umgruppierungen sind die Bestimmungen des § 99 BetrVG zu beachten.

Schließlich ist auch jeder Mitarbeiter selbst für seine Entwicklung verantwortlich. Das beste Entwicklungsangebot bleibt wertlos, wenn die Mitarbeiter nicht bereit sind, die Chancen zu nutzen.

Personalkosten

Die Personalkosten umfassen alle Teile der betrieblichen Gesamtkosten, die direkt oder indirekt für das beschäftigte Personal aufzubringen sind. Das sind neben dem unmittelbaren Entgelt für die eigentliche Arbeitsleistung die verschiedenen gesetzlichen, tariflichen und freiwilligen Personalnebenkosten. Die Personalnebenkosten wurden in den letzten Jahren besonders stark durch externe Faktoren beeinflußt.

Begriff

Zu den Personalkosten zählen alle direkten und indirekten Kosten, die durch die Bereitstellung, den Einsatz und die Steuerung von Mitarbeitern im Unternehmen entstehen.

Entwicklung der Personalkosten

Die Entwicklung der Personalkosten wurde in den letzten Jahren vor allem von zahlreichen externen Einflußfaktoren bestimmt. Dazu zählen

- die staatliche Sozialpolitik, die sich in der Sozialgesetzgebung, im Betriebsverfassungsgesetz sowie in den verschiedenen Arbeitsgesetzen niederschlägt;
- die Tarifpolitik und das Verhalten der Tarifparteien;
- die allgemeine und branchenspezifische Konjunkturlage;
- die Situation am Arbeitsmarkt;
- die Erwartungen und Einflüsse der Öffentlichkeit;
- der ständige technologische Wandel, der den Einsatz qualifizierterer und damit kostenintensiverer Mitarbeiter erforderlich macht.

Zu den internen, betriebsbedingten Einflußfaktoren zählen u. a. die Betriebsgröße und -struktur, die Personalstruktur, der Standort und Wirtschaftszweig sowie die unternehmerischen Zielsetzungen.

Gliederung

Eine erste Stufe der Beurteilung der Personalkosten besteht in deren vollständigen Erfassung und systematischen Gliederung. Die gesamten Personalkosten setzen sich aus dem unmittelbaren Entgelt für die eigentliche Arbeitsleistung (= direkte Personalkosten) und den sogenannten Personalnebenkosten (= indirekte Personalkosten) zusammen.

Zu den Personalnebenkosten (auch Personalzusatzkosten, Sozialkosten oder Lohnzusatzkosten) zählen sämtliche Personalkosten eines Arbeitgebers, die neben dem reinen Arbeitsentgelt anfallen. Dazu gehören im wesentlichen die Sozialversicherungsbeiträge der Arbeitgeber, die Kosten für die Entgeltfortzahlung im Krankheitsfall und bei Urlaub sowie die Aufwendungen für Gratifikationen, 13. Monatsgehälter und die betriebliche Altersversorgung. Da ein wesentlicher Teil der Personalzusatzkosten durch Gesetz oder Tarifvertrag bestimmt wird, ist der Gestaltungsspielraum der Unternehmen für die Senkung der Personalzusatzkosten gering.

Kennzahlenbildung

Ein wesentliches Hilfsmittel der Personalkostenanalyse stellt die Bildung von Kennzahlen dar: Sie erlauben, den Gesamtkomplex der Personalkosten hinsichtlich seiner Struktur und der Bedeutung einzelner Bestandteile zu durchleuchten, und sie erleichtern eine Verknüpfung der Daten der Personalkostenrechnung mit anderen quantifizierten Informationen aus dem Personalwesen und anderen Unternehmensbereichen.

Eine zur Zeit besonders in der Diskussion stehende Kennzahl ist der Anteil der Personalnebenkosten am Entgelt für geleistete Arbeit:

$$\frac{\text{Anteil der Personalnebenkosten}}{\text{am Entgelt für geleistete Arbeit}} = \frac{\text{Personalnebenkosten} \cdot 100}{\text{Entgelt für geleistete Arbeit}}$$

An Stelle der gesamten Personalnebenkosten kann der Zähler in der vorstehenden Formel beliebig weit nach den verschiedenen Nebenkostenarten variiert werden.

Weitere wesentliche Informationen vermitteln die Personalkosten je Mitarbeiter. Die Grundformel einer mitarbeiterbezogenen Betrachtungsweise lautet:

$$\text{Personalkosten je Mitarbeiter} = \frac{\text{gesamte Personalkosten}}{\text{durchschnittlicher Personalbestand}}$$

Personalleasing

Personalleasing (Leiharbeit, Zeitarbeit) liegt vor, wenn ein Arbeitgeber (Verleiher) einem anderen Arbeitgeber (Entleiher) Mitarbeiter gegen Entgelt verleiht, damit diese für eine vertraglich vereinbarte Zeit Arbeit nach Anweisung des Entleihers erbringen.

Formen

Der Leiharbeitnehmer (Zeitarbeitnehmer) ist Mitarbeiter des Verleihers und hat mit diesem i. d. R. einen unbefristeten Arbeitsvertrag geschlossen. Wird der Arbeitnehmer an einen anderen Arbeitgeber verliehen, untersteht er dessen Weisungsrecht, ohne daß zwischen ihnen ein Arbeitsverhältnis besteht.

Echte Leiharbeit liegt vor, wenn der Verleiher den Arbeitnehmer nur vorübergehend verleiht; bei unechter Leiharbeit handelt es sich dagegen um eine gewerbsmäßige Arbeitnehmerüberlassung, d. h., Arbeitnehmer werden speziell zu diesem Zweck eingestellt.

Vorteile und Grenzen

Personalleasing wird eingesetzt, wenn in einem Unternehmen der Personalbedarf höher ist als der Personalbestand und diese Unterdeckung kurzfristig ausgeglichen werden soll sowie zur Kostenersparnis.

Zu den Vorteilen des Personalleasings gehören die kurzfristige und flexible Anpassung des Personalbestands sowie der Wegfall einer langwierigen und teuren → Personalbeschaffung. Außerdem entsteht keine langfristige Bindung im Rahmen eines festen Arbeitsverhältnisses. Wichtigste Kritikpunkte sind negative Auswirkungen für Leiharbeitnehmer durch eine ständig wechselnde Arbeitsumgebung sowie die geringere Arbeitseffizienz beim Entleiher.

Rechtsgrundlage ist das Arbeitnehmerüberlassungsgesetz, das insbesondere den Leiharbeitnehmer gegenüber Verleiher und Entleiher schützen soll.

Portfolioanalyse

Die Portfolioanalyse stellt mehrere Objekte qualitativ gegenüber. Die Objekte werden dabei nach zwei Kriterien bewertet und in einem Achsenkreuz eingetragen. Als Ergebnis erhält man eine Darstellung, die eine große Zahl numerischer Daten überschaubar macht. Aus der Darstellung lassen sich z. B. die Ist-Situation, die Entwicklungsmöglichkeiten und angestrebte Ziele für ein Vorhaben ableiten. Häufig findet das Portfolio Anwendung bei einem Unternehmens- oder Produktvergleich.

Ziel

Ziel der Portfolioanalyse ist die Verdichtung einer großen Menge an Daten und die überschaubare Darstellung dieser Daten. Dadurch wird das Erkennen von Zusammenhängen zwischen zwei Dimensionen eines Objektes wesentlich erleichtert, man kann Rückschlüsse auf die bestehende Situation ziehen und Ziele festlegen.

Einsatzbereich der Portfolioanalyse

Die Portfolioanalyse zählt zu den verbreitetsten Analyse- und Planungsinstrumenten des strategischen Managements.

Die Portfolioanalyse wird vor allem im Marketing und bei der strategischen Planung eingesetzt.
Typische Anwendungen sind
- das eigene Unternehmen und mehrere Konkurrenzunternehmen,
- das eigene Produkt und mehrere Konkurrenzprodukte oder
- mehrere Produkte der eigenen Produktpalette.

Aber auch andere Objekte können verglichen werden, so z. B. Personen, Orte oder Maßnahmen. Diese Objekte werden nach zwei ausgewählten Kriterien beurteilt. Dies können bei einem Produktvergleich Preis, Qualität, verschiedene Funktionseigenschaften, Wettbewerbsvorteile o. ä. sein. Bei einem Unternehmensvergleich eignen sich z. B. die Kriterien:
- Leistung,
- Marktanteil,
- Marktwachstum,
- Umsatz,
- Rendite oder
- Mitarbeiterzahl.

Erstellung einer Portfolioanalyse

Die folgende Checkliste zeigt die einzelnen Schritte, nach denen eine Portfolioanalyse erstellt wird:

Erstellung einer Portfolioanalyse

1. Zunächst werden Objekte festgelegt, die miteinander verglichen werden sollen.

2. Danach werden die zwei Kriterien ausgewählt, nach denen die Objekte beurteilt werden sollen. Für die zwei Kriterien werden dann jeweils die Maßgröße und deren Berechnungsweise eindeutig bestimmt. Die Maßgrößen können sich aus einer Vielzahl von Einzeldaten zusammensetzen. Es ist aber auch möglich, einen qualitativen Maßstab zu wählen, wie z. B. hoch–mittel–niedrig.

3. Für jedes untersuchte Objekt werden nun die beiden Maßgrößen ermittelt. Liegen die Daten nicht vor, etwa über Konkurrenzunternehmen, müssen die Größen geschätzt werden.

4. Aus den beiden Kriterien wird ein Achsenkreuz gebildet, in das alle Objekte entsprechend der ermittelten Werte eingetragen werden. Hierbei besteht die Möglichkeit, durch verschieden große Symbole ein drittes Kriterium in das Portfolio einzuzeichnen. Bei Produkt- oder Unternehmensvergleichen wird z. B. häufig der Umsatz oder Marktanteil durch unterschiedlich große Kreise dargestellt. Aus der Lage der einzelnen Objekte zueinander können nun im fertigen Portfolio Rückschlüsse auf die bestehende Situation gezogen werden. Außerdem können Ziele festgelegt und angestrebte neue Positionen zur Verdeutlichung gekennzeichnet werden.

Preispolitik

Die Preispolitik ist eines der vier Hauptinstrumente der Marketingpolitik. Sie beinhaltet sämtliche Möglichkeiten der Preisgestaltung. Markt und Wettbewerb bestimmen den Preis, es sei denn, das Produkt oder die Dienstleistung bietet dem Kunden einen zusätzlichen Anreiz. Die Kosten sind ein wichtiges Instrument zur internen Navigation von Preisdifferenzen.

Preisfindung

Grundlagen der Preisfindung sind der Marktpreis für gleichartige Produkte (Me-too-Produkte) und die → Kostenrechnung und → Kalkulation des Unternehmens.

Mit Hilfe der Marktforschung kann der Unternehmer ermitteln, zu welchen Preisen seine Konkurrenten ihre Produkte anbieten (Marktpreis) und welche Preise die potentiellen Nachfrager für das Produkt des Unternehmens zu zahlen bereit sind. Dadurch läßt sich die **Preisobergrenze** ermitteln.

Kostenrechnung und Kalkulation zeigen Ihnen dagegen, zu welchem Preis Sie Ihr Produkt mindestens anbieten müssen, damit Ihre Kosten gedeckt werden. Es wird also die **Preisuntergrenze** ermittelt.

Bei diesen Überlegungen sollte auch auf die jeweilige Preiselastizität der Produkte geachtet werden. Sie zeigt das Ausmaß von Absatz- beziehungsweise Nachfrageänderungen aufgrund geringer Preisänderungen.

Normmarketingstrategien

Je nach Stand des Produkts im Lebenszyklus helfen Ihnen Normmarketingstrategien bei der richtigen Anwendung der preispolitischen Instrumente.

In der **Einführungsphase** empfiehlt sich ein hoher Endabnehmerpreis. Das gilt sowohl für USP-Produkte (Produkte mit einzigartigem Verkaufsvorteil) als auch für Me-too-Produkte. Denn für die in dieser Phase meist angesprochene kleine Zielgruppe, die Innovatoren und Frühadaptoren, ist der Preis häufig ein Qualitätsindikator.

Weitere Gründe für einen anfangs höheren Preis sind die hohen Entwicklungskosten, die möglichst schnell amortisiert werden sollen, und die guten Gewinnspannen für den Handel, der damit zu einer Listung des Produktes motiviert werden kann.

In der **Wachstumsphase** wird in der Regel eine größere und preissensiblere Zielgruppe angesprochen. Der Kostendruck des Unternehmens sinkt und die Mitbewerber drängen stärker auf den Markt. Folglich sollten die Preise gesenkt werden.

In der **Reife- und Sättigungsphase** sind die Marktanteile zunehmend verteilt und können meist nur noch durch kostspielige Preiskämpfe verändert werden. Deshalb gilt es jetzt, einen zu starken Preisverfall zu verhindern.

Wird in der **Degenerationsphase** (auch: Rückgangsphase) das Produkt nicht vom Markt genommen, da noch ein Rumpfmarkt besteht, sollten die Preise für die verbleibenden Produktvarianten wieder angehoben werden.

Preisdifferenzierung

Preisdifferenzierung bedeutet, daß ein Unternehmen Produkte der gleichen Art zu unterschiedlichen Preisen verkauft.

Es gibt verschiedene Möglichkeiten der Preisdifferenzierung, wie die folgende Übersicht zeigt:

Preisdifferenzierung

- Bei der **räumlichen** Preisdifferenzierung verkauft ein Unternehmen auf räumlich abgegrenzten Märkten gleiche Produkte zu unterschiedlichen Preisen, z. B. je ein Preis für einen inländischen und für einen ausländischen Markt.
- **Zeitliche** Preisdifferenzierung bedeutet, daß ein Unternehmen für gleichartige Produkte zu verschiedenen Zeiten unterschiedliche Preise fordert, z. B. bei Saisonartikeln.
- Bei der Preisdifferenzierung **nach dem Verwendungszweck** fordert ein Unternehmen für gleiche Produkte bei unterschiedlicher Verwendung unterschiedliche Preise, z. B. unterschiedliche Stromtarife für Haushalt und Industrie.
- Bei der Preisdifferenzierung **nach der Absatzmenge** räumt ein Unternehmen bei bestimmten Absatzmengen Rabatte oder Boni ein, oder verlangt bei Unterschreiten einer Mindestbestellmenge höhere Preise für gleiche Produkte.
- Bei der Preisdifferenzierung **nach Abnehmern** legt das Unternehmen je nachdem, wer der Abnehmer der Produkte ist, unterschiedliche Preise fest, z. B. Großhandels- und Endabnehmerpreise.

Preisnachlässe

Eine weitere Möglichkeit der Preisgestaltung bieten die verschiedenen Arten der Preisnachlässe.

Als **Rabatt** wird ein Preisnachlaß bezeichnet, der mit dem Produkt zusammenhängt und direkt den Rechnungsbetrag schmälert. Wichtige

Rabattarten sind: Zeitrabatte, wie Einführungsrabatte, Treuerabatte oder Naturalrabatte, und Mengenrabatte.

Ein **Bonus** ist eine Gutschrift bzw. ein Preisnachlaß, der den Abnehmern nachträglich von Lieferanten zugestanden wird.

Skonto ist ein prozentualer Preisnachlaß auf den Rechnungsbetrag bei Zahlung innerhalb einer bestimmten festgelegten Frist.

Unverbindliche Preisempfehlung

Bei Markenartikeln ist in Deutschland die sogenannte unverbindliche Preisempfehlung zugelassen. Wie das Wort schon sagt, haben diese Preise keine Verbindlichkeit, werden jedoch oft vom Handel als Richtpreise angenommen. Die unverbindlichen Preisempfehlungen dürfen allerdings nicht weit über den Preisen liegen, die der Handel für gewöhnlich erzielen kann (Verbot von Mondpreisen).

Pressekonferenz

Die Pressekonferenz ist eine rationelle Maßnahme, die Medien gleichzeitig und verhältnismäßig unaufwendig mit wesentlichen Neuigkeiten zu versorgen.

Vorbereitung einer Pressekonferenz

Eine Pressekonferenz ist keine Spontanaktion. Um einen möglichst großen Nutzen aus ihr zu ziehen, bedarf es einer gründlichen Vorbereitung.

Termin festsetzen
Hierzu muß das zeitliche Umfeld überprüft werden. Es sollten möglichst keine sonstigen wesentlichen Veranstaltungen anliegen, die für

die Medien relevant sein könnten. Deshalb sollte rund um den Veranstaltungsort abgefragt werden, ob am vorgesehenen Tag sonstige Pressekonferenzen, Messen oder andere Events geplant sind. Auch Ferienzeiten oder Brückentage sollten beachtet werden.

Tageszeit, Uhrzeit, Dauer
Die beste Zeit für eine Pressekonferenz ist zwischen 11 und 13 Uhr, weil dies meist die ruhigste Zeit für Journalisten ist. Der offizielle Teil einer Pressekonferenz sollte inklusive Fragerunde nicht mehr als 45 Minuten dauern.

Festlegung des Ortes
Nach Möglichkeit sollte ein zentraler Veranstaltungsort gewählt werden, der keinen Journalisten zu extremen Reiseanstrengungen zwingt. Genügend Parkplätze sollten ebenso gesichert sein, wie eine günstige Anbindung an öffentliche Verkehrsmittel. Die Podiumsgäste müssen von jeder Position aus zu sehen und zu hören sein.

Ein kleiner Nebenraum für ungestörte Interviews ist von Vorteil. Stromanschlüsse mit genügend Steckdosen für Funk- oder Fernsehausrüstungen, Telefon, Telefaxgerät und sonstige zum Einsatz vorgesehene technische Einrichungen (z. B. Overhead-Projektor, Flipchart usw.) müssen vorhanden sein. Innerhalb des Gebäudes sollte der Weg zum Veranstaltungsraum gekennzeichnet und die Eingangstür beschriftet sein.

Auswahl von Podiumsgästen und Moderator
Mindestens zwei, höchstens aber fünf Podiumsgäste werden nach ihrem möglichen Beitrag zur Informationsdichte ausgewählt. Es empfiehlt sich, einen Moderator zu finden, der das Thema der Pressekonferenz noch einmal in groben Zügen darstellt, die Podiumsgäste kurz vorstellt und Journalistenfragen an den jeweils passenden Podiumsgast weitergibt.

Versand von Einladungen
Nach der Auswahl der Pressevertreter, die zur Pressekonferenz eingeladen werden sollen, geht etwa zwei bis drei Wochen vor der Veranstaltung eine kurze Voreinladung mit den wichtigsten Daten des Termins

heraus. Die vollständige Einladung wird spätestens eine Woche vor der Pressekonferenz verschickt.

Prüfen Sie anhand der folgenden Checkliste, ob die Einladung alle notwendigen Informationen enthält:

Einladung zur Pressekonferenz

Enthält Ihre Einladung folgende Informationen?

- den Absender der Einladung;
- die Adresse des Journalisten mit persönlichem Ansprechpartner;
- das Thema und den Anlaß der Pressekonferenz;
- das Veranstaltungsdatum, die Uhrzeit und die ungefähr vorgesehene Dauer;
- Ortsangabe möglichst mit Wegbeschreibung;
- Namen und Funktionen der Podiumsgäste, möglichst mit den Themen ihrer Beiträge;
- Name und Funktion des Ansprechpartners, bei dem weitere Informationen zur Veranstaltung angefordert werden können;
- einen Antwortschein, der schnell und einfach auszufüllen und zurückzuschicken (per Brief und Fax) sein muß.

Vorbereitung von Pressemappen

Bestandteile einer Pressemappe sind

- eine Inhaltsübersicht;
- ein Pressetext mit der nach journalistischen Gesichtspunkten aufbereiteten Hauptinformation;
- wichtige Zusatzinformationen zum Thema, z. B. Kopien von amtlichen Schreiben, Urkunden o. ä.;
- eine Liste der Redner und Podiumsgäste mit deren genauen Funktionen, Namen, Titel und Standpunkten; eine Liste der Kurzstatements der einzelnen Gäste, um den Medienvertretern die Arbeit des Mitschreibens zu ersparen;
- CI-Unterlagen mit Firmendarstellung und Produktunterlagen der Firma.

Ablauf der Pressekonferenz

Die Pressekonferenz beginnt pünktlich, auf zwar angemeldete, aber noch nicht eingetroffene Journalisten wird nicht gewartet.

Der Moderator begrüßt die Gäste und erläutert noch einmal kurz das Thema und den vorgesehenen Ablauf der Konferenz. Dabei kann kurz auf den Inhalt der Pressemappen eingegangen werden, um unnötiges Mitschreiben zu verhindern. Danach stellt er die Podiumsmitwirkenden vor und gibt das Mikrophon jeweils zu den entsprechenden Kurzstatements (maximal fünf Minuten pro Podiumsteilnehmer) weiter. Dann beginnt die Fragerunde der Journalisten.

Der Moderator sollte auch im Umgang mit Zwischenrufen oder überraschenden Fragen geübt sein und diese nach Bedarf sofort beantworten oder ans Ende der Konferenz avisieren.

Nachbereitung der Pressekonferenz

Im Anschluß an die Pressekonferenz wird das Ergebnis ermittelt:
- Wieviele Journalisten waren da?
- Welche Medien waren vertreten?
- Geschah deren Berichterstattung ausführlich, kurz, positiv oder kritisch?
- War sie in unserem Sinne?

Sofern manche Medien überhaupt nicht berichtet haben, empfiehlt sich die vorsichtige Nachfrage. Außerdem bietet es sich an, die Teilnehmer direkt nach deren Eindrücken zu befragen. Was war gut, was war schlecht? Was sollte das nächste Mal verbessert werden?

Mit dem Erstellen einer Pressedokumentation der Veranstaltung und der Analyse, ob sich aufgrund der Pressekonferenz meßbare Image- oder Absatzänderungen ergeben haben, endet das Einzelprojekt Pressekonferenz.

Pressemitteilung

Presse- oder PR-Mitteilungen sind ein wesentliches Instrument zur Informationsverbreitung an Medien und Journalisten. Das wichtigste Element dabei ist der erkennbare Nachrichten- und Informationswert für den Empfänger bei Presse, Funk oder Fernsehen. Der Erfolg ist daran erkennbar, ob, wie und in welchen Medien die eigene Mitteilung veröffentlicht wurde.

Grundvoraussetzungen

Bei der Vorbereitung einer Pressemitteilung sollte man besonders auf die folgenden Punkte achten: Keine werblichen Texte verwenden, Superlative meiden, sachlich bleiben, pro Text nur ein Thema behandeln, ein aktueller Anlaß muß gegeben sein, das Hauptaugenmerk muß auf dem Text, nicht auf Gestaltung und Bildern liegen. Beachtet man diese Grundvoraussetzungen, erhöht sich die Wahrscheinlichkeit, daß der Text veröffentlicht wird, erheblich.

Aufbau von Pressemitteilungen

Beim Erstellen einer Pressemitteilung sollte man vor allem zwei Kriterien im Auge behalten.
Hat die Mitteilung die angestrebte Wirkung auf den Empfänger, und ist sie pressegerecht aufbereitet, was wiederum die Chance der Veröffentlichung erhöht.

Daraus leitet sich ab, daß PR-Texte zunächst auffallen müssen. Dies kann ausschließlich durch die **Headline** oder Überschrift der Meldung gewährleistet werden, die Spannung erzeugen und Interesse wecken muß. Allerdings darf die Headline weder unwahr noch zu sehr überzogen sein.

Das **Summary** umfaßt die wichtigsten Neuigkeiten und Informationen in drei bis fünf Sätzen. Bei der Lektüre dieser Kurzinformation entscheidet sich, ob der Text zur weiteren Bearbeitung oder in den Papierkorb geht.

Der **Text** der Pressemeldungen sollte nie länger als eine Seite sein. Die Gestaltung der Seite muß den Ansprüchen der Lesbarkeit und der Verwertungsnutzung genügen. Daraus folgt, daß eine Schriftart verwendet werden muß, die sich leicht lesen läßt. Am Ende des Pressetextes wird die Zeilen- und Zeichenanzahl dokumentiert.

Die Headline und die folgenden drei bis fünf Sätze dienen der geballten Informationsvermittlung. Bleiben also noch einige Zeilen, um nächstwichtige Zusatzinformationen, Zitate, zugehörige Fakten oder einfach schmückendes Beiwerk unterzubringen. Doch auch hier sollte der Texter streng mit sich selbst sein und sich bei jedem Satz fragen, ob er tatsächlich von Bedeutung für die Meldung sein kann.
Die folgende Übersicht faßt noch einmal alle wesentlichen Punkte, die man bei der Erstellung einer Pressemitteilung beachten sollte, zusammen:

Aussehen, Form und Inhalt von Pressemitteilungen

- Pressemitteilungen sind immer aktuell und nehmen auf aktuelle Inhalte Bezug.
- Pressemeldungen werden immer nur auf der Vorderseite eines Blattes DIN A4 gedruckt. Um dem Journalisten Anmerkungen zu ermöglichen, sollte ein großer Zeilenabstand (eineinhalb- oder zweizeilig) verwendet und rechts ein großzügiger Rand gewährt werden (circa vier Zentimeter).
- Abkürzungen sollten vermieden, Zahlen möglichst ausgeschrieben werden.
- Direkte Anreden (ich, wir, Du, Sie) sind in Pressetexten ebensowenig zulässig wie Herr oder Frau.
- Die Pressemeldung enthält Ort und Datum, ist durch das auffällig plazierte Wort ‚Pressemitteilung‘ oberhalb des eigentlichen Textes als solche gekennzeichnet und somit klar von Werbebriefen oder sonstigen Schriftstücken zu unterscheiden.

- Eine Headline eröffnet den Text. Die Headline weckt Interesse. Das gleiche gilt für die Subline, falls man sich dieser Unter-Überschrift bedient.
- Alle Texte sind deutlich, kurz, prägnant, möglichst im Präsens und immer positiv formuliert.
- Der erste Abschnitt liefert die Hauptinformationen. Oftmals wird dieser Lead optisch durch halbfetten Druck hervorgehoben. Dieser Abschnitt, der nicht länger als drei bis fünf Zeilen sein sollte, muß die berühmten sechs W-Fragen, also wer, wann, was, wie, wo, warum beantworten.
- Der nachfolgende Text dient der näheren Erläuterung, bringt aber keine weiteren wesentlichen Informationen mehr. Dieser Abschnitt wird meist für wesentliche Zitate oder interessante Zusatzinformationen genutzt.
- Unterhalb des Textes steht die Anzahl der Zeilen und Zeichen des Pressetextes. Diese Angaben dienen dem Journalisten zur Platzkalkulation.
- Am Ende der Pressemitteilung stehen der Name, die Funktion, die Anschrift, Telefon- und Telefaxnummer (immer häufiger auch E-Mail- und Internet-Adressen) des für die Presse in dieser Sache relevanten Ansprechpartners. Der ist meist auch identisch mit dem Absender der Pressemitteilung.
- Werden Abbildungen mitgeschickt (dabei sollte immer auf erstklassige Qualität geachtet werden), so sind die Motive und eventuelle Urheberrechtsvermerke auf der Bildrückseite erläutert, Bildunterschriften sollten unterhalb des Pressetextes angeführt werden und klar den betreffenden Bildern zuweisbar sein.

Probezeit

In der Regel wird die erste Zeit eines Arbeitsvertrages als Probezeit vereinbart. In dieser Zeit kann das Arbeitsverhältnis mit einer kürzeren als der sonst geltenden gesetzlichen Kündigungsfrist gekündigt werden.

Begriff und Funktion

Durch die Vereinbarung eines Probearbeitsverhältnisses soll den Arbeitsvertragsparteien die Möglichkeit gegeben werden, den Vertragspartner hinsichtlich Eignung, Leistung etc. zu überprüfen.

Probearbeitsverhältnisse sind echte Arbeitsverhältnisse. Die Vereinbarung einer Probezeit ist zwar rechtlich nicht zwingend erforderlich (Ausnahme Ausbildungsverhältnis), aber wohl immer zweckmäßig und in den meisten Fällen auch üblich. Im Regelfall wird dabei heute in der betrieblichen Praxis ein → Arbeitsvertrag auf unbestimmte Zeit mit vorgeschalteter Probezeit abgeschlossen. Diese vorgeschaltete Probezeit soll dazu dienen, den Arbeitnehmer hinsichtlich seiner Eignung zu überprüfen. Die Kündigungsfristen werden dabei in der Regel auf die gesetzlich bzw. tariflich zulässige Mindestdauer gekürzt. Nach Ablauf der Probezeit gelten dann die vereinbarten bzw. üblichen Kündigungsfristen.

Ferner besteht die Möglichkeit, das Probearbeitsverhältnis als befristetes Arbeitsverhältnis auszugestalten. Befristete Arbeitsverträge dürfen grundsätzlich nur abgeschlossen werden, wenn sachliche Gründe für die Befristung gegeben sind. Der Erprobungszweck wird nach der Rechtsprechung als sachlicher Grund anerkannt. Er muß dabei im Arbeitsvertrag zum Ausdruck kommen.

Dauer

Die Dauer der Probezeit unterliegt ebenfalls im Prinzip der freien Vereinbarung der Arbeitsvertragsparteien, muß aber sachlich gerechtfertigt sein, insbesondere dem Prinzip der Verhältnismäßigkeit genügen. Zu beachten sind auch eventuelle tarifliche Regelungen oder Regelungen in Betriebsvereinbarungen.

Bei gewerblichen Mitarbeitern beträgt die tarifvertraglich zulässige Höchstdauer oft nur einen Monat. Im außertariflichen und leitenden Bereich sind sechs Monate Probezeit weit verbreitet. Bei hochqualifizierten Positionen sind auch zwölf Monate möglich. Entscheidend ist in jedem Einzelfall, innerhalb welchen Zeitraumes der angestrebte Erprobungszweck sinnvollerweise erreicht werden kann.

Im übrigen ist es ratsam, eventuelle Verlängerungen oder den Übergang in ein unbefristetes Arbeitsverhältnis von einer entsprechenden schriftlichen Vereinbarung abhängig zu machen. Hierdurch werden Unklarheiten vermieden. Außerdem liegt eine solche Vereinbarung auch im Interesse des Arbeitnehmers, der dann schon vor Ablauf des Probearbeitsverhältnisses erfährt, ob er in dem Betrieb bleiben kann oder sich anderweitig um eine Stelle bemühen muß.

Unterbrechung

Kommt es zu einer Unterbrechung der Probezeit, etwa durch Erkrankung des Arbeitnehmers, sind Dauer der Unterbrechung und Auslegung der Probezeitvereinbarung dafür entscheidend, ob die Probezeit verlängert werden kann. Kurzfristige Erkrankungen unterbrechen die Probezeit in der Regel nicht.

Beendigung

Als befristete Arbeitsverträge vereinbarte Probearbeitsverträge enden in der Regel durch Zeitablauf, ohne daß es einer Kündigung bedarf. Werden sie nach Ablauf mit Wissen des Arbeitgebers fortgesetzt, so gelten sie als auf unbestimmte Zeit verlängert.

Innerhalb einer vorgeschalteten Probezeit (mit Übergang in ein normales Arbeitsverhältnis nach Ablauf der vereinbarten Frist) gelten in aller Regel verkürzte Kündigungsfristen. Nach § 622 III BGB ist lediglich eine Frist von zwei Wochen einzuhalten.

Betriebsrat

Auch die Einstellung eines Arbeitnehmers zur Probe unterliegt der Mitbestimmung des Betriebsrats nach §§ 99 ff. BetrVG. Die Einstellung des Arbeitnehmers nach Ablauf der Probezeit ist allerdings nicht erneut mitwirkungspflichtig.

Produktpolitik

Die Produktpolitik ist ein wichtiger Bestandteil der Sortimentspolitik. Sie legt die ideellen und funktionellen Anforderungen an ein Produkt fest. Darin eingeschlossen sind alle Faktoren, die ein Produkt technisch definieren und auf die Anwendungsfälle im Markt ausrichten. Dazu gehören aber auch klare Aussagen zur Qualität, Umweltfreundlichkeit und Verpackung eines Produktes.

Zielvorgaben

Das Produkt ist die Lösung zur Befriedigung von individuellen Marktbedürfnissen. Ausgerichtet auf diese hochgesteckte Forderung muß eine erfolgreiche Produktpolitik Art und Umfang der Produkte und Produktgruppen klar festlegen, vorgesehene Anwendungsfälle aufzeigen, geplante Neuentwicklungen und Differenzierungen in Pflichtenheften beschreiben und einen Ausstieg geordnet vorbereiten.

Anforderungen an ein marktgerechtes Produkt

Die Anforderungen, die der Markt an seine Produkte stellt, erstrecken sich heute nicht mehr nur auf die funktionellen Aspekte. Vor allem die ideellen Komponenten haben stark an Bedeutung gewonnen.

Funktionelle Komponenten sind die direkt meß- oder beurteilbaren technischen Elemente eines Produktes. Dazu zählen die technische Funktion, das Bedienhandling, das Form- und Farbdesign genauso wie die Qualität und die anwenderfreundliche Montage.

Für den Verkauf eines Produktes sind die **ideellen Komponenten** oft die wertvolleren. Im Konsumgüterbereich wird ein Produkt kaum den Weg zum Markt finden, wenn nicht ein klangvoller Markenname den Einstieg erleichtert. So wird z. B. Umweltfreundlichkeit zu einem Schlüsselelement eines guten Produktes.

Produktsegmentierung

Ein Produkt der Zukunft muß anpaßbar sein und schon in der Grundstruktur Bedürfnisentwicklungen vorwegnehmen. Das Bilden von überschaubaren Produktsegmenten ist deshalb eine wichtige Voraussetzung für einen schnellen und wirtschaftlichen Anpassungsprozeß an die Marktbedürfnisse.

- Die Grundsätze der Produktpolitik verlangen von jedem Unternehmen eine **klare Ausrichtung** auf Produkte, in welchen die eigenen Stärken am besten realisiert und am Markt erfolgreich umgesetzt werden können. Dies können ganze Geschäftsfelder oder nur einzelne Produktgruppen sein.
- Für das Erreichen einer optimalen Produktivität ist die **Produktstruktur** ausschlaggebend, also ob nur Endprodukte hergestellt werden oder dem Markt die gesamte Produkttiefe vom Einzelteil über die Baugruppen bis hin zur Komplettlösung angeboten werden soll.
- Um am Markt bestehen zu können, ist es wichtig, sich auf die dem Unternehmen entsprechende **Produktkategorie** festzulegen. Es ist schwierig, neben Massenprodukten gleichzeitig Exklusivprodukte anzubieten. Beide Gruppen verlangen ganz unterschiedliche Strategien.
- Durch die permanenten Verkürzungen des **Produktlebenszyklus** ist zwangsläufig mehr Schnelligkeit gefordert. Bei der Entscheidung für ein neues Produkt ist deshalb kritisch darauf zu achten, wie lange

sich dieses im Markt hält und welche wirtschaftlichen Ergebnisse damit erreicht werden können.

- Für die **richtige Einschätzung der Wertigkeit** eines Produktes für den Abnehmer ist es sinnvoll, dafür ein eigenes Produktsegment zu bilden. Ein Produkt, welches z. B. an der Frontseite des Kundengerätes eingesetzt wird, hat höhere Anforderungen an das Design zu erfüllen, als Produkte, die im Inneren oder an der Rückseite eines Gerätes verschwinden.

Produktmanagement

Verantwortlich für die Produktpolitik ist das Produktmanagement, welches in Zusammenarbeit mit der Geschäftsführung und dem Marketing alle wichtigen Rahmenbedingungen festlegt. Als Pate für ein Produkt oder eine Produktgruppe übernimmt der Produktmanager die Planung und Koordination, von der ersten Idee über die Entwicklung und Markteinführung bis hin zum geregelten Ausstieg.

Profit Center

Profit Center sind autonome organisatorische Einheiten in einem Unternehmen mit eigener Verantwortung für den unternehmerischen Erfolg. Ein Manager bzw. ein Team von Managern leitet das Profit Center eigenverantwortlich und ergebnisorientiert. Das Profit-Center-Konzept ist vor allem bei produktorientierter Gliederung eines Unternehmens in Sparten verwirklicht.

Begriff

Der Begriff Profit Center stammt aus den USA und ist eng mit der Einführung der Objektorganisation in Produktsparten verbunden. Die produktspartenorientierte Gliederung der Teilbereiche eines Unternehmens ermöglicht in der Praxis den Aufbau autonom organisierter Bereiche in Form von Profit Centern.

Profit Center sind organisatorische Einheiten (z. B. Abteilungen, Bereiche) in einem Unternehmen, für die ein eigenständiger Ergebnisausweis vorgenommen wird. An der Spitze eines Profit Centers steht ein Manager oder ein Team von Managern, welche eigenverantwortlich und ergebnisorientiert handeln. Berichtspflichtig ist die Leitung eines Profit Centers in der Regel nur gegenüber der obersten Führungsspitze des Unternehmens.

Nutzen

Die Profit-Center-Organisation schafft klare, objektbezogene, voneinander abgegrenzte Verantwortungsbereiche mit der Möglichkeit zur strukturierten Kosten- bzw. Erfolgskontrolle. Es lassen sich bei dieser Organisationsform leicht der Anteil der einzelnen Profit Center am Unternehmenserfolg ermitteln und hieraus strategische Konsequenzen ziehen (z. B. Ausweitung des Geschäftes in gewinnträchtigen Profit Centern, Abstoßen ergebnisnegativer Profit Center).

Profit Center bewirken eine Entlastung der Unternehmensleitung und schärfen das Kostenbewußtsein der zweiten Führungsebene. Ihre Mitglieder werden zudem in die unternehmerische Verantwortung genommen. Letztendlich erlaubt die Profit-Center-Organisation die Komplexität der Unternehmensplanung zu reduzieren, indem statt auf das Gesamtunternehmen auf eine überschaubare Einheit abgestellt wird.

Center-Typen

Neben dem Profit Center lassen sich heute folgende Center-Typen erkennen: Investment Center, Erlös oder Revenue Center, Kosten oder Cost Center und Dienstleistungs- oder Service Center.

Profit Center sind von Cost Center und Investment Center eindeutig abzugrenzen, da die Cost Center nur für die Kostenverursachung verantwortlich sind. Profit Center zeigen sich zudem für die Erzielung von

Gewinnen verantwortlich und die Investment Center können darüber hinaus autonom über die Investition erwirtschafteter Gewinne entscheiden. Dienstleistungs- bzw. Service Center besitzen je nach Vorgabe die ein oder andere der angesprochenen Restriktionen bzw. Handlungsvollmachten. Die drei angesprochenen Formen der Profit, Cost bzw. Investment Center unterscheiden sich damit im wesentlichen im Grad der organisatorischen Selbstbestimmung. Profit Center finden sich in der Regel bei divisionalen Organisationen.

Grenzen des Profit-Center-Konzepts

Weil der Leiter bzw. die Leitung eines Profit Centers in der Regel mit anderen gleichgestellt ist, ist Ressortegoismus eines der Hauptprobleme dieser Organisationsform. Das Ziel, den Ertrag des eigenen Profit Center zu maximieren, steht oftmals konträr zum Ziel der Maximierung des Ertrages der Gesamtunternehmung.

Die in der Unternehmenspraxis sich oft einstellende Situation des „jeder gegen jeden" auf Profit-Center-Leiterebene gilt es durch festzulegende Regeln abzufedern. Elemente der → Teamarbeit spielen hierbei als Methode eine tragende Rolle. So sollten z. B. in einer Leiterrunde wesentliche, Center-übergreifende Fragen gemeinsam im Dialog beantwortet werden. Es darf in einer Profit-Center-Organisation nicht die Frage im Vordergrund stehen: „Wer, was, wem, wann, wie hoch in Rechnung stellt." Die Input-Output-Verflechtungen der Center-Einheiten dürfen im Gesamtunternehmen keine lähmende Wirkung zeigen.

Die dezentrale unternehmerische Ergebnisverantwortung wird in der Profit-Center-Organisation als motivationsfördernd angesehen, wohingegen die ausschließliche Steuerung einer Sparte über die Größe „Gewinn" häufig mit übergeordneten Zielen des Gesamtunternehmens kollidiert und damit als Nachteil anzusehen ist.

Grundsätzlich sollte der Erfolg eines Centers multidimensional gemessen werden. Geeignete Größen sind z. B. der Erlös, Gewinnmargen, Kosteneinsparungen oder Return on Investment.

Projektmanagement

Ein Projekt ist eine zeitlich begrenzte Aufgabe, die in Unternehmen durchgeführt wird, um ein spezielles Produkt oder eine spezielle Dienstleistung zu erstellen. Die Komplexität eines solchen Vorhabens stellt besondere Anforderungen an das Management. Projektmanagement stellt dafür das Konzept zur Leitung und Durchführung dar. Projektmanagement ist folglich die zielgerichtete Gestaltung, Steuerung und Entwicklung des sozialen und produktiven Systems „Projekt".

Begriff

Der Begriff Projektmanagement baut auf einem allgemeinen Managementverständnis auf und kann in der Folge als die zielorientierte Gestaltung, Steuerung und Entwicklung des sozialen, produktiven Systems Projekt in sach- und personenbezogener Dimension verstanden werden.

Betrachtet man die Definition nach der DIN 69901 ist Projektmanagement die „Gesamtheit von Führungsaufgaben, -organisation, -techniken und -mittel für die Abwicklung eines Projektes".

Beide Definitionen stellen vor allem auf den Begriff „Projekt" ab. Projekte sind Vorhaben mit definiertem Anfang und Abschluß, die durch die Merkmale zeitliche Befristung, Einmaligkeit, Komplexität und Neuartigkeit gekennzeichnet sind. Ein Projekt ist ein außergewöhnliches Vorhaben.

Projektmanagement muß sowohl als Institution (Organisationskonzept) als auch als Funktion (Leitungskonzept) verstanden werden. Als Organisationskonzept bietet das Projektmanagement traditionellerweise drei Möglichkeiten der Implementierung in die Gesamtunternehmung: in Form einer reinen Projektorganisation, als Einfluß-Projektorganisation oder als Matrix-Projektorganisation. Die interne Organisation eines Projektes unterscheidet neben dem Projektauftraggeber (extern oder intern) den Projektleiter und die Projektmitarbeiter (als interdisziplinäres

Team je nach Problemstellung zusammengesetzt). Betrachtet man das Projektmanagement hingegen als Leitungskonzept, dann umfaßt es Planung, Steuerung und Kontrolle der unterschiedlichen Projektabwicklungsphasen.

Ziel

Projektmanagement soll sicherstellen, daß vereinbarte System- und Projektziele im Rahmen der personellen, technischen, terminlichen und finanziellen Rahmenbedingungen erreicht werden.

Neue Aspekte

Projektmanagement rückt aufgrund der zunehmenden Konzentration der Unternehmen auf Prozesse immer stärker in den Mittelpunkt des Interesses – das Projekt als Prozeß stellt daher auch neue Anforderungen an das Projektmanagement. Ein aktuelles Projektmanagement zeichnet sich neben einer prozeßorientierten Gestaltung der eigentlichen wertschöpfenden Tätigkeiten auch durch effizienten Einsatz der nicht wertschöpfenden Tätigkeiten aus. Im Vergleich zum traditionellen Projektmanagement, das vorwiegend durch den technischen Anwendungsbereich geprägt ist, wird ein verstärktes Augenmerk auf Bereiche wie Human Ressource oder Informationsfluß (Wissenslogistik) gelegt, um deren Stellenwert für eine erfolgreiche Projektarbeit Rechnung zu tragen.

Entwicklungsgeschichte

Seinen Ursprung als eigenständige Führungskonzeption nimmt das Projektmanagement mit den Anfängen der Raumfahrt und damit vor allem im angloamerikanischen Raum. Doch auch der deutschsprachige Raum wurde bereits Mitte der fünfziger Jahre bis Anfang der sechziger Jahre auf die speziellen Anforderungen, die das Management von Projekten stellt, aufmerksam. War Projektmanagement zu dieser Zeit vor allem ein Instrument im Anlagenbau, findet es in der heutigen Zeit

Anwendung in nahezu allen Branchen und für unterschiedlichste Problemlösungen in den Unternehmungen (z. B. in der Entwicklung von Software oder neuen Produkten, zur Organisationsentwicklung, zur Strategieimplementierung etc.).

Weltweit bemühen sich Projektmanagementinstitutionen (z. B. PMI in den USA, GPI in Deutschland, Projektmanagement Austria in Österreich), zu einem einheitlichen Projektverständnis und damit zu einem aktuellen Projektmanagementverständnis zu gelangen. Project Management – Body of Knowledge setzt Standards, die für das Management von Projekten eine weltweite Kommunikation ermöglichen.

Arten des Projektmanagement

Projektmanagement muß in zunehmenden Maß auf allen Unternehmensebenen betrieben werden. Wurde Projektmanagement in der Vergangenheit vor allem im operativ/taktischen Bereich betrieben, so ist für die erfolgreiche Umsetzung auch ein strategischer Backup notwendig. Projekte, die betrieben werden ohne jegliche Verankerung in der Unternehmenstrategie, werden nur in begrenztem Maß erfolgreich sein können. Neben dem Projektmanagement im eigentlichen Sinn gilt es daher auch, strategisches Projektmanagement umzusetzen. Hierbei steht im Zentrum der Aktivitäten vor allem die Koordination der im Unternehmen aktiven Projekte.

Phasen des Projektmanagements

Projektmanagement ist geprägt durch einen phasenorientierten Ablauf, wobei der Detaillierungsgrad einerseits von den jeweiligen Autoren unterschiedlich ausgelegt wird und andererseits die Art des durchzuführenden Projektes einen bestimmenden Faktor darstellt. Generell können die Projektphasen der Planung, der Durchführung und Realisation sowie des Abschlusses unterschieden werden.

Projektplanung
Als zentrale Aufgabe der Planung ist die Festlegung des Projektzieles und darauf aufbauend die Erstellung eines Projektstrukturplanes inklusive Arbeitspakete zu verstehen. Ergänzend dazu ist die Ablaufplanung und Terminplanung in Form von Netzplänen sowie die Einsatzmittel-, Kosten-, Qualitäts- und Risikoplanung zu erarbeiten. Zwischen diesen einzelnen Plänen bestehen starke Abhängigkeiten, denen durch eine genaue Abstimmung der Teilpläne Rechnung zu tragen ist (→ Netzplan).

Projektdurchführung und -realisation
Die Realisationsphase eines Projektes bedarf einer effizienten Steuerung und begleitenden Kontrolle, da Projekte oft in der Planung nicht zu prognostizierende Verläufe nehmen können. Zudem verlangt ein Projekt ein hohes Maß an Flexibilität sowohl vom Projektleiter als auch von den involvierten Mitarbeitern. Daher ist besonders in dieser Phase eines Projektes sehr starkes Augenmerk auf den Bereich der Mitarbeiterführung und -motivation zu legen. Eintretenden Abweichungen vom Plan ist mit gezieltem Änderungsmanagement zu begegnen, um letztendlich das angestrebte Projektziel doch erreichen zu können.

Projektabschluß
In der Abschlußphase gilt es, das Projekt einer Endkontrolle und -bewertung zu unterziehen, um damit Datenmaterial für weitere Projektvorhaben zu erhalten.

Grenzen des Projektmanagements

Projektmanagement stößt dort an Grenzen, wo es in einem traditionellen, rein technisch orientierten und vorwiegend auf die Planung beschränkten Sinn verstanden wird. Die beste Planung im Rahmen des Projektmanagements reicht nicht aus, wenn nicht auch die Gestaltung des Prozesses „Projekt“ aktiv betrieben wird. Neben externen Projekten treten immer mehr interne Vorhaben in Form eines Projektes auf, womit auch ein Wandel im traditionellen Projektmanagement bewirkt wird. Projektmanagement stellt für jedes Unternehmen eine Chance zu einem verbesserten Prozeßbewußtsein und einer gesteigerten Flexibilität dar – allerdings nur dann, wenn es auch professionell betrieben wird.

Prozeßkostenrechnung

Die Prozeßkostenrechnung ist eine relativ neue Methode, welche die traditionelle → Kostenrechnung in vielen Fällen ergänzen und verfeinern kann. Sie gibt Auskunft, welche Kosten durch bestimmte Aktivitäten (Prozesse) verursacht werden. Dadurch werden diese Prozesse transparenter und lassen sich effektiver steuern.

Ziele

Kapazitäten sollen effektiver eingesetzt werden. Es wird leichter erkennbar, in welchen Bereichen Überkapazitäten bestehen und ob sich diese Kapazitäten ggf. von anderen Bereichen nutzen lassen (z. B. einen Mitarbeiter von der Reklamation zur Auftragsabwicklung versetzen).
Die Gemeinkosten lassen sich genauer auf die Kostenträger (Produkte) verteilen. Die Produktkalkulation wird genauer.

Voraussetzungen

Im Unternehmen müssen Hauptprozesse klar definiert und in sinnvolle Teilprozesse untergliedert werden. Innerhalb der Kostenstelle Materialwirtschaft zum Beispiel wäre die „Beschaffung von Material" ein Hauptprozeß, der aus den Teilprozessen „Disponieren", „Angebote einholen", „Angebote bearbeiten" und „Auftrag erteilen" etc. besteht. Wesentlich ist, daß Sie alle Teilprozesse erfassen und daß in jedem Teilprozeß, wo immer es möglich ist, ein sogenannter „cost-driver" (Kostentreiber) identifiziert wird.

Ein cost-driver ist die Maßeinheit, mit der sich ein bestimmter Prozeß quantifizieren läßt. Zum Beispiel „Angebote einholen“: Anzahl der Angebote. Teilprozesse, bei denen kein cost-driver gefunden werden kann, sollten als neutral definiert werden. Zum Beispiel „Arbeitsplatz organisieren“.

Nutzen

Die Zuordnung der Kosten zu bestimmten Aktivitäten vermittelt eine realistische Vorstellung davon, wieviel diese Aktivität das Unternehmen kostet. Wenn Sie z. B. wissen, was ein Kundenbesuch des Geschäftsführers tatsächlich kostet, könnten Sie diese Besuche auf bestimmte Kunden beschränken.

Manche Kunden wird Ihr Unternehmen vielleicht gar nicht mehr akquirieren und Aufträge unter einer bestimmten Größenordnung nicht mehr annehmen. Natürlich lassen sich nicht alle Prozesse genau berechnen, aber Sie bekommen wichtige Anhaltspunkte, wo sich vermeidbare Kosten verstecken.

Public Relations

Unter Public Relations versteht man die Bemühungen, in der Öffentlichkeit Vertrauen und Verständnis zu erwirken und zu festigen. Dabei wird nach diversen Öffentlichkeiten differenziert. Ob beispielsweise Medien, Kunden, Lieferanten, Publikum, Aktionäre, Belegschaft oder die Region – jede Zielgruppe bedarf der speziellen und zielgerichteten Ansprache und erfordert unterschiedliche Maßnahmen.

Ziele der Public Relations

Die Public Relations (PR) sind als wesentliches Instrument unverzichtbarer Bestandteil des Marketing. Gute PR-Arbeit kann vieles bewirken und letztlich entscheidende image- und verkaufsfördernde Impulse setzen. Die Intensität, mit der PR betrieben wird, unterscheidet sich von Unternehmen zu Unternehmen. Vor allen Dingen in eher kritikgewohnten Branchen, wie z. B. der chemischen Industrie, der Pharmazie, der Tabakindustrie, der Fleisch- oder Pelzbranche oder der Kernkraftwerke wird für PR sehr viel Geld ausgegeben, um ein negatives oder zumindest kritisches Grundimage aufzubessern.

PR-Aktionen verfolgen immer bestimmte Ziele, die ganz unterschiedlicher Natur sein können, ihrem Wesen nach jedoch folgenden vier Hauptgruppen zuzuordnen sind:

- Erfüllen einer Veröffentlichungspflicht (z. B. Geschäftsberichte bei Aktiengesellschaften);
- Informationen liefern (z. B. Produkt-Inhaltsstoffe freiwillig benennen);
- Legitimation erläutern (z. B. bestimmte Handlungsweisen erklären, die ohne nähere Erläuterung falsch oder gar nicht verstanden werden können);
- Motivation erwirken (z. B. Spendenaufrufe oder globale Kaufimpulse vermitteln).

Funktionen der Public Relations

Nach den Zielen lassen sich im einzelnen die unterschiedlichen Funktionen der PR ableiten.

Funktionen der Public Relations
• Informationsfunktion nach innen und außen; • Kontaktfunktion zum Aufbauen und Halten unternehmensrelevanter Verbindungen; • Führungsfunktion zum Schaffen von Verständnis für bestimmte Entscheidungen nach innen und außen; • Imagefunktion, mit der ein → Image aufgebaut, gehalten, geändert oder gepflegt wird; • Harmonisierungsfunktion innerhalb von Unternehmen; • Gesellschaftsfunktion, bei der PR gesellschaftlich relevante Themen einbezieht und die Position des Unternehmens dazu klarstellt; • Absatzförderungsfunktion, mit der auf Unternehmenserfolge eingewirkt wird; • Stabilisierungsfunktion, die vor allen Dingen in Krisensituationen greifen muß; • Kontinuitätsfunktion zur Bewahrung der individuellen Unternehmenspersönlichkeit nach innen und außen.

Vertrauensbildung

Public Relations dienen nicht nur der Bewältigung von Krisensituationen, sondern werden vor allem langfristig zur Vertrauensbildung eingesetzt. Wer der jeweiligen Zielgruppe oder angepeilten Öffentlichkeit ein positives Bild des Unternehmens zu vermitteln weiß, wird im Vergleich zur Konkurrenz eher die Nase vorn haben. Somit beeinflussen Public Relations nicht unbedingt die kurzfristige Kaufentscheidung, sondern eher die langfristige Kaufabsicht.

Wichtigste Instrumente der Public Relations

Vertrauens- und Imagebildung in den unterschiedlichen Öffentlichkeiten ist auf verschiedene Arten möglich. Einige der gebräuchlichsten sind: die Presse- und Medienarbeit (→ Pressemitteilung; → Pressekonferenz), PR-Anzeigen, Infozettel und Infoposter, interne Aushänge, Versammlungen, Veranstaltungen und öffentliche Auftritte, → Sponsoring, Tag der offenen Tür und das Product-Placement.

Längst haben sich spezielle PR-Agenturen entwickelt, die auf Imagearbeit spezialisiert und gegen Honorar bei der Entwicklung und Durchführung maßgeschneiderter Konzepte behilflich sind.

Welchen Einfluß das Image auf den Erfolg eines Unternehmens hat, sollen die folgenden Beispiele veranschaulichen:

Beispiele

- Obwohl der Computerchip-Hersteller Intel keine Produkte direkt an den Verbraucher verkauft, sorgt er durch eine aufwendige Imagekampagne im Fernsehen und in Zeitungsanzeigen dafür, daß „Intel inside“ beim Kauf eines PC zum Entscheidungsargument wird. Damit macht das Unternehmen Hardware-Hersteller von sich abhängig.
- Das positive Grundimage von Mercedes-Benz vermittelt Sicherheit, Qualität und Zuverlässigkeit. Der Konzern hat es verstanden, dieses Image auch in Zeiten kritischer Medienberichterstattung aufrechtzuerhalten.
- Der Nudelhersteller Birkel stand im Verdacht, verdorbene Rohstoffe bei der Produktion seiner Lebensmittel einzusetzen. Obwohl sich der Verdacht in der Folge als nicht haltbar erwies und dem Unternehmen Schadensersatz in Millionenhöhe zugesprochen wurde, wurde das Unternehmen das Negativ-Image nicht mehr los. Die Folge waren erhebliche wirtschaftliche Einbußen und empfindliche Verluste.
- Der Shell-Konzern mußte durch seine Pläne, die ausgediente Ölförder-Plattform Brent Spar im Meer versenken zu wollen, erhebliche Imageverluste hinnehmen. Die Imagekampagne der Gegenseite war so erfolgreich, daß die Folgen für den Ölkonzern bis hin zu Boykotten erboster Autofahrer reichten. Auch hier vermochte die spätere Rehabilitation den zuvor erlittenen Imageverlust nicht mehr wettzumachen.

Qualitätsmanagement

Qualitätsmanagement umfaßt alle Tätigkeiten des Gesamtmanagements zur Festlegung und Verwirklichung der Qualitätspolitik. Qualitätsmanagement ersetzt den bisherigen Oberbegriff Qualitätssicherung.

Begriff

Grundlage des Qualitätsmanagements ist die internationale Norm ISO 8402. Qualitätsmanagement umfaßt demnach „alle Tätigkeiten des Gesamtmanagements, die im Rahmen des Qualitätsmanagementsystems die Qualitätspolitik, die Ziele und Verantwortungen festlegen sowie diese durch Mittel wie Qualitätsplanung, Qualitätslenkung, Qualitätssicherung bzw. Qualitätsmanagementdarlegung und Qualitätsverbesserung verwirklichen".

Ziele

Die Ziele des Qualitätsmanagements sind Kundenzufriedenheit, Gesetzeskonformität, Rentabilität und Umweltverträglichkeit. Erreicht werden sollen diese Ziele mit den Instrumenten: Qualitätspolitik, Führungsaufgabe Qualität, Qualitätssicherung, Rechnerunterstützung, Mitarbeiterengagement, Verfahren und Techniken.

Einflußfaktoren auf das Qualitätsmanagement

Im Rahmen des Qualitätsmanagements sind vielfältige Einflußfaktoren zu berücksichtigen, insbesondere Aspekte der Wirtschaftlichkeit, der Gesetzgebung und der Umwelt. Hinzu kommen die Wünsche und Anforderungen der Kunden. Die Unternehmensleitung trägt eine nicht delegierbare Verantwortung für das Qualitätsmanagement und muß darüber hinaus auch aktiv für die konsequente Umsetzung auf allen Hierarchieebenen sorgen.

Umfang und Inhalte des Qualitätsmanagements werden oft in einem Qualitätsmanagementhandbuch schriftlich niedergelegt und im Rahmen eines Qualitätsmanagementsystems angewendet.

Bestandteile des Qualitätsmanagements

Das Qualitätsmanagement erstreckt sich auf alle Bereiche des Gesamtmanagements, die mit der Verwirklichung von Qualitätspolitik zu tun haben. Es setzt sich aus mehreren Bestandteilen zusammen.

Qualitätspolitik
Die Qualitätspolitik drückt die Ziele und Absichten der obersten Unternehmensleitung sowie die Verantwortungen in bezug auf die Qualität aus. Als Teil des Qualitätsmanagements stellt die Qualitätspolitik einen wichtigen Bestandteil der Unternehmensziele bzw. -politik dar. Bei einer Einbeziehung des gesamten Unternehmens und umfassender Ausrichtung auf diese Zielsetzungen kann eine erste Annäherung von Qualitätsmanagement an die übergeordnete Strategie des → Total Quality Management (TQM) erreicht werden. Die Festlegung der Qualitätspolitik werden durch Qualitätsplanung, Qualitätslenkung und Qualitätssicherung bzw. Qualitätsmanagementdarlegung (Qualitätsmanagementsystem) zur Ausführung gebracht.

Qualitätsplanung und Qualitätslenkung
Von der Qualitätsplanung werden zunächst die einzelnen Tätigkeiten vorausschauend festgelegt. Die entsprechende Detaillierung und Umsetzung der Anforderungen sowie die notwendigen Arbeitstechniken werden dabei von der Qualitätslenkung bereitgestellt.

Qualitätssicherung
Die Einbindung der qualitätsbezogenen Aktivitäten in die bestehende Aufbau- und Ablauforganisation des Unternehmens ist Aufgabe der Qualitätssicherung, die alle geplanten Tätigkeiten strukturiert und systematisch realisiert. Diese Einbindung in die Organisationsstruktur findet ihren Niederschlag in der Regel im Aufbau eines unternehmensweiten Qualitätsmanagementsystems. Dabei bestehen teilweise enge Wechselbeziehungen zur Qualitätslenkung.

Qualitätsverbesserung
Als eher übergeordneter Bestandteil des Qualitätsmanagements ist die Qualitätsverbesserung zu sehen. Dazu zählen sämtliche Maßnahmen zur Steigerung von Wirksamkeit und Wirtschaftlichkeit der Prozesse innerhalb des Unternehmens, um einen entsprechend höheren Nutzen zu erzielen – sowohl für das Unternehmen selbst als auch für die Kunden.

Qualitätszirkel

Qualitätszirkel sind freiwillige Gesprächsrunden von Mitarbeitern eines bestimmten Unternehmensbereichs, die sich in regelmäßigen Abständen während der Arbeitszeit mit Wissen der Unternehmensleitung treffen.

Unter Anleitung eines Moderators werden mit Hilfe von Problemlösungstechniken Probleme des eigenen Arbeitsbereichs analysiert und Lösungsvorschläge erarbeitet. Bei Genehmigung der erarbeiteten Lösungsvorschläge sorgt die Gruppe auch für deren Umsetzung und Ergebnisüberwachung.

Nutzen des Qualitätszirkels

Durch Qualitätszirkel kann die Effizienz der betrieblichen Leistungserstellung gesteigert und ein besseres Engagement sowie eine größere Zufriedenheit der Mitarbeiter erreicht werden. Gesprächsgegenstand können Qualitätsverbesserungen, Verbesserungen des Arbeitsablaufs und der Arbeitsplatzgestaltung, aber auch Verbesserungen der sozialen Beziehungen (Kommunikation, Teamarbeit) sein. Innerhalb der → Personalentwicklung können Qualitätszirkel auch als Trainingsmethode zur Vermittlung fachlicher und sozialer Qualifikationen an die beteiligten Mitarbeiter eingesetzt werden.

Lernstatt und Werkstattzirkel

Idee und Konzept des Qualitätszirkels liegen auch der Lernstatt und dem Werkstattzirkel zugrunde. Der Begriff Lernstatt wurde aus den Worten „Lernen“ und „Werkstatt“ abgeleitet. In den regelmäßig (z. B. 14tägig) durchgeführten Lernstattrunden treffen Mitarbeiter in kleinen, moderierten Gruppen (5–10 Mitglieder) zusammen. Fallweise können auch externe Experten hinzugezogen werden. Ziel der Lernstatt ist ein gemeinsames Lernen am oder in der Nähe des Arbeitsplatzes anhand selbstentwickelter Aufgabenstellungen (z. B. Krankenstand, Arbeitsorganisation, interne Zusammenarbeit, Arbeitssicherheit). Die Teilnehmer werden auf diese Weise verantwortlich in die Problemlösung einbezogen. Außerdem wird der Erwerb fachlicher und sozialer Qualifikationen gefördert. Damit ist auch die Lernstatt ein wesentliches Instrument der Personalentwicklung.

Der Werkstattzirkel wird vorwiegend im Produktionsbereich durchgeführt. Mitarbeiter unterschiedlicher Hierarchiestufen bearbeiten Probleme und Aufgabenstellungen, von denen sie unmittelbar betroffen sind. Neben der Problemlösung soll auch die Kommunikation und gegenseitige Information verbessert werden.

Quality Function Deployment

Quality Function Deployment ist eine umfassende Methodik zur Qualitätsplanung. Sie koordiniert und steuert unter Einbeziehung aller Beteiligten den Produktentstehungsprozeß. Als Werkzeug zur gezielten Umsetzung der Kundenwünsche und Qualitätsanforderungen in technischen Spezifikationen dient dabei das House of Quality. Dies ist ein Analyse-, Kommunikations- und Planungsinstrument für jede Phase der Produktentstehung.

Ziele und Vorteile

Quality Function Deployment strebt eine Qualitätsverbesserung der Produkte an und will dadurch vor allem Wettbewerbsvorteile erlangen: Die Durchgängigkeit der Qualitätsforderungen vom Kunden bis zum Werker soll gewährleistet werden. Dazu gehören bewußtes Planen der Qualität und vorausschauende Vermeidung von Fehlentwicklungen. Sie ist die Basis für Prozeß- und Prüfpläne sowie für Arbeits- und Prüfanweisungen.

Kosten- und Wettbewerbsvorteile ergeben sich durch:

- weniger und kürzere Entwicklungsschritte bzw. Iterationen,
- die Reduzierung der Entwicklungszeit,
- minimale Schnittstellenverluste durch Kooperation/Teamarbeit zwischen den einzelnen am Produktentwicklungsprozeß Beteiligten aus allen Bereichen,
- die Einbindung in Simultaneous Engineering,
- bessere Verkaufsergebnisse durch verbesserte Befriedigung der Kundenanforderungen im Sinn einer marktgesteuerten Qualität,
- geringere Entwicklungskosten durch weniger Änderungen am Produktentwurf und
- geringere Anlaufkosten bei Produktionsbeginn.

Resultate und Ziele sind:

- die Verbesserung der horizontalen und vertikalen Kommunikation,
- eine bessere Planung und Managementinformation,
- die leichtere Dokumentation durch übersichtliche Ergebnisse,
- die Datenbankanbindung im Rahmen von Computer Aided Quality Assurance (CAQ),
- die Einbeziehung der Quality-Function-Deployment-Methodik in eine übergeordnete Unternehmensstrategie, etwa im Sinn von → Total Quality Management.

Die vier Phasen des Quality Function Deployment

Die gesamte Quality-Function-Deployment-Methodik besteht aus einer Reihe von aufeinander aufbauenden Planungsschritten, die sich in vier Entwicklungsphasen einteilen lassen.

Qualitätsplan Produkt: Die oft vage und emotional geäußerten Kundenwünsche (Sprache des Kunden) werden in meßbare Qualitätsmerkmale des Produktes (Sprache des Ingenieurs) umgesetzt. Die kritischen Qualitätsmerkmale werden identifiziert.

Qualitätsplan Konstruktion/Teile: Die kritischen Qualitätsmerkmale des Produktes fließen in die Entwicklung der Baugruppen, Unterbaugruppen und Teile ein, bei denen erneut die kritischen Qualitätsmerkmale herausgestellt werden.

Qualitätsplan Prozeß (Prozeß- und Prüfablaufpläne): Auf der Basis der kritischen Qualitätsmerkmale für die Teile werden die Prozeß- und Prüfablaufpläne erstellt, die sowohl die Produkt- und Prozeßparameter als auch die einzelnen Prüf- und Testpunkte beinhalten. Darüber hinaus werden die kritischen Prozeßmerkmale ermittelt.

Qualitätsplan Produktion (Arbeits- und Prüfanweisungen): Aus den kritischen Prozeßmerkmalen und den Prozeß- und Prüfablaufplänen werden die Arbeits- und Prüfanweisungen abgeleitet, die die Ablaufpläne ergänzen. Sie bestimmen die Arbeitsvorgänge des Werkstattpersonals mit dem Ziel, die aus den Kundenwünschen abgeleiteten Qualitätsmerkmale zu verdeutlichen und auch auf der Produktionsebene sicher zu erreichen.

House of Quality

Das House of Quality ist ein Schaubild und dokumentiert die Kundenanforderungen, die technischen Möglichkeiten und Ziele, die Konkurrenzsituation sowie die Wechselwirkungen dieser Bereiche aufeinander.

Im folgenden wird die Vorgehensweise der Quality-Function-Deployment-Methodik anhand des Ablaufes einer House-of-Quality-Analyse dargestellt.

Dabei werden beispielhaft die zehn Schritte der Phase I (Qualitätsplan Produkt) betrachtet. Die anderen Phasen laufen in ähnlicher Weise ab.

In der Literatur wird die Bezeichnung House of Quality gelegentlich auch allein für die Phase I verwendet.

Ablauf einer House-of-Quality-Analyse
1. Festlegung der Kundenanforderungen 2. Kritischer Wettbewerbervergleich aus Kundensicht 3. Festlegung der Qualitätsmerkmale 4. Beziehungen zwischen Kundenanforderungen und Qualitätsmerkmalen 5. Bestimmung der Optimierungsrichtung 6. Wechselbeziehungen 7. Technische Schwierigkeiten 8. Festlegung der objektiven Zielwerte 9. Kritischer Wettbewerbervergleich aus technischer Sicht 10. Bewertung der technischen Bedeutung

Return on Investment

Der Return on Investment (ROI) gibt das Verhältnis zwischen Gewinn und investiertem Kapital an. Es wird häufig als Maßstab für die Leistung und die Rentabilität von Unternehmen oder Geschäftsbereichen verwendet. Da der ROI unabhängig von der Größe des analysierten Bereichs ist, ermöglicht er einen Vergleich unterschiedlich großer Einheiten.

Begriff

Der ROI oder Return on Investment ist eine der am häufigsten verwendeten → Kennzahlen. Er gibt die Rentabilität des investierten Kapitals in Prozent an und ist der Ausgangspunkt für die Rentabilitätsanalyse nach der Du-Pont-Formel.

$$\text{ROI} = \frac{(\text{Reingewinn} + \text{Zinsen für Fremdkapital}) \cdot 100}{\text{Gesamtkapital}}$$

Die folgenden Punkte beschreiben den ROI und seine Einsatzmöglichkeiten:

- Wegen seiner Einfachheit und Konzentriertheit wird der ROI generell als Maßstab für die Leistung des Unternehmens bzw. einzelner Geschäftsbereiche verwendet.
- Der Vergleich des ROI mit dem üblichen Zinssatz für das eingesetzte Kapital zeigt, ob und in welchem Ausmaß das Unternehmen (bzw. der Geschäftsbereich) die Kosten des Fremdkapitals deckt.
- Der ROI wird auch als Grundlage zur Beurteilung von Geschäftsbereichsleitern benützt.
- Die Auswirkungen von geplanten Maßnahmen auf den ROI können als Entscheidungshilfe verwendet werden. Der ROI findet auch Anwendung als Planvorgabe für nachgeordnete Planungsträger.
- Der Soll-Ist-Vergleich zwischen der geplanten und tatsächlich erzielten Renditekennzahl ROI wird als Maßstab für die Effektivität der Planung und als Controlling-Instrument herangezogen.
- Zusatzinvestitionen können auf der Basis des erwarteten ROI in eine Rangfolge gebracht werden. Die jeweils erwarteten Gewinne werden mit dem eingesetzten Kapital in Relation gebracht. Der erwartete ROI der Investition ist anhand des externen Zinssatzes und des ROI des Unternehmens zu beurteilen.

Um Fehlentscheidungen zu vermeiden, ist neben dem ROI auch das Residualeinkommen zu berücksichtigen:

$$\text{UR} = \frac{(\text{wirtschaftlicher Gewinn} + \text{Zinsen für das Fremdkapital})}{\text{Umsatz abzüglich Erlösschmälerungen}}$$

$$\text{KU} = \frac{\text{Umsatz abzüglich Erlösschmälerung}}{\text{durchschnittliches Gesamtkapital}}$$

(UR = Umsatzrentabilität; KU= Kapitalumschlag)

Der ROI ist eine Verhältniszahl, d. h., er ist unabhängig von der Größe des analysierten Geschäftsbereiches oder der Unternehmung. Der größenunabhängige Vergleich von Bereichen ist somit möglich.

Zu beachtende Kriterien

Der ROI ist buchwertorientiert, d. h., er berücksichtigt nicht die tatsächlichen Werte der Wirtschaftsgüter, sondern nur die in der Bilanz ausgewiesenen Werte.

Die Investitionspolitik beeinflußt den ROI. Das Unterlassen von Ersatzinvestitionen führt zu einem höheren ROI. Die zu erwartende Belastung durch zukünftige Investitionen geht aus der Renditekennzahl ROI nicht hervor. Die verbleibende Nutzungsdauer der Investitionsgüter ist ebenfalls nicht ersichtlich.

Die kurzfristige Betrachtungsweise des ROI muß bei seiner Interpretation beachtet werden. Mögliche Fehler bei der Interpretation des ROI:

- Bei **Zeitvergleichen** verzerren Änderungen der Abschreibungspolitik die Aussagefähigkeit des ROI. Anfallende Ersatzinvestitionen sind zur Relativierung der Aussagen des ROI zu berücksichtigen.
- Bei **Branchenvergleichen** kann die verwendete Definition des ROI unterschiedlich sein. Häufig wird die vereinfachte Formel Gewinn/Gesamtkapital verwendet. Die Fremdkapitalzinsen werden hier nicht eingerechnet.

Resultate einer Analyse des ROI

Die Analyse der einzelnen Komponenten gibt Aufschluß über die Ursachen von Veränderungen des ROI und erklärt dadurch den bisherigen Verlauf. Die Auswirkungen geplanter Maßnahmen auf den ROI werden auf der Basis der Analyse der komplexen Zusammenhänge ersichtlich; ein Blick in die Zukunft ist damit möglich.

Du-Pont-Formel

Die Kennzahl ROI ergibt sich nach der Du-Pont-Formel aus der Multiplikation des Kapitalumschlags (KU) mit der Umsatzrentabilität (UR):

ROI = UR • KU

$$UR = \frac{\text{(wirtschaftlicher Gewinn + Zinsen für das Fremdkapital)}}{\text{Umsatz abzüglich Erlösschmälerungen}}$$

$$KU = \frac{\text{Umsatz abzüglich Erlösschmälerung}}{\text{durchschnittliches Gesamtkapital}}$$

Rhetorik

Rhetorik ist die Kunst, frei und überzeugend zu reden. Frei reden bedeutet nicht auswendig reden; frei reden bedeutet vielmehr, nach wohlüberlegten Stichworten frei und spontan zu formulieren. Wesentliche Voraussetzung für das Verständnis und den Redeerfolg ist eine gute Gliederung. Je nach Anlaß werden Überzeugungs-, Informations- und Gelegenheitsreden unterschieden.

Redeanlässe

Nach Inhalt und Ziel werden in der Literatur oft drei typische Redesituationen unterschieden, die im Betriebsalltag auch vorkommen.

Die **Überzeugungsrede** will den Hörer von Meinungen überzeugen oder zu einem bestimmten Handeln veranlassen. Auf dieses Ziel werden alle Ausführungen ausgerichtet. Am Schluß der Überzeugungsrede steht ein Appell (vgl. unten: Redeformel).

Beispiele sind der Appell, regelmäßig Schutzkleidung zu tragen, oder die Aufforderung, ein neues Produkt zu forcieren.

Die **Informationsrede** dient der Wissensvermittlung und -mehrung, Sachverhalte werden wertfrei dargestellt. Die Ausführungen richten sich an den Verstand der Zuhörer. Beispiele sind die Information über die Gesundheitsreform oder der Bericht über den letzten Messebesuch.

Die **Gelegenheitsrede** ist ausdrucksorientiert. Sie richtet sich in erster Linie an das Gefühl der Hörer. Beispiele: Mitarbeiterjubiläum, Verabschiedung eines Mitarbeiters.

Natürlich können Elemente aller drei Redearten in einer Rede enthalten sein. Eine Weihnachtsansprache des Unternehmers wird z. B. immer sowohl informatorische als auch appellierende Aspekte enthalten.

Eine Mischform aus Überzeugungs- und Informationsrede ist im allgemeinen auch die **Präsentation**. In Präsentationen werden zusätzlich die Möglichkeiten der Visualisierung (Tafel, Flipchart, Tageslichtprojektor, Film, Video usw.) besonders genutzt.

Sichern Sie den erwünschten Redeerfolg durch die Einhaltung der folgenden Grundregeln:

Rhetorische Erfolgskomponenten

- Stimmen Sie Ihr Äußeres (z. B. Kleidung) auf die Erwartungen der Zuhörer ab.
- Beginnen Sie immer mit einer Anrede der Zuhörer (z. B. „Liebe Mitarbeiter ...“).
- Sehen Sie Ihre Zuhörer an (Blickkontakt).
- Achten Sie auf Gestik und Haltung!
- Sprechen Sie laut, deutlich und langsam (im Zweifel lieber etwas langsamer als schneller sprechen).
- Gönnen Sie sich und Ihren Zuhörern Redepausen.
- Überlegen Sie sich einen packenden Einstieg (Interesse wecken) und einen mitreißenden Schluß.

- Erleichtern Sie den Zuhörern das Verständnis durch eine gute Gliederung.
- Bilden Sie kurze Sätze; überfordern Sie Ihre Zuhörer nicht durch eine zu komplizierte Sprache.
- Sprechen Sie anschaulich; fördern Sie das Verständnis durch Vergleiche und Beispiele.
- Teilen Sie die Redezeit richtig ein; überziehen Sie nicht.
- Bleiben Sie, wer Sie sind! Spielen Sie keine fremde Rolle und versuchen Sie nicht, zu perfekt zu sein.

Gliederung

Eine wesentliche Voraussetzung für das Verständnis und den Redeerfolg ist eine gute Gliederung. Die Praxis kennt verschiedene Standardgliederungen. Eine besonders bekannte und bewährte Variante, die bei vielen Redeanlässen, aber auch bei Diskussionsbeiträgen eingesetzt werden kann, ist die 5-Punkte-Formel:

- Interesse wecken,
- Redeziel darlegen (Meinung, These, Standpunkt),
- Begründung und Beispiele (= Hauptteil der Ausführungen),
- Fazit (Schlußfolgerung, eventuell These wiederholen),
- Aufforderung zum Handeln – Appell.

Reden nach Stichworten

Das Reden nach Stichworten wirkt wesentlich überzeugender als das Ablesen eines Vollmanuskripts. Ein weiteres Kriterium für einen erfolgreichen Vortrag ist ein gut vorbereitetes Redemanuskript.

Die Gestaltungsregeln für ein Stichwortmanuskript zeigt die folgende Aufstellung:

Gestaltung eines Stichwortmanuskripts
• Format DIN A6 quer (auch: DIN A5 oder Pinnwandkarten) • Festes, blendfreies Papier • Kärtchen nur einseitig beschriften • Je Kärtchen nur ein oder zwei Hauptstichwörter (Hauptgedanken) aufnehmen • Groß und deutlich schreiben (gegen diese Empfehlung wird in der Praxis am häufigsten verstoßen) • Regieanweisungen aufnehmen – Thematisch bedingte Regieanweisungen (z. B. Folie auflegen, Tabelle verteilen, Teilnehmer nach ihrer Meinung fragen) – Regieanweisungen an die eigene Person (z. B. Blickkontakt halten, ruhig stehen, Zeithinweise) • Zettel fortlaufend numerieren • Grundsätzlich nur Stichwörter aufnehmen

Rückkehrgespräch

Das Rückkehrgespräch ist sowohl ein Baustein zur Verbesserung des Betriebsklimas als auch ein bedeutendes Instrument zum Abbau von → Fehlzeiten. Die Zuständigkeit für das Rückkehrgespräch liegt beim unmittelbaren Vorgesetzten.

Führungsaufgabe

Das Rückkehrgespräch (Fehlzeitengespräch) ist eines der schwierigsten → Mitarbeitergespräche. Der Vorgesetzte hat durch das Rückkehrgespräch die Möglichkeit, den Mitarbeitern zu zeigen, daß es sich um geschätzte Mitglieder der Betriebsgemeinschaft handelt, deren Abwesenheit wahrgenommen wurde und über deren Rückkehr man sich freut.

Jedes Rückkehrgespräch wird abhängig von Anlaß, Zielsetzung oder Mitarbeitertyp anders verlaufen. Die abgedruckten Ansatzpunkte können deshalb lediglich als grobe Orientierungshilfe verstanden werden.

Leitfaden für ein Rückkehrgespräch

- Positiver Gesprächsbeginn
- Information über die Geschehnisse während der Abwesenheit des Mitarbeiters
- Erkundigung nach dem derzeitigen Befinden
- Erfragen, ob die Abwesenheit mit der Arbeitssituation des Mitarbeiters zusammenhängt
- Erfragen, ob die Abwesenheit mit außerbetrieblichen Gründen zusammenhängt und ob der Mitarbeiter darüber reden möchte
- Je nach Ursache der Abwesenheit Hinweise auf Folgen für den Betrieb und die Kollegen geben
- Gemeinsam überlegen, wie der Betrieb dazu beitragen kann, Ausfallzeiten künftig zu verringern
- Überlegen, was der Mitarbeiter selbst tun kann, um übermäßige Fehlzeiten zu verhindern
- Dem Mitarbeiter das Gefühl vermitteln, daß er als Mensch geschätzt ist und als Mitarbeiter gebraucht wird

Schulung erforderlich

Das Rückkehrgespräch ist kein einfaches Gespräch. Die damit betrauten Führungskräfte sollten vorher ausreichend geschult werden. Nur wenn die Gesprächsführenden wissen und im Training erlebt haben, welche Ziele verfolgt werden, wie ein Gespräch aufgebaut werden kann oder wie die Mitarbeiter durch Fragen in das Gespräch eingebunden werden können, werden sie sich sicher fühlen und einseitige Monologe werden verhindert.

Rücklagen

Rücklagen entstehen in erster Linie durch die Zurückbehaltung von Gewinnen und durch die Einlage von zusätzlichem Eigenkapital. Sie gehören zum Eigenkapital eines Unternehmens. Ihr Zweck ist es, die Selbstfinanzierungsmittel des Betriebes, also die → Finanzierung aus dessen Gewinnen, zu erhöhen. Offene Rücklagen sind auf der Passivseite der Bilanz ausgewiesen, stille Rücklagen stehen nicht in der Bilanz.

Offene Rücklagen

Offene Rücklagen werden unterteilt in versteuerte und steuerfreie Rücklagen. Die meisten offenen Rücklagen werden in der Bilanz ausgewiesen und sind zu versteuern. Sie entstehen als **Gewinnrücklagen** auf dem Wege der Innenfinanzierung, indem das Unternehmen versteuerte Gewinne thesauriert oder als **Kapitalrücklagen** auf dem Wege der Außenfinanzierung, indem Gesellschafter dem Unternehmen Beträge zuführen.

Gewinnrücklagen
Die Bildung von Gewinnrücklagen aus den Jahresüberschüssen erfolgt über die → Gewinn-und-Verlust-Rechnung. Gewinnrücklagen müssen in der Bilanz in vier gesonderte Posten unterteilt werden:
Gesetzliche Rücklage: Hier bestehen lediglich für Aktiengesellschaften besondere Bestimmungen. In die gesetzliche Rücklage der Aktiengesellschaft müssen 5 % vom Jahresüberschuß eingestellt werden, bis die gesetzliche Rücklage und die Kapitalrücklage zusammen 10 % des gezeichneten Kapitals ausmachen.

Rücklage für eigene Anteile: Diese Rücklage muß gebildet werden, wenn auf der Aktivseite eigene Anteile ausgewiesen werden.
Satzungsmäßige Rücklage: Es kann per Satzung vorgesehen werden, daß bestimmte Beträge aus dem Jahresüberschuß in die anderen Gewinnrücklagen eingestellt werden.
Andere Gewinnrücklagen: Hierunter sind Rücklagen zu bilanzieren, die nicht gesetzlich vorgeschrieben sind, aber vom Vorstand und Aufsichtsrat oder der Hauptversammlung verfügt wurden. Sie stellen im Unternehmen meist die bedeutendste Kategorie dar.

Kapitalrücklagen
Kapitalrücklagen entstehen durch Kapitalzuführung von außen, und zwar

- durch das Aufgeld bei der Ausgabe von Aktien,
- durch die bei der Ausgabe von Wandelschuldverschreibungen und Optionsrechten erzielte Mehreinnahme,
- durch die Zuzahlung, die Gesellschafter gegen Gewährung eines Vorzugs für ihre Anteile leisten, meistens gegen die Gewährung von Vorzugsrechten,
- durch andere Zuzahlungen, welche die Gesellschafter zum Eigenkapital leisten.

Bei dem Aufgeld bei Ausgabe von neuen Aktienanteilen ergibt sich oft eine Differenz zwischen Nennwert und Aktienkurs, die ebenfalls als Rücklage ausgewiesen werden muß.

Steuerfreie Rücklagen
Die steuerfreien Rücklagen sind eine Sonderform der offenen Rücklagen. Sie haben ihren Ursprung in steuerlichen Vorschriften. In der Handelsbilanz werden sie offen als Sonderposten mit Rücklagenanteil ausgewiesen. Steuerfreie Rücklagen können zu Lasten des steuerpflichtigen Gewinns gebildet werden.

Die wichtigsten steuerfreien Rücklagen sind in § 6b EStG benannt. Dort ist festgelegt, daß der Gewinn aus dem Verkauf alter Anlagen steuerfrei in den Erwerb neuer Anlagen investiert werden kann.

Rücklage für Ersatzbeschaffung

Diese Rücklagenart darf gebildet werden, wenn Sie ein Wirtschaftsgut des Anlage- oder Umlaufvermögens durch höhere Gewalt oder durch einen behördlichen Eingriff verlieren. Voraussetzung ist, daß Sie bis zum Ablauf des folgenden Jahres im Falle von Grundstücken und bis zum Ablauf des nächstfolgenden Jahres im Falle von Gebäuden ein Ersatzwirtschaftsgut anschaffen.

Rückstellungen

Rückstellungen werden für Risiken gebildet, deren Eintreten mit hoher Wahrscheinlichkeit erwartet wird. Sie gehören wie Verbindlichkeiten zum Fremdkapital. Höhe und Auszahlungstermin stehen jedoch nicht fest. Für die meisten Rückstellungen gilt wie für alle Verbindlichkeiten eine Passivierungspflicht.

Passivierungspflicht

Es besteht eine Passivierungspflicht für folgende Rückstellungen (§ 249 HGB):
- Rückstellungen für ungewisse Verbindlichkeiten,
- Rückstellungen für drohende Verluste aus schwebenden Geschäften,
- Rückstellungen für unterlassene Aufwendungen für Instandhaltung, die im folgenden Geschäftsjahr innerhalb von drei Monaten nachgeholt werden,
- Rückstellungen für unterlassene Aufwendungen für Abraumbeseitigungen, die im folgenden Geschäftsjahr nachgeholt werden,
- Rückstellungen für Gewährleistungen ohne rechtliche Verpflichtungen.

Passivierungswahlrecht

Dagegen bestehen bei Rückstellungen bei Altzusagen, Rückstellungen für unterlassene Aufwendungen für Instandhaltung, die im folgenden Geschäftsjahr nach Ablauf der ersten drei Monate nachgeholt werden und bei bestimmten Aufwandsrückstellungen ein Wahlrecht. Diese dürfen, müssen aber nicht gebildet werden.

Ungewisse Verbindlichkeiten

Grund dieser Rückstellungen ist eine Verpflichtung gegenüber Dritten wie Lieferanten, Kunden, Mitarbeitern oder der öffentlichen Hand. Die Wahrscheinlichkeit, daß die Rückstellung in Anspruch genommen wird, sollte mindestens 50 % betragen. Die zukünftige Verpflichtung sollte in der Vergangenheit wirtschaftlich verursacht worden sein.

Eine Rückstellung für ungewisse Verbindlichkeiten sollte beispielsweise bei Jahresabschlußkosten, Urlaubsrückstellungen, Bürgschafts- und Haftpflichtrisiken, Steuern, Prozeßkosten und Umweltschutz gebildet werden.

Drohverlustrückstellungen aus schwebenden Geschäften

Diese Rückstellungen können gebildet werden, solange die vereinbarte Leistung noch nicht erbracht worden ist und aus dem schwebenden Geschäft ein Verlust droht.

Rückstellungen für unterlassene Instandhaltung

Diese **müssen** gebildet werden, wenn die Reparatur innerhalb der ersten drei Monate des folgenden Geschäftsjahres nachgeholt werden soll.
Sie **dürfen** gebildet werden, wenn die Reparatur nach den ersten drei Monaten des folgenden Geschäftsjahres nachgeholt werden soll.
Sie **dürfen nicht** gebildet werden, wenn die Reparatur nicht im folgenden Geschäftsjahr, sondern erst später erfolgen soll.

Rückstellungen für Gewährleistungen ohne rechtliche Verpflichtungen

Es kann im Interesse eines Unternehmens liegen, schadhafte Produkte nach Ablauf der Garantiezeit zu ersetzen. Rückstellungen können dann gebildet werden, wenn bekannt ist, daß das Produkt mangelhaft ist, und Sie trotz abgelaufener Garantiezeit bereit sind, es kostenlos zu reparieren oder zu ersetzen.

Bilanzpolitischer Nutzen

Durch Rückstellungen lassen sich keine Steuern sparen. Ihr Nutzen liegt im Zinseffekt. Zukünftiger Aufwand kann vorzeitig geltend gemacht werden. Dabei gilt: Je langfristiger Rückstellungen gebildet werden, desto bedeutender ist der Zinseffekt. Deshalb haben Pensionsrückstellungen eine besonders große bilanzpolitische Wirkung.

Schlüsselqualifikationen

Schlüsselqualifikationen sind arbeitsplatzunabhängige Qualifikationen. Sie haben keinen unmittelbaren Bezug zu einer bestimmten Tätigkeit, sondern sind neben den arbeitsplatzbezogenen Qualifikationen heute unerläßlich, um den sich immer rascher ändernden Anforderungen der Arbeitsplätze gewachsen zu sein.

Begriff

Der Begriff Qualifikation schließt alle Komponenten ein, welche die Eignung der Mitarbeiter für die Ausübung einer bestimmten Tätigkeit bezeichnen.

Demgegenüber sind Schlüsselqualifikationen weitgehend zeit- und berufsunabhängige Fähigkeiten, die keinen unmittelbaren Bezug zu einer bestimmten Tätigkeit haben. Sie sind erforderlich, um Aufgaben überhaupt zu bewältigen und sich auf neue Situationen einstellen zu können. Die Gesamtheit aller Fähigkeiten, Kenntnisse und Begabungen eines Menschen wird als Qualifikationspotential bezeichnet.

Nutzen

Während bei der Aus- und Weiterbildung in der Vergangenheit die funktionalen (arbeitsplatzbezogenen) Qualifikationen im Vordergrund standen, setzt sich neuerdings die Erkenntnis von der Bedeutung der arbeitsplatzunabhängigen (extrafunktionalen) Schlüsselqualifikationen immer mehr durch. Sie sind wegen des raschen wirtschaftlichen und technologischen Wandels und der damit verbundenen Auswirkungen auf die Arbeitsinhalte und Strukturen unerläßlich.

Ausgewählte Schlüsselqualifikationen

Schlüsselqualifikationen werden entweder bereits bei der Personalauswahl gefordert oder durch gezielte Trainingsmaßnahmen entwickelt. Zu den Schlüsselqualifikationen zählen u. a.:

- Innovations- und Umstellungsfähigkeit,
- Lernbereitschaft und Lernfähigkeit,
- soziale Kompetenz (z. B. Teamfähigkeit),
- Erkennen und Analysieren von Zusammenhängen,
- Fähigkeit zur Kommunikation und Kooperation,
- Kreativität,
- Entscheidungsfähigkeit,
- fachübergreifendes, prozeßorientiertes Denken.

Überprüfung der Schlüsselqualifikationen

Bei der → Personalbeschaffung können zumeist nur die formalen, durch Schul-, Studien- und Berufsabschlüsse nachweisbaren Qualifikationen überprüft werden. Für den Personaleinsatz ist es wichtig, die tatsächlich vorhandenen (faktischen) Qualifikationen zu erkennen und durch Maßnahmen der → Personalentwicklung weiter auszubauen.

Durch ein Qualifikationsprofil (Eignungsprofil) kann die Qualifikation eines Mitarbeiters optisch dargestellt werden. Dabei werden die verschiedenen Qualifikationsmerkmale entsprechend ihrer Ausprägung auf einer Skala bewertet. Die Übereinstimmung mit den im → Anforderungsprofil enthaltenen entsprechenden Erfordernissen eines Arbeitsplatzes kann im Profilvergleich überprüft werden.

Bei der Methodenauswahl in der Aus- und Weiterbildung sollte darauf geachtet werden, daß neben fachbezogenen Fertigkeiten und Kenntnissen immer auch Schlüsselqualifikationen in ausreichendem Maß vermittelt werden.

Selbstmanagement

Selbstmanagement umfaßt Arbeitstechniken, die Sie dabei unterstützen, Ihre Zeit durch systematisches Arbeiten effektiver zu nutzen. Selbstmanagement bedeutet Ziele und Prioritäten setzen, systematische Zeitplanung sowie die Minimierung von Störungen.

Erkennen Sie den Wert der Zeit

Zeit ist eine sehr knappe Ressource. Sie kann nicht gelagert und nicht gekauft werden; sie kann nur richtig genutzt werden. Nicht richtig genutzte Zeit kehrt niemals zurück. Das sind schlimmstenfalls Jahre von verpaßten beruflichen Chancen, weniger Zufriedenheit, weniger Lebensfreude.

Selbstmanagement ist eine Arbeitstechnik, die Ihnen hilft, besser mit Ihrer Zeit umzugehen. Untersuchungen gehen davon aus, daß die richtigen Techniken Sie in die Lage versetzen, 10 bis 15 Prozent effektiver zu arbeiten.

Die häufigsten Fehler im Umgang mit der Zeit

Es gibt einige immer wiederkehrende Fehler im Umgang mit dem kostbaren Gut Zeit.

„Aufschieberitis"

Es stehen unangenehme Dinge an: Ein Anruf, in dem eine unerfreuliche Mitteilung zu machen ist, oder die Vorbereitung der Besprechung vom Montag. Diese Aufgaben üben keinen Anreiz aus; wir schieben sie vor uns her und beschäftigen uns teilweise sogar mit Dingen, die wir sonst eher vernachlässigen. Wir haben zwar gearbeitet, aber wir haben nicht das getan, was notwendig gewesen wäre. Die unangenehmen Aufgaben sind nach wie vor da und belasten uns.

Wäre es nicht angenehmer, sie gleich zu erledigen, anstatt sich das Leben über Wochen schwer zu machen?

Störungen

Es gibt immer sehr wichtige Dinge, die Sie davon abhalten können, das zu tun, was ebenfalls sehr wichtig ist. Ein Beispiel: Sie sitzen an Ihrem Schreibtisch und formulieren ein Schreiben an einen Ihrer neuen Kunden. Endlich wissen Sie, wie Sie beginnen. Die Worte fließen.

Da kommt plötzlich ein Mitarbeiter und stört Sie wegen eines Kundenanrufs. Sie erklären dem Mitarbeiter, daß Sie den Kunden später zurückrufen werden. Trotz der kurzen Unterbrechung haben Sie den Faden verloren. Sie müssen sich wieder neu in die ganze Sache hineindenken. Sie verlieren Zeit. Kaum sind Sie wieder im Thema, steht auch schon das Meeting mit den Vertriebsleuten an. Schon wieder haben sie etwas nicht zu Ende gebracht.

Wäre es nicht besser gewesen, ein Schild an die Tür zu hängen: „Bitte bis 13.30 Uhr nicht stören!" oder der Sekretärin den Auftrag zu geben, eingehende Anrufe zu notieren, damit Sie diese später nacheinander bearbeiten können? Was ist so wichtig in Ihrem Job, daß es nicht eine Stunde warten kann?

Schreibtisch-Chaos

Der Schreibtisch vieler Menschen ist ein Ort, an dem man vieles tun kann – nur nicht schreiben. Wichtiges ist in diesem Chaos nicht mehr auffindbar, und Sie verbringen jede Menge Zeit mit Suchen.

Wieviel Zeit werden Sie damit verbringen, den immer größer werdenden Berg irgendwann zu beseitigen? Wie viele Dinge werden Sie versäumen oder vergessen, weil Sie das entsprechende Papier längst aus den Augen verloren haben?

Legen Sie Ziele fest

„Wer nicht weiß, wohin er will, wird auch nicht ankommen."

Wer effektiver und effizienter arbeiten will, kann dies nur, wenn er ein Ziel vor Augen hat. Fehlt Ihnen ein solches Ziel, werden Sie das Opfer aller möglichen Anfechtungen wie Störungen oder „Aufschieberitis" sein. Sie sind dann permanent der Willkür der anderen oder den Launen des eigenen „Schweinehunds" ausgesetzt. Planvolles Arbeiten ist unter solchen Voraussetzungen unmöglich. Deshalb gilt: Formulieren Sie ganz konkrete Ziele: Tagesziele, Monatsziele und Jahresziele.

Beispiel:

Mein heutiges Tagesziel:
Ich werde den Bericht für Frau Schmidt fertigstellen.

Mein Ziel für August:
Ich werde den Verkauf dazu bringen, unsere neuen Ideen zu diskutieren.

Mein Jahresziel:
Wir werden unsere Abteilung neu strukturiert haben.

Nur wer mit Zielen arbeitet, kann überprüfen, ob er wirklich erfolgreich war und auch in der alltäglichen Hektik den Überblick behalten hat.

Zeitmanagement in fünf Schritten

Systematisches Arbeiten ist der Schlüssel zu mehr Zeitgewinn und zur Erreichung Ihrer Ziele. Bisher haben Sie sich vom Tagesgeschäft viel zu häufig verplanen lassen. Jetzt sind Sie es, der das Tagesgeschäft plant, und zwar nach Regeln, die Sie strikt einhalten.

Wer systematisch arbeitet, vergißt nichts, beginnt den Tag ruhiger und geht am Abend mit dem guten Gefühl nach Hause, das erreicht zu haben, was er sich vorgenommen hat.

Erster Schritt: Zeitplanbuch besorgen

Besorgen Sie sich ein Zeitplanbuch bzw. einen Terminer (oder holen Sie einfach den herbei, der noch immer ungenutzt in der Ecke liegt). Das Buch sollte möglichst einfach aufgebaut sein, damit Sie es schnell einsetzen können. Sie finden hier das Formular Tagesplan, das folgende Rubriken enthalten muß:

- Termine
- Aufgaben
- Kontakte/Telefonate

Zweiter Schritt: Aufgaben- und Terminzettel erstellen

Als nächstes nehmen Sie sich ein Stück Papier und notieren hierauf alles, was Sie in der nächsten Zeit erledigen müssen und wollen. Das können anstehende Besprechungen, Reisen oder Workshops sein, Telefonate, zu verfassende Schreiben etc. In dieser Phase darf noch alles bunt durcheinander gehen. Denken Sie nach, schauen Sie Ihre Unterlagen auf dem Schreibtisch durch.

Dritter Schritt: ABC-Analyse durchführen

Jetzt setzen Sie Prioritäten, d.h. Sie überlegen, wie wichtig die einzelnen Aufgaben sind. Sie bezeichnen mit dem Buchstaben

A: Aufgaben/Termine, die sehr wichtig sind und nicht delegiert werden können,

B: Aufgaben/Termine, die durchschnittlich wichtig sind und die Sie delegieren können,

C: Aufgaben/Termine, die viel Zeit kosten, jedoch den geringsten Wert haben (z. B. Papierkram erledigen, Lesen, Unterlagen einordnen).

Eine alternative Vorgehensweise bei der Prioritätensetzung ist mit Hilfe des sogenannten → Eisenhower-Prinzips möglich.

Vierter Schritt: Benötigte Zeit festlegen
Sie haben alle Aufgaben und Termine zugeordnet. Jetzt geht es darum, den Zeitrahmen festzulegen, den Sie zur Erledigung benötigen. Schätzen Sie ein, wieviel Zeit ungefähr nötig sein wird, um diese Arbeit ordentlich zu erledigen. Notieren Sie diesen Zeitbedarf hinter der jeweiligen Buchstabenkategorie A, B oder C.

Fünfter Schritt: Aufgaben im Tages- und Wochenplan eintragen
Jetzt kommt es darauf an, die Aufgaben und Termine an der richtigen Stelle in Ihrem Kalender einzutragen.

Konzentrieren Sie sich darauf, immer nur die Hälfte Ihrer täglichen Arbeitszeit zu verplanen. Sie benötigen die restliche Zeit als Puffer für unvorhersehbare Ereignisse. Eine gute Tagesplanung hilft Ihnen, Ihre wichtigen Aufgaben auf jeden Fall zu erledigen, selbst wenn der Tag noch Überraschungen bereithält.

- Notieren Sie erst einmal alle Termine, die Sie unbedingt wahrnehmen müssen. Tragen Sie auch Reisezeiten ein, falls Termine außer Haus stattfinden.
- Jetzt überlegen Sie, welche der zukünftigen Termine eine Vorbereitung erfordern. Notieren Sie auch die Vorbereitungszeiten in Ihrem Kalender, z. B. reservieren Sie sich in den nächsten Wochen jeweils eine Stunde dafür.
- Kommen wir zu Ihrem Tagesplan und den Aufgaben. Stellen Sie für die nächsten Tage Ihren persönlichen Aufgaben-Plan zusammen. Beginnen Sie mit den A-Aufgaben; nehmen Sie nur so viele Aufgaben in die Planung, daß noch ausreichend Pufferzeit bleibt. Wenn Sie keine Pufferzeit berücksichtigen, ist der Plan schon von vornherein falsch und zum Scheitern verurteilt.

In der folgenden Checkliste sind die wichtigsten Tips zur Erstellung eines Tagesplans zusammengefaßt:

Hilfen bei der Tagesplanung

- Sie wissen, wann es in Ihrem Unternehmen hektisch zugeht, wann ruhiger. Nutzen Sie diese Phasen. Legen Sie sich wichtige Aufgaben in die ruhigeren Zeiten.
- Planen Sie Telefonate am Morgen ein. Die Wahrscheinlichkeit, daß Sie die angewählten Personen erreichen, ist größer.
- Schreiben Sie sich das Tagesziel unbedingt auf. Zum Beispiel oben auf den Tagesplan, in roter Schrift.
- Nicht erledigte Aufgaben übertragen Sie auf den nächsten Tag!
- Planen Sie den folgenden Tag am Abend des abgelaufenen. Meist hat man dann noch im Kopf, was an wichtigen Dingen zu erledigen ist. Über Nacht könnten Sie das eine oder andere schon vergessen haben. Außerdem finden Sie morgens nicht immer Zeit, einen ordentlichen Tagesplan zu erstellen, weil sie gestört werden.

Arbeiten Sie am Schreibtisch, so legen Sie sich Ihr Zeitplanbuch mit dem aufgeschlagenen Tagesplan am besten direkt vor sich hin. Es „ermahnt" Sie, sich an die festgelegten Zeiten zu halten. Dasselbe gilt, wenn Sie in Besprechungen sind.

Weiterhin gehören wichtige Monats- und Jahresziele, Telefonnummern, Adressen und Spesenaufzeichnungen in das Zeitplanbuch. Ein Notizblock für alles mögliche, was wert ist, aufgeschrieben zu werden, darf nicht fehlen (erste Ideen für eine Rede, Geistesblitze, Zitate, Vorschläge, die bei einer Besprechung erarbeitet wurden etc.).

Tips für mehr Effizienz und Effektivität im Arbeitsalltag

Die folgenden Tips sind eine Sammlung von Erfahrungen und Techniken zur effektiveren Gestaltung des Arbeitsalltags.

Blockzeiten für sich selbst einrichten

Wer keine Arbeit erledigen kann, ohne mehrmals dabei gestört zu werden, kann nur unzufrieden sein. Es kostet viel Zeit, nach einer Unterbrechung wieder in ein Thema einzutauchen und die vor der Störung erreichte Konzentration zu erlangen.

Verhindern Sie, ständig aus der Arbeit gerissen zu werden. Reservieren Sie sich Blockzeiten, in denen Sie konzentriert an einer Sache arbeiten. Beispielsweise könnte das täglich die Stunde vor der Mittagspause sein, zwischen 11.00 Uhr und 12.00 Uhr. Oder früh am Morgen, wenn es noch einigermaßen ruhig in der Firma ist. Hängen Sie ein Schild vor die Tür: „ Bitte bis 10.00 Uhr nicht stören."

Haben Sie mehr Mut, Aufgaben zu delegieren!

Lernen Sie zu delegieren. Die Vorteile liegen auf der Hand:

- Sie entlasten sich von weniger wichtigen Aufgaben, um frei zu sein für die wirklich wichtigen,
- Sie beweisen Ihren Mitarbeitern, daß Sie ihnen vertrauen (das stärkt die Beziehung),
- Sie geben Ihren Mitarbeitern die Möglichkeit, ihre Leistungsfähigkeit unter Beweis zu stellen (das motiviert).

Wie delegiert man? Sie müssen wissen, welche Aufgaben delegierbar sind. Dazu gehen Sie die wichtigen Aufgaben durch und stellen sich folgende Frage: Kann nur ich diese Sache erledigen oder könnte es auch ein Mitarbeiter? Und falls Sie unsicher sind, fragen Sie sich noch konkreter: Warum glaube ich unersetzlich zu sein bei dieser Angelegenheit?

Sie finden heraus, an wen Sie delegieren wollen. Überlegen Sie, welche Abteilung oder welcher Ihrer direkten Mitarbeiter für diese Aufgabe in Frage kommt. Wer verfügt über die notwendigen Kompetenzen?

Sie besprechen die Aufgabe mit dem Mitarbeiter/der Abteilung. Lassen Sie Sorgfalt walten. Erklären Sie dem Mitarbeiter oder der Abteilung als erstes, daß Sie diese aus bestimmten Gründen für die Aufgabe ausgewählt haben. Das wirkt anspornend. Erklären Sie anschließend die Aufgabe nicht nur von der inhaltlichen Seite her. Stellen Sie auch klar, welche Erwartungen Sie an das Ergebnis haben. Der Mitarbeiter muß

wissen, mit welchem Ziel diese Aufgabenstellung an ihn herangetragen wird. Darüber hinaus sollten Sie auch über das Wie sprechen, das zu diesem Ziel führt. Wieviel Zeit steht für diese Aufgabe zur Verfügung? Dürfen oder sollen Kollegen hinzugezogen werden etc.?
Sie kontrollieren stets das Ergebnis. Delegation ohne Erfolgskontrolle ist zum Scheitern verurteilt. Der Mitarbeiter muß wissen, bis wann ein Ergebnis zu präsentieren ist. Vereinbaren Sie mit dem Mitarbeiter einen Termin, und notieren Sie diesen in Ihrem Terminkalender. Sie können sogar schon eine Uhrzeit einplanen und den Mitarbeiter bitten, zu dieser Zeit in Ihr Büro zu kommen.

Halten Sie am Arbeitsplatz Ordnung!
Martin Scott empfiehlt in seinem Buch „Zeitgewinn durch Selbstmanagement“ eine sehr gute Technik, mit der Sie herausfinden, warum Ihr Schreibtisch und Ihr Büro zum Chaos neigen.

Fünf-Minuten-Analyse: Warum neige ich zu Chaos?
Setzen Sie sich jetzt an Ihren Schreibtisch mit einem Blatt und einem Stift. Nehmen Sie irgendein Papier, das auf Ihrem Tisch liegt und fragen Sie sich: „Warum liegt das da?“ Schreiben Sie die Antwort in Stichworten auf, z. B. „Faulheit“. Oder: „Noch keine Zeit gehabt, es zu lesen.“ Dann nehmen Sie das nächste Stück Papier und fahren fort.

Sie werden sehen, daß sich einige wenige Stichworte herauskristallisieren, die immer wiederkehren. Genau hier liegen dann Ihre ganz persönlichen Probleme mit dem Ordnunghalten.

Lesen Sie schneller!
Fach- und Führungskräfte sind heute gezwungen, viel zu lesen – eine Begleiterscheinung der sogenannnten Informationsgesellschaft.

Lernen Sie, wie man einen Artikel, einen Werbebrief oder ein Buch gekonnt überfliegt und dabei die wichtigen Punkte erfaßt.
- Überfliegen Sie das Papier und erfassen Sie als erstes die wichtigsten hervorstechenden Merkmale wie Hauptüberschriften, untergeordnete Überschriften und Grafiken oder Fotos. Mit Hilfe dieses Gerüstes verschaffen Sie sich einen ersten Überblick über den Inhalt.
- Steigen Sie nicht am Textanfang ein. Lesen Sie Abschnitte, die Sie spontan interessieren.

- Lassen Sie sich dabei von Absätzen leiten. Meist steht am Anfang eines Absatzes das Wichtigste, der Rest sind Erläuterungen oder Beispiele, die das Gesagte untermauern.
- Springen Sie beim Lesen nicht zurück. Sie irren sich, wenn Sie glauben, dann etwas Wesentliches „verpaßt" zu haben.
- Bewegen Sie die Augen schneller.

Führen Sie Besprechungen zielorientiert durch
Einer der größten Zeitfresser sind Besprechungen. Schlechte Vorbereitung, fehlende Zielsetzung, schlechte Leitung oder mangelnde Disziplin sind nur einige Probleme. Lesen Sie dazu den Beitrag → Konferenzen.

Üben Sie eiserne Disziplin!
Alle Technik ist zwecklos, wenn wir nicht einem Feind den Kampf ansagen: unserem inneren Schweinehund. Letztlich wissen wir ja, wo wir mit unserer Zeit nicht richtig wirtschaften. Doch dieser kleine Übeltäter macht unsere Vorsätze schnell zunichte. In der ersten Woche führen wir noch brav unser Zeitplanbuch und in der darauffolgenden „haben wir leider keine Zeit dazu gefunden". So fängt die Tragödie wieder an.

Lothar J. Seiwert schreibt in seinem Bestseller „Das 1x1 des Zeitmanagement":

„Ein arbeitsreicher Tag muß noch lange keinen Streß bedeuten. Streß kommt nicht von Dingen, die wir erledigt haben, sondern von dem, was wir nicht bewältigt haben. Was wir nicht schaffen, daß schafft uns. Streß ist schlechtes Gewissen."

Warum sollen Sie also eiserne Disziplin üben? Ganz einfach: weil Sie dann ein gutes Gewissen haben, zufriedener und glücklicher sind.

Sponsoring

Sponsoring ist eines der Hauptinstrumente der Kommunikationspolitik. Es umfaßt sämtliche Aktivitäten, die mit der Bereitstellung von Geldern und Sachmitteln durch ein Unternehmen für Personen oder Organisationen im sportlichen, kulturellen, ökologischen oder sozialen Bereich verbunden sind. Der Wert des Sponsoring für das Unternehmen bemißt sich danach, wie öffentlichkeitswirksam die jeweilige Aktivität ist.

Ziele

Zu den Zielen des Sponsoring gehören:

- der Aufbau oder die Festigung des → Images bei der Zielgruppe,
- Imagetransfer vom gesponserten Partner auf das Unternehmen,
- Demonstration der eigenen Leistungsfähigkeit und die
- Erhöhung des Bekanntheitsgrades.

Sponsoringarten
Sponsoring kann in allen möglichen Bereichen stattfinden. Das Image, das der Sponsor pflegen will, wird das entscheidende Kriterium dafür sein, wem die Unterstützung des Sponsors zugute kommen soll.

Bei **Sportsponsoring** fördert der Sponsor Sportveranstaltungen, Sportarten, Vereine/Teams oder einzelne Personen. Sportsponsoring ist, gemessen an den finanziellen Aufwendungen, die bei weitem verbreitetste Sponsoringart.

Kultursponsoring bietet eine breite Palette von Einsatzmöglichkeiten. Die Unterstützung von Vernissagen, Konzerten und Schauspielensembles fällt genauso in dieses Gebiet wie das immer mehr an Bedeutung gewinnende Mediensponsoring.

Beim **Mediensponsoring** beteiligt sich der Sponsor direkt oder indirekt an den Kosten einer redaktionellen Sendung in TV oder Hörfunk und erhält dafür die Möglichkeit, den Unternehmens- oder Produktnamen im direkten Zusammenhang mit dieser Sendung zu präsentieren.

In diesem Zusammenhang gewinnt das Productplacement, d. h. die Einblendung konkreter Produkte zur Finanzierung teurer Spielfilme, zunehmend an Bedeutung.

Ökosponsoring genießt in der Öffentlichkeit mit zunehmender Umweltzerstörung immer mehr Aufmerksamkeit. Ökologie muß allerdings ein Thema sein, das zu dem Sponsor paßt. Betreibt beispielsweise ein Chemiekonzern Ökosponsoring, so wird dies in den seltensten Fällen glaubwürdig wirken und allenfalls als ein Versuch des Sponsors abgetan werden, das eigene schlechte Gewissen beruhigen zu wollen.

Soziosponsoring kann alles beinhalten, was der Gesellschaft en gros Vorteile bringt. Besonders effizient sind hier regionale Maßnahmen wie die Zurverfügungstellung eines Krankenwagens, die Begrünung eines Parks oder die Unterstützung eines Altenheims.

Wirkungskomponenten

Die Frage, ob sich einzelne Sponsoringaktivitäten für den Sponsor lohnen, läßt sich am besten anhand der Öffentlichkeitswirkung beurteilen. Ausschlaggebend sind hier die Zahl der Nennungen des Sponsors bzw. der Abbildungen des Produkt- oder Firmennamens (z. B. Fotos, Filme etc.) in den Medien und die Zahl der Zielgruppenkontakte (Zuschauer-, Leser-, Hörer-, Besucherzahlen).

Gefahren

Sponsoring birgt vor allem immer dann Gefahren, wenn einzelne Personen oder Vereine gesponsert werden. Denn ein wichtiges Ziel des Sponsoring ist es, daß der Sponsor von dem positiven Image, das der Gesponserte bei der Zielgruppe des Unternehmens genießt, profitiert. Entwickelt sich nun dieses Image beispielsweise durch nicht gesellschaftskonformes Verhalten des Gesponserten oder durch schlechte Leistungen negativ, so kann dies direkte oder indirekte Auswirkungen auf das Image des Sponsors nach sich ziehen.

Stellenbeschreibung

Stellenbeschreibungen sind personenunabhängige, in schriftlicher Form abgefaßte Zusammenfassungen aller wesentlichen Merkmale einer Stelle. Sie enthalten neben Hinweisen auf die Einordnung der Stelle in die Organisationsstruktur umfassende Angaben über die Stellenziele sowie die Aufgaben, Rechte und Pflichten der Stelleninhaber.

Nutzen

Die Stellenbeschreibung wird in nahezu allen Bereichen der betrieblichen Personalarbeit (z. B. Personalplanung, → Personalbeschaffung, Personaleinsatz, → Personalentwicklung, Personaleinschränkung) verwendet. Extern wird sie bei Tarifverhandlungen, Betriebsvergleichen oder für die überbetriebliche Berufsforschung herangezogen. Darüber hinaus kommen Unternehmen, die eine → Zertifizierung nach ISO 9001 anstreben, nicht daran vorbei, zumindest die qualitätsrelevanten Stellen ausreichend zu beschreiben. Außerdem erfüllt die Stellenbeschreibung die nach § 81 BetrVG vorgeschriebene Unterrichtspflicht der Arbeitnehmer durch den Arbeitgeber über ihre Aufgaben und Verantwortung sowie die Art ihrer Tätigkeit und deren Einordnung in den Arbeitsablauf.

Inhalt einer Stellenbeschreibung

Eine aussagekräftige Stellenbeschreibung sollte mindestens die sogenannten Kerninformationen enthalten. Am umfangreichsten ist dabei die Aufzählung der aus dem Stellenziel abgeleiteten Einzelaufgaben mit den zugehörigen Rechten und Pflichten. Hier sollten möglichst alle Aufgaben zusammengefaßt werden, die dauerhaft an diesem Arbeitsplatz erledigt werden.

Bei den über die Kerninformationen hinausgehenden Inhalten sollte der Nutzen weiterer Angaben genau überprüft werden. Wenn z. B. zusätz-

lich → Anforderungsprofile existieren, dann ist eine detaillierte Angabe der Anforderungen an die jeweiligen Stelleninhaber nicht erforderlich.
Die folgende Checkliste zeigt den Inhalt von Stellenbeschreibungen im Überblick:

Inhalte von Stellenbeschreibungen

Kerninformationen

- Stellenbezeichnung und Stellennummer
- Einordnung der Stelle in die Unternehmensorganisation, (Leitungsbereich, Abteilung, Unterstellungsverhältnisse, nachgeordnete Stellen)
- Regelung der Stellvertretung (Stelleninhaber wird vertreten von …, Stelleninhaber vertritt)
- Zielsetzung (Hauptaufgabe) der Stelle
- Aufgaben, Kompetenzen und Pflichten des Stelleninhabers im einzelnen
- Sachlich-organisatorische Angaben (z. B. Verteiler, nächste Überprüfung)

Ergänzende Informationen

- Anforderungen an Stelleninhaber
- Maßstäbe zur Leistungsbeurteilung des Stelleninhabers
- Spezielle Kompetenzen (z. B. Zeichnungsbefugnisse)
- Informationsbeziehungen (z. B. abgehende oder zugehende Berichte)
- Name des derzeitigen Stelleninhabers

Durch eine Quantifizierung der verschiedenen Aufgabengruppen kann deren Gewicht im Rahmen der Gesamtaufgabe verdeutlicht werden (vgl. Beispiel). Damit kann darauf hingewirkt werden, daß nicht einzelne Aufgaben zum Nachteil anderer bevorzugt bearbeitet werden. Die Erfahrung zeigt, daß auf unteren Hierarchieebenen Führungsaufgaben häufig zugunsten von Fachaufgaben vernachlässigt werden.

Das folgende Beispiel veranschaulicht, wie eine Stellenbeschreibung aussehen sollte:

Stellenbeschreibung	
Stellenbezeichnung: Ausbilder(in) für kaufm. Berufsausbildung	**Stellennummer:** 4132
Ressort: Kaufmännische Leitung	**Abteilung:** Personal- und Bildungswesen
Direkter Vorgesetzter: Personalleiter	**Zusätzliche Weisungen von:** Geschäftsleitung
Nachgeordnete Stellen: ---	**Zusätzliche Weisungen an: ---**
Stelleninhaber wird vertreten durch: Ausbilder für gewerbliche Auszubildende	**Stelleninhaber vertritt:** Ausbilder für gewerbliche Auszubildende
Ziel der Stelle: Sicherstellung einer qualifizierten Ausbildung in kaufmännischen Berufen; Vertretung des Unternehmens in allen Angelegenheiten der kaufmännischen Berufsausbildung; Beteiligung an Sonderaufgaben	
Aufgaben, Rechte und Pflichten im Rahmen der kaufmännischen Berufsausbildung: 85 % Führen von Einstellungsgesprächen mit Bewerbern um Ausbildungsplätze Beratung von Bewerbern und Erziehungsberechtigten in Ausbildungsfragen Auswahl, Durchführung und Auswertung von Berufseignungstests Auswahl künftiger Auszubildender in Zusammenarbeit mit dem Personalleiter und Betriebsrat Planung und Durchführung von Einführungsveranstaltungen für neue Auszubildende Regelmäßige Betreuung der kaufmännischen Auszubildenden Vorschlag der Auflösung von Ausbildungsverhältnissen bei Nichteignung Erstellung von Ausbildungsplänen und Versetzungsplänen (in Zusammenarbeit mit den Fachabteilungen) Erstellung von Ausbildungsplatzbeschreibungen Planung von und Beteiligung am innerbetrieblichen Unterricht; Erstellung von Stoffplänen und Unterrichtsmaterialien; Durchführung von Erfolgskontrollen Prüfungsvorbereitung der Auszubildenden Beratung und Training der Ausbildungsbeauftragten in den Fachabteilungen Kontrolle der Ausbildungsnachweise; Überprüfung und Besprechung der Abteilungsbeurteilungen Auswertung der Zwischenprüfungen; Maßnahmenplanung zur Beseitigung von Wissensmängeln	

Kontakte zur kaufm. Berufsschule, IHK, Erziehungsberechtigten Mitwirkung in Prüfungsausschüssen der IHK Organisation von Betriebsbesichtigung für Schulen Führt internen und externen Schriftwechsel im Rahmen der kaufmännischen Berufsausbildung Erstellung von Ausbildungsstatistiken Erstellung von Berufsabschlußzeugnissen für kaufmännische Auszubildende Beratung von Fachabteilung und Auszubildenden bei der Übernahme in ein Angestelltenverhältnis **Sonderaufgaben:** 15 % Betreuung von Praktikanten und Diplomanden in Zusammenarbeit mit den Fachabteilungen Mitwirkung bei Sonderveranstaltungen im Bildungswesen
Spezielle Vollmachten: i. A.
Stellenbeschreibung erstellt am: Januar 2001 **Nächste Überarbeitung am:** Januar 2002
Vorgesetzter: .... **Stelleninhaber:** ....

Strategie und Planung

Unternehmen können nur dann ihre Wettbewerbsvorteile ausnutzen, wenn sie ihren Erfolg planen und diesen Plan zielorientiert und systematisch verfolgen. Die strategische Planung legt die langfristige Planung des Unternehmens fest, die durch alle Mitarbeiter getragen werden soll. Sie sollte sich nicht an starren Planungsperioden orientieren, sondern äußere Einflüsse miteinbeziehen und eine „lernfähige“ Organisation schaffen.

Was heißt Planung?

Unter Planung ist das Einkalkulieren zukünftiger Ereignisse bzw. Daten zu verstehen. Die Planung baut auf der Prognose auf und läßt sich nach Organisationsbereichen und nach zeitlichen Vorgaben unterteilen. Die Planung setzt die Erarbeitung eines Zielsystems innerhalb der Organisation voraus. Ihr Ziel ist der Schutz vor unerwünschten Entwicklungen und die Möglichkeit, auf Veränderungen reagieren zu können.

Eine typische Planungssituation im Unternehmen ist beispielsweise die Erarbeitung des Zielumsatzes für das nächste Jahr. Hier werden die Überlegungen zur Produkt- oder Sortimentspolitik, zur Wettbewerbssituation, die Ressourcensituation im Unternehmen (Maschinen, Personal, Kapital) und die strategischen Ziele des Unternehmens zugrunde gelegt, um den Zielumsatz für das nächste Jahr zu bestimmen.

Was ist Strategie?

Eine Strategie bringt zum Ausdruck, wie ein Unternehmen seine vorhandenen und seine potentiellen Stärken einsetzt, um Veränderungen der Umweltbedingungen zielgerichtet zu begegnen. Ziel ist es, eine führende Wettbewerbsposition einzunehmen. Dabei ist zu beachten, daß Veränderungen der Umweltbedingungen die Unternehmensstrategie beeinflussen. Unternehmen reagieren hierauf entweder aktiv gestaltend oder reaktiv (Anpassungsstrategie). Die Umweltveränderungen können bereits eingetreten sein oder erst erwartet werden.
Strategien lassen erkennen, wie das intern vorhandene Potential unter Ausnutzung der bestehenden und der zukünftigen Stärken eingesetzt werden kann, um die Ziele des Unternehmens zu erfüllen; außerdem geben sie die allgemeine Richtung an, in die sich ein Unternehmen entwickeln will. Sie müssen daher durch Maßnahmen ergänzt bzw. ausgefüllt werden.

Notwendigkeit einer strategischen Planung

Viele Entdeckungen überraschen uns nicht mehr, Erfindungen sind selten singulär, vielmehr entstehen gleiche und ähnliche Ideen, Techniken überall auf der Welt. Dieses Phänomen hat es zwar früher vereinzelt auch schon gegeben, doch heute erfahren wir von neuen Ideen durch die Kommunikationstechnologie fast zeitgleich.

Dies hat erhebliche Auswirkungen auf unser unternehmerisches Verhalten. In innovativen Branchen ist ein Entwicklungsvorsprung vielfach überlebenswichtig; das Unternehmen, das etwas später mit ähnlichen Produkten auf den Markt kommt, hat oftmals verloren. Das klingt simpel, so ist es jedoch nicht. Denken wir nur einmal an die Möglichkeiten der unterschiedlichen Werbeansprachen derer wir uns bedienen können und der damit verbundenen aktiven Beeinflussung von Konsumverhalten.

Der menschliche Faktor

Doch nicht nur die „harten Fakten“ (Branche, Technologie, Standort, Kundenstruktur, Beteiligungsstruktur) unterscheiden ein Unternehmen von dem anderen. Im wesentlichen sind es die Menschen, die es überhaupt möglich machen, Produkte zu entwickeln, Werbemaßnahmen zu konzipieren etc. Gerade das macht alle Unternehmen einzigartig.

Organisationen werden geprägt durch die Menschen, die in ihnen arbeiten. Die Konsequenz aus dieser Erkenntnis ist, daß wir die Menschen im Unternehmen berücksichtigen müssen, wenn wir erfolgreich steuern wollen. Die Kunst des Managements besteht heute darin, unterschiedlichste Menschen auf gemeinsame Ziele einzuschwören.

Wer die Management-Literatur der jüngsten Jahre verfolgt hat, kennt die Begriffe → Qualitätsmanagement oder → Kundenorientierung. Wir sollten uns einmal fragen, warum diese Begriffe so in Mode gekommen sind. Einen der Gründe glauben wir zu kennen: Die Führungskräfte der Unternehmen haben in den letzten Jahren manchmal vergessen, ihre Unternehmen strategisch sinnvoll auszurichten. Selbst wenn es so etwas wie strategische Pläne gegeben hat, so ist es doch oft genug versäumt worden, auch die Beschäftigten mit einzubeziehen. Darüber ist schlicht und einfach das Ziel aus den Augen verloren worden. Aus dieser Entwicklung heraus konnten dann die „neuen“ Methoden Aufwind erhalten.

Unternehmen als dynamisches System

Menschen und Maschinen (also die Elemente) in einem Unternehmen und ihre Beziehungen untereinander verändern sich im Zeitablauf. Daher sprechen wir bei einem Unternehmen von einem dynamischen System. Aus der Dynamik läßt sich ableiten, daß wir keine genauen Vorhersagen über die Entwicklung eines Unternehmen machen können, weil die Elemente aufeinander einwirken.

Damit die dadurch auftretenden Störungen nicht zum Zusammenbruch eines Unternehmens führen, werden Ziele erarbeitet und Strategien entwickelt, diesen Störgrößen zu entgegnen und Stabilität herbeizuführen. Stabilität kann durch sinnvolle Steuerung bzw. Unternehmensplanung erreicht werden.

Für einen stabilen Zustand wird eine Soll-Größe benötigt. Nur mit einer solchen Soll-Größe können wir erkennen, wann und wie gegengesteuert werden kann.

Die Funktion des Leitbilds

Für ein zielstrebiges und erfolgreiches Handeln müssen Organisationen ihre Ziele kennen und wissen, wohin sie sich entwickeln wollen.

Es ist jedoch auch notwendig zu erkennen, welches Handeln uns leitet. Ein Leitbild ist somit die Grundlage aller künftigen Entwicklungsentscheidungen. Leitbilder haben die Funktion, für alle Beteiligten die Ziele, Werte und Normen festzuhalten, nach denen die Organisation handelt und nach denen sie sich entwickeln will.

Die Entwicklung und Festlegung globaler, verbindlicher Zielstrukturen gehört in das System der Unternehmensplanung. Das Leitbild ist somit die Basis für die Fortentwicklung von Zielkonzepten für die einzelnen Organisationseinheiten. Die Erreichung eines solchen Konsens setzt voraus, daß die Mitarbeiterinnen und Mitarbeiter ebenso wie die Führungskräfte an der Entwicklung dieses Leitbildes beteiligt werden. Die daraus erfolgende Verständigung auf ein gemeinsames Leitbild kann dann integrierend, identitätsstiftend, motivierend und vitalisierend auf die gesamte Unternehmung wirken.

Das Leitbild eines Unternehmens, sein Image, die Instrumente die es einsetzt, rückkoppeln sich zu Strategie und Zielen eines Unternehmens.

Methoden zur Konzeption einer strategischen Planung

Im folgenden sollen vier Methoden vorgestellt werden, wie Sie eine strategische Planung konzipieren können:

Pragmatischer Ansatz: Strategie Workshop
Selbst erfolgreiche Unternehmen machen strategische Fehler. Dabei stellt sich die Frage, ob dies auf eine ineffektive strategische Planung und damit verbunden entsprechendes Management zurückzuführen ist.

Studien in den USA und England, die über mehrere Jahre liefen, haben gezeigt, daß strategische Planung oft nur auf dem Reißbrett stattfindet. Dies mag ein Grund dafür sein, daß bestimmte Strategien scheitern. Die strategische Planung sollte daher stets von Führungskräften übernommen werden, die über Praxiserfahrung verfügen und die kontinuierlich und systematisch für die Planung eingesetzt werden können.

Auf der Führungsebene müssen strategische Ziele nicht nur vorhanden sein, sie müssen vor allen Dingen auch benannt werden können, damit sie auch in die Praxis umzusetzen sind.

Strategien lassen sich nicht im „Stillen Kämmerchen" erarbeiten. Hüten Sie sich davor, dies zu tun. Dies aus zwei Gründen:
- Sie sollten nicht annehmen, daß Sie im voraus alle Möglichkeiten berücksichtigen können und
- „Pyramidenspitzenstrategien", die oben ausgedacht werden und unten umgesetzt werden sollen, sind schwer zu vermitteln.

Sie haben viel mehr davon, wenn Sie Ihre Mitarbeiter in die Gedankenwelt eintauchen lassen und gemeinsam die Richtung für die nächsten Jahre festlegen. Sicherlich müssen Sie dies nicht mit allen Mitarbeitern tun. Wählen Sie für diese Arbeit einen kleinen Kreis Menschen aus, der Ihnen als kreativ und innovativ bekannt ist. Suchen Sie persönliche Promotoren ebenso aus wie Kritiker und Querdenker. Mit einem solchen illustren Kreis von Mitarbeitern schafft man ganz erstaunliche Ergebnisse.

Nehmen Sie sich mindestens zwei Tage Zeit, um gemeinsam zu arbeiten. Wählen Sie einen Ort, an dem Sie nicht gestört von Telefonaten oder der Hektik des Geschäftes sind. Lassen Sie sich diese zwei Tage von externen Moderatoren begleiten. Diese achten auf den Arbeitsprozeß, sorgen für die Methodenauswahl zur Erarbeitung von Ergebnissen, stützen die Gruppe in Krisensituationen und helfen Konflikte zu bewältigen.

Dieser beschriebene Weg ist eine pragmatische Möglichkeit, in ca. zwei Tagen (oder mehr) eine Vision oder Strategie für ein Unternehmen zu erarbeiten. Erwarten Sie jedoch keine ausformulierten oder exakten Ergebnisse. Diese müssen im Anschluß an den Workshop natürlich noch erarbeitet werden. Was Sie jedoch erwarten können, sind strategische Leitlinien und Aussagen für den Weg, den Sie künftig einschlagen wollen. Und das in einer abgestimmten, gemeinsam erarbeiteten Form!

Die Szenario-Technik

Wem der pragmatische Ansatz nicht liegt, der wählt eine wissenschaftlichere Methode zur Erarbeitung von Visionen oder Strategien. Eine solche Methode ist die Szenario-Technik.

Sie ist eine geeignete Methode, unter sich ständig ändernden Umfeldeinflüssen eine gesicherte Unternehmensplanung zu konzipieren. Szenarien sind aus der Gegenwart heraus systematisch entwickelte Zukunftsbilder, die dem Management als Entscheidungsgrundlage für beispielsweise Entwicklungs-, Investitions- und Standortplanung dienen.

Die Szenario-Technik ist eine Ziel- und Strategiefindungsmethode bei der, von einer vorgegebenen Situation ausgehend, zukünftige Konstellationen als Abfolge hypothetischer Ereignisse in einem bestimmten Zeitraum durchgespielt werden. Damit bietet diese Technik die Chance, einmal über den unternehmensindividuellen Planungshorizont hinauszuschauen und die Umwelt in die Planung miteinzubeziehen.

Die Szenario-Technik eignet sich sehr gut zur Erarbeitung der strategischen Leitlinie, hat jedoch nur dann Auswirkungen, wenn auch die operative und mittelfristige Planung angepaßt werden.

Strategien sollten Werkzeuge und Lösungsansätze für Situationen bereithalten, die vielleicht eintreten könnten. Sie sollten aber auch die Marschrichtung des Unternehmens vorgeben und letztlich in ihrer Konkretisierung in die Langfristplanung einfließen. Langfristplanung läßt sich dabei als der Versuch einer stark prognostisch orientierten, anpassenden Fortschreibung der Unternehmensaktivitäten auf der Grundlage historischer Daten (Bevölkerung, Technik, Wettbewerb) verstehen. Der Versuch, darüber hinaus Diskontinuitäten (Abweichungen von Entwicklungsmustern der Vergangenheit) rechtzeitig für das eigene Handeln zu antizipieren, führt zur strategischen Planung.

Das größte Problem bei der Planung ist, die Gratwanderung zwischen Detaillierung und Überschaubarkeit der Pläne zu beherrschen.

Portfolio-Management

Die → Portfolio-Analyse verfolgt das Ziel, die optimalen Produktkombinationen zu verwirklichen und somit für das jeweilige Marktsegment des Unternehmens die beste Positionierung zu erzielen und dadurch die Marktanteile auszubauen. Das Portfolio-Konzept ist nach vorne gerichtet und wurde entwickelt, um der Führung zu ermöglichen, strategisch fundierte Entscheidungen zu treffen. Das Portfolio-Konzept zeigt auf, welche Geschäfte entscheidende Wettbewerbsvorteile aufweisen, Investitionschancen bieten und wo Mängel vorzufinden sind.

Durch die Portfolio-Methode werden dem Unternehmen die Geschäftsfelder vorgeführt, in denen es grundlegende Wettbewerbsvorteile besitzt und nicht nur kurzfristig hohe Erträge erzielt und die daher ausgebaut werden sollten. Sie setzt nicht auf Hochrechnungen und Spekulationen und fördert daher eine realistische Betrachtungsweise.

Strategische Situationsanalyse

Strategisch wichtige Gegebenheiten, d. h. also Gegebenheiten, die langfristig für Erfolg und Liquidität eines Unternehmens von Bedeutung sind, müssen erkannt und entschieden werden. Hier helfen die operative Planungsrechnung, operative Kennzahlen oder Daten der Finanzbuchhaltung und Kostenrechnung nicht unbedingt weiter.

Die zur strategischen Planung erforderlichen Leitgrößen, nämlich Marktanteile und Marktwachstum, stehen in einer eher losen Beziehung zu bestehenden operativen Berechnungen. Will ein Unternehmen seine Wettbewerbsposition behalten, so muß es, ob es will oder nicht, ebenso wachsen wie das Marktvolumen. Wächst ein Unternehmen langsamer als der Markt, so verliert es Marktanteile.

Marktanteilsziele stehen in der Regel in Zusammenhang mit der Kapazität, da die strategische Planung sich stets nur auf Mengengrößen bezieht. Eine Wachstumsrate von beispielsweise 20 % pro Jahr bedeutet eine Verdoppelung der Kapazitäten alle 3,5 Jahre. Nun ist aber gerade bei neuen Produkten diese Wachstumsrate im Anfang erheblich höher. Damit läßt sich der Investitionsbedarf und die entsprechende Liquiditätsbelastung über eine längere Zeitspanne hinweg näherungsweise abschätzen. Dies ist wichtig, weil das Produkt selbst, will es seine hohe Marktposition halten oder erreichen, über den Preis diese Mittel nicht bereitstellen kann. Wenn dies dennoch versucht wird, gibt man den nachrangigen Anbietern verstärkte Anreize zum Kapazitätsausbau und zur Steigerung ihrer Marktanteile auf Kosten der Marktanteile des Marktführers.

Unternehmen, die in Wachstumsmärkten tätig sind, gelangen also automatisch in Liquiditätsengpässe, auch wenn dies am Anfang nicht so schien. Wird dies festgestellt, führt mangelnde Liquidität zu einem verringerten Wachstum mit der Folge rückgängiger Marktanteile und Erfolgspotentiale. Damit solche Situationen nicht eintreten, benötigt jedes Unternehmen auch Produkte, die nicht wachsen, die jedoch eine hohe Marktposition haben. Diese finanzieren dann die Wachstumsprodukte.

Eine strategische Situationsanalyse läßt sich grundsätzlich nach drei Kriterien erarbeiten:

- Erhebung aller quantitativer und qualitativer Bedingungskonstellationen,
- Feststellung der Entwicklungen der Vergangenheit (besonders in bezug auf die Einflüsse auf den Marktanteil),
- Anzeichen für positive oder negative Einflüsse auf die Leitgrößen Marktwachstum und Marktanteil.

Planungsprozesse gestalten

Sind Leitbild und Strategie erarbeitet, muß der operative Planungsprozess gestaltet werden. Die operative Planung ordnet auf unterster Ebene die Ressourcen den jeweiligen Objekten zu. Es ist zu beachten, daß die in der strategischen Planung begangenen Fehler Auswirkungen auf die untergeordneten taktischen und operativen Ebenen nach sich ziehen. Dies muß auch Berücksichtigung in den Controlling-Konzepten finden.

Es ist notwendig, die eingeschlagene strategische Ausrichtung ständig auf ihre Gültigkeit hin zu überprüfen. Die erfolgreiche Steuerung eines Unternehmens basiert auf der Kompetenz und Führungsfähigkeit sowie der Motivation der Führungskräfte und der Mitarbeiter. Das Controlling muß nicht nur ergebnis-, sondern prozessorientiert steuern und in die Unternehmensplanung eingebunden sein.

Bei der Unternehmensplanung gehen wir von einem geschlossenen System von Teilplänen für die wichtigsten Bereiche im Unternehmen aus. Die einzelnen Planungsschritte sind im folgenden zusammengefaßt:

Planungsschritte in marktorientierten Unternehmen
1. Mengenplanung, 2. Umsatzplanung (Menge x Preis), 3. Kostenplanung (fixe und variable), 4. Gewinnplanung, 5. Produktionsplanung, 6. Investitionsplanung, 7. Finanzplanung, 8. Beschaffungsplanung, 9. Personalplanung, 10. Plan-Bilanz, 11. Plan Gewinn-und-Verlust-Rechnung.

Absatz und Umsatzplanung sind Grundlage für alle anderen Teilpläne im Unternehmen, da sie streng marktorientiert sind und den Engpaß (den Markt) präsentieren.

Der Zeitpunkt des Beginns der Planung orientiert sich regelmäßig an den internen und externen Notwendigkeiten. Wenn eine Planung für eine Sitzung des Aufsichtsrates im Dezember benötigt wird, muß sie spätestens vier Wochen vor dem Sitzungstermin abgeschlossen sein, damit den Mitgliedern des Aufsichtsrates die Daten und die Kommentierung vorgelegt werden kann.

Die Forderung nach einem Planungshandbuch mag vielleicht etwas bürokratisch klingen, hat sich aber in der Praxis bestens bewährt. Was für Controller und Betriebswirte nämlich das Handwerkszeug ist, ist für manchen Abteilungsleiter nicht einfach zu bewerkstelligen. Für ihn kann es sehr hilfreich sein, wenn er Hinweise zu Planungsmethoden, Raster oder Tabellen findet (oder gar ein EDV-System), mit denen er arbeiten kann.

Businessplan

Das leistet dieser Rechner:

- Er stellt für das kommende Jahr einen monatlichen und für die zwei darauffolgenden Jahre einen Businessplan mit allen relevanten Teilplänen auf.
- Er unterstützt Sie bei allen Entscheidungen, die direkt den Erfolg Ihrer Unternehmung betreffen, indem er die Folgen prognostiziert.

SWOT-Analyse

Die SWOT-Analyse ist ein Instrument der strategischen Planung und Unternehmensführung. Sie untersucht Chancen und Risiken, die sich aus der Umwelt des Unternehmens ergeben und führt sie

mit den unternehmenseigenen Stärken und Schwächen zusammen.

Begriff

Will ein Unternehmen langfristig erfolgreich sein, ist es notwendig, Strategien zu entwickeln, die den Umweltchancen und -risiken einerseits und den Unternehmensstärken und -schwächen andererseits Rechnung tragen. Die SWOT-Analyse führt die Ergebnisse einer Umweltanalyse mit den Ergebnissen einer Unternehmensanalyse in einer Matrix zusammen. Das Ziel ist, geeignete Strategien für das Unternehmen abzuleiten.

Der Name SWOT-Analyse kommt aus dem Englischen: Strengths and Weaknesses, Opportunities and Threats. Häufig wird auch der Begriff TOWS-Analyse verwendet.

Analyse der Umwelt

Der Prozeß der strategischen Planung beginnt mit einer Analyse und Prognose der Umweltbedingungen und -trends. Das Ziel ist es, alle Entwicklungen zu erfassen, die Chancen und Gefahren für das Unternehmen darstellen können. Das Ergebnis ist die Antwort auf die Frage: Was könnten wir aufgrund der Umweltentwicklungen tun?

Eine pragmatische Einteilung der Umweltanalyse ist die Durchführung in folgenden drei Analyseschritten: Die Analyse der globalen Umwelt, die Analyse der Branche und die Analyse der Stellung in der Branche.

Unternehmensanalyse

Bei der Unternehmensanalyse werden Stärken und Schwächen in bezug auf die einzelnen Umweltentwicklungen analysiert. Deshalb setzt sie die Umweltanalyse voraus, die ja bereits kritische Entwicklungen und Trends ermittelt hat. Die Unternehmensanalyse liefert also Antwort auf die Frage: Was sollten wir aufgrund unserer Stärken und Schwächen tun?

Untersucht werden im allgemeinen folgende Bereiche:
- Produktions- und Verkaufsprogramm,
- Produktionspotential,
- Vertriebspotential,
- Forschung & Entwicklung,
- Einkaufspotential,
- Personal,
- Standort,
- Kostensituation,
- finanzielles Potential,
- Führungssystem,
- Produktivität.

Aufschlußreich ist auch ein Vergleich mit den stärksten Konkurrenten. Das Ergebnis der Unternehmensanalyse wird in ein Stärken-Schwächen-Profil eingetragen.

Erstellen der SWOT-Matrix und Ableitung der Strategien

In der SWOT-Matrix werden schließlich die einzelnen ermittelten Chancen und Risiken sowie Stärken und Schwächen eingetragen. Kombiniert man nun die aufgelisteten Chancen und Risiken mit den aufgelisteten Stärken und Schwächen, lassen sich vier Arten von strategischen Stoßrichtungen formulieren:
- SO-Strategien: Eigene Stärken treffen auf Chancen in der Umwelt.
- WO-Strategien: Eigene Schwächen werden abgebaut durch Nutzung neuer Chancen.
- ST-Strategien: Eigene Stärken werden genutzt, um Risiken zu beseitigen.
- WT-Strategien: Eigene Schwächen werden abgebaut und Risiken vermieden.

Die SWOT-Analyse ist abgeschlossen, wenn jede interne und externe Entwicklung durch eine strategische Stoßrichtung berücksichtigt worden ist.

Target Costing

Target Costing ist ein marktorientiertes Kostenmanagementkonzept. Im Gegensatz zu traditionellen Kostenrechnungssystemen wird der Preis nicht aufgrund einer Addition sämtlicher Kosten zuzüglich eines Gewinnzuschlages ermittelt, sondern ein ausschließlich marktorientiert ermittelter Preis dient als Basis zur Ermittlung der Kostenstruktur.

Begriff

Beim Target Costing (Zielkostenrechnung) werden ausgehend von einem streng am Markt orientierten Angebotspreis die Zielkosten festgelegt, die Ausgangspunkt für die Produktentwicklung bzw. Gestaltung des Leistungsangebotes des Unternehmens sind.

Erfahrungsgemäß werden 70 – 80 % der Produktkosten bereits in der Phase der Produktentwicklung festgelegt. Target Costing setzt im Gegensatz zu traditionellen Kostenrechnungssystemen bereits in der Entwicklungsphase des Produktes ein. Dadurch wird erreicht, daß eine marktorientierte Kostenbeeinflussung relativ früh möglich ist und Kosteneinsparungen leichter realisiert werden können.

Vorgehensweise

Zur Festlegung und schließlich Erreichung der Zielkosten gibt es mehrere Möglichkeiten. Die folgenden vier Schritte beschreiben den Weg von der Festlegung des Zielpreises bis zum Erreichen der Zielkosten.

Festlegung des Zielpreises
Zunächst ist zu ermitteln, welchen Preis die Kunden des Unternehmens für ein bestimmtes Produkt zu zahlen bereit sind. Dabei wird zumeist auf die → Marktforschung zurückgegriffen. Es ist aber empfehlenswert, auch Konkurrenzpreise, Marktentwicklungen und -trends zu berücksichtigen.

Festlegung des Zielgewinns
Hier gilt es festzulegen, wie hoch der mit einem Produkt zu erzielende Gewinn sein soll. Dabei ist darauf zu achten, daß die strategischen Ziele des Unternehmens, insbesondere die Produktstrategien, sowie die → Finanzplanung berücksichtigt werden.

Festlegung der Zielkosten
Vom Zielpreis wird der Zielgewinn abgezogen. Daraus ergeben sich die zu erreichenden Kosten. Dieser Betrag stellt die Kostenobergrenze dar. Es erfolgt eine Zielkostenspaltung, d. h. die Gesamtkosten für das Produkt werden auf die einzelnen Baugruppen und Komponenten aufgeteilt.

Maßnahmen zur Erreichung der Zielkosten
Weichen die Zielkosten von den aktuellen Herstellungskosten ab, ist die Frage zu stellen, wie die Zielkosten erreicht werden können. Grundsätzlich eignen sich dafür Maßnahmen wie Auswahl anderer Technologien, Optimierung der Fertigungsverfahren und -abläufe, Reduktion der Teilevielfalt und → Outsourcing.

Tarifvertrag

Ein Tarifvertrag ist ein nach den Vorschriften des Privatrechts zwischen den Tarifpartnern geschlossener, der Schriftform bedürftiger Vertrag über deren Rechte und Pflichten (schuldrechtlicher Teil); er enthält gleichzeitig Rechtsnormen, die den Inhalt, den Abschluß und die Beendigung von Arbeitsverhältnissen sowie betriebliche und betriebsverfassungsrechtliche Fragen ordnen können (normativer Teil).

Tarifautonomie

Der Tarifvertrag kommt ohne Mitwirkung staatlicher Stellen durch freie Vereinbarung zwischen den Tarifvertragsparteien zustande. Ein

Tarifvertrag zwischen einer Gewerkschaft und einem Arbeitgeberverband heißt Verbandstarifvertrag, der mit einem einzelnen Arbeitgeber Haustarifvertrag.

Tarifbindung

Der normative Teil eines Tarifvertrags enthält eine Tarifbindung, d. h., die Mitglieder der Tarifvertragsparteien sind unmittelbar und zwingend an diese Normen gebunden, bis der Tarifvertrag endet. Ausnahmen sind nur bei individuellen Abweichungen zugunsten der Arbeitnehmer (Günstigkeitsprinzip) möglich oder soweit sie durch den Tarifvertrag selbst gestattet sind (Tariföffnungsklausel). Ein Tarifvertrag endet mit Ablauf der vereinbarten Zeit oder durch Kündigung; danach gelten seine Rechtsnormen jedoch weiter, bis sie durch eine andere Abmachung ersetzt werden.

Im Manteltarifvertrag werden die allgemeinen, im Tarifbereich geltenden Arbeitsbedingungen festgelegt (z. B. Arbeitszeit, Dauer des Urlaubs, spezielle Kündigungsfristen). Regelungen über die Höhe und Anpassung des Arbeitsentgelts sind Gegenstand von Entgelttarifverträgen.

Rechtsgrundlage ist das Tarifvertragsgesetz (TVG), das Vorschriften über Inhalt, Form, Wirkungen, die Parteien des Tarifvertrags und die Tarifgebundenheit enthält.

Teamarbeit

Durch die Zunahme von Projektarbeit und das Bestreben, Unternehmen zur lernenden Organisation zu entwickeln, erlangt Teamarbeit eine immer größere Bedeutung. Teamarbeit erreicht durch Kombination unterschiedlicher individueller Stärken und Fähigkeiten ein Vielfaches der Summe der Einzelleistungen. Darüber

hinaus ist Teamarbeit ein gutes Instrument, um Mitarbeiter zu fördern und zu motivieren. Kennzeichen erfolgreicher Teamarbeit sind gemeinsame Leistungsziele und partnerschaftliche Zusammenarbeit.

Begriff

Teamarbeit ist die gleichberechtigte Zusammenarbeit einer Gruppe von Menschen, die gemeinsame Leistungsziele haben. Teams haben einen kooperativen Arbeitsstil. Sie engagieren sich für eine gemeinsam verabredete Vorgehensweise und tragen als Team Verantwortung für erzielte Ergebnisse. Erfolgreiche Teamarbeit ist gekennzeichnet durch partnerschaftliches Verhalten der Mitglieder, gegenseitige Anerkennung und Achtung der fachlichen Kompetenz und der persönlichen Stärken.

Gründe für Teamarbeit

Klassische hierarchische Arbeitsorganisationen können heute nicht schnell und flexibel genug auf die sich rasch ändernden Markterfordernisse reagieren. Hier wächst die Einsicht, daß Teamarbeit als effizientere Arbeitsstruktur einen bedeutenden Teil zur Wettbewerbsfähigkeit eines Unternehmens beiträgt.
Im Arbeitsprozeß wird das zu berücksichtigende Wissen immer umfangreicher. Das Wissen eines einzelnen reicht häufig nicht mehr aus, um komplexe Problemstellungen bewältigen zu können. Gleichzeitig entsteht bei einzelnen Mitarbeitern ein hoher Spezialisierungsgrad. Nur durch Vernetzung können die im Unternehmen vorhandenen Fähigkeiten unterschiedlicher Fachleute effektiv genutzt werden. Komplexere Problemstellungen erfordern bereichsübergreifende Projektorganisation mit entsprechend zusammengesetzten Teams.
Die Menschen fordern in unserer Zeit mehr Mitbestimmung und erwarten eine Beteiligung an Entwicklungen und Entscheidungen.

Nutzen für das Unternehmen

Der Nutzen von Teamarbeit für das Unternehmen ist sehr vielfältig:

- Synergieeffekte durch Teamarbeit erhöhen die Leistung und sichern Wettbewerbsvorteile.
- Spezialwissen und Erfahrungen einzelner werden besser genutzt.
- Komplexe Probleme können durch ein interdisziplinäres Team kompetenter gelöst werden.
- Entscheidungen werden fundierter getroffen und können leichter umgesetzt werden.
- Die Verminderung hierarchischer Strukturen ermöglicht schnelle und flexible Reaktionen.
- Die Motivation und Verantwortung der Mitarbeiter wird durch die Einbindung in Entscheidungsprozesse erhöht.

Voraussetzungen für erfolgreiche Teamarbeit

Die Einführung von Teamarbeit in Unternehmen erfordert eine sorgfältige Planung. Besonders in der Anfangsphase ist ein erhöhter Zeitaufwand und eine Betreuung der Teams notwendig, bevor die Teamarbeit den gewünschten Nutzen bringt. Damit Teamarbeit erfolgreich wird, müssen verschiedene Voraussetzungen im Unternehmen, in den Teams und bei den Teammitgliedern berücksichtigt werden. Um diese Voraussetzungen zu erfüllen, kann es eine sinnvolle Investition sein, sich beraten zu lassen und die eigene Teamfähigkeit und die der Mitarbeiter in Trainingsmaßnahmen zu entwickeln.

Voraussetzungen im Unternehmen

- Damit Teamarbeit ihre volle Wirkung entfalten kann, sollte sie in der gelebten Unternehmensphilosophie verankert werden. Teamarbeit sollte deshalb nicht als Einzelmaßnahme auf bestimmte Bereiche im Unternehmen beschränkt bleiben (wie z. B. Gruppenarbeit in der Produktion).

- Da Menschen sich am unternehmensinternen Vorbild orientieren, ist für funktionierende Teams auf unteren Hierarchieebenen eine gut funktionierende Zusammenarbeit an der Unternehmensspitze entscheidend. Die beste Voraussetzung für erfolgreiche Teamarbeit im Unternehmen ist ein glaubwürdiges, funktionierendes Führungsteam.

- Das einzelne Team braucht im hierarchisch organisierten Unternehmen Klarheit und Transparenz, welche Ziele, Verantwortungen, Freiheitsgrade, zeitliche und finanzielle Ressourcen es hat.

- Teamorientierte Entlohnungssysteme stellen sicher, daß gute Teamarbeit mehr gefördert wird als Einzelleistungen.

- Schnittstellen des Teams zur Gesamtorganisation müssen definiert sein. So müssen z. B. bei Projekten die Kompetenzen und Aufgabenbereiche zwischen Team und Linie eindeutig geregelt sein.

Genauso wie im Unternehmen müssen auch im Team bestimmte Voraussetzungen erfüllt werden, um eine Teamarbeit zu ermöglichen:

Voraussetzungen im Team

- Ziele, Inhalte und Methoden der Zusammenarbeit müssen zwischen allen Teammitgliedern verabredet werden.
- Um sicherzustellen, daß alle Teammitglieder diese Ziele engagiert verfolgen, sollte von Anfang an auf Ausgleich der unterschiedlichen Interessen geachtet werden.
- Gemeinsam verabredete und schriftlich festgehaltene „Spielregeln“ erleichtern den Umgang miteinander. Dazu gehören z. B. Gesprächsdisziplin und die Art, wie Entscheidungen getroffen werden.
- Bei der Zusammensetzung des Teams sollte neben fachlichen Gesichtspunkten vor allem auf soziale und methodische Kompetenzen der Mitglieder geachtet werden.
- Um sicherzustellen, daß alle Teammitglieder in die interne Kommunikation eingebunden bleiben, sollte ein Team nicht zu groß sein. (Richtgröße: maximal acht Mitarbeiter.)
- Damit bei der Teamarbeit zur Lösung komplexer Probleme vielfältige Ansätze und Ideen gewährleistet werden, sollten mindestens fünf Personen beteiligt sein.
- Die Bereitschaft, mit Konflikten offen und konstruktiv umzugehen, ist wichtig, um langfristige Arbeitsfähigkeit zu erhalten.

Teamarbeit stellt an die Teammitglieder höhere Anforderungen als hierarchische Arbeitsstrukturen. Nicht jedes Teammitglied muß alle genannten Voraussetzungen erfüllen, im gesamten Team müssen sie jedoch ausreichend vorhanden und anerkannt sein:

Voraussetzungen beim einzelnen Teammitglied
Fachliche → Kompetenzen: entsprechend den Zielen und Problemstellungen, **methodische Kompetenzen:** systematisches Vorgehen, Zeitmanagement (→ Selbstmanagement), → Moderationsmethodik, → Kreativitätstechniken, **soziale Kompetenzen:** Kooperationsbereitschaft, Kommunikationsfähigkeit, Integrationsverhalten, Offenheit, Disziplin, Lernbereitschaft, Fähigkeit zur Reflexion, Kritikfähigkeit (→ Schlüsselqualifikationen).

Risiken

Risiken entstehen in erster Linie dann, wenn die obengenannten Voraussetzungen nicht geschaffen werden. Beispielsweise begegnet man dem Risiko ausufernder Besprechungen am besten, indem Teammitglieder Zeitmanagement und Moderationsmethoden lernen und anwenden. Häufig entstehen Schwierigkeiten dadurch, daß unterschiedliche individuelle Vorgehensweisen zur Lösung von Aufgaben nicht durch eine gemeinsame systematische Vorgehensweise koordiniert werden. Problematisch kann Teamarbeit auch werden, wenn Verantwortungen nicht geklärt sind, Entlohnungssysteme nur Einzelleistungen fördern und das Abteilungsdenken stark ausgeprägt ist.

Weiterentwicklung von Teamarbeit

Um die Leistungsfähigkeit in der Teamarbeit über Anfangserfolge hinaus zu sichern und langfristig weiter zu steigern, muß das Team neben der fachlich-inhaltlichen Arbeit kontinuierlich den Prozeß der Zusammenarbeit reflektieren. Alle Teammitglieder treffen sich zu regelmäßigen Reviews, um zu analysieren, was in der Zusammenarbeit gut gelaufen ist und was verbessert werden muß. Aus dieser Analyse werden Vereinbarungen für die weitere Zusammenarbeit abgeleitet.

Werden diese Reviews mit Vereinbarungen regelmäßig durchgeführt, verbessert sich die Teamarbeit im Sinn eines kontinuierlichen Verbesserungsprozesses. Dies ist ein unverzichtbares Element lernender Organisationen.

Total Quality Management

Total Quality Management ist eine Führungsmethode, welche die Qualität in den Mittelpunkt stellt und durch Zufriedenstellung der Kunden auf einen langfristigen Geschäftserfolg zielt. Dabei wird das Personal auf allen Hierarchieebenen mit einbezogen. Für den Erfolg sind die überzeugende Führung durch die Unternehmensleitung sowie die Ausbildung und Schulung aller Mitglieder der Organisation entscheidend.

Neue Aspekte in der Qualitätsdiskussion

Qualität ist ein Begriff, der in den letzten Jahren viele Diskussionen ausgelöst hat, insbesondere im Zusammenhang mit neuen, ganzheitlichen Managementmethoden. Während die einen neue Ansätze zur Qualitätsverbesserung sahen, reagierten andere eher skeptisch. Trotz solcher Vorbehalte setzte sich ein erneuertes Qualitätsverständnis schließlich durch. Denn es ging nicht mehr einzig und allein um die Produktqualität, sondern um die Qualität aller Bereiche und Prozesse im Unternehmen, die darauf ausgerichtet werden sollten, den Kunden zufriedenzustellen.

Seit Anfang der 80er Jahre spielen bei der Definition von Qualität einige neue Aspekte eine entscheidende Rolle. Die **Kunden** wollen nicht nur ein einwandfreies Produkt erwerben. Sie erwarten auch, daß rund um dieses Produkt hochwertige Dienstleistungen angeboten werden. Dazu gehören u. a. eine gute Beratung und ein exzellenter Service. Auch der **globale Wettbewerb** hat die Qualitätsdiskussion angeheizt.

Neue Konkurrenten mit zum Teil besseren Produkten und Dienstleistungen haben den Druck auf andere Unternehmen verstärkt und damit die Frage aufgeworfen, ob und wie das bisherige Qualitätsverständnis zu erneuern ist. Insbesondere im **Investitionsgüterbereich** werden Produkte immer komplexer. Am Beispiel Telekommunikation können wir eine zunehmende Vernetzung von Telekommunikation und Datenkommunikation beobachten. Die Folge ist, daß auch die Planungs-, Entwicklungs- und Herstellprozesse für die Produkte komplexer werden und sich damit neue Fragen in punkto Qualität stellen. Qualität zu produzieren kostet Geld. Noch mehr Geld kostet es allerdings, schlechte Produkte herzustellen, man denke nur an die spätere Bearbeitung von Beschwerden, an Reparaturen oder gar an kostenintensive Rückrufaktionen. Voraussetzung für Kostenreduktion ist, daß **Fehler** dort beseitigt werden, wo sie entstehen, nicht dort, wo sie auffallen – nämlich am Ende des Herstellungsprozesses oder erst beim Kunden. Die **Einhaltung von Qualitätsstandards** spielt heute eine wichtige Rolle. In vielen Branchen ist eine → Zertifizierung nach der ISO 9000er-Reihe Voraussetzung für die Aufnahme von Geschäftsbeziehungen. Die ISO-9000er Reihe stellt Unternehmen ein Gerüst zur Verfügung, das sie dabei unterstützt, ein Qualitätssicherungssystem aufzubauen.

Wie definiert man Qualität?

Zertifizierungsgesellschaften arbeiten bei der Definition von Qualität nicht mit Wertungen wie „gut" oder „schlecht". Innerhalb der Norm ist Qualität ein vollkommen wertneutraler Begriff. Eine abstrakte Definition von Qualität lautet folgendermaßen: „Qualität ist die Gesamtheit von Merkmalen einer Einheit bezüglich ihrer Eignung, festgesetzte und vorausgesetzte Erfordernisse zu erfüllen."

Vereinfacht ausgedrückt: Eine Sache ist dann von Qualität, wenn sie bestimmten Erwartungen entspricht. Und wer erwartet Qualität? Natürlich die Kunden. Deshalb definieren Fachleute den Qualitätsbegriff vom Kunden her. Demnach ist Qualität dann gegeben, wenn das Produkt oder die Leistung mit den Erwartungen des Kunden übereinstimmen, und zwar im Hinblick auf: Beratung, Kauf, Preis, Lieferzeit, Funktion, Zuverlässigkeit, Sicherheit, Umweltverträglichkeit und Service.

Bedeutung von Total Quality Management

Hinter dem Konzept des Total Quality Managements (TQM) steht der Gedanke, daß vereinzelte, punktuelle qualitätsverbessernde Maßnahmen die Wettbewerbsfähigkeit eines Unternehmens nicht wirklich steigern können. Dies gelingt nur durch ein ganzheitliches Modell, das alle Wertschöpfungsstufen und alle Mitarbeiter erfaßt.

Total Quality Management kann als die umfassendste Qualitätsstrategie angesehen werden, die für ein Unternehmen denkbar ist. Vom Kunden über die eigenen Mitarbeiter bis hin zum Zulieferanten werden alle Bereiche erfaßt und integriert. In diesem Sinn ergibt sich insbesondere aus dem unternehmerischen und wirtschaftlichen Erfolgspotential von Qualität sowie der Langfristigkeit und Reichweite eines qualitätsorientierten Ansatzes auch die Bedeutung der Einbindung des Qualitätszieles in die gesamte Unternehmenspolitik und die Verknüpfung mit der Unternehmenskultur.

Der Ablauf in groben Zügen

Der Ablauf des Total Quality Managements vollzieht sich in den folgenden Schritten.

1) Ziele definieren
Am Anfang steht in der Regel die Formulierung der Unternehmensziele. Bei der Erarbeitung der Ziele ist es wichtig, daß die Führung diese nicht von oben herab formuliert, ohne Abstimmung auf die darunterliegenden Bereiche. Dies hätte mehrere Nachteile:
Die Ziele sind nicht auf die Rahmenbedingungen bestimmter Prozesse zugeschnitten. Es gibt keine Verbindung zwischen Zielen und Kundenerwartungen. Es werden unter Umständen nur einzelne Bereiche optimiert und andere vernachlässigt.

Sinnvoller ist es deshalb, die vereinbarten Unternehmensziele sukzessive auf die einzelnen Bereiche zu übertragen. Jeder Bereich erhält also Ziele, die zu konkretisieren sind.

In manchen Fällen kann es hilfreich sein, die einzelnen Bereiche bzw. untergeordneten Unternehmenseinheiten zunächst mit der Formulierung von Zielen zu beauftragen. Dabei werden „Themen“ vergeben, für die Ziele zu formulieren sind. Anschließend werden diese Ziele im Top-down-Ansatz berücksichtigt.

2) Grundwerte erarbeiten

Ziele allein genügen nicht, um umfassende Qualität zu realisieren. Ziele sind nicht unbedingt etwas, womit sich Mitarbeiter identifizieren. Ausschließlich auf Wettbewerbsfähigkeit, Gewinnmaximierung oder Expansion hin formuliert, sprechen sie vielleicht den Vorstand oder Aktionäre an, doch weder Mitarbeiter noch Kunden lassen sich davon begeistern.

Das ist aber wichtig für die spätere → Teamarbeit, in der Prozesse an den Erwartungen der Kunden ausgerichtet werden sollen. Werte geben darüber hinaus der Arbeit erst einen übergeordneten, tieferen Sinn. Sie sollten in der Unternehmensphilosophie verankert, kommuniziert und gelebt werden.

3) Ist-Analyse und Soll-Ist-Vergleich

Sind die Ziele und Werte erarbeitet, so muß die aktuelle Situation einer Analyse unterzogen werden. Die Ziele dienen dabei als Folie: Wo sind wir noch vom Ziel entfernt, was haben wir aus welchen Gründen noch nicht erreichen können?

Im nächsten Schritt werden Soll- und Ist-Situation miteinander verglichen. Als Ergebnis erhält man eine Reihe von Differenzen. Diese zu beseitigen und eine Harmonisierung zwischen heute und morgen herzustellen, gelingt durch eine erneute Zielformulierung. Die neuen Ziele sind also Verbesserungen, die erreicht werden müssen. Dabei werden langfristige und kurzfristige Ziele festgelegt. Diese allgemeinen Ziele sollen dann die einzelnen Unternehmensbereiche und Prozesse durchdringen.

4) Erarbeitung der Verbesserungsschritte

In moderierten Workshops werden Mitarbeiter angeleitet, die Ziele und Werte für ihren Bereich zu konkretisieren. Welchen Beitrag leisten wir, um das gesteckte Ziel zu erreichen?

Diese Phase ist mit viel Arbeit für alle Beteiligten verbunden. Neben den Zielen, die als Meßgrößen oder Vorgaben den Horizont für alle Aktivitäten bilden, sind Methoden, Arbeitstechniken und Organisationsstrukturen zu entwickeln. Gleichzeitig sind dabei die Prozesse im Auge zu behalten, die mit dem eigenen Bereich korrespondieren.

5) Implementierung
Schließlich werden die Verbesserungsschritte eingeführt. Nach einer vorher festgelegten Frist werden der Erfolg der Maßnahmen überprüft und gegebenenfalls die Ziele korrigiert. Mit der Einführung ist also der Prozeß nicht beendet, er nimmt einen neuen Anfang.

Wesentliche Bausteine des TQM-Konzepts

Kundenorientierung
Das TQM-Modell definiert Qualität aus der Sicht des Kunden. Dessen Zufriedenheit entscheidet darüber, ob ein Produkt oder eine Dienstleistung von Qualität ist. Folglich sind alle Aktivitäten und Prozesse im Unternehmen auf den Kunden sowie seine Wünsche, Erwartungen und Anforderungen auszurichten.

Die Ziele dabei sind: Durch eine hohe Quote von Weiterempfehlungen mehr Kunden an sich zu binden, die Kosten für Marketing- und Werbemaßnahmen, mit denen Kunden „an der Angel" gehalten werden müssen, zu senken, die Wiederverkaufsrate zu erhöhen und Stammkunden heranzuziehen, die höhere Preise akzeptieren

Mitarbeiterorientierung
TQM basiert auf der Vorstellung, daß Menschen für die Qualität von Produkten und Dienstleistungen verantwortlich sind. Deshalb ist auf die Förderung und Entwicklung der Mitarbeiter besonderer Wert zu legen. Idealerweise verfügt das Unternehmen über Mitarbeiter, die Verantwortung übernehmen für das, was sie tun, und daran interessiert sind, ihre Leistungen zu optimieren. Sie sollten die Fähigkeit mitbringen, im Team zu arbeiten, Eigenverantwortung zu übernehmen und Probleme zu lösen.

Das Problem ist, daß Mitarbeiter in der Vergangenheit häufiger in der Rolle der Auszuführenden als der aktiven Mit-Arbeiter waren. Es gibt eine ganze Reihe von Blockaden, Traditionen, Ängsten, die nicht so einfach aus der Welt zu schaffen sind. Das neue Denken sollen die Mitarbeiter in Gruppenarbeit lernen.

Lieferanten

Qualität erstreckt sich von den Mitarbeitern über die Kunden bis hin zu den Lieferanten. Diese müssen in das TQM-Konzept eingebunden sein, da es sonst zu Brüchen kommen würde.

Lieferanten sind für die eigene Wettbewerbsfähigkeit von großer Bedeutung. Ziel ist es, einige wenige treue Lieferanten zu gewinnen, die die gewünschten Qualitätsstandards erfüllen und absolut zuverlässig arbeiten. Darüber hinaus ist zunehmend die Fähigkeit des Lieferanten gefragt, passende Lösungen für bestimmte Aufgabenstellungen seitens des Auftraggebers zu entwickeln.

Im Rahmen des TQM-Modells werden daher Anforderungen erarbeitet, welche die Auswahl der richtigen Lieferanten sicherstellen.

Qualitätstechniken zur Fehlervorbeugung

Im Rahmen von TQM werden Endkontrollen nicht abgeschafft, doch kommt der vorbeugenden Fehlervermeidung eine außerordentlich wichtige Rolle zu. Hintergrund ist, daß Kontrollen traditionell erst zum Schluß des Produktionsprozesses erfolgen und es hier darum geht, Fehler zu finden.

Hingegen könnten viele Fehler vermieden werden, wenn man schon von der Produktentwicklung über die Planung bis hin zum Produktionsprozeß vorbeugende Maßnahmen ergreifen würde. Das Ziel sind Prozesse von gleichbleibender Qualität.
Damit diese realisiert werden können, kommen verschiedene Qualitätstechniken zum Einsatz, zum Beispiel → Quality Function Deployment, die Fehlermöglichkeits- und Fehlereinflußanalyse (→ FMEA) oder statistische Prozeßregelung.

Ständige Verbesserung
Ständige Verbesserung (→ Kaizen) sollte zu einer Art Motto für das Unternehmen werden. Wir haben bereits darauf hingewiesen, daß Verbesserungen auf ihren Erfolg hin überprüft und daraus eventuell neue Verbesserungen formuliert werden. Der Verbesserungsprozeß vollzieht sich in Form des bekannten PDCA-Zyklus: Zunächst wird ein Plan für Verbesserungen erstellt (Plan), dann wird er ausgeführt (Do), anschließend überprüft (Check) und zuletzt angepaßt (Act). Die Verbesserungen werden also aufs neue verbessert, wenn es nötig ist.

Benchmarking
→ Benchmarking bedeutet, die eigenen Leistungen des Unternehmens mit denen des „Best in class" zu vergleichen, daraus zu lernen und die erfolgversprechenden Verfahren des Vorbild-Unternehmens zu übernehmen. Dabei muß es sich keineswegs um ein Unternehmen derselben Branche handeln.

Umweltmanagement

Umweltschutz hat sich in den vergangenen zwei Jahrzehnten zu einem eigenständigen Unternehmensziel entwickelt. Heute stellt das betriebliche Umweltmanagement eine neue unternehmerische Führungsaufgabe dar. Es umfaßt denjenigen Teil des gesamten, übergreifenden Managements, der eine umweltorientierte Unternehmenspolitik bestimmt sowie der Umsetzungskontrolle dient.

Begriff

Das betriebliche Umweltmanagement ist ein Führungsinstrument und befaßt sich mit den betriebswirtschaftlichen Fragen des Umweltschutzes. Umweltmanagement stellt gemäß der EG-Ökoaudit-Verordnung den Teil des gesamten übergreifenden Managements dar, der die

Organisationsstruktur, Zuständigkeiten, Verhaltensweisen, förmlichen Verfahren, Abläufe und Mittel für die Festlegung und Durchführung der Umweltpolitik einschließt. Aus wirtschaftswissenschaftlicher Sicht handelt es sich beim Umweltmanagement um eine Teildisziplin der Betriebswirtschaftslehre (Betriebliche Umweltökonomie), welche die Beziehungen des Betriebes zu seiner natürlichen Umwelt und die Einwirkungen der Umwelt und ihrer Qualität sowie der Umweltpolitik auf den Betrieb darstellt und analysiert.

Ziele

Mit Hilfe des Umweltmanagements versuchen Unternehmen insbesondere

- Risikopotentiale, Korrekturmöglichkeiten und Handlungsprioritäten im betrieblichen Umweltschutz aufzudecken,
- die Wettbewerbsfähigkeit des Unternehmens zu sichern und zu verbessern,
- Kosten zu minimieren,
- die Organisation zu optimieren.

Zweck eines Umweltmanagements

Bei zahlreichen Unternehmen greift das geltende Umweltrecht tief in die Betriebsabläufe ein. Verstöße können nicht nur mit hohen Geldbußen, sondern auch mit langjährigen Freiheitsstrafen geahndet werden. Seit den siebziger Jahren ist die Zahl der umweltrelevanten Gesetze, Verordnungen und Verwaltungsvorschriften stark gestiegen, so daß das Umweltmanagement eine immer wichtigere Stellung im Betrieb einnahm.

Bei vielen Konsumenten ist heute eine hohe Bereitschaft vorhanden, bei ihrer Kaufentscheidung die Wirkungen der Produkte auf die Umwelt in ihre Überlegungen mit einzubeziehen.

Von den Betrieben wird heutzutage mehr als nur eine optimale Versorgung mit Gütern und Dienstleistungen erwartet. Gefordert werden auch

Anpassung und Unterstützung bei der Durchsetzung sozialer und insbesondere ökologischer Interessen.

Normen

Die sogenannte EG-Ökoaudit-Verordnung trat am 13. Juli 1993 in Kraft und gilt als das Grundgesetz des Umweltmanagements (Verordnung der EWG Nr. 1836/93 des Rates über die freiwillige Beteiligung gewerblicher Unternehmen an einem Gemeinschaftssystem für das Umweltmanagement und die Umweltbetriebsprüfung).

Die DIN EN ISO 14001 Umweltmanagementsysteme Spezifikation mit Anleitung zur Anwendung hat seit Oktober 1996 den Status einer Deutschen Norm.

Arten des Umweltmanagements

Das Unternehmen kann sich beim betrieblichen Umweltmanagement grundsätzlich für ein defensives (passives) oder offensives (aktives) Konzept entscheiden.

Das **defensive Umweltmanagementkonzept** überwiegt auch heute noch und ist durch Untätigkeit des Betriebes, allenfalls durch die Reaktion auf die gesetzlichen bzw. marktlichen Anforderungen, gekennzeichnet. Es ist dann gerechtfertigt, wenn der Beitrag für eine Umweltverbesserung durch ein umweltbewußtes Verhalten für den einzelnen Betrieb sehr gering, die umweltschutzbedingten Kostenerhöhungen demgegenüber aber recht beträchtlich sind.

Die nach der Unternehmensphilosophie des **offensiven Umweltmanagementkonzepts** handelnden Betriebe versuchen, in allen betrieblichen Bereichen und Funktionen die Umweltschutzanforderungen in die betrieblichen Abläufe offensiv zu integrieren. Ziel ist es, diese Anforderungen nicht nur zu erfüllen, sondern sie als betriebswirtschaftliches Instrument zu benutzen, um möglichst alle denkbaren Vorteile eines umweltbewußten Verhaltens für den Betrieb zu aktivieren.

Werkzeuge des Umweltmanagements

Das Umweltmanagement stellt heute eine neue Führungsaufgabe dar, dem zahlreiche Werkzeuge zur Verfügung stehen.

Umweltkostenmanagement
Wichtige Ziele des Umweltkostenmanagements sind die betrieblichen Umweltkosten systematisch zu erfassen und zu minimieren, die externen Umweltschadenskosten in das unternehmerische Entscheidungskalkül einzubeziehen, das Kostenpotential unterlassenen Umweltschutzes bei Investitionsentscheidungen systematisch zu berücksichtigen und die umweltschutzrelevanten Kostensenkungspotentiale voll auszuschöpfen.

Wenn der Umweltschutz integraler Bestandteil des Unternehmenszielsystems ist, ist eine umweltbezogene Kosten- und Leistungsrechnung als ein Kernstück des betrieblichen Umweltcontrollings unerläßlich.

Umweltcontrolling
Beim betrieblichen Umweltcontrolling handelt es sich um eine führungsunterstützende und abteilungsübergreifende Querschnittsfunktion, die innerhalb des betrieblichen Umweltmanagements die Informationsfunktion, Planungsfunktion, Kontrollfunktion und Koordinationsfunktion umfaßt.

Ein effektives Umweltcontrollingsystem kann im Unternehmen auf jeder Geschäftsebene ansetzen:
Der **oberen Geschäftsebene** soll es helfen, den Umweltschutz in die Gesamtplanung zu integrieren, eine wirksame Position des Umweltschutzes in der Unternehmensorganisation zu schaffen, die umweltschutzbezogenen Aktivitäten auf den unteren Betriebsebenen zu steuern und zu intensivieren und eine kritische Analyse der Umweltgefährdung durch das Unternehmen durchzuführen.
Der **mittleren Geschäftsebene** soll es helfen, Einzelprojekte festzulegen und zu koordinieren, das Unternehmen in Umweltschutzfragen gegenüber der zuständigen Behörde und der Öffentlichkeit zu vertreten und eine konkrete Schwachstellenanalyse zu erarbeiten.
Der **unteren Geschäftsebene** soll es helfen, umweltschutzbezogene

Projekte durchzuführen, umweltgefährdende Anlagen zu überwachen und die Mitarbeiter für Umweltfragen zu sensibilisieren.

Das betriebliche Umweltcontrolling konzentriert sich auf
- interne technische Risiken, die direkt und indirekt von der Produktion ausgehen,
- die politischen Risiken, die im Zusammenhang mit Gesetzesvorhaben oder umweltpolitischen Forderungen zu sehen sind und
- die Marktrisiken, die beispielsweise dann bestehen, wenn die Verbraucher ihr Kaufverhalten zugunsten von weniger umweltbelastenden Produkten ändern.

Umweltcontrolling sollte nicht nur „operativ", sondern auch „strategisch" umgesetzt werden. Denn „operatives Umweltcontrolling" orientiert sich lediglich an Zahlen. Da sie jedoch erst dann entstehen, wenn Ereignisse eingetreten sind, ist ein Gegensteuern praktisch nicht mehr rechtzeitig möglich. Aus diesem Grund werden im Rahmen des „strategischen Umweltcontrolling" Frühwarnsysteme entwickelt, die sensibler und noch weitsichtiger sind. Sie liefern Informationen und zeigen Entwicklungen auf, bevor diese sich in Zahlen auswirken.

Umweltkennzahlen

Betriebliche Umweltkennzahlen liefern Informationen über umweltrelevante, betriebswirtschaftliche Tatbestände in konzentrierter Form. Umweltkennzahlen unterstützen sämtliche Funktionen des Umweltcontrollings beim Zeitvergleich (frühzeitiges Erkennen von Trends und Veränderungen), beim Soll-Ist-Vergleich und beim Betriebsvergleich (ökologisches Benchmarking möglich).

Umweltleistungskennzahlen

Untergliedert in die Bereiche Stoff- und Energiekennzahlen sowie Infrastruktur- und Verkehrskennzahlen konzentrieren sie sich auf Planung, Steuerung und Kontrolle der Umweltauswirkungen des Unternehmens. Typische Beispiele sind der absolute Energieverbrauch, das Abfallaufkommen pro Produktionseinheit, die Anzahl umweltrelevanter Anlagen oder das Gesamtverkehrsaufkommen des Betriebes.

Umweltmanagementkennzahlen
Sie stellen indirekt die Anstrengungen des Managements dar, die Umweltauswirkungen des Unternehmens zu minimieren. Kennzahlen zu Umweltmanagementaktivitäten beziehen sich auf Bereiche wie Beschaffung, Produktentwicklung, Kommunikation, Schulung und Personal, Sicherheit und Gesundheit.

Umweltzustandskennzahlen
Sie beschreiben direkte Belastungen und Wirkungen in der Umwelt wie die Wassergüte eines nahe gelegenen Sees oder die Auswirkungen von Abluftemissionen auf die regionale Luftqualität.

Ökoaudit
Beim → Ökoaudit (Umweltbetriebsprüfung) handelt es sich um ein Managementinstrument, das eine systematische, dokumentierte, regelmäßige und objektive Bewertung der Leistung der Organisation, des Managements und der Abläufe zum Schutz der Umwelt umfaßt.

Ökobilanzen
Mit → Ökobilanzen lassen sich zunächst ökologische Schwachstellen ableiten, deren Feststellung dann in umweltbezogenen Zielfestlegungen und schließlich in einer konkreten Umsetzung von betrieblichen Umweltschutzmaßnahmen mündet.

Bausteine eines Umweltmanagementsystems

Der betriebliche Umweltschutz kann erst dann reibungslos funktionieren, wenn er in der Aufbau- und Ablauforganisation verankert ist. Ein Umweltmanagementsystem sollte aus folgenden Bausteinen bestehen:

Umweltprüfung: Mit ihrer Hilfe wird eine erste umfassende Bewertung der umweltschutzsichernden Betriebsorganisation und der Umweltauswirkungen an einem Standort vorgenommen. Die Umweltprüfung stellt den Einstieg in das Umweltmanagementsystem dar und wird nur einmal durchgeführt.

Anpassung der betrieblichen Umweltpolitik: Die Festlegung und Überprüfung der betrieblichen Umweltpolitik soll in regelmäßigen Zeitabständen auf höchster geeigneter Managementebene erfolgen. Neben der Dokumentation der betrieblichen Umweltziele hat die Umweltpolitik eine Leitbildfunktion für die Ausrichtung des Umweltmanagementsystems. Die im Umweltprogramm beschlossenen Maßnahmen haben die Aufgabe, die in der Umweltpolitik formulierten Handlungsgrundsätze mit Leben zu erfüllen.

Organisatorische Verankerung des Umweltschutzes im Betrieb: Bei der Verankerung im Betrieb sollen Verantwortung und Befugnisse festgelegt werden. Dies beinhaltet auch die Benennung eines Managementvertreters, der für die Anwendung und Aufrechterhaltung des Umweltmanagementsystems zuständig ist.

Bewertung der Auswirkungen auf die Umwelt: Das Unternehmen prüft und beurteilt die Umweltauswirkungen seiner Tätigkeit. Über bedeutsame Auswirkungen auf die Umwelt stellt es ein Verzeichnis auf. Außerdem sollte das Unternehmen ein Verfahren für die Registrierung aller betriebsrelevanten Umweltrechts- und Umweltverwaltungsvorschriften einrichten und fortschreiben.

Festlegung der Aufbau- und Ablaufkontrolle: Alle Funktionen, Tätigkeiten und Verfahren, die für die betrieblichen Umweltziele von Bedeutung sind, müssen kontrolliert werden.

Erstellung einer Umweltmanagementdokumentation: Insbesondere mit Blick auf eine umfassende Darstellung von Umweltpolitik, Umweltzielen und Umweltprogrammen sowie die Beschreibung der Verantwortung und Befugnisse wird eine Dokumentation erstellt (Umwelthandbuch).

Durchführung von Umweltbetriebsprüfungen: Die Umweltbetriebsprüfungen dienen insbesondere der Beantwortung der Frage nach der Wirksamkeit des Umweltmanagementsystems.

Unternehmenskultur

Die Unternehmenskultur ist ein integrierender Bestandteil der strategischen Unternehmensführung. Eine starke Unternehmenskultur kann eine Quelle strategischer Stoßkraft sein; neben den positiven Effekten ist aber auch die Gefahr negativer Auswirkungen zu berücksichtigen. Die Gestaltung der Unternehmenskultur umfaßt alle Aktivitäten, die der zielgerichteten Entwicklung der Unternehmenskultur dienen.

Begriff

Die Unternehmenskultur ist die Gesamtheit der im Unternehmen entstandenen, gewachsenen und akzeptierten Wertvorstellungen, Traditionen, Mythen, Normen, Denkhaltungen und Zielvorstellungen. Die Unternehmenskultur ist etwas Gewachsenes, das während eines langen Zeitraums aufgebaut wurde, jedoch in kurzer Zeit zerstört werden kann. Wesentlich geprägt wird die Unternehmenskultur durch die Vision und das Vorbild der Unternehmensleitung.

Sinn und Zweck

Die Unternehmenskultur vermittelt den Mitarbeitern auf allen Verantwortungsebenen Sinn und Richtlinien für ihr Verhalten. Sie beeinflußt über bestimmte Denk- und Verhaltensmuster das Entscheiden und das Handeln der Mitarbeiter. Eine starke Unternehmenskultur kann zur Quelle strategischer Stoßkraft werden, wenn sie mit der Strategie im Einklang steht. Paßt sie allerdings nicht zu den anderen Systemen im Unternehmen, wird aus dem Erfolgsfaktor Unternehmenskultur ein Hemmschuh.

Entstehung von Unternehmenskulturen

Wo immer Menschen zusammenkommen, entsteht nach einer gewissen Zeit eine Kultur bzw. eine Subkultur. Jede Kultur entwickelt unge-

schriebene, häufig unausgesprochene Normen und gegenseitige Erwartungen, die einen starken Einfluß auf das Verhalten der Mitglieder ausüben. Menschen sind heute eher bereit, die Kultur, deren Mitglieder sie sind, selbst zu entwickeln, zu formen und zu gestalten, als sich passiv von einer vorgegebenen Kultur vereinnahmen und prägen zu lassen.
Aufgrund der unterschiedlichen Anforderungen und Aufgabenbereiche können sich innerhalb des Unternehmens, z. B. in Geschäftseinheiten, Funktionsbereichen oder Abteilungen, Subkulturen mit unterschiedlichen dominanten Werten entwickeln. Zwischen der Unternehmenskultur und den Mitarbeitern besteht eine enge, wechselseitige Beziehung. Vor allem Mitglieder der oberen Managementebenen beeinflussen die Unternehmenskultur maßgeblich, was den evolutionären Charakter der Unternehmenskultur unterstreicht.

Charakterisierung der Unternehmenskultur

Die spezifische Ausprägung von Unternehmenskulturen wird durch vier Merkmale charakterisiert:
Verankerungsgrad: Das ist der Grad der Verinnerlichung der Werte und Normen bei den Mitarbeitern. Je höher der Verankerungsgrad, desto stärker ist die Verhaltensbeeinflussung der Mitarbeiter durch die Unternehmenskultur.
Ausmaß der Übereinstimmung: Damit wird die kollektive Verbreitung der Unternehmenskultur unter den Mitarbeitern angesprochen. Je mehr Mitarbeiter die kulturellen Werte und Normen teilen, desto breiter wirkt die Unternehmenskultur.
Systemvereinbarkeit: Damit ist die Verträglichkeit und die Übereinstimmung der Unternehmenskultur mit anderen Systemen des Unternehmens wie Führungs- und Organisationssystem, Unternehmenspolitik, Zielsystem etc. gemeint. Je besser die einzelnen Systeme aufeinander abgestimmt sind, desto erfolgreicher und konfliktfreier kann gearbeitet werden.
Umweltvereinbarkeit: Auch nach außen hin ist die Übereinstimmung der Werte und Normen der Unternehmung mit denen der Umwelt bzw. der Gesellschaft wichtig, um Konflikte zu vermeiden, die → Kundenorientierung zu gewährleisten oder das Image zu pflegen. Die Unter-

scheidung zwischen starken und schwachen Unternehmenskulturen beruht auf der Ausprägung dieser Merkmale. Je stärker die Ausprägung, desto stärker die Kultur.

Wirkungen von Unternehmenskulturen

Starke Unternehmenskulturen zeigen auch starke Wirkungen. Diese Wirkungen können sowohl positiv als auch negativ sein.

Sehen Sie dazu die folgende Aufstellung:

Positive Effekte der Unternehmenskultur
• Handlungsorientierung durch klare Richtlinien und Orientierungsmuster • Reibungslose Kommunikation, weniger Mißverständnisse und weniger Interpretationsfehler • Rasche Entscheidungsfindung durch schnelle Einigung • Problemlose Umsetzung aufgrund der breiten Akzeptanz • Geringer Kontrollaufwand dank der verinnerlichten Verhaltensmuster • Motivation, Teamgeist und Loyalität durch das „Wir-Gefühl“
Negative Effekte der Unternehmenskultur
• Tendenz zum Abkapseln, zur Selbstüberschätzung, zum Ignorieren von Kritik und Warnsignalen • Betriebsblindheit durch Wahrnehmungsfilterung • Blockierung neuer Orientierungen, Festhalten an alten Erfolgsmustern • Widerstand gegenüber Veränderungen und Innovationen • Mangel an Flexibilität, geringe Anpassungsfähigkeit

Kulturtypen

Um eine Unternehmenskultur zu beschreiben, kann man sich auf die wichtigsten Merkmale konzentrieren, um die Komplexität des Phänomens zu reduzieren. Diese starke Vereinfachung bewirkt jedoch eine große Distanz zur Realität, deren man sich bewußt sein muß.

Deal/Kennedy entwickelten eine sehr bekannte Typologie von Unternehmenskulturen. Nach den beiden Kriterien Risikobereitschaft und Feedback aus dem Markt unterscheiden sie vier Kulturtypen.

Alles-oder-Nichts-Kultur
Die Mitarbeiter sind selbständige Individualisten mit hoher Risikobereitschaft. Geschätzt werden große Ideen, schnelles Handeln und ein auffallendes Erscheinungsbild. Schnelles Feedback wird erwartet, Erfolge werden gefeiert und Mißerfolge offengelegt.

Beispiele: Devisen- und Finanzmakler, Journalisten, Werbeagenturen, Marketingabteilungen, Unternehmensberatungen.

Brot-und-Spiele-Kultur
Im Unternehmen wird harte, aber attraktive Arbeit geleistet. Die Umwelt ist voller Möglichkeiten, die nur genutzt werden müssen. Der Erfolg beruht auf Aktivität und Beharrlichkeit. Das Risiko wird gering eingeschätzt, der Umgangston ist locker und freundlich. → Teamarbeit und Serviceorientierung stehen im Vordergrund.

Beispiele: Autohändler, Computerfirmen, Verkaufsabteilungen, Makler, Konsumgüterfirmen.

Analytische-Projekt-Kultur
Das Unternehmen und die Mitarbeiter gehen mit hohen Investitionen ein hohes Risiko ein. Das Feedback erfolgt erst nach Jahren. Fehlentscheidungen sind somit eine große Bedrohung. Das bestimmende Ritual sind lange Konferenzen. Alternativen werden sorgfältig analysiert, die Entscheidung wird dann von der Unternehmensspitze getroffen. Fachkompetenz und menschliche Autorität sind Voraussetzungen für den Erfolg. Karriere wird schrittweise gemacht. Emotionen werden nicht gezeigt.

Beispiele: Forschungsabteilungen, -institute, Stahl- und Energieunternehmen, pharmazeutische und chemische Unternehmen, Produzenten von Investitionsgütern.

Prozeß-Kultur
Der Weg ist das Ziel. Fehler dürfen nicht gemacht werden. Die hierarchische Ordnung ist überall spürbar. Statussymbole werden hoch eingeschätzt. Geringe Risikobereitschaft und kaum Feedback führen zu hoher Vorsicht, Genauigkeit, Schema „F". Traditionen und eingefahrene Verhaltensmuster prägen die Abläufe. Alles ist berechenbar, Veränderungen sind ein Greuel.

Beispiele: Staatlich geführte Unternehmen, Rechnungswesen, Banken und Versicherungen.

Gestaltung der Unternehmenskultur

Häufig scheitern gut konzipierte Strategien und Aktionspläne, weil sie nicht mit der im Unternehmen vorherrschenden Kultur im Einklang stehen. Unternehmensinterne Konfliktsituationen sind ebenfalls häufig auf kulturelle Schwierigkeiten, Reibereien und Verständnisprobleme zurückzuführen. Die Notwendigkeit einer evolutionären und begleitenden Unternehmenskulturgestaltung ist daher gegeben. Um die Unternehmenskultur an die neuen Anforderungen anpassen zu können, müssen vorab die relevanten Werte und Normen ermittelt und in eine Rangordnung gebracht werden. Dadurch werden die Prioritäten der Aktionspläne und Maßnahmen deutlich.

Aufgrund des evolutionären Charakters der Unternehmenskultur und ihrer Komplexität ist es nicht möglich, eine vollständig neue Kultur zu konstruieren und diese schrittweise zu implementieren. Die Vorgehensweise ist somit ein gezieltes Einführen von Veränderung nach einem 3-Phasen Schema.

Diagnose: Analyse der Ist-Kultur
Bei der Erfassung der Ist-Kultur werden die direkte und die indirekte Methode unterschieden. In der Praxis wird normalerweise mit beiden Vorgehensweisen gearbeitet, um Kontrollmechanismen zu haben.

Direkte Methode:
Werte und Normen werden direkt durch eine Befragung aller Organisationsmitglieder erhoben. Die Befragung kann schriftlich anhand eines Fragebogens oder in einem Gespräch schriftlich-mündlich kombiniert durchgeführt werden. Die Fragen beziehen sich auf die Einstellungen der Mitarbeiter zu kulturrelevanten Bereichen wie Identifikation mit dem Unternehmen, Zusammenarbeit, Kommunikation, Führungsverhalten und die jeweils dominanten Werte für die strategische Ausrichtung.

Die Auswertung erfolgt auf Unternehmensebene sowie bereichsspezifisch. Dadurch können auch die Subkulturen einzelner Unternehmensbereiche erhoben und auf ihre Stimmigkeit hin untersucht werden. Der Vorteil besteht in der Konzentration auf ursächliche Einflußfaktoren und kulturrelevante Themen. Bewußte Manipulationen und unbewußte Wunschprojektionen können jedoch zu Verfälschungen führen.

Indirekte Methode:
Hier wird von der sichtbaren Komponente der Unternehmenskultur, dem Symbolsystem, auf die zugrundeliegenden Werte, Normen und Basisannahmen geschlossen. Die Auswirkungen und Symptome der Kultur werden beobachtet und interpretiert. Zu den wichtigsten Indikatoren zählen Gestaltung von Gebäuden und Büros, Atmosphäre, Betriebsklima, Besucherempfang, Kleidung, Sprache und Umgangston, Beziehungsmuster, Führungsverhalten, Form von Sitzungsprotokollen, firmeninterne Anekdoten und Witze, Feiern, Riten usw.

Bewußte Manipulation ist hier kaum möglich; eine Fehlerquelle entsteht durch den Interpretationsspielraum.

Externe Unternehmensberater können durch ihr Know-how, ihre Neutralität und ihre Unvoreingenommenheit gerade in der Diagnose-Phase einen wichtigen Beitrag leisten. Der Erfolg der Unternehmenskulturgestaltung hängt jedoch von der Einbeziehung, der Sensibilisierung und der Mitarbeit der Organisationsmitglieder selbst ab.

Beurteilung und Zielbildung (Soll-Kultur)
Die Unternehmenskultur, als eine Komponente des Gesamtsystems, muß mit den anderen Systemen, den Zielen und Strategien des Unternehmens übereinstimmen, sowie mit der Umwelt des Unternehmens verträglich sein. Aus den Schwächen der Ist-Kultur lassen sich die Entwicklungsrichtungen für die Soll-Kultur ableiten.

Die Soll-Kultur beinhaltet jene Einstellungen und Verhaltensweisen, die notwendig sind, um das von der Unternehmensleitung gewünschte und von den Strategien verlangte Verhalten der Unternehmensmitglieder zu bewirken. Die Frage, ob die Strategie der Kultur oder umgekehrt die Kultur der Strategie anzupassen ist, kann nur von Situation zu Situation beantwortet werden.

Maßnahmen zur Umsetzung (Aktionspläne)
Basierend auf der Soll-Kultur werden Maßnahmen formuliert, um die Ist-Kultur gemäß der Gesamtplanung der strategischen Unternehmensentwicklung zu verbessern.
Solche Maßnahmenpläne setzen an mehreren Punkten an:
- Entwicklung bzw. Verdeutlichung des Unternehmensleitbildes
- Breite Kommunikation der Strategie zur Sensibilisierung der Mitarbeiter
- Schulungen und Workshops zur Personalentwicklung
- Symbolische Handlungen
- Rotation bzw. Versetzungen von Subkulturträgern
- Veränderung der Rekrutierungs- und Beförderungskriterien
- Neugestaltung von Anreizsystemen
- Veränderung der Ressourcenzuteilung

Die Pflege und die erfolgreiche Gestaltung der Unternehmenskultur hängt maßgeblich vom glaubwürdigen Vorbild der Führungskräfte ab.

Verkauf

Der Verkauf ist ein funktionaler Bestandteil der Marketing- und Vertriebsorganisation. Seine Aufgabe besteht darin, alle operativen Tätigkeiten für die Beratung, Bedienung und Betreuung des Marktes durchzuführen. Dies kann sowohl vor Ort beim Kunden als auch durch den Innendienst direkt erfolgen.

Zielvorgaben

Wenn der Verkauf die aktive Partnerfunktion für den Markt und das Unternehmen optimal erfüllen soll, muß er folgende Zielvorgaben konsequent umsetzen:
- permanente Verfügbarkeit für die Kunden und Marktpartner in allen Belangen des Liefersortiments und der damit zusammenhängenden Abwicklung,
- schnellstmögliche Abwicklung von Anfragen, Bestellungen, Reklamationen und sonstiger Wünsche der Marktpartner,
- Sicherung einer dauerhaften Kundenbindung durch entsprechende Dienstleistungen und ein positives persönliches Verhalten.

Verkaufsorganisation

Die Verkaufsorganisation ist ein Teilbestandteil der Marketing- und Vertriebsorganisation. Im wesentlichen besteht sie aus den Funktionsstellen des Außen- und Innendienstes. In erweiterter Form gehören aber auch das → Key-Account-Management und die Versandabwicklung zu den Verkaufsaufgaben. Die Ablauforganisation und die darin festgelegten Aufgaben und Tätigkeiten werden nachfolgend dargestellt.

Zentrale Aufgaben

Die Aufgaben des Verkaufs sind überwiegend operativer Art und finden tagtäglich statt. Sie schließen alles ein, was eine aktive Markt- und

Kundenbedienung erfordert und dadurch auf Dauer die Kundenzufriedenheit gewährleistet.

Aktive Kundenberatung und -betreuung
Für diese Aufgabe ist überwiegend der Außendienst direkt vor Ort zuständig. In kooperativer Zusammenarbeit mit dem Innendienst und dem Key-Account-Management werden aber auch diese Stellen aktiv eingebunden.

Aufbereitung und Pflege der Marktstammdaten
Die firmen- und personenorientierten Marktstammdaten sind die wichtigste Grundlage für eine systematische Planung und Steuerung der Zielmärkte. Der sorgfältigen Verwaltung und Pflege kommt deshalb eine ganz besondere Bedeutung zu. Für die permanente Durchführung dieser Aufgabe sind alle beteiligten Stellen im Verkauf zuständig, da jeder einzelne Mitarbeiter Verantwortung für den Markt mitträgt.

Ausarbeitung von Angeboten
Zu den täglichen Verkaufsaufgaben zählt die Ausarbeitung von Angeboten. Für die Durchführung sollten klare Regeln und Vorgaben vorhanden sein, so daß alle Beteiligten mit derselben Sprache zum Kunden hin sprechen. Diese Aufgabe kann von allen Beteiligten im Verkauf wahrgenommen werden, wenn keine speziellen Regelungen dafür getroffen wurden.

Erfassung und Abwicklung von Aufträgen
Diese Aufgabe des Verkaufs verlangt eine systematische Vertragsprüfung und schnelle Erfassung in der Auftragsdatenbank. Heute sind Qualität und Schnelligkeit oberstes Gebot für die Kundenbedienung und damit wird jede Verzögerung als Schwäche betrachtet. Die Erfassung und Abwicklung von Aufträgen ist überwiegend Aufgabe des Innendienstes, wenn diese nicht schon online vom Kunden oder dem Außendienst ins Unternehmen gegeben werden.

Bearbeiten von Reklamationen

Eine Reklamation steht immer in einem direkten Zusammenhang mit einem laufenden Kundenauftrag oder der daraus resultierenden Lieferung. Es ist deshalb eine der wichtigsten kooperativen Aufgaben des Verkaufsteams, Reklamationen umgehend zu bearbeiten und den Kunden über die Ursachen und deren Beseitigung zu informieren.

Durchführung von speziellen Verkaufsaktionen

Neben der Tagesarbeit gehört es auch zu den Verkaufsaufgaben, geplante Verkaufsaktionen wie Mailings, Verkaufsschulungen, Produktpräsentationen oder Befragungen durchzuführen. Die Zuständigkeit für die Durchführung wird pro Aktion vom jeweiligen Verkaufsleiter festgelegt.

Vertrieb

Unter dem Begriff Vertrieb werden alle Aktivitäten in einem Unternehmen verstanden, die zur Öffnung, Bedienung und Sicherung des Marktes erforderlich sind. Funktional gesehen ist der Vertrieb der marktorientierte Unternehmensbereich, welcher für den Absatz der Produkte und Leistungen verantwortlich ist. Dazu gehören alle planerischen und operativen Aufgaben, von der Vertriebsstrategie bis hin zum systematischen Vertriebscontrolling.

Zielvorgaben

Als Bindeglied zum Markt und damit wichtigste Schlüsselfunktion in einem Unternehmen, hat der Vertrieb drei wichtige Zielvorgaben zu erfüllen:

- Öffnung neuer Märkte und erfolgreiche Positionierung des Liefersortiments,

- Bedienung der Kunden und Marktpartner in allen Belangen,
- Sicherung der Märkte durch gezielte Serviceleistungen und Controllingmaßnahmen.

Vertriebsstrategie

Erfolgreiche Vertriebsarbeit beginnt bei der Vertriebsstrategie. Als Bestandteil der Unternehmensstrategie muß sie folgende wichtige Punkte festlegen und inhaltlich klar umreißen:

Definition der Markt- und Produktziele
In diesem quantitativen und qualitativen Rahmenkonzept müssen die mittel- und langfristigen Vorgaben strukturiert, aufbereitet und als Leitplanung festgelegt werden. Die wichtigsten Punkte dabei sind Anzahl und Größe der Zielmärkte, angestrebtes Zielpublikum, Struktur und Umfang des Liefersortiments, Umsatzplanzahlen, geordnet nach Märkten und Produkten.

Festlegen des Marketing-Mix
Dieser Teil der Vertriebsstrategie befaßt sich mit den vier wichtigsten Faktoren für die erfolgreiche Umsetzung der Zielvorgaben (→ Marketing). Dies sind die **Produktstrategie** mit allen erforderlichen Vorgaben zum Liefersortiment und der darin angebotenen Produkte und Leistungen; die **Distributionsstrategie,** in welcher die wirkungsvollsten direkten oder indirekten Absatzwege und deren Einsatz beschrieben werden; die **Kommunikationsstrategie,** von der Dokumentation des Liefersortiments, über die → Werbung bis hin zur Präsentation auf Messen und bei Verkaufsveranstaltungen; die **Preis- und Konditionenstrategie** mit allen wichtigen Inhalten für eine optimale wirtschaftliche Vermarktung des Sortiments (→ Preispolitik).

Ausarbeiten der Wettbewerbsstrategie
Die Wettbewerbsstrategie muß eindeutig darstellen, wie sich das Unternehmen im Kreis der Mitanbieter präsentieren möchte (→ Konkurrenzanalyse). Die Skala reicht vom Marktführer bis zum unbedeutenden Mitläufer. Zudem sind klare Regeln für das Wettbewerbsverhalten aufzustellen.

Vertriebsorganisation

Die Vertriebsorganisation ist ein Bereich der Unternehmensorganisation. Zwei ganz wesentliche Bestandteile sind zu unterscheiden.

Aufbauorganisation
In der Aufbauorganisation werden die Verantwortlichkeiten sowie die Unter- und Überstellungsverhältnisse geregelt. Üblicherweise ist der Bereich Vertrieb direkt der Geschäftsleitung unterstellt. In marktorientierten Unternehmen kann der Vertrieb aber auch Teilbestandteil der Marketingorganisation sein. Als wichtige Funktionsgebiete umfaßt der Vertrieb das Produktmanagement, das → Key-Account-Management, den → Außendienst, den Innendienst und den Service.

Ablauforganisation
Die einzelnen Arbeitsprozesse und Tätigkeiten im Vertrieb werden in der Ablauforganisation beschrieben und festgelegt. Diese beginnt bei der Bearbeitung von Anfragen und endet bei den Vorgaben für eine aktive Produktpflege und Marktsicherung.

Vertriebscontrolling

Marktsicherung beginnt bei einem aktiven Vertriebscontrolling. Durch die gemeinsame Ausarbeitung der Planzahlen mit den zuständigen Vertriebsstellen achtet das Controlling schon frühzeitig auf die Qualität der Planung und Umsetzung. In einem permanenten Abgleich von Soll und Ist werden Veränderungen erkannt und die nötigen Korrekturen in die Wege geleitet. Mit Statistiken, Controllingberichten und periodischen Controllingbesprechungen werden die Ergebnisse kritisch beleuchtet und alle Beteiligten mit den Zielvorgaben und den Veränderungen vertraut gemacht.

Vorstellungskosten

Vorstellungskosten entstehen einem Bewerber, wenn er von einem Unternehmen zum Vorstellungsgespräch eingeladen wird (→ Personalbeschaffung). Zu den Vorstellungskosten zählen im allgemeinen die Auslagen des Bewerbers für Anreise, Übernachtung und Verpflegung. Nicht enthalten ist in der Regel ein möglicher Verdienstausfall.

In der Praxis ist es grundsätzlich üblich, daß das Unternehmen die Vorstellungskosten übernimmt. Zusammen mit der Einladung zum Vorstellungsgespräch sollte dem Bewerber mitgeteilt werden, in welcher Höhe die Kosten erstattet werden und welche Unterlagen für die Erstattung benötigt werden. Bei außergewöhnlich hohen Kosten, z. B. bei Anreise mit dem Flugzeug, wird es in der Regel zu einer Rücksprache zwischen Bewerber und einladendem Unternehmen kommen. Übernimmt das Unternehmen die Vorstellungskosten nicht oder nur anteilig, so muß dies dem Bewerber ausdrücklich mitgeteilt werden.

Ein Anspruch auf Erstattung der Vorstellungskosten besteht auch dann, wenn kein Arbeitsverhältnis zustande kommt. Anders ist dies, wenn der Bewerber vom Arbeitsamt zum Vorstellungsgespräch geschickt wurde; diese Kosten werden in der Regel vom Arbeitsamt übernommen.

Werbung

Werbung ist ein Hauptbestandteil der Kommunikationspolitik. Sie findet in räumlicher Distanz zum Verkaufsort statt. Dadurch unterscheidet sie sich von der Verkaufsförderung und durch den Einsatz von Werbemitteln auch vom persönlichen Verkauf. Werbung erfolgt über bezahlte Medien (Werbeträger) und mit eindeutiger Nennung des Werbetreibenden.

Grundlage für jede Werbeaktivität muß ein Konzept sein, das u. a. den zeitlichen Einsatz, die Aussage, die Zielgruppe und die Kosten festlegt.

Ziele der Werbung

Im wesentlichen kann man das Bestreben der Werbung in drei Grobziele aufteilen:
Die **Einführungswerbung** soll die Voraussetzungen dafür schaffen, daß ein neues Produkt vom Markt angenommen wird.
Ziel der **Expansionswerbung** ist, den Umsatz bestimmter, am Markt bereits etablierter Produkte zu erhöhen. Dies kann entweder durch die Gewinnung neuer Kunden oder durch Mehrkäufe alter Kunden erreicht werden.
Die **Erhaltungswerbung** hat zum Ziel, den Umsatz auf dem erreichten Niveau zu halten und zu verhindern, daß die Kunden zu einem Mitbewerber abwandern.

Zahl der Werbenden

Bei der Alleinwerbung wirbt nur ein Unternehmen. Der Vorteil liegt vor allem in der problemlosen Abstimmung der Werbung auf die individuellen betrieblichen Belange.

Bei der Kollektivwerbung werben mehrere Unternehmen gemeinsam. Werden diese Unternehmen einzeln namentlich in der Werbung erwähnt (z. B. Autohändler, die gemeinsam für eine Automarke werben), so spricht man von Sammelwerbung. Bleiben die einzelnen Unternehmen anonym (z. B. Fleisch – ein Stück Lebenskraft), so handelt es sich um Gemeinschaftswerbung. Hauptvorteil der Kollektivwerbung ist es, daß die Werbekosten auf mehrere Parteien umgelegt werden können.

Inhalt der Werbung

Je nach ihrem Inhalt unterscheidet man zwischen informativer Werbung und Suggestivwerbung.
Informative Werbung stellt die sachliche Information über das Produkt in den Vordergrund, z. B. Darstellung und Erläuterung der technischen Ausstattung oder der Verwendungsmöglichkeiten des Produktes.
Suggestivwerbung zielt dagegen in erster Linie auf die Gefühle des Konsumenten ab, z. B. das Gefühl von Freiheit und Abenteuer.

Konjunktur und Werbung

Bei zyklischer Werbung laufen die Werbeausgaben parallel zur konjunkturellen Situation, d. h., je günstiger die wirtschaftliche Situation eines Unternehmens ist, desto höher sind auch seine Werbeausgaben und umgekehrt.

Von antizyklischer Werbung spricht man, wenn ein Unternehmen in Zeiten der Depression, d. h. bei konjunkturell schlechter Lage, verstärkt wirbt und umgekehrt.

Gegenstand der Werbung

Auch hier lassen sich zwei Arten der Werbung unterscheiden: Die Produktwerbung stellt, entsprechend ihres Namens, das Produkt in den Vordergrund. Bei der Firmen- bzw. Imagewerbung werden das Unternehmen, seine Leistungsfähigkeit, Grundsätze oder Taten als Ganzes vorgestellt.

Wertanalyse

Die Wertanalyse untersucht, ob die für ein Produkt oder eine Leistung geforderten Ziele und Funktionen in anforderungsgerechter Qualität zu den geringstmöglichen Kosten realisiert sind. Dabei werden, ohne Rücksicht auf bestehende Lösungen, neue Konzepte aufgrund der geforderten Lösungen entwickelt.

Aufgaben und Ziele

Die Wertanalyse untersucht, ob die von Ihnen angebotenen Produkte oder Leistungen zu minimalen Kosten hergestellt werden. Dabei wird besonderes Augenmerk auf die Notwendigkeit bestimmter Funktionen gelegt. Zielsetzung der Wertanalyse ist es, Arbeitsprozesse zur Produktivitätssteigerung zu vereinfachen, Kosten zu senken, Reorganisation durchzuführen und alternative Produktlösungen anzustoßen.

Die Wertanalyse kann in allen Unternehmensbereichen und bei jeder Betriebsgröße eingesetzt werden. Hauptanwendungsbereiche sind der Verwaltungsbereich (Forschung und Entwicklung, Technik, Personal, kaufmännische Verwaltung), der Vertrieb (Verkaufsinnen- und Verkaufsaußendienst), die Materialwirtschaft (Lager, Einkauf, Logistik), die Fertigungsbereiche (Produktion und Hilfsstellen).

Ziele der Wertanalyse sind somit Produktivitätssteigerung, Kostensenkung, Qualitätsverbesserung, Reorganisation und effizienter Mitarbeitereinsatz.

Innerbetriebliche Organisation

Die Wertanalyse läuft auf drei Hierarchiestufen ab:
- Lenkungsebene (Geschäftsführer, oberes Management),
- Steuerungskreis (Ablauf der Analyse und Koordination der dritten Ebene),
- Arbeitsgruppen für jeden Untersuchungsbereich.

Teamarbeit ist die Erfolgsbasis der Wertanalyse. In interdisziplinären Teams werden alle für die Problemlösung relevanten Gesichtspunkte untersucht.

Der Lenkungsausschuß formuliert mit den Führungskräften zusammen eine konkrete **Zielvereinbarung** und einen festen Zeitrahmen, z. B.: Gemeinkostensenkung in der Verwaltung um 10 % bis zum 31. Dezember; Hinterachsenkonstruktion durch neue Lösungen, damit sie in der Produktion in 20 Fertigungsminuten zusammengebaut werden kann; Forschungs- und Entwicklungsaufwendungen ohne Qualitätsverluste um 12 % senken.

Nach der Zielformulierung erfolgen **vorbereitende Maßnahmen:** Die Information aller (nicht nur der unmittelbar betroffenen) Beschäftigten, die Bekanntgabe der Ziele in den Abteilungen, die Festlegung von betroffenen Produkten und Abteilungen und die Veröffentlichung der Terminpläne. Parallel erfolgt die Schulung der beteiligten Personen für die Wertanalyse.

Anschließend überprüfen Arbeitsgruppen die in ihrem Bereich zu untersuchenden Leistungen auf Notwendigkeit, Nutzen und Kosten **(Ist- und Nutzenanalyse)**. Zudem erarbeiten sie Einspar- und Verbesserungsvorschläge. Die Zusammenarbeit sollte immer in enger Abstimmung mit den Leistungserbringern und -empfängern erfolgen.

Durchführung

Nachdem Sie sich für einen Lösungsvorschlag bzw. eine Alternative entschieden haben, beginnt die Umsetzungsphase. Hierzu sind vor allem ein Maßnahmen- und Zeitplan und genügend Kontrollpunkte erforderlich.

Steuerung und Kontrolle

Die Kontrolle sollte idealerweise immer fortlaufend und parallel zum Gesamtprozeß geschehen, um wiederholt mit Plan-/Ist-Vergleichen

Fehler aufzuspüren. Im folgenden ist ein Überblick über die einzelnen Phasen der Wertanalyse mit den wichtigsten Maßnahmen dargestellt:

Phasen der Wertanalyse
Zielformulierung: Definition von Zielen; **Vorbereitung:** Bildung von Arbeitskreisen, Verteilung von Aufgaben und Erstellung von Ablauf- und Zeitplan; **Analysephase:** Ist- und Nutzenanalyse und Erarbeitung von Lösungen/Alternativen; **Durchführung:** Auswahl der Lösungen und Umsetzung der Vorschläge; **Kontrolle:** Überwachung der Durchführung und möglichst mehrmalige Erfolgsprüfung innerhalb einer Periode.

Workflow Management

Workflow Management kann als ein ganzheitliches Konzept verstanden werden, das von der Definition über die Steuerung bis zur Kontrolle bzw. Überwachung von Geschäftsprozessen reicht. Es gilt heute für viele Organisationen als wichtiges Instrument zur Optimierung von Prozessen in Büro und Verwaltung. Mit einer Workflow-Management-Lösung lassen sich identifizierte und modellierte Prozesse eines Unternehmens effizient steuern.

Begriff

Der Begriff Workflow Management wird unterschiedlich weit gefaßt. Die Begriffsdefinitionen reichen von der reinen Steuerungskomponente für Routineabläufe bis hin zu einer umfassenden Lösung für Geschäftsprozesse, Betriebsabläufe und Informationsmanagement.

Umfassendes Workflow Management, auch als Vorgangs- oder Geschäftsprozeßmanagement bezeichnet, schließt vier Teilbereiche ein, deren Ausprägungen im Praxiseinsatz variieren können: Modellierung, Analyse, Simulation modellierter Vorgänge und die Steuerung der Abwicklung von Vorgängen.

Üblicherweise wird Workflow Management in Verbindung mit dem Einsatz von Informationstechnologien verwendet. Nur so ist es möglich, daß die Steuerung der Vorgänge im Betrieb nach der vorgegebenen Modellierung erfolgt.

Besonderheiten von Workflow

Mit einer Software-Lösung – einem Workflow-Programm – können in vernetzten Systemen Arbeitsabläufe computergestützt gesteuert werden. Nach Beendigung einer Vorgangsbearbeitung durch einen Sachbearbeiter wird der Vorgang elektronisch zum nächsten Bearbeiter weitergeleitet (aktenarme Sachbearbeitung).

Ziele

Ziele im Rahmen des Workflow Management sind:

- Verkürzung der Durchlaufzeit durch Wegfall von Transport-, Kopier- und Wartezeiten sowie durch eine Verkürzung der Bearbeitungszeit,
- Beschleunigung der Informationssuche durch geeignete Werkzeuge,
- gezielte Weiterverwendung von Informationen,
- Einsparung von Personalkosten,
- Einsparung von Sachkosten,
- besserer Kundenservice und somit Erhöhung der Kundenzufriedenheit und Kundentreue durch Verkürzung der Reaktionszeit auf Anfragen,
- umfassendere Auskunft und bessere Termintreue,
- besseres Controlling und mehr Transparenz durch Nachvollziehbarkeit und statistische Auswertungen,
- höhere Ergebnisqualität durch Standardisierung der Abläufe und Sicherstellung der Aktualität der verwendeten Dokumente und Daten.

Arbeitsprozesse

Die Arbeitsprozesse im Büro können in zweifacher Weise unterteilt werden:

- Gewinnung, Verarbeitung und Speicherung von Informationen stellen sogenannte Informationsprozesse dar.
- Der Informationsaustausch innerhalb, von und zwischen Organisationen zum Zweck der Aufgabenerfüllung wird als Kommunikation bezeichnet. Kommunikationsprozesse umfassen die Vorgänge der Weitergabe, Übermittlung und Aufnahme von Informationen.

Diese Prozesse gilt es, mit einem Workflow-Management-Konzept zu optimieren.

Workflow-Management-System

Der Systemtyp, den die Informationstechnologie zur Unterstützung von Geschäftsprozessen vorsieht, sind Workflow-Management-Systeme (WMS). Mit Hilfe eines WMS können unternehmensspezifische Workflow-Anwendungen entwickelt werden. Es handelt sich um verteilte, integrierte Informationssysteme auf Basis der Client-Server-Architektur. Sie ermöglichen Mitarbeitern das zeitlich versetzte (asynchrone) und örtlich getrennte Bearbeiten von Geschäftsprozessen.

Auswahl eines Workflow-Management-Systems

Software-Systeme des Workflow-Computing kommen in vernetzten Systemen zum Einsatz, um das Bearbeiten von Vorgängen im Büro computergestützt zu steuern. Die angebotenen Workflow-Systeme sind eigentlich nur Rahmensysteme bzw. Integrationsplattformen, um die beschriebene Gesamtfunktionalität zu erreichen. Im Gegensatz zu herkömmlichen operativen DV-Systemen bestimmt der Sachbearbeiter die Art und Weise der Erledigung der Vorgänge und nicht das Programm.

Fragen zur Auswahl von Workflow-Software

Produkt-/Anbieter-Abc
Systemanforderungen

- Netzwerkbasis Client-Server,
- Trägerprotokoll OSI (Open System Interconnection), Decnet.

Vorgangsbearbeitung auslösen

- Eingangspost, Zustellhinweise,
- automatische Fallzuordnung OCR (Optical Character Recognition),
- Volltextauswertung,
- Verteilung von Dokumenten manuell oder elektronisch,
- Vorgangssignalisierung, Bemerkungen,
- automatische Adressierung,
- Konfiguration eines Falls,
- Start eines Falls, verschiedene Anlässe.

Sachbearbeitung

- Zuordnung beim Sachbearbeiter,
- Werkzeuge für Sachbearbeitung: TV, Graphik,
- Wiedervorlagesystem,
- automatische Termineinstellung.

Vorgangsbearbeitung beenden

- Vorgangsbegleitung, verschiedene Funktionen,
- Durchlaufsteuerung, Verknüpfungen, Prüfungen,
- elektronische Genehmigung,
- elektronische Mitzeichnung, Sternmitzeichnung,
- Abschluß eines Falls, Statistik,
- Retrieval über Masken,
- Archivierung, Integration optischer Speicher.

Verwaltungsfunktionen
- Aufbau von Vorgangsstruktur, Gesamtübersicht,
- Reportgenerator Standard-Reports,
- Plausibilitätsprüfungen.

Integrationsfunktionen
- verschiedene Standardsoftware,
- persönliche Anwendungen: TV und Graphik.

Kontrolle und Optimierung von Workflow-Anwendungen

Mit dem Einsatz von Workflow-Management-Systemen kann eine einfache Kontrolle und Überwachung von Geschäftsprozessen realisiert werden. Dabei werden durch das Vorgangsinformationssystem Daten über die Vorgangsbearbeitung protokolliert und ausgewertet. So können sowohl betriebswirtschaftlich als auch technisch relevante Daten gewonnen werden.

Zertifizierung

Die Zertifizierung nach der DIN ISO EN 9000-9004 dient der Einführung und Überprüfung des Qualitätsmanagementsystems im Unternehmen. Voraussetzung ist, daß alle Prozesse in einem Qualitätsmanagementhandbuch dokumentiert sind und in dieser Weise auch in der Praxis vorkommen. Ein Zertifizierer prüft dies im Zertifizierungsaudit und in der Folge jedes Jahr im Überwachungsaudit.

Begriff

Unter Zertifizierung wird hier im folgenden die Zertifizierung nach der DIN EN ISO 9000-9004 verstanden. Sie ist die Grundlage für die

Einführung eines Qualitätsmanagementsystems.

Der Name besagt, daß diese Norm in Deutschland, in Europa (EN = Euronorm) und international (ISO = International Standard Organization) gültig ist. Werden die Kriterien dieser Norm erfüllt, so kann ein Zertifizierer dem Unternehmen ein Zertifikat ausstellen. Dies erfolgt über ein Audit, bei dem stichprobenartig die Anwendung der dokumentierten Verfahren geprüft wird.

Ziele und Nutzen

Die Prozesse im Unternehmen werden dokumentiert. Dadurch werden sie bewußt und für andere nachvollziehbar gemacht. Der Prozeß soll unabhängig von Einzelpersonen immer gewährleistet sein, damit die Qualität und der rationelle Ablauf sichergestellt sind.

Für Zulieferer soll durch Standards eine bessere Absprache mit den Kunden ermöglicht werden. Die Zertifizierung kann für viele Kunden gleichzeitig als Qualitätsstandard gelten, so daß diese nicht immer gesonderte Anforderungskataloge erstellen müssen.

Eine Zertifizierung kann aus den obengenannten Gründen einen Wettbewerbsvorteil gegenüber anderen Firmen darstellen.

Vorgehen

Zunächst wählt man eine geeignete, staatlich anerkannte (akkreditierte) Zertifizierungsstelle aus. Diese prüft den Stand des bisherigen Qualitätsmanagementsystems und berechnet den nötigen Zeitaufwand. Für die Umsetzung der Maßnahmen rechnet man in der Regel mit ein bis zwei Jahren. Beim Zertifizierungsaudit wird geprüft, ob die Bedingungen erfüllt sind. Wird das Zertifikat erteilt, so erfolgen jährliche Überwachungsaudits und alle drei Jahre eine Rezertifizierung.
Die folgende Graphik veranschaulicht die Vorgehensweise bei der Zertifizierung:

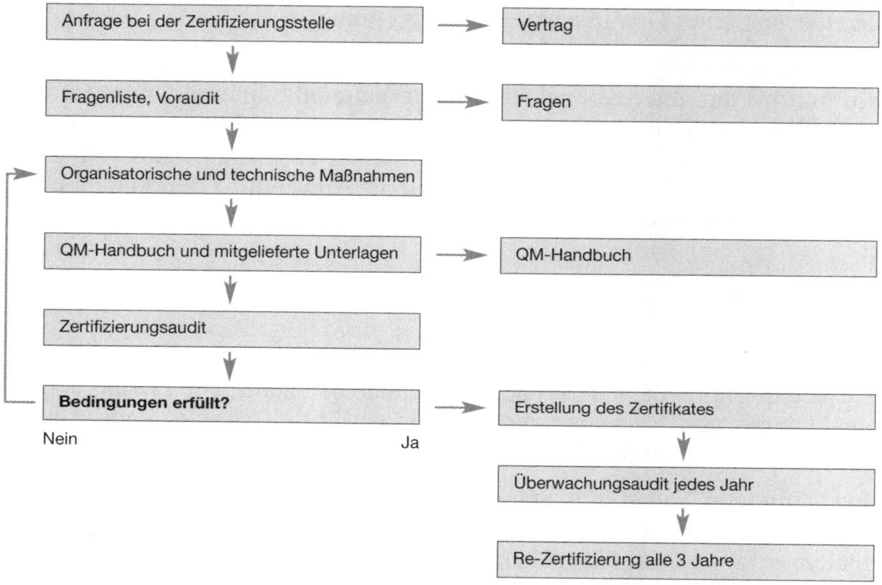

Abb.: Vorgehensweise bei der Zertifizierung

Zeugnis

Das Zeugnis (Arbeitszeugnis) ist eine Urkunde, die der Arbeitgeber dem Arbeitnehmer nach Beendigung des Arbeitsverhältnisses ausstellen muß.

Zeugnisarten

Inhaltlich wird zwischen dem einfachen und dem qualifizierten Zeugnis unterschieden. Das einfache Zeugnis enthält kennzeichnende Angaben zum Arbeitnehmer und ist eine Bestätigung hinsichtlich Dauer und Art der Beschäftigung. Das qualifizierte Zeugnis wird auf Wunsch des Arbeitnehmers ausgestellt; es beschreibt und bewertet zusätzlich dessen Arbeitsleistung und Führung.

Inhalt eines qualifizierten Zeugnisses

- Angaben über Arbeitnehmer und Arbeitgeber,
- Beschäftigungsdauer,
- Positionsbezeichnung,
- Aufgabenbeschreibung,
- Beurteilung der Leistung nach Quantität, Qualität und Einsatzbereitschaft,
- Beurteilung der Führung gegenüber Vorgesetzten, Mitarbeitern, Kollegen und evtl. Kunden,
- Schlußsatz (Grund des Ausscheidens, ggf. Dank für die Mitarbeit, Ausdruck des Bedauerns und Zukunftswünsche).

Zeugnissprache

Zeugnisse müssen einerseits die Wahrheit über Leistung und Verhalten des Mitarbeiters enthalten, damit zukünftige Arbeitgeber ein zuverlässiges Gesamtbild erhalten. Andererseits müssen sie wohlwollend formuliert sein, um den Mitarbeiter in seinem Fortkommen nicht zu behindern. Aufgrund dieses Balanceakts hat sich eine besondere Zeugnissprache entwickelt, die dem Leser eine Gesamtbeurteilung des Bewerbers erleichtern soll. Allerdings gibt es für diese Zeugnissprache keine einheitlichen Regeln.

Arbeitsleistungen

Der Mitarbeiter hat die ihm übertragenen Aufgaben

sehr gut	=	stets zu unserer vollsten Zufriedenheit erfüllt
gut	=	stets zu unserer vollen (uneingeschränkt vollen) Zufriedenheit erfüllt
befriedigend	=	zu unserer vollen Zufriedenheit erfüllt
ausreichend	=	zu unserer Zufriedenheit erledigt
mangelhaft	=	im großen und ganzen zu unserer Zufriedenheit erledigt.

Beispiel für ein qualifiziertes Zeugnis

Zeugnis

Die Media GmbH ist eine mittelgroße Werbeagentur mit knapp 100 Mitarbeitern. Unsere – auch internationalen – Etats liegen insbesondere im Bereich der Bekleidungsindustrie.

Frau Martina Mustermann, geboren am 23.4.1966, war in der Zeit vom 01.04.1993 bis 31.12.1996 als Sekretärin unserer Geschäftsleitung beschäftigt.

Zu ihrem Verantwortungsbereich zählten insbesondere die Erledigung der Korrespondenz unseres Geschäftsführers, die Organisation, Vorbereitung und Protokollierung von Kundenbesprechungen sowie die Erstellung von Präsentationen. Darüber hinaus fielen in diesen Verantwortungsbereich auch alle administrativen Tätigkeiten der Personalarbeit.

Ihre Aufgaben hat Frau Mustermann stets zu unserer vollsten Zufriedenheit wahrgenommen. Besonders hervorzuheben sind dabei ihr hohes Engagement und ihre Selbständigkeit, mit der sie sich ihren Aufgaben gewidmet hat. Dabei hat sie verschiedene Verbesserungsvorschläge entwickelt, die wir bereits in die Praxis umgesetzt haben. Insbesondere ihre sehr guten englischen Sprachkenntnisse haben ihr immer geholfen, kompetent mit unseren internationalen Kunden zu kommunizieren.

Wegen ihrer freundlichen Art war Frau Mustermann auch innerhalb der Agentur für Kollegen und Vorgesetzte eine fachlich wie persönlich überzeugende Ansprechpartnerin.

Wir bedauern Frau Mustermanns Entscheidung, die Agentur zu verlassen, und wünschen ihr für ihre berufliche und persönliche Zukunft alles Gute.

Ort, Datum

Unterschrift Fachvorgesetzter/Personalabteilung

Zwischenzeugnis

Bei Beendigung des Arbeitsverhältnisses haben Mitarbeiter Anspruch auf ein Zeugnis. In begründeten Fällen könnnen die Mitarbeiter ein Zwischenzeugnis verlangen. Ein Anspruch auf Erteilung eines Zwischenzeugnisses besteht für den Arbeitnehmer, wenn ein wichtiger Grund vorliegt. Das ist z. B. dann der Fall, wenn der direkte Vorgesetzte die Abteilung wechselt bzw. ausscheidet oder wenn ein Mitarbeiter gekündigt hat und das Zeugnis für seine Bewerbungsunterlagen benötigt (meist bei langen Kündigungsfristen).

Zielvereinbarungen

Zielvereinbarungen sind Bestandteil der Unternehmens- und Mitarbeiterführung. Sie dienen dazu, Pläne in resultatsorientierte Handlungen von Mitarbeitern zu übersetzen. Zielvereinbarungen ermöglichen Teams, Mitarbeitern und Führungskräften, den roten Faden der Führung und Zusammenarbeit aufzunehmen und zu verfolgen. Die Ziele müssen resultatsorientiert formuliert sein, d. h. sie müssen quantifiziert und terminiert werden.

Was versteht man unter Zielvereinbarungen?

Mit einzelnen Mitarbeitern oder Teams werden in regelmäßigen Abständen - zumeist jährlich - konkrete Ziele vereinbart. Diese Ziele müssen in einem Bezug stehen zu den Unternehmenszielen, den Aufgaben des Mitarbeiters oder besonderen Projektvorhaben.

Der Zweck von Zielvereinbarungen besteht darin, Unternehmensziele in Mitarbeiterziele zu „übersetzen", die Mitarbeiterführung an objektiven und meßbaren Ergebnissen auszurichten und bessere Ergebnisse zu erzielen.

Die Zielvereinbarung ist das Hauptinstrument des Management by Objectives (→ Managementtechniken). Sie trägt zur Verbesserung der Kommunikation zwischen Vorgesetzem und Mitarbeiter bei, da die gegenseitigen Erwartungen klar definiert sind.

Der Nutzen von Zielvereinbarungen für das Unternehmen

Im Rahmen der Unternehmensführung werden auf unterschiedlichen Ebenen Ziele gebildet. Das wirtschaftliche Gesamtziel in der Jahresplanung setzt sich aus einer Reihe von Teilzielen zusammen.

Die systematische „Übersetzung“ von Unternehmenszielen in Form von Zielvereinbarungen mit Teams und Mitarbeitern ist ein wichtiges Instrument, um planerische Zielvorstellungen auch durch konkrete Leistungen von Mitarbeitern zu realisieren. Zielvereinbarungen stellen also einen wichtigen Bestandteil dar im Prozeß der Zielumsetzung in Unternehmen.

Der Nutzen von Zielvereinbarungen für Mitarbeiter und Führungskräfte

Zielvereinbarungen ermöglichen Mitarbeitern, Teams und Führungskräften den roten Faden der Zusammenarbeit aufzunehmen und zu verfolgen. Für Führungskräfte und Mitarbeiter ergibt sich im Prozeß des Führens mit Zielvereinbarungen ein kommunikativer Regelkreis mit den zentralen Knotenpunkten Information, Delegation, Planung und Organisation, Controlling und Coaching.

Die Information der Mitarbeiter ist die Voraussetzung einer jeden Zielvereinbarung. Wichtig sind Informationen über die Unternehmensstrategie und die Jahresplanung, Zielvorstellungen und Erwartungen der Führungskraft an die Organisationseinheit und die Anforderungen und Erwartungen an die Mitarbeiter.

Delegation erfolgt durch die Übertragung von Verantwortung für das Erreichen meßbarer Resultate in einer bestimmten Zeit aufgrund der Zielvereinbarung.

Dabei verantwortet die Führungskraft den Handlungsrahmen und die Sicherstellung der Ressourcen.
Die Mitarbeiter verantworten die Wahl der Maßnahmen als Mittel zur Erreichung vereinbarter Ziele.

Planung und Organisation sind erforderlich, um vereinbarte meßbare Ergebnisse in einen bestimmten Zeitplan einzustellen und zu koordinieren. Erforderlich ist die Planung und Organisation von Maßnahmen zur Zielerreichung gangbarer Wege und die Vorwegnahme möglicher Hindernisse und die Festlegung von Meilensteinen, an denen die Zwischenergebnisse „gemessen" werden und über das weitere Vorgehen beraten wird.

Controlling und Coaching schließen den Regelkreis ab. Zielvereinbarungen mit wechselseitiger Verbindlichkeit für Führungskräfte und Mitarbeiter erfordern regelmäßige gemeinsame Soll-Ist-Vergleiche, Ursachenanalysen und neue Steuerungsimpulse zur Zielerreichung, ggf. Zielkorrektur.

Führen mit Zielvereinbarungen erfordert Führungskräfte, die als Coach einzelner Mitarbeiter oder Teams

- Rückmeldungen über den Leistungsstand und das Verhalten geben, das schließt Anerkennung und Kritik ein,
- Rückmeldungen aus der Sicht der Mitarbeiter aufnehmen,
- Maßnahmen zur persönlichen Entwicklung einzelner Mitarbeiter und des Teams im Sinne der Personal- und Organisationsentwicklung anstoßen.

Die Umsetzung von Zielvereinbarungen im Unternehmen

Zur Umsetzung von Zielvereinbarungen stehen zahlreiche Instrumente und Strategien zur Verfügung.

Startschuß
Im Zeitraum November bis Januar paßt sich der Zielvereinbarungsprozeß erfahrungsgemäß günstig in den unternehmerischen Planungszyklus ein. Die Geschäftsführung gibt den Startschuß, indem die Planungen für das kommende Jahr in geeigneter Weise kommuniziert werden. Damit ver-

bunden ist die Aufforderung an die Führungskräfte und Mitarbeiter, sich am Prozeß der Zielvereinbarungen aktiv zu beteiligen.

Weiterhin wird der Terminrahmen abgesteckt, innerhalb dessen, nach Abschluß der Jahresplanung, die Zielvereinbarungsgespräche geführt werden sollen.

Zielvereinbarung Unternehmensleitung und erste Führungsebene
Die Führungskräfte der höchsten Ebene unterhalb der Geschäftsführung haben die Schlüsselrolle im Prozeß der Zielvereinbarung. Für den gesamten unternehmerischen Kommunikationsprozeß ist es deshalb besonders wichtig, daß die Unternehmensleitung und die erste Führungsebene Zielvereinbarungen miteinander treffen und damit den Prozeß horizontal und vertikal in Gang setzen.

Information der Mitarbeiter durch die erste Führungsebene
Im Rahmen einer Mitarbeiterbesprechung oder in Einzelgesprächen informieren die Führungskräfte der ersten Ebene über die strategische Ausrichtung des Unternehmens, die Jahresplanung des Unternehmens und die eigenen Ziele.

Je nach Größe und Gliederungstiefe der Organisationseinheit ist zu entscheiden, ob die Führungskraft der ersten Ebene alle Mitarbeiter in dieser Phase anspricht oder jeweils nur die nächste hierarchische Ebene. Wird nur die nächste Ebene angesprochen, muß damit die Aufforderung verbunden werden, wiederum die eigenen Mitarbeiter in der gleichen Weise anzusprechen und zu informieren.

Zum Abschluß dieser Informationsphase werden die Zielvereinbarungsgespräche terminiert. Die Gespräche sollten nicht später als vier Wochen nach diesem Termin liegen. Mindestens ist aber eine Woche vorzusehen, um den Mitarbeitern ausreichend Gelegenheit zu geben, ihren eigenen Zielkatalog zu entwerfen.

Mitarbeiter-Zielkatalog
Das Formulieren eigener Ziele erfordert von allen Mitarbeitern (mit oder ohne Führungsverantwortung) eine intensive Auseinandersetzung mit den Anforderungen des Unternehmens, der Führungskraft und der eigenen Stelle.

Die Orientierung an Prioritäten bedeutet auch, sich klar zu machen, daß die eigenen Standardaufgaben, die mit der Stelle verbunden sind, nicht vernachlässigt werden dürfen. Die Gesamtleitung von Mitarbeitern, die auch im Rahmen der Mitarbeiterbeurteilung bewertet wird, umfaßt sowohl Standardaufgaben als auch die Jahresziele.

Das Zielvereinbarungsgespräch

Die Rahmenbedingungen des Gesprächs zu organisieren und dessen störungsfreien Verlauf sicherzustellen, gehört zu den Aufgaben der Führungskraft. Dazu gehören:

- Rechtzeitige Terminvereinbarung.
- Ausreichendes Zeitbudget, möglichst in den Nachmittagsstunden.
- Hohe Priorität für das Gespräch: Nur „wenn der Kunde ruft" sollte das Gespräch aus aktuellem Grund verschoben oder unterbrochen werden.
- Sitzordnung kollegial gestalten: Nicht vom Schreibtisch aus.
- Störungsfreien Ablauf sicherstellen.
- Bei großem Informations- und Diskussionsbedarf Folgetermin vereinbaren.

Die nachfolgende Checkliste dient Ihnen als Leitfaden zum Ablauf eines Zielvereinbarungsgespräches:

Leitfaden: Zielvereinbarungsgespräch

1. Gesprächseröffnung
   - Anlaß des Gespräches klären
   - Grundsätzliches zum Führen mit Zielen
   - bisherige Erfahrungen mit Zielvereinbarungen
2. Bereichsziele aus dem übergeordneten Zielsystem besprechen und auf den Aufgabenbereich des Mitarbeiters herunterbrechen
3. Darstellung von zukünftigen Anforderungen an den Arbeitsplatz und daraus resultierende Aufgaben durch den Mitarbeiter
4. Kommentierung und Weiterführung der Darstellungen des Mitarbeiters durch den Vorgesetzten

5. Inhaltliche Vereinbarung zwischen dem Vorgesetzten und Mitarbeiter über konkrete Ziele, Schwerpunkte und Prioritäten
6. Diskussion vorhersehbarer Probleme und Schwierigkeiten bei der Zielerreichung
7. Vereinbarung der Rahmenbedingungen
   - Maßstäbe zur Überprüfung der Zielerreichung (Quantität, Qualität, Kosten etc.)
   - Termine für Zwischenüberprüfungen
   - Zeitspanne bzw. Endtermin
8. Überprüfung der Ressourcen des Mitarbeiters; verfügt der Mitarbeiter über notwendige und ausreichende Kenntnisse und/oder Fertigkeiten
9. Ggf. zusätzliche Qualifizierungsmaßnahmen festlegen
10. Überprüfen der Kompetenzen, um notwendige Entscheidungen treffen zu können
11. Zeitliche Kapazitäten des Mitarbeiters bzw. der diesem unterstellten Mitarbeiter
12. Finanzielle Mittel
13. Schriftliche Dokumentation der Ziele und Vereinbarungen
14. Gesprächsabschluß

Controlling

Zielvereinbarungen und Controlling bilden einen Regelkreis. Ein Ziel ist ein „Soll-Wert“. Durch regelmäßiges Controlling stellen Führungskraft und Mitarbeiter den jeweiligen „Ist-Wert“ fest. Der Ist-Wert läßt erkennen, wieweit man noch vom „Soll-Wert“ entfernt ist, ob man richtig in der Zeit liegt und ob man auf dem richtigen Weg ist.

Controlling heißt, regelmäßig gemeinsam einen Soll-Ist-Vergleich vorzunehmen, bei Schwierigkeiten eine Abweichungsanalyse vorzunehmen und Maßnahmen abzusprechen, um die Zielerreichung zu gewährleisten.

So nutzen Sie die CD-ROM

Auf der CD-ROM finden Sie viele wichtige Checklisten, Rechner und Arbeitsverträge, die Ihnen die Arbeit erleichtern sollen. Alle Stellen in dem Buch, die mit dem Symbol  versehen sind, finden Sie auch auf der CD-ROM.

Systemvoraussetzungen:

- PC ab 486er Prozessor
- mindestens 16 MB RAM
- 6 MB freier Festplattensperichter
  (Bei Installation des Internet-Explorer 4.0 zusätzlich ca. 20 MB)
- CD-ROM-Laufwerk
- Betriebssystem Windows 95/98 oder Windows NT
- Microsoft Internet Explorer 4.0 oder höher (ist auf der CD enthalten)

Und so installieren Sie das Programm

1. Legen Sie die CD-ROM in das Laufwerk Ihres PCs.
2. Aktivieren Sie im Start-Menü von Windows 95/98/ Windows NT den Befehl Ausführen.
3. Geben Sie den Buchstaben Ihres CD-ROM-Laufwerks und Setup ein (z. B.: D:/SETUP).

Und so starten Sie das Programm

Wählen Sie im Startmenü unter „Programme“ den Ordner „WRS Verlag“ und dort den Eintrag „Praxiswissen BWL“ aus .

Wichtig

Unsere CD-ROMs werden mit größter Sorgfalt erstellt und versiegelt. Sollte die Tasche beschädigt sein, bitte die CD-ROM nicht verwenden, sondern den Verlag unterrichten. Bitte informieren Sie sich vor Einsatz der CD-ROM durch die Installationsanweisung über Bedienung und Funktion des Programms.

Das finden Sie auf der CD-ROM

Rechner

Stichwort	Rechner	Buch-Seite
Abschreibung	Afa Tabellen	33
Betriebliche Steuern	Erbschaftsteuer	75
	Kraftfahrzeugsteuer	75
	Umsatzsteuer	75
Betriebsabrechnungsbogen	Betriebsabrechnungsbogen	82
Betriebsergebnis	Betriebsergebnisrechnung	87
Deckungsbeitragsrechnung	Gewinnschwellenanalyse	147
Euro (Währung)	Euro-Rechner	167
Finanzierung	Damnun-Disagio	179
Finanzplanung	Finanzplanrechner	183
Investition	Dynamische Investition	250
Kalkulation	Dienstleistungskalkulation	262
	Artikelkalkulation	262
Kennzahlen	Wirtschaftlichkeit	271
	Forderungen	271
	Working Capital	271
	Kapital	271
	Lager	271
	Liquidität	271
	Produktivität	271
	Rentabilität	271
	Vermögen	271
Leasing	Leasingrechner	338
Strategie und Planung	Businessplan	571

Arbeitsverträge

Stichwort		Buch-Seite
Arbeitsvertrag	Arbeitsvertrag	44
	Teilzeitarbeitsvertrag (Halbtagstätigkeit)	44
	Gehaltsbescheinigung	44
	Vertrag mit leitendem Angestellten	44
	Befristeter Arbeitsvertrag (allgemein)	44
	Berufsausbildungsvertrag	44
	Ehegattenarbeitsvertrag	44
	Freier Mitarbeitervertrag	44

Checklisten

Stichwort	Titel	Buch-Seite
ABC-Analyse	Schritte zur Durchführung einer ABC-Analyse	27
Arbeitsvertrag	Inhalt von Arbeitsverträgen	43
Benchmarking	Ermittlung des Benchmarking-Objektes	67
	Ermittlung des Benchmarking-Partners	68
	Maßnahmen zur Umsetzung	70
Corporate Identity	Vorüberlegungen beim Aufbau einer Corporate Identity	131
	Ablauf eines CI-Projektes	134
Deckungsbeitrags-rechnung	Einsatz der Deckungsbeitragsrechnung	141
	Handlungsbedarf bei geringem Deckungsbeitrag	147
Eisenhower-Prinzip	Wichtigkeit und Dringlichkeit	156
Finanzierung	Kreditverhandlung mit Banken	177
Finanzplanung	Finanzierungsregeln	182
Inventur	Anwendungsvoraussetzungen der permanenten Inventur	236

Stichwortverzeichnis